Formen des Grundeigentums
La propriété foncière et immobilière

Schweizerisches Jahrbuch für Wirtschafts- und Sozialgeschichte
Annuaire suisse d'histoire économique et sociale

Band 38, 38. Jahrgang / Volume n° 38, 38ᵉ année

Schweizerische Gesellschaft für Wirtschaft- und Sozialgeschichte, in Zusammenarbeit mit der Schweizerischen Gesellschaft für ländliche Geschichte (Hg.)
Société suisse d'histoire économique et sociale, en collaboration avec la Société suisse d'histoire rurale (éd.)

Sandro Guzzi-Heeb, Luigi Lorenzetti, Martin Stuber (Hg./éds.)

Formen des Grundeigentums

Konzepte und Praktiken in ökonomischer, sozialer und ökologischer Perspektive

La propriété foncière et immobilière

Modèles, pratiques, enjeux économiques, sociaux et écologiques

Unterstützt durch die Schweizerische Akademie
der Geistes- und Sozialwissenschaften
www.sagw.ch

Informationen zum Verlagsprogramm:
www.chronos-verlag.ch

Bildnachweis / Source de l'illustration:
Département de la Savoie, Archives départementales, [C 3207], Mappe originale de la commune de Marthod, 1729-1731.

© 2024 Chronos Verlag, Zürich
ISBN 978-3-0340-1741-1
ISSN 1664-6460

Inhaltsverzeichnis
Table des matières

La propriété foncière et immobilière comme objet historique.
Une introduction 9
Luigi Lorenzetti, Sandro Guzzi-Heeb, Martin Stuber

Das Grundeigentum in der historischen Forschung – eine Einleitung 21
Luigi Lorenzetti, Sandro Guzzi-Heeb, Martin Stuber

Formen und Bedeutungen von Eigentum /
Formes et significations de la propriété

Vom ‹Haben› zum ‹Geben›. Der Wortgebrauch von *proprietas* und
die Mobilisierbarkeit von Grundbesitz im Freising des 10./11. Jahrhunderts 35
Philipp Winterhager

Dominium als Verhältnis von Menschen zu Land
am Beispiel von Südtirol/Trentino in spätmittelalterlicher Zeit 53
Volker Stamm

Possession et propriété de la terre et des richesses naturelles.
Entre la Péninsule ibérique et l'Amérique andine, XVIe–XVIIIe siècle 69
Pablo F. Luna

Città e proprietà.
Evidenze storiche e questioni aperte a partire da alcuni casi europei 83
Michela Barbot

Eigentum, Verwandtschaft, soziale Netzwerke / Propriété, parenté, réseaux sociaux

Eigentum und Besitz.
Rechtsqualitäten von Grund und Boden im räumlichen Vergleich 97
Matthias Donabaum, Margareth Lanzinger, Janine Maegraith

Le risorse dei sassi. Cave nel Mendrisiotto e oltre il confine:
proprietà immobiliari tra investimento e rendita (secc. XVII–XIX) 115
Stefania Bianchi

Le marché foncier à Corsier-sur-Vevey à la fin de l'Ancien Régime.
Espace et parenté (1797–1799) 129
Lucas Rappo

Enracinement généalogique, résidence et propriété.
Les vieilles familles paysannes face au processus d'urbanisation et
aux nouveaux acteurs du marché foncier (Ivry vers1780 – vers 1860) 151
Fabrice Boudjaaba

Kollektives Eigentum / Propriété collective

Gemeingüter und soziale Ungleichheit.
Konflikte zwischen Landleuten und Beisassen um kollektive Güter
in der Zentralschweiz im 17. und 18. Jahrhundert 167
Salome Egloff

Canalizzazioni, bonifiche e proprietà fondiaria nei fondovalle alpini.
La Combe de Savoie nel XIX secolo 181
Matteo Tacca

La proprietà intrecciata. Forme miste del possedere nella Svizzera italiana 195
Mark Bertogliati

Alpweiden in kollektivem Eigentum.
Bewirtschaftungsgeschichte und Dynamiken von Commons-Konzeptionen
und -Praktiken im 20./21. Jahrhundert 211
Karina Liechti und Rahel Wunderli

Inklusion – Exklusion / Inclusion – exclusion

Les propriétaires-cultivateurs du département de la Seine-et-Oise
dans les conseils municipaux sous les régimes censitaires
en France au début du XIXe siècle   231
Christiane Cheneaux-Berthelot

Propriété foncière et régime censitaire.
Le chemin des droits de citoyenneté au Tessin, 1798–1863   245
Alessandro Ratti

Normes et réformes foncières en Afrique de l'Ouest francophone.
Analyse du pluralisme normatif comme contrainte et choix dans la gestion
de la terre au Bénin et au Burkina Faso: des indépendances à 1980   261
Thikandé Séro

Autorinnen und Autoren / Auteures et auteurs   275

Luigi Lorenzetti, Sandro Guzzi-Heeb, Martin Stuber

La propriété foncière et immobilière comme objet historique – une introduction

Wem gehört die Schweiz? Cette interrogation figure sur la couverture d'un ouvrage paru au milieu des années 1980, qui retrace l'évolution historique du droit foncier en Suisse.[1] En mettant en évidence le processus de concentration de la propriété foncière survenu dans les années du *boom* économique du second-après-guerre et les phénomènes spéculatifs qui l'ont accompagné, son auteur – le publiciste bâlois Hans Tschäni – avait fait retentir le débat politique des années 1970 et du début des années 1980 autour des normes sur l'aménagement du territoire[2] et des tentatives de réformer la gestion du sol sur la base de l'intérêt public, tout en préservant le principe constitutionnel de la garantie de la propriété privée.

Alors que les questions abordées par le livre ont engendré de nombreuses réflexions sur les enjeux de la propriété foncière et immobilière dans la vie économique, sociale et politique de la Suisse contemporaine,[3] peu d'études ont fourni une lecture historique de ces thèmes,[4] qui sont restés surtout l'apanage des historien.ne.s

---

1 Hans Tschäni, Wem gehört die Schweiz? Unser Eigentums- und Bodenrecht auf dem Weg zum Feudalsystem: eine kritische Sicht auf den Umgang mit Eigentum und Bodenbesitz in der Vergangenheit und heute, Zurich 1986.
2 Cf., par exemple, Martin Lendi, Planungsrecht und Eigentum, in: Zeitschrift für schweizerisches Recht 1, 1976, pp. 1–224; Augustin Macheret, Droit et politique de la propriété foncière en Suisse, in: Recht als Prozess und Gefüge. Festschrift für Hans Huber, Berne 1981, pp. 403–415.
3 Cf. François Walter, Propriété privée, équilibre social et organisation de l'espace, in: Geographica Helvetica 41/1, 1986, pp. 11–16; Stéphane Nahrath, Le rôle de la propriété foncière dans la genèse et la mise en œuvre de la politique d'aménagement du territoire, in: Antonio Da Cunha, Peter Knoepfel, Jean-Philippe Leresche, Stéphane Nahrath (éd.), Enjeux du développement urbain durable. Transformations urbaines, gestion des ressources et gouvernance, Lausanne 2005, pp. 299–328; Stéphane Nahrath, Politique d'aménagement du territoire en Suisse. L'apport de la notion de régime institutionnel de ressources naturelles, in: Patrice Melé, Corinne Larrue (coord.), Territoires d'action. Aménagement, urbanisme, espace, Paris 2008, pp. 63–127.
4 Cf., par exemple, François Walter, Fédéralisme et propriété privée 1930–1950. Les attitudes face à l'aménagement du territoire au temps de crise et de pleins pouvoirs, in: DISP. Doku-

du droit.⁵ Pourtant, si on élargit le regard, on ne peut que constater la richesse du cadre historiographique concernant la propriété qui, dans les dernières années, a été enrichi par la réflexion sur les influences réciproques des régimes de propriété et des dynamiques économiques⁶ et a offert un important apport au courant d'études consacré aux différentes façons de posséder (*altri modi di possedere*),⁷ avec un accent particulier sur les formes de propriété collective. D'une manière générale, les études sur la propriété ont intégré une pluralité d'approches touchant la dimension économique, sociale, politique et culturelle, tout en continuant à se nourrir des ap-

mente und Informationen zur schweizerischen Orts, Regional und Landesplanung 82, 1985, pp. 21–27.

5 Cf. Heinz Rey, Die Grundlagen des Sachenrechts und das Eigentum, Berne 2007; Marcel Senn, Rechtsgeschichte – ein kulturhistorischer Grundriss, Zurich 2007.

6 Pour le cas helvétique, cf., par exemple, Anne-Lise Head-König, Property rights in Switzerland during the eighteenth and nineteenth centuries. A possible explanation for different types of economic change?, in: Gérard Béaur, Phillipp R. Schofield, Jean-Michel Chevet, Maria Teresa Pérez Picazo (éd.), Property rights, Land Market and economic Growth in the european countryside (thirteenth-twentieth centuries), Turnhout 2013, pp. 515–535.

7 Cette célèbre expression de Carlo Cattaneo («d'autres façons de posséder») a été reprise par Paolo Grossi, «Un altro modo di possedere». L'emersione di forme alternative di proprietà alla coscienza giuridica postunitaria, Milan 1977. Sur la Suisse, cf., entre autres, Anne-Lise Head-König, Les biens communs en Suisse aux XVIIIᵉ et XIXᵉ siècles. Enjeux et controverses, in: Marie-Danielle Demélas, Nadine Vivier (dir.), Les propriétés collectives face aux attaques libérales (1750–1914). Europe occidentale et Amérique latine, Rennes 2003, pp. 98–118; Daniel Schläppi, Verwalten statt regieren. Management kollektiver Ressourcen als Kerngeschäft von Verwaltung in der alten Eidgenossenschaft, in: Traverse 18/2, 2011, pp. 42–56; Anne-Lise Head-König, Commons land and collective property in pre-Alpine and Alpine Switzerland. Tensions regarding access to resources and their allocation (Middle Age – twentieth century), in: Niels Grüne, Jonas Hübner, Gerhard Siegl (éd.), Rural Commons. Collective Use of Resources in the European Agrarian Economy, Innsbruck, Vienne, Bozen 2015, pp. 232–243; Anne-Lise Head-König, The commons in highland and lowland Switzerland over time. Transformations in their organisation and survival strategies (seventeenth to twentieth century), in: Tobias Haller, Thomas Breu, Tine De Moor, Christian Rohr, Heinzpeter Znoj (éd.), The Commons in a Glocal World. Global Connections and Local Responses, Londres 2019, pp. 156–172; Anne-Lise Head-König, Luigi Lorenzetti, Martin Stuber, Rahel Wunderli (éd.), Pâturages et forêts collectifs. Économie, participation, durabilité. Histoire des Alpes 24, 2019; Luigi Lorenzetti, Beni comuni e diritti d'uso nelle terre ticinesi dell'Otto e Novecento. I percorsi carsici della proprietà divisa, Archivio Scialoja-Bolla, in: Annali di studi sulla proprietà collettiva, 2019, pp. 177–201; Tobias Haller, Karina Liechti, Martin Stuber, François-Xavier Viallon, Rahel Wunderli (éd.), Balancing the commons in Switzerland. Institutional transformations and sustainable innovations, Londres 2021; Daniel Schläppi, Gelebtes und erlebtes Recht. Die Rechtskultur von Kommunen und Korporationen in der alten Eidgenossenschaft als Bollwerk gegen Rechtsvereinheitlichung, in: Rechtskultur. Zeitschrift für Europäische Rechtsgeschichte 9, 2021, pp. 1–36; Luigi Lorenzetti, Roberto Leggero, A Collective Institution Metamorphosed. The patriziati in the Ticino Alps Between Historical Heritage and New Functions, in: Revue de géographie alpine 2021, pp. 1–15; Martin Stuber, Urban farming in der Agrargesellschaft – Die Allmende der Churer Bürgerschaft, in: Ansgar Schanbacher (éd.), Tiere und Pflanzen in der Stadt der Frühen Neuzeit. Forum Stadt 48/1, 2021, pp. 11–27; Martin Stuber, Milchpipeline und Schneekanonen. Gemeinschaftliches Eigentum und integrierte Raumordnung auf den Churer Alpen in Arosa, in: Romed Aschwanden, Maria Buck, Patrick Kupper, Kira J. Schmidt (éd.), Conflits d'usage depuis 1950. Histoire des Alpes 27, 2022, pp. 158–175.

ports de l'histoire du droit comme le suggèrent, par ailleurs, les nombreuses études se rattachant à l'école néo-institutionnaliste[8] ou celles nées en réponse à ses assertions.[9] La contribution de l'histoire du droit a aussi permis d'affiner la notion de propriété en tant que fruit de constructions philosophiques, idéologiques et politiques et de modèles économiques qui, en évoluant dans le temps, ont contribué à modifier le rapport des individus et des sociétés avec les biens matériels. Ainsi, la décomposition opérée par le droit médiéval de la notion romaine de propriété a laissé émerger une institution composite, émanant de multiples entités et acteurs. Pour l'homme médiéval et de l'époque moderne, la propriété d'un bien pouvait être scindée entre celui qui en détenait la titularité abstraite (le domaine direct) et celui qui en détenait l'usage (le domaine utile). De cette manière, des droits d'usage divers pouvaient s'empiler spatialement ou pouvaient s'alterner au cours de l'année,[10] influençant ainsi le rapport aux ressources définies par les systèmes de production. Au cours du XVIIe et du XVIIIe siècle, la philosophie politique et du droit ont remis en cause le principe de la *plura dominia*, ouvrant ainsi la voie à la révolution libérale. La Déclaration des droits de l'homme et du citoyen de 1789 a dressé la propriété privée individuelle au niveau d'un droit «inviolable et sacré» (art. 17). Nonobstant les vestiges d'anciennes traditions intellectuelles (notamment celle platonicienne, celle de l'Église primitive ou encore celle du Franciscanisme)[11] aient

---

8 Cf. notamment Douglass C. North, Institutions, institutional change and economic performance, Cambridge 1990. Dans cette ligne d'interprétation, cf. par exemple Jean-Laurent Rosenthal, The Fruits of Revolution. Property Rights, Litigation and French Agriculture, 1700–1860 (Political Economy of Institutions and Decisions), Cambridge 1992; Joshua Getzler, Theories of property and economic development, in: Journal of Interdisciplinary history 24/4, 1996, pp. 639–669.

9 Cf. Gérard Béaur, Jean-Michel Chevet, Droits de propriété et croissance. L'émergence de la propriété ‹parfaite› et l'ouverture du marché foncier moteur de la croissance agricole?, in: Histoire & sociétés rurales 48/2, 2017, pp. 49–92; Michela Barbot, When the History of Property Rights Encounters the Economics of Conventions. Some Open Questions Starting from European History, in: Rainer Diaz-Bone, Claude Didry, Robert Salais (Hg.), Law and Conventions from a Historical Perspective, Historical Social Research, Special Issue 40/1, 2015, S. 78–93; Michela Barbot, Non tutti I conflitti vengono per nuocere. Usi, diritti e litigi sui canali lombardi fra XV e XX secolo (prime indagini), in: Luca Mocarelli (dir.), Quando manca il pane. Origini e cause della scarsità delle risorse alimentari in età moderna e contemporanea, Bologne 2013, pp. 35–56.

10 Cf. Jacques Poumarède, Le point de vue de l'historien, in: Daniel Tomasin (dir.), Qu'en est-il de la propriété? L'appropriation en débat, Toulouse 2006, pp. 15–21, https://books.openedition.org/putc/1728, DOI: https://doi.org/10.4000/books.pute.1728; David Aubin, Stéphane Nahrath, De la *plura dominia* à la propriété privative. L'émergence de la conception occidentale de la propriété et ses conséquences pour la régulation des rapports sociaux à l'égard de l'environnement et du foncier, in: Céline Travési, Maïa Ponsonnet (éd.), Les conceptions de la propriété foncière à l'épreuve des revendications autochtones. Possession, propriété et leurs avatars, Marseille 2015, pp. 51–78; Michela Barbot, Per una storia economica della proprietà dissociata. Efficacia e scomparsa di «un altro modo di possedere» (Milano, XVI–XVII secolo), in: Materiali per una storia della cultura giuridica 38/1, 2008, pp. 33–61.

11 Cf. Peter Garney, Penser la propriété. De l'antiquité jusqu'à l'ère des révolutions, Paris 2013, pp. 21–132.

entretenu, au cours du temps, un regard critique envers la propriété, l'individualisme possessif s'est imposé comme l'une des catégories fondatrices de la modernité. Et malgré les critiques fondamentales formulées par plusieurs penseurs du XVIIIe et XIXe siècle, qui ont perçu la propriété privée comme l'origine de l'inégalité (Rousseau), le produit d'un vol (Proudhon) ou un moyen de domination de l'homme sur l'homme (Marx), la «Grande transformation» a promu la substitution de la valeur d'usage de la propriété par sa valeur d'échange.[12] Cette évolution n'a pas pour autant conféré au propriétaire un *dominium* illimité. En effet, en distinguant la propriété du sol de l'appropriation de l'espace,[13] le contrat social proposé par la Révolution française a confié à l'État le devoir d'assurer et de promouvoir l'intérêt collectif, donc aussi le droit de restreindre les espaces du *dominium* des propriétaires, soit l'*usus*, le *fructus* et l'*abusus*.[14]

Ces larges scansions historiques se sont réverbérées en profondeur dans les dynamiques économiques, sociales et politiques du monde occidental. Au même moment, autour de la propriété foncière ont continué à se définir, des siècles durant, les différents paysages agraires qui jalonnent l'Europe. De même, la propriété foncière et immobilière a continué à modeler les stratégies, les fortunes et les destins de dynasties familiales et de groupes sociaux et, plus en général, les fondements des hiérarchies sociales et de genre. En outre, loin d'être uniquement une forme de «pétrification de l'argent», la propriété immobilière est restée (et demeure encore aujourd'hui) un secteur clé de l'économie à travers l'industrie du bâtiment et la fonction antycyclique que la doctrine keynésienne lui a attribuée. D'ailleurs, alors qu'au XIXe siècle, l'essor de l'économie industrielle a atténué le rôle productif de la terre, la propriété foncière n'a pas pour autant entièrement perdu ses multiples fonctions dont celle de bien de refuge durant les crises économiques. Enfin, dans l'ère post-industrielle, la financiarisation et la dématérialisation de l'économie ont laissé croire que la propriété, notamment la propriété du sol, ne représente désormais qu'un enjeu secondaire dans les stratégies de l'économie globalisée. En réalité, la maîtrise foncière demeure au cœur de divers secteurs économiques, entre autres la logistique, l'industrie du bâtiment et l'agriculture extensive. Même pour des secteurs apparemment largement dématérialisés, comme la finance et les assurances, l'occupation d'espaces stratégiques, par exemple au centre des grandes métropoles, acquiert parfois des fonctions structurelles et symboliques qui ne doivent pas être sous-estimées. Dans la course à l'accaparement des ressources naturelles, cela s'ex-

---

12 Cf. Karl Polanyi, The Great Transformation, New York 1944.
13 Cf. Pierre Bergel, Appropriation de l'espace et propriété du sol. L'apport du droit immobilier à une étude de géographie sociale, in: Norois. Environnement, aménagement, société 195/2, 2005, http://journals.openedition.org/norois/479, DOI: 10.4000/norois.479.
14 Cf. Luigi Lorenzetti, Michela Barbot, Luca Mocarelli (éd.), Property Rights and their Violation. Expropriations and Confiscations, 16th–20th centuries, Berne 2012.

prime parfois à travers le phénomène «prédateur» du *land grabbing*, désormais la forme de profit la plus avantageuse pour les industries agroalimentaires et pour les multinationales en quête de matières premières.[15]

Selon divers observateurs, la globalisation de la fin du XXe et du début du XXIe siècle aurait fait émerger une sorte de néomédiévalisme, se manifestant dans des formes de polycentrisme juridique dans lequel des acteurs globaux deviennent les nouveaux sujets producteurs (directs ou indirects) de droit.[16] En d'autres mots, à l'instar de l'époque médiévale, caractérisée par la pluralité des sources du droit et des juridictions en vigueur dans un territoire, l'État est aujourd'hui en train de perdre le monopole de la production du droit, d'autres acteurs s'y ajoutant et créant des «Seigneuries juridictionnelles» en puissance, où la propriété (notamment la propriété du sol) se confond avec la puissance publique. C'est le cas des multinationales, dont le droit est généré spontanément comme réponse aux exigences du marché et de façon autonome par rapport aux territoires ou aux États dans lesquels elles opèrent.[17] Ou bien celui de la Chine dont les ports maritimes situés le long de la Nouvelle Route de la soie représentent les bases à travers lesquelles elle externalise l'application de son droit interne.[18]

Le néomédiévalisme se manifeste aussi à travers le retour de formes de propriété que l'idéologie libérale du XVIIIe et du XIXe siècle s'était efforcée d'effacer. Ainsi, la *plura dominia*, attaquée au nom de la rationalisation et de l'efficience économique, semble émerger de nouveau à travers le processus de digitalisation et de dématérialisation de biens et de services qui génère moins la création de droits de propriété que la consommation de droits d'usage assurés, par exemple, à travers l'achat de licences. De même, le débat actuel autour des biens communs (*commons*) fait partie d'une ample réflexion qui porte sur la définition alternative de la propriété

---

15 En 2016, on a compté 300 transactions portant sur 30 millions d'hectares distribués dans 70 pays dont la moitié en Afrique (cité par Alessandro Stanziani, Capital terre. Une histoire longue du monde d'après (XIIe–XXIe siècle), Paris 2021, p. 13. Sur le thème, cf. aussi Annelies Zoomers, Globalisation and the foreignisation of space. Seven processes driving the current global land grab, in: The Journal of Peasant Studies 37/2, 2010, pp. 429–447; Marc Edelman, Carlos Oya, Saturnino M. Borras (éd.), Global Land Grab. History, Theory and Methods, New York 2015; Pablo F. Luna, Niccolò Mignemi (dir.), Prédateurs et résistants. Appropriation et réappropriation de la terre et des ressources naturelles (XVIe–XXe siècle), Paris 2017.

16 Cf. Ugo Mattei, Beni comuni. Un manifesto, Rome, Bari 2011. Pour une analyse sur la valeur heuristique du concept de néomédiévalisme, cf. Federico Lorenzo Ramaioli, La postmodernità come transizione ad un neo-medievalismo giuridico? Tra frammentazione e globalizzazione, in: Rivista della cooperazione giuridica internazionale 66, sept., 2020, pp. 80–115.

17 Cf. Olivier Beaud, La multiplication des pouvoirs, in: Pouvoirs 143/4, 2012, pp. 47–59; Ali Kairouani, Le pouvoir normatif des entreprises multinationales en droit international, in: Revue internationale de droit économique 34/3, 2020, pp. 253–295.

18 Cf. Enguerrand Serrurier, Le droit international à l'épreuve des nouvelles routes de la soie, in: L'Observateur des Nations Unies, Association française pour les Nations Unies, 2019, 44/1, 2018, pp. 40–65.

et de sa conception duale (publique ou privée), au-delà de l'État et du marché. Ces questions remettent en cause la citoyenneté et le rapport que les individus ont avec les «biens primaires», soit les biens nécessaires à assurer la jouissance des droits fondamentaux ou les intérêts collectifs.[19] En même temps, ce débat interpelle la réinterprétation de formes de propriété collective répandues dans l'Europe médiévale et moderne, démantelées par la pensée juridique du droit naturel d'abord, du courant physiocratique et libéral ensuite, et réhabilitées à la fin du XXe siècle par les modèles définissant les conditions institutionnelles nécessaires au gouvernement durable des ressources.[20]

Finalement, l'absolutisme juridique de l'État théorisé par la modernité ne serait qu'une parenthèse qui sépare deux moments de polycentrisme, celui du Moyen Âge et celui contemporain. Entre ces deux moments, la modernisation du système propriétaire s'est imposée à travers la séparation, opérée par la Révolution française, entre propriété et pouvoir, entre souveraineté et propriété, entre public et social. D'après Rafe Blaufarb, ce processus aurait détruit les fondements de l'Ancien Régime (où parler de propriété c'était parler de pouvoir), tout en posant les fondements d'un nouvel ordre juridique et politico-constitutionnel.[21] La fin de la tenure foncière et de l'appropriation privée de la puissance publique – ce que Blaufarb appelle la *Grande Démarcation* – a permis de donner corps à la citoyenneté et aux formes électives de gouvernement. En dernier ressort, l'instauration d'un régime de propriété absolue aurait été la condition nécessaire à l'institution de la liberté et de l'égalité des citoyens, même si l'instauration des régimes censitaires amène à nuancer fortement ce propos, du moins sur le plan politique. En même temps, l'abolition de l'appropriation privée d'un pouvoir public a permis de constituer une souveraineté nationale une et indivisible.

Cet ample projet visant à «privatiser» le droit de propriété en distinguant les prérogatives de la puissance publique des attributs de la propriété s'est ajusté avec la plus large perspective de contrôle du territoire par les États modernes issus de la Paix de Westphalie.[22] Comme l'a souligné Charles Maier, celle-ci s'est construite aussi à travers l'organisation de l'espace à l'intérieur des frontières étatiques. En

---

19 Cf. Stefano Rodotà, Il diritto di avere diritti, Rome, Bari 2012, pp. 105–138; Benjamin Coriat (dir.), Le retour des communs. La crise de l'idéologie propriétaire, Paris 2015; J. K. Gibson-Graham, Jenny Cameron, Stephen Healy, La construction du commun comme politique post-capitaliste, in: Multitudes 70/1, 2018, pp. 82–91.

20 Sur cet aspect, cf. Elinor Ostrom, Governing the Commons. The Evolution of Institutions for Collective Action (Political Economy of Institutions and Decisions), Cambridge 1990; Joachim Radkau, The Age of Ecology. A Global History, Munich 2011, pp. 15–22.

21 Rafe Blaufarb, L'invention de la propriété privée. Une autre histoire de la révolution, Paris 2019, pp. 18–19.

22 Charles S. Maier, Once Within Borders. Territories of Power, Wealth and Belonging since 1500, Cambridge, Londres 2016 (en particulier, chap. III et IV).

effet, à partir du XVIII⁰ siècle, la propriété de la terre est devenue un enjeu important de la souveraineté de l'État. À travers l'enregistrement cadastral des propriétés des particuliers, il a assuré sa mainmise sur les revenus fiscaux, tout en consolidant son contrôle sur le territoire. D'ailleurs, même en Angleterre, où le cadastre était regardé avec méfiance car susceptible de menacer la liberté et les intérêts établis, c'est par leur influence et leur position dominante au sein du Parlement que les élites foncières ont promu les enclosures et les plans cadastraux qui les accompagnaient.[23] Ces derniers ont ainsi représenté à la fois la condition et le résultat du capitalisme rural et de la transformation des campagnes en *commodity*.

Ces multiples aspects nous rappellent que les principes de propriété se redéfinissent continûment à l'intérieur de systèmes juridiques qui reflètent les cadres politique et culturel auxquels ils appartiennent. Ils ne sont donc pas réductibles à des catégories immuables dans le temps et indépendantes des contextes historiques dans lesquels ils s'inscrivent.

Au même moment, en se définissant comme «le pouvoir fondé en droit qu'ont les personnes de disposer de choses»,[24] la propriété s'impose en tant qu'action d'exclusion de l'autre,[25] mais aussi en tant que concept relationnel (entre un sujet et un objet) historiquement défini. En d'autres termes, «à des époques différentes, des perceptions différentes produisent des façons plus ou moins subtilement différentes de traiter ce qui est généralement considéré comme une question centrale de la vie sociale et morale; à savoir la propriété – ses origines, sa légitimité et son statut».[26]

Origine, légitimité, statut: trois clés de lecture présentes en filigrane dans les diverses contributions exposées lors de la Journée d'étude organisée conjointement en 2021 par la *Société suisse d'histoire économique et sociale* SSHES et la *Société suisse d'histoire rurale* SSHR. Réunies dans ce numéro de l'*Annuaire suisse d'histoire économique et sociale*, elles mettent en jeu un large éventail de questionnements. Sans avoir l'ambition de les aborder de façon exhaustive, les contributions réunies dans ce volume offrent néanmoins un aperçu de quelques pistes d'analyse qui, dans les dernières années, ont permis de renouer le dialogue entre l'histoire économique et sociale et l'histoire du droit et des institutions.

---

23 Cf. Roger J. P. Kain, Elizabeth Baigen, David Fletcher, Relevé cadastral en Angleterre et au Pays de Galles. La propriété privée, l'État et les plans manquants, in: Florence Bourillon, Pierre Clergeot, Nadine Vivier (dir.), De l'estime au cadastre en Europe. Les systèmes cadastraux aux XIX⁰ et XX⁰ siècles, Vincennes 2008, pp. 21–46. Selon ces auteurs, «la conception anglaise de la ‹liberté›, bloqua [néanmoins] l'élaboration d'un plan cadastral servant les intérêts du pouvoir exécutif».

24 Dieter Gosewinkel, Introduction. Histoire et fonctions de la propriété, in: Revue d'histoire moderne & contemporaine 61/1, 2014, pp. 7–25, ici p. 8.

25 Cf. Philippe Simler, Qu'est-ce que la propriété?, in: Daniel Tomasin (dir.), Qu'en est-il de la propriété? L'appropriation en débat, Toulouse 2006, pp. 251–258, https://books.openedition.org/putc/1761, DOI: https://doi.org/10.4000/books.pute.1761.

26 Garney (voir note 11), p. 17.

La première de ces pistes est celle relative aux formes et aux significations de la propriété qui vise à intrroger l'étonnante richesse de configurations de propriétés dans des contextes historiques différents, ainsi que les racines et les implications de cette variation morphologique. Le point de départ de l'étude de Philipp Winterhager est le fait que la « propriété » pouvait signifier tout un ensemble de relations entre une personne et une chose. En suivant minutieusement l'évolution du langage des documents, il montre qu'à la fin du Xe et au début du XIe siècle, l'accent portait de moins en moins sur le caractère vague d'une chose, mais sur sa qualité de propriété (proprietas) pouvant être l'objet d'un échange, sur le fait qu'elle avait déjà changé de mains auparavant et qu'elle l'aurait fait encore dans le futur. On a donc de plus en plus exprimé la « propriété » du point de vue de sa « mobilité ». La variété des formes de la possession, voire des droits qui peuvent reposer sur le même bien immeuble, est aussi abordée par la contribution Volker Stamm consacrée au cas du Trentin de la fin du Moyen Âge. Par ailleurs, cette richesse de formes ne se laisse pas réduire à des catégories juridiques abstraites, théorisées par les juristes de l'époque, comme celles de *dominium directum* et *dominium utile*, mais requièrent des instruments d'analyse plus fins et plus proches des réalités économiques et sociales, qui dans la documentation mobilisée par l'auteur apparaissent en effet très disparates. Des considérations analogues figurent dans la contribution de Pablo F. Luna qui ouvre une perspective authentiquement comparatiste et transnationale, en mettant en exergue la nécessité de prendre en compte l'influence de l'héritage de la «famille juridique» castillane et des pratiques de «colonisation» des terres ibériques après l'occupation arabe, pour expliquer la formation, dans l'Amérique espagnole, d'un modèle foncier d'implantation coloniale spécifique. Nonobstant son caractère hégémonique, dans l'Amérique espagnole l'appropriation absolue de la terre s'est constamment confrontée aux coutumes indigènes qui, loin de succomber face au pouvoir colonial, ont parfois donné lieu à des formes originales et inédites, laissant peu de place à la propriété partagée.

Le thème des clivages juridiques figure aussi dans la contribution de Michela Barbot qui, en faisant le point sur les divers régimes de la propriété immobilière dans les contextes urbains d'Ancien Régime, discute l'hypothèse de la matrice urbaine de la propriété privée individuelle. En effet, loin d'être la norme, l'accès à la pleine propriété de l'habitation était, dans les villes européennes de cette époque, l'apanage d'une minorité d'individus. Une partie importante des formes résidentielles urbaines étaient régies par des contrats emphytéotiques, ainsi que les baux à rente ou les *livelli*, soit des formes de dissociation de la propriété qui, en dernier ressort, nuançaient l'écart juridique entre le monde urbain et le monde rural.

La deuxième piste d'analyse met en résonance le thème de la propriété avec les recherches des dernières décennies dans les domaines de l'histoire de la famille et de la parenté. Ces recherches ont montré clairement que la propriété ne peut pas être considérée uniquement comme un droit individuel, mais que, par le biais de la codification des systèmes familiaux et du droit de succession, elle fonde la base matérielle de groupes humains complexes et souvent persistants dans le temps. La parenté peut donc être vue comme un autre langage qui permet de parler de propriété, voire de droits économiques, et de leur transmission dans le temps.[27] La codification de ces droits a certainement été un enjeu central pour les États modernes. De l'autre côté, depuis le XVIIIe siècle, certaines formes de limitation de la circulation de la terre comme les fidéicommis deviennent l'objet de la critique des réformateurs et, plus tard, des États libéraux.

Plusieurs contributions de ce volume se penchent donc sur les relations multiformes entre formes de propriété et systèmes, voire réseaux de parenté, de points de vue et sur la base de méthodologies différentes. Ainsi, en se fondant sur un large éventail de sources provenant de régions urbaines et rurales du Trentin et de la Basse-Autriche, dans le contexte de la seigneurie du XVIIIe siècle, l'analyse de Matthias Donabaum, Margareth Lanzinger et Janine Maegraith se focalise sur l'observation de la propriété en termes de pratique sociale qui, même à l'intérieur d'un même régime juridique, pouvait varier fortement. Parmi les rapports multiformes entre propriétés et formes d'héritages, deux exemples méritent d'être brièvement résumés. En assumant la succession, une fratrie s'assurait, d'une part, la force de travail nécessaire à l'exploitation et, d'autre part, facilitait l'accès ultérieur au crédit par la prise en charge commune des dettes grevant l'exploitation.

Dans le cas de la transmission des exploitations aux enfants, la génération des parents se réservait, par des contrats particuliers (*Ausgedingeverträge*), certains biens, tels des jardins, des champs ou des vignes, afin de se garantir une certaine autonomie économique. Les liens familiaux sont aussi au cœur des stratégies de valorisation des carrières de marbre tessinoises illustrées par Stefania Bianchi. Lorsque ces dernières relevaient d'un droit de propriété particulier, elles étaient gérées en tant que bien indivis au sein des groupes familiaux. Même les droits d'exploitations pouvaient être objet de transmission héréditaire, mais pouvaient aussi s'intégrer dans des circuits d'échange contrôlés par des groupes familiaux restreints disposant d'une sorte de monopole des outils de transformation et des systèmes de distribution. L'influence des structures de parenté sur la circulation de la propriété oriente aussi l'étude de Lucas Rappo qui analyse les transactions dans une communauté rurale suisse pendant trois années – 1797–1799 – tout en insérant dans la réflexion la dimension de l'espace, qui a été souvent considérée de façon plutôt abstraite, et

---

27 David W. Sabean, Simon Teuscher, Introduction, in: David W. Sabean, Simon Teuscher, Jon Mathieu (éd.), Kinship in Europe. Approaches to Long-Term Development (1300–1900), New York, Londres 2007, pp. 1–32.

rarement mesurée de façon précise. Au-delà des résultats obtenus, l'essai assume une dimension méthodologique et en partie expérimentale stimulante, en montrant le potentiel d'analyses de réseaux géolocalisés et se fondant sur des bases de données généalogiques conséquentes. La dimension spatiale occupe une place significative aussi dans la contribution de Fabrice Boudjaaba qui illustre l'influence des systèmes familiaux sur le développement d'une communauté rurale investie par l'industrialisation dans la France du XIXe siècle. Son analyse, fondée sur un corpus généalogique couvrant une longue période, démontre les différences de comportement économique des anciennes familles enracinée dans la localité par rapport à celles des nouveaux arrivé·e·s, et dévoile des mécanismes de continuité d'une propriété paysanne, bien enracinée dans l'espace local ainsi que dans un système social, tout en laissant transparaître les dynamiques transformant un espace agricole en ville industrielle.

À l'intérieur de ces divers phénomènes, on devine aussi les rôles et les enjeux de la propriété collective qui définit la troisième piste d'analyse de ce livre. Les recherches sur les formes de propriété collective dans le passé ont reçu d'importantes impulsions grâce aux études d'Elinor Ostrom récompensée par le prix Nobel pour l'économie en 2009. Sa plus célèbre publication – *Governing the Commons*[28] – a marqué un tournant par rapport à un paradigme plus ancien – celui du *Tragedy of the Commons*[29] – selon lequel les propriétés collectives seraient foncièrement peu efficientes et conduiraient automatiquement vers une exploitation excessive.[30] En Suisse, l'intérêt pour les ressources collectives («Common pool resources») est lié à l'une des études de cas centrales du livre d'Ostrom, à savoir celle sur la commune valaisanne de Törbel. Au-delà de ce cas spécifique, étudié originairement par l'anthropologue américain Robert McC. Netting, il est intéressant d'élargir les recherches à l'extraordinaire variété des formes de propriété collective dans la Confédération suisse, en considérant également leur dynamique au travers de différentes époques.[31] En reprenant l'étude classique de Miaskowski,[32] on peut parler pour la Suisse (et, plus en général, de l'arc alpin) d'un véritable «laboratoire» de ce type de possession en commun: les quatre contributions de cette section peuvent être vues

---

28 Ostrom (voir note 20).
29 Garrett Harding, The tragedy of the Commons, in: Science 162, 1968, pp. 1243–1248.
30 Cf. David Schorr, Giacomo Bonan, Alon Jasper, Fabien Locher, Monica Eppinger, Michel Morin, The Tragedy of the Commons at 50. Context, Precedents, and Afterlife. In: Theoretical Inquiries in Law 19/2, 2018; Martin Stuber, Verhinderin des Fortschritts oder Garantin der Nachhaltigkeit? Umwertungen der gemeinschaftlichen Ressourcennutzung in der Schweiz seit dem 18. Jahrhundert, in: Lothar Schilling, Regina Dauser (éd.), Fortschritt und Verlust. Transformationen – Deutungen – Konflikte (sous presse).
31 v. la littérature citée à la note 7.
32 August von Miaskowski, Die Schweizerische Allmend in ihrer geschichtlichen Entwicklung vom XVIII. Jahrhundert bis in die Gegenwart, Leipzig 1879.

dans cette perspective. La contribution de Salome Egloff pose la question de la dimension sociale des régimes prémodernes de propriété, dans lesquels une partie remarquable des ressources était possédée de façon collective par des corporations de village et de quartier ou par des organes situés en dessus des communes. La superposition et l'imbrication entre les droits de propriété et les droits de jouissance ainsi que les rendements irréguliers et la démographie changeante rendaient des adaptations indispensables. Lors des nombreux conflits, plutôt que codifier des règles générales, les tribunaux devaient donc trouver des solutions pragmatiques pour des situations particulières. Cette élasticité des cadres juridiques offrait ainsi aux divers acteurs impliqués d'importantes marges d'argumentation et de négociation. Des marges de négociation qui, comme le montre Matteo Tacca, acquièrent une nouvelle dimension face à l'intervention étatique. Le grand projet de canalisation de l'Isère en Savoie, met en exergue les enjeux économiques et sociaux liés à la propriété des terres affectées par le projet. En fin de compte, les travaux d'amélioration hydrologique se révèlent aussi des projets fonciers qui tendent à marginaliser les formes communautaires de possession de la terre, intervenant donc lourdement dans les équilibres économiques et sociaux au niveau local. Dans d'autres contextes, en revanche, on constate la longue survie de la ductilité juridique à l'égard des formes mixtes entre propriété individuelle et collective, tels les droits collectifs de pâturage sur des parcelles privées, le *jus plantandi* dans les forêts de châtaigniers ou les servitudes dans les bois. La contribution de Mark Bertogliati notamment, met en lumière le caractère dynamique et les capacités de transformation de telles formes de propriété depuis leurs origines médiévales. L'intégration d'intérêts collectifs et privés représente un élément essentiel qui a permis la continuité de telles formes de possession et de jouissance jusqu'au XXe siècle. Karina Liechti et Rahel Wunderli soulignent aussi la capacité d'adaptation des formes collectives de propriété. Les corporations propriétaires devaient tenir compte de facteurs très différents, tels que les caractéristiques du territoire local, l'évolution des exploitations agricoles, ainsi que les positions de l'État à l'égard des régions périphériques, les interventions publiques et la tendance générale à la «modernisation» et à la rationalisation de la production agricole. Ces différents facteurs se manifestent à travers les modifications du rapport à l'espace local et des pratiques collectives, mais aussi dans la mise en œuvre de règlements d'exploitation et dans l'extension du cercle des personnes parties prenantes.

Ce dernier aspect est d'ailleurs en relation avec la quatrième piste d'analyse touchant les rapports d'inclusion et d'exclusion générés par les droits de propriété. En effet, par leur nature même, les droits de propriété établissent des privilèges économiques et des régimes d'inclusion ou d'exclusion de l'accès aux ressources. En instituant la propriété privée comme droit fondamental, la Révolution française tend à lui conférer un statut absolu. Par la suite, les régimes politiques du XIXe siècle tendront à restreindre le droit de vote et le droit politique suivant plusieurs critères, parmi lesquels la propriété foncière assume un rôle crucial. Christiane Cheneaux-Berthelot étudie l'évolution des régimes censitaires dans la France du XIXe siècle, en mesurant leur effet concret sur l'accès au vote et aux organes politiques dans quelques communautés rurales du département de Seine-et-Oise. En se penchant notamment sur la composition sociale des cercles d'électeurs dans les villages considérés, elle observe, d'un côté, un élargissement réel du pouvoir, de l'autre côté, elle met l'accent sur les mécanismes de continuité et de transmission sélective du pouvoir qui permettent à certains groupes et à certaines familles de s'assurer à moyen et à long terme le contrôle des postes stratégiques. Le thème des régimes censitaires est aussi au cœur de l'article d'Alessandro Ratti qui s'intéresse à un cas particulier dans la Suisse du XIXe siècle, à savoir celui du canton du Tessin, région de langue italienne dans l'État confédéral. Le cas est intéressant, parce que le Tessin est le dernier canton à abandonner le régime du vote censitaire, et il le fera uniquement après avoir été soumis à une forte pression de la part de la Confédération. La contribution analyse donc les raisons de cet attachement à la propriété foncière comme base des droits politiques, et parvient à déceler plusieurs raisons qui sont profondément liées à l'histoire politique, sociale et religieuse de la région depuis les débuts de l'époque moderne. Enfin, le rapport d'exclusion et d'inclusion peut être abordé à l'échelle des systèmes juridiques, notamment dans les contextes où divers régimes fonciers et de propriété se sont trouvés en concurrence. C'est notamment le cas de deux Etats africains durant l'époque post-coloniale, analysés par Thikandé Séro. La contribution montre que, si la colonisation a déterminé la mise à l'écart des coutumes à la base des régimes fonciers locaux, avec l'indépendance, au cours des années 1960–1970 au Bénin et au Burkina Faso, les diverses réformes juridiques ont fini par entretenir un pluralisme normatif dans la gestion foncière dans lequel l'héritage des politiques coloniales (par exemple celles sur la domanialité et l'immatriculation des terres) ont continué à coexister avec le droit coutumier précolonial, non pas sans alimenter des conflits fonciers résultant des intérêts opposés entre les formes d'appropriation collective et communautaire des terres et celle privée et individuelle des terres.

Naturellement, tous les aspects intéressants de l'histoire de la propriété n'ont pas pu être abordés dans ce volume – loin de là : ainsi les questions importantes liées au genre ou aux différentes traditions nationales n'ont pas pu être traitées. Malgré ces lacunes inévitables, nous espérons que les contributions de ce recueil représenteront une lecture stimulante et enrichissantes pour toutes les personnes intéressées au sujet.

Luigi Lorenzetti, Sandro Guzzi-Heeb, Martin Stuber

Das Grundeigentum in der historischen Forschung – eine Einleitung

Wem gehört die Schweiz? Diese Frage findet sich auf dem Titelblatt einer 1986 erschienenen Publikation, welche die Geschichte des Grundeigentums in der Schweiz nachzeichnete.[1] Indem der Autor, der Basler Publizist Hans Tschäni, die Konzentrationsprozesse des Grundeigentums und die damit einhergehenden Spekulationsphänomene in den Boomjahren der Nachkriegszeit aufzeigte, nahm er die politische Debatte um die Raumplanung der 1970er- und frühen 1980er-Jahre auf. Im Zentrum stand dabei die Frage, wie Bodenbewirtschaftung im öffentlichen Interesse zu reformieren und gleichzeitig der Verfassungsgrundsatz einer Garantie des Privateigentums zu wahren sei.[2]

Während Tschänis Buch zahlreiche Überlegungen zur Bedeutung des Boden- und Immobilieneigentums im wirtschaftlichen, sozialen und politischen Leben der heutigen Schweiz auslöste,[3] befassten sich die Historiker:innen in unserem Land zunächst nur vereinzelt mit der Thematik[4] und überliessen diese grösstenteils den spe-

1 Hans Tschäni, Wem gehört die Schweiz? Unser Eigentums- und Bodenrecht auf dem Weg zum Feudalsystem: eine kritische Sicht auf den Umgang mit Eigentum und Bodenbesitz in der Vergangenheit und heute, Zürich 1986.
2 Siehe zum Beispiel Martin Lendi, Planungsrecht und Eigentum, in: Zeitschrift für schweizerisches Recht 96/1, 1976, S. 1–224; Augustin Macheret, Droit et politique de la propriété foncière en Suisse, in: Recht als Prozess und Gefüge. Festschrift für Hans Huber, Bern 1981, S. 403–415; siehe etwa die Debatten und Volksabstimmungen über die Einführung einer Steuer auf den Wertzuwachs von Grundstücken und über die Entschädigung von Grundeigentümer:innen bei Enteignung durch den Staat.
3 Siehe François Walter, Propriété privée, équilibre social et organisation de l'espace, in: Geographica Helvetica 41/1, 1986, S. 11–16; Stéphane Nahrath, Le rôle de la propriété foncière dans la genèse et la mise en œuvre de la politique d'aménagement du territoire, in: Antonio Da Cunha, Peter Knoepfel, Jean-Philippe Leresche, Stéphane Nahrath (Hg.), Enjeux du développement urbain durable. Transformations urbaines, gestion des ressources et gouvernance, Lausanne 2005, S. 299–328; ders., Politique d'aménagement du territoire en Suisse: l'apport de la notion de régime institutionnel de ressources naturelles, in: Patrice Melé, Corinne Larrue (Hg.), Territoires d'action. Aménagement, urbanisme, espace, Paris 2008, S. 63–127.
4 Siehe zum Beispiel François Walter, Fédéralisme et propriété privée 1930–1950. Les attitudes

zialisierten Rechtshistoriker:innen.[5] In den letzten Jahren wurde aber die historische Perspektive auf das Grundeigentum wesentlich durch Überlegungen zur Wechselwirkung zwischen Eigentumsregelung und Wirtschaftsdynamik[6] sowie durch Studien zu verschiedenen Formen des Eigentums (*altri modi di possedere*) erweitert, mit besonderem Schwerpunkt auf dem kollektiven Eigentum.[7] Diese Untersuchungen integrierten eine Vielzahl von Ansätzen, welche die wirtschaftliche, soziale, politische und kulturelle Dimension berührten, während sie gleichzeitig weiterhin von der Rechtsgeschichte profitierten. Wichtig waren namentlich die zahlreichen

face à l'aménagement du territoire au temps de crise et de pleins pouvoirs, in: Dokumente und Informationen zur schweizerischen Orts-, Regional- und Landesplanung 82, 1985, S. 21–27.

5 Siehe Heinz Rey, Die Grundlagen des Sachenrechts und das Eigentum, Bern 2007; Marcel Senn, Rechtsgeschichte – ein kulturhistorischer Grundriss, Zürich 2007.

6 Für die Schweiz siehe zum Beispiel Anne-Lise Head-König, Property rights in Switzerland during the eighteenth and nineteenth centuries. A possible explanation for different types of economic change?, in: Gérard Béaur, Phillip R. Schofield, Jean-Michel Chevet, Maria Teresa Pérez Picazo (Hg.), Property Rights, Land Market and Economic Growth in the European Countryside (Thirteenth–Twentieth Centuries), Turnhout 2013, S. 515–535.

7 Diese bekannte Formulierung von Carlo Cattaneo wurde aufgenommen von Paolo Grossi, «Un altro modo di possedere». L'emersione di forme alternative di proprietà alla coscienza giuridica postunitaria, Milano 1977; für die Schweiz siehe Anne-Lise Head-König, Les biens communs en Suisse aux XVIIIe et XIXe siècles: enjeux et controverses, in: Marie-Danielle Demélas, Nadine Vivier (Hg.), Les propriétés collectives faces aux attaques libérales (1750–1914). Europe occidentale et Amérique latine, Rennes 2003, S. 98–118; Daniel Schläppi, Verwalten statt regieren. Management kollektiver Ressourcen als Kerngeschäft von Verwaltung in der alten Eidgenossenschaft, in: Traverse 18/2, 2011, S. 42–56; Anne-Lise Head-König, Commons land and collective property in pre-Alpine and Alpine Switzerland. Tensions regarding access to resources and their allocation (Middle Age – twentieth century), in: Niels Grüne, Jonas Hübner, Gerhard Siegl (Hg.), Ländliche Gemeingüter. Kollektive Ressourcennutzung in der europäischen Agrarwirtschaft, Innsbruck, Wien, Bozen 2015, S. 232–243; dies., The commons in highland and lowland Switzerland over time. Transformations in their organisation and survival strategies (seventeenth to twentieth century), in: Tobias Haller, Thomas Breu, Tine De Moor, Christian Rohr, Heinzpeter Znoj (Hg.), The Commons in a Glocal World. Global Connections and Local Responses, London 2019, S. 156–172; dies., Luigi Lorenzetti, Martin Stuber, Rahel Wunderli (Hg.), Kollektive Weiden und Wälder. Ökonomie, Partizipation, Nachhaltigkeit. Geschichte der Alpen 24, 2019; Luigi Lorenzetti, Beni comuni e diritti d'uso nelle terre ticinesi dell'Otto e Novecento: i percorsi carsici della proprietà divisa, Archivio Scialoja-Bolla, in: Annali di studi sulla proprietà collettiva, 2019, S. 177–201; Tobias Haller, Karina Liechti, Martin Stuber, François-Xavier Viallon, Rahel Wunderli (Hg.), Balancing the Commons in Switzerland. Institutional Transformations and Sustainable Innovations, London 2021; Daniel Schläppi, Gelebtes und erlebtes Recht. Die Rechtskultur von Kommunen und Korporationen in der alten Eidgenossenschaft als Bollwerk gegen Rechtsvereinheitlichung, in: Rechtskultur. Zeitschrift für Europäische Rechtsgeschichte 9, 2021, S. 1–36; Luigi Lorenzetti, Roberto Leggero, A Collective Institution Metamorphosed. The patriziati in the Ticino Alps Between Historical Heritage and New Functions, in: Journal of Alpine Research 2021, S. 1–15; Martin Stuber, Urban farming in der Agrargesellschaft – Die Allmende der Churer Bürgerschaft, in: Ansgar Schanbacher (Hg.), Tiere und Pflanzen in der Stadt der Frühen Neuzeit. Forum Stadt 48/1, 2021, S. 11–27; ders., Milchpipeline und Schneekanonen – Gemeinschaftliches Eigentum und integrierte Raumordnung auf den Churer Alpen in Arosa, in: Romed Aschwanden, Maria Buck, Patrick Kupper, Kira J. Schmidt (Hg.), Nutzungskonflikte seit 1950. Geschichte der Alpen 27, 2022, S. 158–175.

Studien, die entweder direkt an die neoinstitutionalistische Schule anknüpften[8] oder aber in Auseinandersetzung mit dieser entstanden.[9] Dabei ermöglichte der Einbezug der Rechtsgeschichte, den Begriff des Grundeigentums verstärkt als Ergebnis philosophischer, ideologischer und politischer Konstruktionen und ökonomischer Modelle zu erkennen, die im Laufe der Zeit das Verhältnis von Individuen und Gesellschaften zu materiellen Gütern verändert haben. So liess die Auflösung des römischen Eigentumsbegriff im mittelalterlichen Recht eine zusammengesetzte Institution entstehen, die von zahlreichen Körperschaften und Akteuren ausging. Für den mittelalterlichen und frühneuzeitlichen Menschen liess sich das Eigentum an einem Gut zwischen demjenigen, dem die abstrakte Inhaberschaft zukam (*dominium directum*), und denjenigen, welche die Nutzung innehatten (*dominium utile*), aufteilen. Indem sich solche Nutzungsrechte räumlich überlagerten oder sich im Jahreslauf zeitlich ablösten, konnten die Ansprüche auf einzelne Ressourcen differenziert reguliert werden.[10]

Die politische Philosophie und die Rechtsphilosophie des 17. und 18. Jahrhunderts stellten das Prinzip der *plura dominia* infrage und ebneten damit den Weg für die liberale Revolution. Mit der Erklärung der Menschen- und Bürgerrechte von 1789 wurde das individuelle Privateigentum auf die Stufe eines «unverletzlichen und heiligen» Rechts erhoben (Art. 17). Ungeachtet der Überreste alter intellektueller Traditionen (insbesondere der platonischen, der frühkirchlichen und der franziska-

---

8   Siehe besonders Douglass C. North, Institutions, Institutional Change and Economic Performance, Cambridge 1990. In der gleichen Perspektive zum Beispiel Jean-Laurent Rosenthal, The Fruits of Revolution. Property Rights, Litigation and French Agriculture, 1700–1860 (Political Economy of Institutions and Decisions), Cambridge 1992; Joshua Getzler, Theories of property and economic development, in: Journal of Interdisciplinary History 24/4, 1996, S. 639–669.

9   Siehe Gérard Béaur, Jean-Michel Chevet, Droits de propriété et croissance. L'émergence de la propriété ‹parfaite› et l'ouverture du marché foncier moteur de la croissance agricole?, in: Histoire & sociétés rurales 48/2, 2017, S. 49–92; Michela Barbot, When the History of Property Rights Encounters the Economics of Conventions. Some Open Questions Starting from European History, in: Rainer Diaz-Bone, Claude Didry, Robert Salais (Hg.), Law and Conventions from a Historical Perspective, Historical Social Research, Special Issue 40/1, 2015, S. 78–93; dies., Non tutti i conflitti vengono per nuocere. Usi, diritti e litigi sui canali lombardi fra XV e XX secolo (prime indagini), in: Luca Mocarelli (Hg.), Quando manca il pane. Origini e cause della scarsità delle risorse alimentari in età moderna e contemporanea, Bologna 2013, S. 35–56.

10 Siehe Jacques Poumarède, Le point de vue de l'historien, in: Daniel Tomasin (Hg.), Qu'en est-il de la propriété? L'appropriation en débat, Toulouse 2006, S. 15–21, https://books.openedition.org/putc/1728, DOI: 10.4000/books.pute.1728; David Aubin, Stéphane Nahrath, De la plura dominia à la propriété privative. L'émergence de la conception occidentale de la propriété et ses conséquences pour la régulation des rapports sociaux à l'égard de l'environnement et du foncier, in: Céline Travési, Maïa Ponsonnet (Hg.), Les conceptions de la propriété foncière à l'épreuve des revendications autochtones. Possession, propriété et leurs avatars, Marseille 2015, S. 51–78; Michela Barbot, Per una storia economica della proprietà dissociata. Efficacia e scomparsa di «un altro modo di possedere» (Milano, XVI–XVII secolo), in: Materiali per una storia della cultura giuridica 38/1, 2008, S. 33–61.

nischen),[11] die eine kritische Haltung gegenüber dem Eigentum aufrechterhielten, etablierte sich der Besitzindividualismus als eine der grundlegenden Kategorien der Moderne. Trotz der fundamentalen Kritik mehrerer grosser Denker im 18. und 19. Jahrhundert, die das Privateigentum als Ursprung der Ungleichheit (Rousseau), als Produkt eines Diebstahls (Proudhon) oder als Mittel zur Herrschaft des Menschen über den Menschen (Marx) bezeichneten, förderte die «grosse Transformation» die Ersetzung des Gebrauchswerts des Eigentums durch seinen Tauschwert.[12] Diese Entwicklung verlieh den Eigentümer:innen jedoch kein unbegrenztes *dominium*. Der Gesellschaftsvertrag, welcher aus der Französischen Revolution hervorging, unterschied zwischen Bodeneigentum und Raumaneignung[13] und übertrug dem Staat die Pflicht, das kollektive Interesse zu sichern und zu fördern. Darin enthalten war auch das Recht, das *dominium* der Eigentümer, das heisst *usus, fructus* und *missus*, einzuschränken.[14]

Diese weitreichenden historischen Veränderungen prägten die wirtschaftliche, soziale und politische Dynamik der westlichen Welt. So konstituierten sich die verschiedenen Agrarlandschaften in Europa über Jahrhunderte durch die unterschiedlichen Formen des Grundeigentums, und der Grund- und Immobilienbesitz prägte die Strategien, das Vermögen und die Schicksale von Familiendynastien und sozialen Gruppen sowie generell die sozialen und geschlechtsspezifischen Hierarchien. Darüber hinaus war der Immobilienbesitz keineswegs nur eine Form der «Versteinerung des Geldes», sondern blieb (und bleibt auch heute noch) – über die Bauindustrie und ihre von der keynesianischen Doktrin formulierte antizyklische Funktion hinaus – ein Schlüsselsektor der Wirtschaft. Obschon im 19. Jahrhundert die Industrialisierung die produktive Rolle des Bodens abschwächte, verlor der Grundbesitz keineswegs seine grosse Bedeutung, namentlich nicht diejenige eines sicheren Hafens für Kapital während Wirtschaftskrisen. In der postindustriellen Ära schliesslich erweckt die Finanzialisierung und Entmaterialisierung der Wirtschaft den Eindruck, dass Eigentum, insbesondere Grundeigentum, in den Strategien der globalisierten Wirtschaft nur noch eine untergeordnete Rolle spiele. In Wirklichkeit bleibt die Kontrolle über Grund und Boden aber für verschiedene Wirtschaftssektoren von zentraler Bedeutung, insbesondere für die Logistik, die Bauindustrie und die extensive Landwirtschaft. Selbst für scheinbar weitgehend entmaterialisierte Sektoren wie das Finanz- und Versicherungswesen hat die Besetzung strategischer Flächen,

11 Siehe Peter Garney, Penser la propriété. De l'antiquité jusqu'à l'ère des révolutions, Paris 2013, S. 21–132.
12 Siehe Karl Polanyi, The Great Transformation, New York 1944.
13 Siehe Pierre Bergel, Appropriation de l'espace et propriété du sol. L'apport du droit immobilier à une étude de géographie sociale, in: Norois. Environnement, aménagement, société 195/2, 2005, http://journals.openedition.org/norois/479, DOI: 10.4000/norois.479.
14 Siehe Luigi Lorenzetti, Michela Barbot, Luca Mocarelli (Hg.), Property Rights and their Violation. Expropriations and Confiscations, 16th–20th Centuries, Bern 2012.

zum Beispiel im Zentrum grosser Metropolen, strukturelle und symbolische Funktionen, die nicht unterschätzt werden sollten. Im Wettlauf um die Aneignung natürlicher Ressourcen kommt dies durch das «räuberische» Phänomen des *land grabbing* zum Ausdruck, das für die Agrarindustrie und für multinationale Konzerne auf der Suche nach Rohstoffen mittlerweile die vorteilhafteste Form der Profitmaximierung darstellt.[15]

Verschiedenen Beobachtern zufolge hat die Globalisierung des späten 20. und frühen 21. Jahrhunderts eine Art *neo-medievalism* hervorgebracht, was sich in verschiedenen Formen des rechtlichen Polyzentrismus manifestiert, wo globale Akteure zu neuen Subjekten werden, die (direkt oder indirekt) Recht produzieren.[16] Mit anderen Worten: Ähnlich wie im Mittelalter, das durch die Pluralität der in einem Gebiet geltenden Rechte gekennzeichnet war, ist der Staat heute dabei, sein Monopol auf die Rechtsproduktion zu verlieren, da andere Akteure potenzielle «Grundherrschaften» schaffen, in denen das Eigentum (insbesondere das Eigentum an Grund und Boden) mit der öffentlichen Gewalt verschmilzt. Zu beobachten ist dies bei multinationalen Konzernen, deren Recht spontan als Antwort auf die Anforderungen des Marktes und unabhängig von den Staaten, in denen sie tätig sind, generiert wird,[17] oder im Fall Chinas, das aktuell sein innerstaatliches Recht auf nicht chinesische Seehäfen entlang der Neuen Seidenstrasse auslagert.[18]

Der *neo-medievalism* zeigt sich auch in der Rückkehr von Eigentumsformen, welche die liberale Ideologie des 18. und 19. Jahrhunderts auszulöschen versuchte. So scheinen die *plura dominia*, die im Namen der Rationalisierung und der wirtschaftlichen Effizienz angegriffen wurden, durch Digitalisierung und Entmaterialisierung von Waren und Dienstleistungen wieder aufzutauchen. Diese Prozesse erzeugen weniger die Schaffung von Eigentumsrechten als den Gebrauch von Nutzungsrech-

---

15 2016 gab es 300 Transaktionen mit 30 Millionen Hektaren, die in 70 Ländern verteilt wurden, die Hälfte davon in Afrika. Alessandro Stanziani, Capital terre. Une histoire longue du monde d'après (XIIe–XXIe siècle), Paris 2021, S. 13. Siehe auch Annelies Zoomers, Globalisation and the foreignisation of space: seven processes driving the current global land grab, in: The Journal of Peasant Studies 37/2, 2010, S. 429–447; Marc Edelman, Carlos Oya, Saturnino M. Borras (Hg.), Global Land Grab. History, Theory and Methods, New York 2015; Pablo F. Luna, Niccolò Mignemi (Hg.), Prédateurs et résistants. Appropriation et réappropriation de la terre et des ressources naturelles (XVIe–XXe siècle), Paris 2017.
16 Siehe Ugo Mattei, Beni comuni. Un manifesto, Roma, Bari 2011. Für eine Analyse des heuristischen Werts des Konzepts des *neo-medievalism* siehe Federico Lorenzo Ramaioli, La postmodernità come transizione ad un neo-medievalismo giuridico? Tra frammentazione e globalizzazione, in: Rivista della cooperazione giuridica internazionale 66, sept. 2020, S. 80–115.
17 Siehe Olivier Beaud, La multiplication des pouvoirs, in: Pouvoirs 143/4, 2012, S. 47–59; Ali Kairouani, Le pouvoir normatif des entreprises multinationales en droit international, in: Revue internationale de droit économique 34/3, 2020, S. 253–295.
18 Siehe Enguerrand Serrurier, «Le droit international à l'épreuve des nouvelles routes de la soie», in: L'Observateur des Nations Unies, Association française pour les Nations Unies, 2019, 44/1, 2018, S. 40–65.

ten, die beispielsweise durch den Kauf von Lizenzen gesichert werden. Auch die aktuelle Debatte über Gemeingüter (*commons*) ist Teil einer breiten Diskussion über eine alternative Definition von Eigentum, die über die einfachen Dualismen öffentlich/privat respektive Staat/Markt hinausgeht. Dieser Ansatz stellt die Staatsbürgerschaft und die Beziehung des Einzelnen zu den «primären Gütern», die notwendig sind, um die Grundrechte oder die kollektiven Interessen zu sichern, prinzipiell zur Diskussion.[19] Gleichzeitig fordert diese Debatte die Neuinterpretation bestimmter Formen kollektiven Grundeigentums, die im mittelalterlichen und im frühneuzeitlichen Europa verbreitet waren, dann aber zunächst durch das Rechtsdenken des Naturrechts, später durch die physiokratische und liberale Strömung demontiert wurden. Erst gegen Ende des 20. Jahrhunderts wurden diese kollektiven Eigentumsformen durch Modelle rehabilitiert, welche die institutionellen Voraussetzungen für eine nachhaltige Ressourcenverwaltung neu zu definieren begannen.[20]

In dieser Perspektive kann der von der Moderne entwickelte absolute Rechtsanspruch des Staates als eine Übergangszeit zwischen zwei Phasen des Polyzentrismus betrachtet werden, derjenigen des Mittelalters und derjenigen der Gegenwart. Zwischen diesen beiden Epochen erfolgte eine Modernisierung des Eigentumssystems, in der sich die von der Französischen Revolution vorgenommene Trennung von Eigentum und Macht, von Souveränität und Eigentum sowie von Öffentlichkeit und Gesellschaft durchsetzte. Nach Rafe Blaufarb hat dieser Prozess die Grundlagen des Ancien Régime, wo Eigentum und Macht prinzipiell gleichgesetzt wurden konnten, zerschlagen. Damit wurde der Grundstein für eine neue rechtliche und politisch-konstitutionelle Ordnung gelegt.[21]

Das Ende der Grundherrschaft und der privaten Aneignung öffentlicher Macht, von Blaufarb als «grosse Demarkation» bezeichnet, habe es ermöglicht, die Staatsbürgerschaft und demokratische Staatsformen zu realisieren. Letztendlich sei die Einführung einer absoluten Eigentumsordnung die notwendige Voraussetzung für das Versprechen von Freiheit und Gleichheit der Bürger gewesen, auch wenn die Schaffung der Zensusregime dazu geführt habe, dass diese Neuerung zumindest auf politischer Ebene stark relativiert wurde. Gleichzeitig habe die Abschaffung der privaten Aneignung der Macht die Bildung einer einheitlichen und unteilbaren nationalen Souveränität möglich gemacht.

---

19 Siehe Stefano Rodotà, Il diritto di avere diritti, Roma, Bari 2012, S. 105–138; Benjamin Coriat (Hg.), Le retour des communs. La crise de l'idéologie propriétaire, Paris 2015; J. K. Gibson-Graham, Jenny Cameron, Stephen Healy, La construction du commun comme poulitique post-capitaliste, in: Multitudes 70/1, 2018, S. 82–91.

20 Siehe Elinor Ostrom, Governing the Commons. The Evolution of Institutions for Collective Action (Political Economy of Institutions and Decisions), Cambridge 1990; Joachim Radkau, The Age of Ecology. A Global History, München 2011, S. 15–22.

21 Rafe Blaufarb, L'invention de la propriété privée. Une autre histoire de la révolution, Paris 2019, S. 18 f.

Dieses umfassende Projekt der «Privatisierung» des Eigentumsrechts wurde durch die Unterscheidung zwischen den Vorrechten der öffentlichen Hand und den Attributen des Eigentums ermöglicht. Es wurde mit der umfassenderen Perspektive der territorialen Kontrolle durch die modernen Staaten, die aus dem Westfälischen Frieden hervorgingen, in Einklang gebracht.[22] Wie Charles Maier feststellte, ist diese Kontrolle auch durch die Organisation des Raums innerhalb der Staatsgrenzen aufgebaut worden. Seit dem 18. Jahrhundert entwickelte sich das Eigentum an Grund und Boden zu einem zentralen Thema der staatlichen Souveränität. Durch die Eintragung des Eigentums von Privatpersonen ins Kataster sicherte sich der Staat die Kontrolle über die Steuereinnahmen und festigte seine Macht über das Territorium. Selbst in England, wo das Kataster misstrauisch beäugt wurde, weil es die Freiheit und die etablierten Interessen bedrohte, förderten die Landeliten durch ihren Einfluss und ihre dominierende Stellung im Parlament die Einfriedungen (*enclosures*) und die damit verbundenen Katasterpläne.[23] Denn diese stellten sowohl die Voraussetzung als auch das Ergebnis des ländlichen Kapitalismus und der Umwandlung von Boden in eine Ware dar.

Diese vielfältigen Aspekte erinnern uns daran, dass Eigentumsprinzipien innerhalb von Rechtssystemen, die den jeweiligen politischen und kulturellen Rahmen widerspiegeln, immer wieder von neuem ausgehandelt werden. Ausgehend von der Definition des Eigentums als «pouvoir fondé en droit qu'ont les personnes de disposer de choses»[24] beinhaltet Eigentum als historisches Konzept zum einen die verschiedensten Formen von Ausschluss des anderen,[25] zum anderen die unterschiedlichen Relationen zwischen einem Subjekt und einem Objekt. Mit anderen Worten: «[…] à des époques différentes, des perceptions différentes produisent des façons plus ou moins subtilement différentes de traiter ce qui est généralement considéré comme une question centrale de la vie sociale et morale; à savoir la propriété – ses origines, sa légitimité et son statut.»[26]

Ursprung, Legitimität, Status: drei Leseschlüssel, die in den verschiedenen Beiträgen, welche in dieser Ausgabe des «Schweizerischen Jahrbuchs für Wirtschafts-

---

22 Charles S. Maier, Once Within Borders. Territories of Power, Wealth and Belonging since 1500, Cambridge, London 2016 (besonders Kapitel III und IV).
23 Siehe Roger J. P. Kain, Elizabeth Baigen, David Fletcher, Relevé cadastral en Angleterre et au Pays de Galles: la propriété privée, l'Etat et les plans manquants, in: Florence Bourillon, Pierre Clergeot, Nadine Vivier (Hg.), De l'estime au cadastre en Europe. Les systèmes cadastraux aux XIXe et XXe siècles, Vincennes 2008, S. 21–46: «[…] la conception anglaise de la ‹liberté›, bloqua [néanmoins] l'élaboration d'un plan cadastral servant les intérêts du pouvoir exécutif.»
24 Dieter Gosewinkel, Introduction. Histoire et fonctions de la propriété, in: Revue d'histoire moderne & contemporaine 61/1, 2014, S. 7–25, hier S. 8.
25 Siehe Philippe Simler, Qu'est-ce que la propriété, in: Daniel Tomasin (Hg.), Qu'en est-il de la propriété? L'appropriation en débat, Toulouse 2006, S. 251–258, https://books.openedition.org/putc/1761, DOI: https://doi.org/10.4000/books.pute.1761.
26 Garney (Anm. 11), S. 17.

und Sozialgeschichte» versammelt sind, unterschwellig präsent sind und ein breites Spektrum an Fragestellungen ins Spiel bringen. Ohne den Anspruch zu haben, diese erschöpfend zu behandeln, bieten die von der Schweizerischen Gesellschaft für Wirtschafts- und Sozialgeschichte in Zusammenarbeit mit der Schweizerischen Gesellschaft für ländliche Geschichte herausgegebenen Beiträge einen Einblick in einige Analyseansätze, die in den letzten Jahren den Dialog zwischen der Wirtschafts- und Sozialgeschichte und der Rechts- und Institutionengeschichte wiederbelebt haben.

Der erste dieser Ansätze zielt auf den bemerkenswerten Reichtum der *Formen und Bedeutungen von Eigentum* in den verschiedenen historischen Kontexten und hinterfragt die Wurzeln und Implikationen dieser Variationen. Ausgangspunkt der Studie von *Philipp Winterhager* ist die Tatsache, dass «Eigentum» ein ganzes Bündel von Verhältnissen einer Person zu einer Sache bedeuten konnte. Mit dem akribischen Nachverfolgen einer sich wandelnden Urkundensprache zeigt er auf, dass am Ende des 10. und am Beginn des 11. Jahrhunderts die Betonung zunehmend weniger auf dem Besitzcharakter lag (proprietas). Vielmehr wurden der Tausch selbst und die Tatsache, dass Güter schon zuvor und auch später wieder die Hände wechselten, stärker betont. Kurz: Man verbalisierte «Eigentum» zunehmend von seiner Mobilisierbarkeit her. Die Vielfalt der Formen des Besitzes und sogar der Rechte, die auf ein und derselben Immobilie beruhen können, wird auch im Beitrag von *Volker Stamm* behandelt, der dem spätmittelalterlichen Südtirol/Trentino gewidmet ist. Dieser Formenreichtum kann nicht auf abstrakte, von den damaligen Juristen theoretisierte Rechtskategorien wie *dominium directum* und *dominium utile* reduziert werden, sondern erfordert feinere Analyseinstrumente, die näher an den wirtschaftlichen und sozialen Realitäten liegen. Die verschiedenen Eigentumsformen erscheinen in den vom Autor herangezogenen Quellen denn auch ausgesprochen divers. Ähnliche Überlegungen finden sich im Beitrag von *Pablo F. Luna*, der eine komparatistische und transnationale Perspektive eröffnet, indem er die Notwendigkeit hervorhebt, den Einfluss des Erbes der kastilischen «Rechtsfamilie» und der Praktiken der «Kolonisierung» der iberischen Halbinsel nach der arabischen Besetzung zu berücksichtigen. Nur damit kann die Herausbildung eines spezifischen Modells der kolonialen Ansiedlung in Spanisch-Amerika erklärt werden. Ungeachtet ihres hegemonialen Charakters stand die absolute Aneignung von Boden in Spanisch-Amerika in ständiger Konfrontation mit den indigenen Bräuchen, die, weit davon entfernt, in der Kolonialmacht vollständig aufzugehen, nicht selten originelle und neuartige Formen hervorbrachten. Die rechtlichen Trennlinien finden sich ebenfalls im Beitrag von *Michela Barbot*, die in ihrem Überblick über die verschiedenen Regelungen des Immobilienbesitzes in den frühneuzeitlichen Städten die Hypothese der urbanen Matrix des individuellen Privateigentums diskutiert. Tatsächlich war der Zugang zu vollem Wohneigentum in den europäischen Städten dieser

Zeit keineswegs die Norm, sondern einer Minderheit von Individuen vorbehalten. Ein grosser Teil der städtischen Wohnformen wurde durch Erbpachtverträge, Rentenpachtverträge oder *livelli* geregelt, die letztlich die rechtliche Kluft zwischen der städtischen und der ländlichen Welt relativieren.

Der zweite Analysepfad schliesst die Thematik «Eigentum» an die Forschungen der letzten Jahrzehnte in den Bereichen Familien- und Verwandtschaftsgeschichte an (*Eigentum, Verwandtschaft, soziale Netzwerke*). Diese Forschungen zeigen, dass Eigentum nicht nur als individuelles Recht betrachtet werden kann, sondern dass es über Familiensystem und Erbrecht die materielle Grundlage für komplexe, oft zeitlich überdauernde soziale Gruppen begründete. Verwandtschaft kann daher als eine weitere Sprache verstanden werden, die es ermöglicht, über Eigentum und dessen intergenerationelle Weitergabe zu sprechen.[27] Die Kodifizierung dieser Rechte war sicherlich eine zentrale Herausforderung für die modernen Staaten. Auf der anderen Seite wurden seit dem 18. Jahrhundert bestimmte Formen der Beschränkung der Zirkulation von Land wie die Fideikommisse zum Gegenstand der Kritik von Reformern und später von liberalen Staaten.

Mehrere Beiträge in diesem Band beschäftigen sich daher aus unterschiedlichen Blickwinkeln und auf der Grundlage ebenso unterschiedlicher Methoden mit den vielgestaltigen Beziehungen zwischen Eigentumsformen und Verwandtschaftssystemen. So konzentriert sich die Analyse von *Matthias Donabaum*, *Margareth Lanzinger* und *Janine Maegraith* anhand eines breiten Spektrums von Quellen aus städtischen und ländlichen Regionen des Südtirols/Trentino und Niederösterreichs auf die Beobachtung von Eigentum als soziale Praxis, die im Kontext der Grundherrschaft des 18. Jahrhunderts selbst innerhalb ein und desselben Rechtssystems stark variieren konnte. Von den vielfältigen Beziehungen zwischen Eigentum und Erbschaftsformen sollen zwei Beispiele angedeutet werden. Durch die Übernahme der Erbschaft sicherte sich ein Geschwisterpaar zum einen die für den Betrieb notwendige Arbeitskraft, erleichterte zum anderen den späteren Zugang zu Krediten durch die gemeinsame Übernahme der auf dem Betrieb lastenden Schulden. Bei der Übergabe des Betriebs an die Kinder behielt sich die Elterngeneration durch besondere «Ausgedingeverträge» bestimmte Güter wie Gärten, Felder oder Weinberge vor, um sich eine gewisse wirtschaftliche Unabhängigkeit zu sichern.

Familienbande stehen ebenfalls im Mittelpunkt der von *Stefania Bianchi* analysierten Strategien zur Inwertsetzung der Tessiner Marmorbrüche. Wenn die Steinbrüche unter ein bestimmtes Eigentumsrecht fielen, wurden sie als ungeteiltes Gut innerhalb der Familiengruppen verwaltet. Nutzungsrechte konnten vererbt werden, aber

---

27 Siehe David W. Sabean, Simon Teuscher, Introduction, in: David W. Sabean, Simon Teuscher, Jon Mathieu (Hg.), Kinship in Europe. Approaches to Long-Term Development (1300–1900), New York, London 2007, S. 1–32.

auch Teil von Handelskreisläufen sein, die durch Familiengruppen kontrolliert wurden, die über eine Art Monopol auf Verarbeitungswerkzeuge und Vertriebssysteme verfügten. Der Einfluss von Verwandtschaftsstrukturen auf die Zirkulation von Eigentum ist auch richtungsweisend für die Studie von *Lucas Rappo*, der die Transaktionen in einer Schweizer Landgemeinde im Zeitraum 1797–1799 analysiert und dabei die Dimension des Raums in die Überlegungen einbezieht. Diese wurde oft eher abstrakt betrachtet und selten genau gemessen. Über die erzielten Ergebnisse hinaus nimmt der Aufsatz eine anregende methodologische und teilweise experimentelle Dimension an, indem er das Potenzial von Analysen geolokalisierter Netzwerke aufzeigt und sich dabei auf umfangreiche genealogische Datenbanken stützt. Die räumliche Dimension spielt ausserdem in Fabrice Boudjaabas Beitrag eine wichtige Rolle, indem er den Einfluss von Familiensystemen auf die Entwicklung einer ländlichen Gemeinde im Frankreich des 19. Jahrhunderts darstellt, die von der Industrialisierung betroffen war. Seine Analyse, die auf einem genealogischen Korpus basiert, das einen langen Zeitraum abdeckt, zeigt die Unterschiede im wirtschaftlichen Verhalten der alten Familien, die in der Ortschaft verwurzelt waren, im Vergleich zu den neu hinzugekommenen Einwohner:innen.

Im Rahmen dieser verschiedenen Phänomene lassen sich auch die Rollen und Herausforderungen des *kollektiven Eigentums* erkennen, die den dritten Analyseansatz darstellen. Die Erforschung der historischen Formen von gemeinschaftlichem Eigentum erhielt wesentliche Impulse durch Elinor Ostroms umfassende Studie «Governing the Commons» (1990), für die sie 2009 den Nobelpreis für Wirtschaftswissenschaften erhielt.[28] Dies in Abkehr vom älteren Paradigma «Tragedy of the Commons»,[29] wonach kollektive Ressourcen per se nicht effizient seien und zur Übernutzung führten.[30] Das steigende Interesse an den schweizerischen *common pool resources* ist dabei nicht zuletzt Ostroms zentralem Fallbeispiel Törbel geschuldet. Über diese Walliser Berggemeinde hinaus gilt es, die Schweizer Commons-Landschaft in ihrer ausserordentlichen Vielfalt und zeitlichen Dynamik zu analysieren.[31] Im Anschluss an August von Miaskowskis klassische Untersuchung von 1879[32] kann für die Schweiz nachgerade von einem «Laboratorium» für ge-

---

28 Ostrom (Anm. 20).
29 Garrett Harding, The tragedy of the Commons, in: Science 162, 1968, S. 1243–1248.
30 Siehe David Schorr, Giacomo Bonan, Alon Jasper, Fabien Locher, Monica Eppinger, Michel Morin, The Tragedy of the Commons at 50: Context, Precedents, and Afterlife, in: Theoretical Inquiries in Law 19/2, 2018; Martin Stuber, Verhinderin des Fortschritts oder Garantin der Nachhaltigkeit? Umwertungen der gemeinschaftlichen Ressourcennutzung in der Schweiz seit dem 18. Jahrhundert, in: Lothar Schilling, Regina Dauser (Hg.), Fortschritt und Verlust. Transformationen – Deutungen – Konflikte (im Druck).
31 Siehe die in Anm. 7 genannte Forschungsliteratur.
32 August von Miaskowski, Die Schweizerische Allmend in ihrer geschichtlichen Entwicklung vom XIII. Jahrhundert bis in die Gegenwart, Leipzig 1879.

meinschaftliches Eigentum gesprochen werden. In diesem Kontext sind die vier Studien dieser Sektion zu positionieren.

Salome Egloff fragt nach den sozialen Dimensionen vormoderner Eigentumsregimes, wo sich ein beträchtlicher Teil der Ressourcen im kollektiven Besitz nachbarschaftlicher, dörflicher oder auch überkommunaler Körperschaften befand. Zum einen überlappten sich die vielfältigen Eigentums- und Nutzungsrechte, zum anderen machten die schwankenden Erträge und die sich wandelnden demografischen Verhältnisse laufende Anpassungen nötig. Bei Konflikten standen die Gerichte daher eher vor der Aufgabe, auf den Einzelfall bezogene pragmatische Lösungen zu finden, als allgemeingültige Regeln durchzusetzen. Diese Elastizität der Rechtslage eröffnete für die Akteure bedeutende Spielräume in ihrer Argumentation, Verhandlungsspielräume, die, wie *Matteo Tacca* zeigt, angesichts staatlicher Eingriffe eine neue Dimension erlangten. Am Beispiel der Kanalisierung der Isère in Savoyen betont er die wirtschaftlichen und sozialen Herausforderungen, die aus dem gemeinschaftlichen Grundeigentum hervorgingen, das von diesem Grossprojekt betroffen war. Letztlich handelte es sich bei hydrologischen Verbesserungsmassnahmen auch um Projekte, die dazu führten, die gemeinschaftlichen Formen des Grundeigentums an den Rand zu drängen, und damit das wirtschaftliche und soziale Gleichgewicht auf lokaler Ebene stark beeinträchtigten. In anderen Kontexten hingegen überdauerte die rechtliche Flexibilität von Mischformen lange Zeit. *Mark Bertogliati* untersucht Mischformen von privatem und gemeinschaftlichem Eigentum, so die kollektiven Weiderechte auf privatem Grund, das *ius platandi* in den Kastanienwäldern sowie die Waldservitute. Dabei hebt er Dynamik und Transformationsfähigkeit dieser Eigentumsformen seit ihrem Ursprung im Mittelalter hervor. Die gleichzeitige Integration sowohl von kollektiven als auch von privaten Elementen erweist sich dabei als wesentlicher Faktor für das Fortbestehen solcher Nutzungsformen bis ins 20. Jahrhundert. *Karina Liechti* und *Rahel Wunderli* machen ebenfalls auf die Adaptionsfähigkeit gemeinschaftlicher Eigentumsformen aufmerksam. Die Kollektivkörperschaften hatten sowohl mit den naturräumlichen Verhältnissen vor Ort und dem Wandel der lokalen Landwirtschaftsbetriebe als auch mit nationalen Vorstellungen von peripheren Gebieten, mit staatlichen Interventionen und den allgemeinen Modernisierungstrends in der Agrarproduktion einen Umgang zu finden. Dies zeigt sich in der Veränderung des Raumbezugs, der Modifikation von kollektiven und individuellen Bewirtschaftungspraktiken, der Anpassung der Regelwerke und der Erweiterung der involvierten Personenkreise.

Dieser letzte Aspekt steht in engem Zusammenhang mit dem vierten Analyseansatz, der die durch Eigentumsrechte geschaffenen Ein- und Ausschlussverhältnisse betrifft, *Inklusion und Exklusion*. Eigentumsrechte begründen von Natur aus wirtschaftliche Privilegien und Regelungen des Zugangs zu Ressourcen. Die Einführung des Privateigentums als Grundrecht durch die Französische Revolution tendierte dazu, dem Eigentum einen absoluten Status zu verleihen. Im 19. Jahrhundert spielte der Grundbesitz denn auch die entscheidende Rolle bei der Einschränkung des Wahlrechts und allgemein der politischen Rechte. *Christiane Cheneaux-Berthelot* untersucht die Entwicklung der Zensusregelungen im Frankreich des 19. Jahrhunderts am Beispiel der konkreten Auswirkungen auf den Zugang zum Wahlrecht und zu politischen Gremien in einigen ländlichen Gemeinden des Departements Seine-et-Oise. Indem sie sich mit der sozialen Zusammensetzung der Wählerkreise in den Dörfern auseinandersetzt, beobachtet sie einerseits eine tatsächliche Erweiterung der politischen Rechte, andererseits legt sie den Schwerpunkt auf die Mechanismen der Kontinuität und der selektiven Weitergabe der Macht, die es bestimmten Gruppen und Familien ermöglichte, sich mittel- und langfristig die Kontrolle über strategische Posten zu sichern. Das Thema Zensusregime steht auch im Mittelpunkt des Artikels von *Alessandro Ratti*, der sich mit einem Sonderfall in der Schweiz des 19. Jahrhunderts befasst, nämlich dem Kanton Tessin, einer italienischsprachigen Region im Bundesstaat. Der Fall ist interessant, weil das Tessin der letzte Kanton war, der das System der Zensuswahlen aufgab, und er tat dies nur, nachdem er vom Bund stark unter Druck gesetzt worden war. Der Beitrag erörtert die Ursachen für das Festhalten am Grundeigentum als Grundlage für politische Rechte und kann mehrere Gründe ausmachen, die zutiefst mit der politischen, sozialen und religiösen Geschichte der Region seit der frühen Neuzeit verbunden sind. Das Verhältnis von Ausschluss und Einschluss lässt sich auch auf der Ebene von Rechtssystemen thematisieren, insbesondere in Kontexten, wo verschiedene Land- und Eigentumsordnungen miteinander konkurrierten. Dies gilt für zwei afrikanische Staaten während der postkolonialen Zeit, die von Thikandé Séro analysiert werden. Der Beitrag zeigt, dass die Kolonialisierung zwar dazu führte, dass die Bräuche, die den örtlichen Landbesitzregelungen zugrunde lagen, mit der Unabhängigkeit ausser Kraft gesetzt wurden. In den 1960er- und 1970er-Jahren erhielten die verschiedenen Rechtsreformen in Benin und Burkina Faso aber einen normativen Pluralismus in der Bodenverwaltung aufrecht, sodass das Erbe der kolonialen Politik (zum Beispiel betreffend das Eigentum des Staates und die Registrierung von Grundeigentum) weiterhin neben dem vorkolonialen Gewohnheitsrecht existierte. Die Reformen schürten denn auch verschiedene Konflikte, die sich aus den gegensätzlichen Interessen gemeinschaftlicher und individueller Landaneignung ergaben.

Selbstverständlich konnten nicht alle interessanten und relevanten Aspekte der Geschichte des Eigentums in dieser Publikation behandelt werden. Wichtige Fragen, etwa die Genderdimension oder die Verschiedenheit nationaler Traditionen, mussten ausgeklammert werden. Trotz dieser unvermeidlichen Lücken hoffen wir, dass die Beiträge dieses Sammelbandes eine spannende und bereichernde Lektüre für alle am Thema interessierten Personen darstellen.

Formen und Bedeutungen von Eigentum

Formes et significations de la propriété

Philipp Winterhager

Vom ‹Haben› zum ‹Geben›
Der Wortgebrauch von *proprietas* und die Mobilisierbarkeit von Grundbesitz im Freising des 10./11. Jahrhunderts

From Tenure to Transfer. Uses of proprietas and the Mobilizability of Property in 10th- and 11th-Century Freising
The paper argues that a specific modern legal concept of property cannot be self-evidently adopted to understand early medieval Latin charters. Characteristic linguistic expressions can however be pursued diachronically in larger corpora to comprehend changing notions of ownership. As a case study, the paper examines the use of *proprietas* and its containing formulas in the ca. 450 charters of exchange of 10th- and 11th-century Freising. While *proprietas*, as a conceptual term associating property to its owner, becomes significantly rarer in the 11th century, related shifts in the charters' formulaic language point to a higher attention to the act of exchange itself than its reciprocally stabilizing outcome, and to property's potential to be mobilized. Amplifications and transformations in Freising's own landed property as well as changing views of episcopal power and practice may have formed the background to this linguistic shift, stressing transfer as much as tenure from about 1000 AD.

Frühmittelalterliche Lexik von ‹Eigentum›

Die Frage, was ‹Eigentum› im frühen Mittelalter bedeutete, ist auch ein terminologisches Problem: Während sich in den germanischen Sprachen die Worte «eigen» (*eigan*) und «Eigenschaft» durchgehend nachweisen lassen,[1] berichten Urkunden über den tatsächlichen Umgang mit immobilem Besitz auf Latein. Die Menschen des Frühmittelalters fanden aber keine eindeutige lateinische Entsprechung für «Eigen(schaft)»; althochdeutsche Glossen übersetzen es für *possessio, predium, pa-*

---

1 Gerhard Köbler, Eigen und Eigentum, in: Zeitschrift der Savigny-Stiftung für Rechtsgeschichte. Germanistische Abteilung 95, 1978, S. 1–33.

trimonium, hereditas und andere Wörter, während sich in der Urkundensprache seit der Karolingerzeit vor allem *proprietas* hervortut.[2] Das systematisierende Latein des römischen Rechts hilft hier nicht entscheidend weiter. Zwar waren römische Bestimmungen über Besitzrecht im Frühmittelalter durchaus bekannt,[3] wie sie sich im Codex Theodosianus und im Corpus Iuris Civilis finden, aber eine klar definierte begriffliche Trennung etwa von *proprietas* (oder *dominium*) und *possessio* scheint für Urkundenschreiber, die tatsächliche Transaktionen festhalten mussten, nicht entscheidend gewesen zu sein.[4] Das änderte sich im kirchlichen wie im weltlichen Recht erst ab dem 12. Jahrhundert, ausgehend von einer tieferen und systematischen Beschäftigung mit überkommenen Rechtstexten.[5] Im frühen Mittelalter hingegen lässt sich terminologisch «Besitz, der über das rein faktische Innehaben hinausgeht, [...] nicht (immer) deutlich von Eigentum oder Nießbrauch unterscheiden».[6] Man kann somit für die Zeit vor dem 12. Jahrhundert schwerlich von einem Urkundenvokabular aus dem Rechtswörterbuch ausgehen.

Auch ein moderner Begriff von ‹Eigentum› – als individuelle (oder kollektive), rechtlich bestimmte und abgesicherte Verfügung über eine Sache – kann nicht ohne Weiteres die Erklärung für frühmittelalterliche Phänomene bilden. Doch werden so andere Fragen möglich: Wo nicht ein definierter Begriff, sondern die Verwendung typischer Wörter im Vordergrund steht, ergibt sich die Möglichkeit, dass verschiedene Texte – auch innerhalb derselben Gattung und sogar bei formelhaftem Aufbau von Dokumenten – mit demselben Wort zu unterschiedlichen Zeiten unterschiedliche Dinge ausdrückten. Deswegen empfiehlt sich, will man das Verständnis von

---

2 Deutsches Rechtswörterbuch, Bd. 2, Art. 1, Eigen, Weimar 1932–1935, Sp. 1321. Vgl. Hans-Rudolf Hagemann, Art. Eigentum, in: Handwörterbuch zur deutschen Rechtsgeschichte, Bd. 1, 2. Auflage, Berlin 2008, Sp. 1271–1285, hier Sp. 1271–1273.

3 Vgl. etwa Stefan Esders, Die frühmittelalterliche «Blüte» des Tauschgeschäfts: Folge ökonomischer Entwicklung oder Resultat rechtspolitischer Setzung?, in: Irmgard Fees, Philippe Depreux (Hg.), Tauschgeschäft und Tauschurkunde vom 8. bis zum 12. Jahrhundert (Archiv für Diplomatik, Beiheft 13), Köln 2013, S. 19–44.

4 Ob hier schon im nachklassischen römischen Recht Trennschärfe verloren ging, ist nicht sicher; vgl. Sarah Vandendrissche, Possessio und Dominium im postklassischen römischen Recht. Eine Überprüfung von Levy's Vulgarrechtstheorie anhand der Quellen des Codex Theodosianus und der Postheodosianischen Novellen (Rechtsgeschichtliche Studien, Bd. 16), Hamburg 2006; Mary Cheney, ‹Possessio/proprietas› in ecclesiastical courts in mid-twelfth-century England, in: George Garnett, John Hudson (Hg.), Law and Government in Medieval England and Normandy. Essays in Honour of Sir James Holt, Cambridge 1994, S. 245–254, sieht ab etwa 1150 einen bewussten Gebrauch beider Begriffe.

5 Hagemann (Anm. 2), Sp. 1273–1275; Matthias Kaufmann, Das Recht auf Eigentum im Mittelalter, in: Andreas Eckl (Hg.), Was ist Eigentum? Philosophische Eigentumstheorien von Platon bis Habermas, München 2005, S. 73–87.

6 Alexandre Jeannin, Bart Quintelier, Art. Habere, tenere, possidere, in: Formulae – Litterae – Chartae. Neuedition der frühmittelalterlichen Formulae, https://werkstatt.formulae.uni-hamburg.de/collections/lexicon_entries; vgl. dort auch die Artikel *proprietas, possessio* und *dominium*.

‹Eigentum› in der Praxis materieller Transaktionen untersuchen, ein wortgeschichtlicher statt eines rechtssystematischen Ansatzes.

Das moderne Eigentumsverständnis kann dabei gleichwohl zum Fragen anregen. Peter Garnsey etwa definiert ‹Eigentum› (als Gegenstand historischer Diskurse) als ein Bündel von Rechten: das Recht, eine Sache zu besitzen, zu nutzen, aus ihr Erträge zu erwirtschaften und diese zu nutzen und eine Sache weiterzugeben.[7] Fragt man nach einem historisch-spezifischen Verständnis von ‹Eigentum›, wäre zu untersuchen, welcher dieser Aspekte für die Zeitgenossen im Vordergrund stand beziehungsweise wie [sc. welcher dieser Aspekte] verbalisiert wurde. Dabei ist zu bedenken, dass über ‹Eigentum› im Frühmittelalter vor allem dann geschrieben wurde, wenn es die Hände wechselte: Wir kennen aus dieser Zeit nicht die Traktate und Rechtssystematiken, die ‹Eigentum› zu einer natur- oder positivrechtlichen Frage abstrahieren oder die Vor- und Nachteile von privater und kollektiver Verfügung abwägen.[8] Immobilienbesitz begegnet vor allem in Urkunden, die festhalten sollen, dass Gut X von Person A an Person B übergeht. ‹Eigentum› kann in diesem Zusammenhang gleichwohl an drei Stellen adressiert werden: als Ausgangspunkt (als ‹Eigentum› von Person A), als Ziel des Geschäfts (Übergang an Person B) und in der Beschreibung des praktischen Vorgangs (es handelt sich um einen ‹Eigentümerwechsel›).

Urkunden drücken dies formelhaft aus; aber auch Formeln müssen nicht als bedeutungsleer gelten. Formelhaftigkeit schränkt zwar die semantische Aussagekraft von Einzelstücken ein, doch lässt sich seriell ein Wandel durchaus untersuchen: Was wird wie häufig überhaupt verbalisiert und wie? Was kommt aus der Mode? Welche Ausdrucksalternativen finden sich? Es geht also um die Sprachformen (und -formeln), mit denen die Zeitgenossen die drei genannten Punkte ausdrückten, und um die Frage, welche Bedeutungsvarianten von ‹Eigentum› dabei jeweils mitschwingen.

Den Fragen soll im Folgenden anhand eines einzelnen Urkundenkorpus für das 10. und 11. Jahrhundert nachgegangen werden. Statt von einem bestimmten Eigentumsbegriff wird vom Wort *proprietas* ausgegangen und nach dessen Gebrauchsweisen gefragt.[9] Der Befund soll zunächst durch die statistische Erfassung

---

7 Peter Garnsey, Property and its Limits: Historical Analysis, in: Bénédict Winiger et al. (Hg.), La propriété et ses limites, Baden-Baden 2017, S. 13–38, hier S. 15.
8 Dazu Hagemann (Anm. 2); Kaufmann (Anm. 5); Garnsey (Anm. 7); Christian Hoffarth, Urkirche als Utopie. Die Idee der Gütergemeinschaft im späteren Mittelalter von Olivi bis Wyclif (Hamburger Studien zu Gesellschaft und Kulturen der Vormoderne, Bd. 1) Stuttgart 2016, S. 43–48.
9 Dietmar Willoweit, Dominium und Proprietas. Zur Entwicklung des Eigentumsbegriffs in der mittelalterlichen und neuzeitlichen Rechtswissenschaft, in: Historisches Jahrbuch 94, 1974, S. 131–156, hier S. 138: «Das Wort *proprietas* der mittelalterlichen Quellen greift einerseits über einen [sachherrschaftlichen] Eigentumsbegriff weit hinaus, erscheint andererseits aber in seiner inhaltlichen Aussage von größerer Bescheidenheit.»

bestimmter Urkundenformeln und -formulierungen erhoben werden. Dabei geht es um die Benutzung von *proprietas* an den drei genannten Positionen innerhalb der Transaktion. Abschliessend wird nach möglichen Gründen für den Wandel in der Verwendung von *proprietas* beziehungsweise der das Wort enthaltenden Formeln gefragt.

Die Freisinger Tauschnotizen des 10. und 11. Jahrhunderts

Die Frage nach Konjunktur und Wortverwendung einschlägiger Termini richtet sich im Folgenden an ein aussergewöhnlich grosses Korpus von Privaturkunden, nämlich die Freisinger Traditionsnotizen.[10] Sie haben in der Forschung einige Aufmerksamkeit erhalten, vor allem um die Charakteristika von Schenkung und Tausch im Frühmittelalter herauszuarbeiten; aber auch sozialgeschichtlich sind sie genutzt worden, um die frühmittelalterliche regionale Gesellschaft Bayerns zu untersuchen.[11] Für beides sind vor allem die früheren (und ungleich reicheren) Bestände der Freisinger Urkunden des 8. und 9. Jahrhunderts genutzt worden. Im Folgenden geht es hingegen um das 10. und 11. Jahrhundert, für das dieses Korpus bisher selten untersucht worden ist. Der Übergang zum Hochmittelalter mit Makroprozessen zunehmender Verrechtlichung und wirtschaftlicher Dynamik begründet das Interesse an diesem aus Sicht der Freisinger Überlieferung späten Zeitraum. Die

---

10 Ediert in: Die Traditionen des Hochstifts Freising (TF), 2 Bände, hg. von Theodor Bitterauf (Quellen und Erörterungen zur bayerischen und deutschen Geschichte, N. F., Bde. 4–5), München 1905–1909. Die Handschriften wurden und werden digital neu aufbereitet; zuletzt Adelheid Krah, Verwaltung und Repräsentation. Freisinger Fernbesitz zwischen Bischofsherrschaft, Königen und Kaisern, den Herzögen von Österreich und der böhmischen Krone. Ein Amtsbuch zum Freisinger Fernbesitz mit einer Handakte aus dem 13. Jahrhundert, in: Beiträge zur altbayerischen Kirchengeschichte 60, 2020, S. 33–144, hier S. 36–39. Sie zeigt neue Perspektiven anhand der Arbeit mit den handschriftlichen Eintragungen. Die hier verfolgte statistische Perspektive muss sich aus Platzgründen auf die Arbeit mit den von Bitterauf chronologisch gereihten Notizen beschränken. Im Bewusstsein der älteren diplomatischen Unterscheidung der Notiz von der Urkunde (weil jene in ihrer Rechtskraft dieser gegenüber defizitär sei) spreche ich hier der sprachlichen Varianz zuliebe gelegentlich auch von Urkunden, da nicht das vermeintliche Ideal des Diploms im Vordergrund steht, sondern die Funktion, die formalisierte Schriftstücke für die Zeitgenossen hatten, nämlich gültige Besitzwechsel zu dokumentieren.
11 Daniel Ludwig, Die Bedeutung von Tausch in ländlichen Gesellschaften des fränkischen Frühmittelalters. Vergleichende Untersuchungen der Regionen Baiern, Alemannien und Lotharingien (Besitz und Beziehungen, Bd. 2), Ostfildern 2020; Geneviève Bührer-Thierry, De la traditio à la commutatio: sens et pratiques de l'échange à Freising du VIIIe au XIe siècle, in: Fees/Depreux (Anm. 3), S. 217–238; vgl. auch Thomas Kohl, Pro ambarum utilitate und die Suche nach der melior pars. Tauschgeschäfte und Tauschstrategien in Bayern vom 8. bis zum 11. Jahrhundert, ebd., S. 201–216. Zum agrarischen Wert der Tauschgüter ders., Lokale Gesellschaften. Formen der Gemeinschaft in Bayern vom 8. bis zum 10. Jahrhundert (Mittelalter-Forschungen, Bd. 29), Ostfildern 2010, S. 106–113.

Frage, welche Bedeutung von ‹Eigentum› in den Tauschnotizen[12] gleichsam mitschwingt, führt im Folgenden zunächst zu den Verwendungsweisen von *proprietas* beziehungsweise zu Ausdrucksalternativen an den Stellen im Urkundenformular, an denen dieses ‹Leitfossil› sonst häufig steht. Der Begriff *dominium*, der im Frühmittelalter synonym zu *proprietas* verwendet werden konnte, findet sich in Freising nur sehr selten.[13] Das Gleiche gilt von *possessio* als Substantiv;[14] hingegen kann ‹Eigentum› auch mit (*legaliter*) *possidere* beschrieben werden. Entsprechende Ausdrücke werden daher ebenso herangezogen.

Am Freisinger Bischofssitz wurden seit dem 8. Jahrhundert Schenkungen und ab der Mitte des 9. Jahrhunderts fast ausschliesslich Tauschgeschäfte[15] seriell festgehalten. Entsprechend dem Gebrauch der Zeit hielt man die Besitzübergabe und die Namen ihrer Zeugen in Form einer Notiz fest. Dies geschah in Form kurzer Schriftstücke, zunächst noch in je einer Ausfertigung für beide Parteien, bald jedoch allein fürs kirchliche Archiv. Dort kopierte man die Notizen in Traditionscodices. In Freising geschah das zuerst nachträglich: Für Schenkungen wurde im ersten Drittel des 9. Jahrhunderts ein Codex angelegt. Auch Aufzeichnungen über Tauschgeschäfte trug man bald zusammen und besonders ab dem 10. Jahrhundert wurden die Tauschnotizen, zumindest zeitweise, offenbar direkt in die Sammlungen geschrieben.[16] Diese Notizen dokumentieren je einen Tausch, meist zwischen dem Bischof und einer einzelnen Person, seltener auch zwischen zwei Laien. In den allermeisten Fällen wurde Land getauscht, bisweilen auch eine bestimmte Zahl von Unfreien, nur ganz selten mobile Habe oder Geld.[17] Was Freising aussergewöhnlich macht, ist nicht die Dokumentation von Tauschgeschäften,[18] sondern ihre schiere Zahl: Von

12 Ich spreche hier von ‹Tauschnotizen› in Abgrenzung von den ‹Traditionsnotizen› im engeren Sinne, wobei diese die (einseitigen) Schenkungen bezeichnen sollen, die vor allem bis zur Mitte des 9. Jahrhunderts aufgezeichnet werden. Zur ‹notitia› als Aufzeichnung eines einzelnen Akts klassisch Oswald Redlich, Die Privaturkunde des Mittelalters (Handbuch der mittelalterlichen und neueren Geschichte, Bd. IV.3), München 1911, S. 68–92; siehe auch unten, Anm. 16.

13 Köbler (Anm. 1), S. 7 f. mit Anm. 52 (nur ein Beleg fürs 10./11. Jahrhundert). Ahd. *eigan* begegnet nur in TF 1007 vom Ende des 9. Jahrhunderts, einer Grenzbeschreibung, keiner Tauschnotiz. Zu volkssprachlichen Einflüssen auf Grenzbeschreibungen vgl. Edward Roberts, Boundary Clauses and the Use of the Vernacular in Eastern Frankish Charters, c. 750–c. 900, in: Historical Research 91, 2018, S. 580–604.

14 Nur in sechs der Urkunden (davon einmal als *triduana possessio*), zuerst TF 1335 (um 1000).

15 Bührer-Thierry (Anm. 11).

16 Allgemein Peter Johanek, Zur rechtlichen Funktion von Traditionsnotiz, Traditionsbuch und früher Siegelurkunde, in: Peter Classen (Hg.), Recht und Schrift im Mittelalter (Vorträge und Forschungen, Bd. 23), Sigmaringen 1977, S. 131–162; Stephan Molitor, Das Traditionsbuch. Zur Forschungsgeschichte einer Quellengattung und zu einem Beispiel aus Südwestdeutschland, in: Archiv für Diplomatik 36, 1990, S. 61–92. Der Wechsel zur direkten Dokumentation musste kein endgültiger Schritt sein, vgl. Redlich (Anm. 12), S. 82 mit Anm. 2.

17 Das gilt schon fürs 8. Jahrhundert: Ludwig (Anm. 11), S. 225–227.

18 Zum frühmittelalterlichen Immobilientausch im regionalen Vergleich Fees/Depreux (Anm. 3); Ludwig (Anm. 11).

den 445 relevanten Freisinger Notizen zwischen 907 und 1098 sind fast 90 Prozent Tauschgeschäfte;[19] wir haben also im Durchschnitt etwa zwei Urkunden pro Jahr. Das ist verglichen mit den allermeisten Bischofssitzen im Frühmittelalter enorm viel und ermöglicht ein serielles Arbeiten wie nur selten. Freising ist also in absoluten Zahlen ein Sonderfall; die Tatsache, dass getauscht wurde, und die Art und Weise, wie das dokumentiert wurde, unterscheiden sich aber nicht fundamental von anderen Bistümern Bayerns.[20]

Eine typische Freisinger Tauschnotiz des 10. Jahrhunderts sieht folgendermassen aus:[21]

«Im Namen Gottes. Es schien günstig und kam zwischen dem verehrungswürdigen Bischof N. und einem Adligen namens N. dazu, einen Tausch zu tun, und so taten sie es.

Deshalb übergab der vorgenannte Adlige in einer verfügenden Handlung in die Hand des genannten Bischofs und seines Vogts N. für die Kirche der heiligen Maria und des heiligen Korbinian, was er an *proprietas* hatte am Ort, der N. genannt wird. Im Gegenzug, zum Ausgleich für diese *proprietas*, gab der genannte Bischof, zusammen mit seinem genannten Vogt, diesem Adligen vonseiten seiner Kirche, was er am N. genannten Ort hatte, als *proprietas* zu haben und damit, was er wolle, zu tun.

---

19 Ich zähle 398 Tauschnotizen unter den 445 vollständigen Stücken zwischen 907 und 1098, ohne die Censualen-Verzeichnisse, aber einschliesslich der Prekarien, da für sie dasselbe Formular verwendet wurde wie für den ‹einfachen› Tausch. Auch *complicationes,* die diesem Formular folgen, wurden aufgenommen, siehe unten, Anm. 29. Alle hier behandelten Einträge stehen in Ms. BayHStA HL Freising 3b. Dieser Codex entstand nicht in einem Zug, sondern enthält Notizsammlungen, gleichzeitige Tauschaufzeichnungen und Einzelblätter. Auch Geschäfte des Domkapitels (11./12. Jahrhundert) sind hier verzeichnet, die aber für diese Untersuchung wenig erbracht haben.

20 Traditionscodices sind vor allem, aber nicht nur aus Bayern und Österreich bekannt. Vgl. Molitor (Anm. 16).

21 Die folgende versteht sich als Übersetzung einer idealtypischen Notiz mit allen relevanten Formeln. Zugrunde liegt TF 1066 von 926/37: *In dei nomine. Placuit atque convenit inter venerabilem Uuolframmum episcopum necnon et quendam nobilem virum nomine Ratpotum quandam commutationem facere sicut et fecerunt. Tradidit itaque predictus nobilis vir in manus prefati episcopi et advocatu sui Adalhardi potestativa manu ad ecclesia* [sic] *beatę Marie semper virginis sanctique Corbiniani confessoris quicquid proprietatis habuit in loco qui dicitur Mazpah et quod idem Ratpodus nuncios episcopi circumduxit. Econtra vero in reconpensatione eiusdem proprietatis tradidit prescriptus laudabilis episcopus una cum iam dicto suo advocato eidem nobili viro de parte sue ecclesię quicquid habuit in loco qui vocatur Prisinga in proprietatem habendum et exinde quicquid libuerit faciendum. Unde et duos commutationes inter se fieri voluerunt, ut uterque quod ab altero accepit teneat atque possideat firmiter nulo* [sic] *contradicente, sed deo aucsiliante aevis temporibus et ut ec commutatio firmior per futura annorum curricula habeatur, testes qui infra scripti sunt per aures traxerunt: Meginhart. Adalfrid. Kotascalh. Meginhart fideiussor. Meginhart.* Das Ziehen an den Ohren kommt nicht immer, aber öfter vor. Es handelt sich um eine nicht nur in Freising oft belegte, schon aus der Antike und den frühmittelalterlichen Leges bekannte Geste der Verpflichtung der Zeugen; vgl. Christina Marie Kimmel-Schröder, Art. Ohrfeige, Ohrenzupfen, in: Handwörterbuch zur deutschen Rechtsgeschichte, Bd. 4, 2. Auflage, Berlin 2017, Sp. 134 f.

So wollten sie zwei Tauschhandlungen miteinander vollführen, auf dass jeder, was er vom anderen erhalten habe, fest besitze (*teneat, firmiter possideat*) ohne irgendjemandes Einspruch und es mit Gottes Hilfe für ewig habe. Und damit dieser Tausch für künftige Zeitläufte gültig bleibe, [es folgt die Überleitung zur Zeugenliste].»
Proprietas kommt hier an den drei genannten Positionen vor (Gabe, Kennzeichnung des Tauschs, Gegengabe). Es zeigt sich auch die inhaltliche Ambivalenz des Wortes, das sowohl ein materielles Objekt als auch ein personales Verhältnis zu diesem Objekt bezeichnen kann.[22] Die Urkunde, die hier als Beispiel dient, wurde zwischen 926 und 937 niedergeschrieben, also am Beginn des Untersuchungszeitraums. Im Folgenden werden diese drei Positionen im Urkundenformular untersucht. Es bleibt bis ans Ende des 11. Jahrhunderts recht stabil – gerade dass die untersuchten Formeln nie ganz verschwinden, manches aber beobachtbar aus der Mode gerät, erlaubt einen statistischen Zugriff auf die Urkundensprache. Zu fragen ist, in welchem Wortumfeld *proprietas* jeweils benutzt wird, wie häufig es benutzt wird und welche Ausdrucksalternativen zur Verfügung standen, wenn ein Urkundenschreiber nicht *proprietas* verwendete.

Proprietas und seine Ausdrucksalternativen im Urkundenformular

Proprietas als ‹gegebenes Gut›

Die erste Stelle im Urkundenformular, an der *proprietas* stehen kann, bezeichnet das Gut, das Tradent A – in aller Regel nicht der Bischof, sondern sein Gegenüber an ihn[23] – übergibt. Die Formulierung, die dazu gewählt wird, kann das Objekt direkt (*dedit proprietatem, quem habuit in loco N.*) oder indirekt so bezeichnen: *dedit quicquid proprietatis* usw. Letzteres ist etwas häufiger;[24] *proprietas* kann also als teilbar gedacht werden. In der Regel folgt dann eine genaue Angabe über Menge und Art des eingetauschten Landes.[25] Vertauschte Unfreie (*mancipia*) werden nicht *proprietas* genannt.[26] Das Wort bezeichnet also Landbesitz beziehungsweise den Status eines Stücks Land, seine Zugehörigkeit zum Geber.
Doch kann das gegebene Gut auch einfach direkt als Stück Land oder Hofstelle beschrieben werden (*terra, hoba, curtiferum* …). Es ist nicht notwendigerweise *prop-*

22 Vgl. Hagemann (Anm. 2); Köbler (Anm. 1), S. 12 f.
23 Daher werden hier auch in der geringen Zahl der Fälle mit umgekehrter Reihenfolge die Gaben der Tauschpartner des Bischofs erfasst.
24 Zumal in der ersten Hälfte des 10. Jahrhunderts; unter den Bischöfen Abraham (957–993), Gottschalk (993–1005) und Egilbert (1005–1039) gleicht sich die Zahl beider Varianten an.
25 Im oben, Anm. 21, zitierten Beispiel folgt eine solche Angabe nicht, aber der Hinweis darauf, dass Dienstleute des Bischofs das empfangene Land abgeschritten hätten.
26 Selten als *propria* oder *in proprium* vergeben, etwa TF 1143, 1346, 1380.

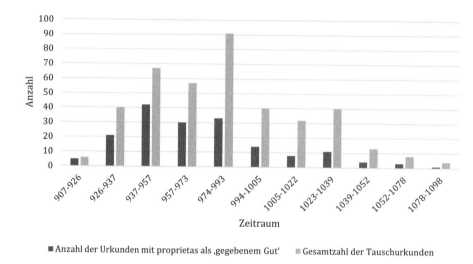

Abb. 1: Gabe von Tradent A als *proprietas*

rietas. Tatsächlich nimmt dessen Verwendung zur Benennung des gegebenen Gutes seit den letzten Jahrzehnten des 10. Jahrhunderts deutlich ab. Trifft man *proprietas* an dieser Stelle bis in die 970er-Jahre hinein noch in mindestens 50 Prozent der Fälle an, sinkt dieser Anteil im späten 10. Jahrhundert deutlich und liegt in der ersten Hälfte des 11. nur mehr bei gut 25 Prozent (Abb. 1).

Damit ist über Bedeutungsvarianten von *proprietas* wenig gesagt. Doch war es ab dem Ende des 10. Jahrhunderts nicht mehr besonders üblich anzugeben, dass das Gut aus der *proprietas* des Gebers stammt; nun überwog die sachliche Bezeichnung des eingetauschten Gutes. Der Begriff, der die persönliche Bindung des Gebers an seinen bisherigen Besitz substantiviert und das Verhältnis beider konzeptualisiert, wurde im 11. Jahrhundert nur noch in seltenen Fällen aufgerufen.

In recompensatione huius proprietatis – der Dreh- und Angelpunkt der Tauschnotiz

Eine zweite Stelle, an der die Tauschnotizen oft von *proprietas* sprechen, ist die Überleitung zur Gegengabe im Mittelteil. Nachdem berichtet worden ist, was Tradent A gegeben hat, folgt immer das Wort *econtra* («im Gegenzug»). In vielen Urkunden wird die nun folgende Transaktion (meist durch den Bischof an sein Ge-

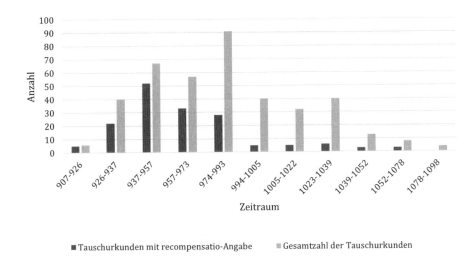

Abb. 2: Anteil der Urkunden mit *recompensatio*-Angabe

genüber) noch ergänzt um die Angabe, sie erfolge *in recompensationem* («zum Ausgleich»). Dieser Ausdruck findet sich aber zeitlich wieder sehr ungleich verteilt. Der Anteil der Urkunden, die ihn verwenden, liegt abermals bis in die letzten Jahrzehnte des 10. Jahrhunderts deutlich über 50 Prozent, fällt dann aber rapide ab. Die *recompensatio*-Angabe wird im letzten Viertel des 10. Jahrhunderts seltener und begegnet im 11. Jahrhundert kaum noch (Abb. 2). Die quantitative Verteilung ist also ähnlich wie bei *proprietas* als gegebenem Gut. Während *econtra* zur Einleitung der Gegengabe erhalten bleibt, gerät die zusätzliche Betonung des Ausgleichs aus der Mode.

Bis ins späte 10. Jahrhundert tendierten die Urkundenschreiber durchaus zur *in-recompensationem*-Formel. Aber Ausgleich wofür? Einige der Tauschnotizen sagen: für die von Tradent A gegebene Sache, also *harum rerum, eorundem mancipiorum* und Ähnliches. Im früheren 10. Jahrhundert kann hier, wie im obigen Beispiel, auch das Wort *proprietas* stehen: *in recompensationem huius proprietatis*.[27]

Bevor im 11. Jahrhundert die *recompensatio*-Angabe ganz aus der Mode gerät, ist aber noch ein anderer Wandel festzustellen: Denn in der zweiten Hälfte des 10. Jahr-

---

27 So oder ähnlich in ungefähr 50 Prozent der *recompensatio*-Angaben zwischen 926 und 957; in den folgenden knapp 150 Jahren nur noch zweimal (TF 1365 und 1451, erste Hälfte 11. Jahrhundert).

hunderts heisst es nicht mehr *in recompensationem rerum* oder *proprietatis*, wird also nicht mehr die (dinglich oder als *proprietas* bezeichnete) Sache vergolten. Vielmehr sprechen die Tauschnotizen jetzt von der *recompensatio huius commutationis* (selten *concambii*, *traditionis*). Ausgeglichen wird nun also im Wortlaut der Urkunden nicht mehr eine Sache beziehungsweise *proprietas*, sondern eine Transaktion. Diese Akzentuierung des Tauschgeschäfts nimmt unter Bischof Lambert (937–957) plötzlich zu und verdrängt danach den älteren Ausdruck fast völlig (Abb. 3).
Am Dreh- und Angelpunkt der Tauschnotiz, bei der Begründung für die Gegengabe – oder, wenn man will, den Preis[28] – rückt ab dem mittleren 10. Jahrhundert das gegebene Objekt aus dem Blick. Bevor eine *recompensatio* als Zweck der (in der Regel bischöflichen) Gegengabe im 11. Jahrhundert nahezu ganz ausbleibt, verändert sich das, was ‹ausgeglichen› wird: Nicht mehr die *proprietas*, die jemand gegeben hat, sondern die Feststellung, *dass* jemand etwas gegeben hat, rückt in den Fokus.

Die Gegengabe *in proprietatem*

Drittens fällt das Leitwort oft, wo der Bischof und sein Vogt (meist an zweiter Stelle) etwas in die *proprietas* des Tradenten geben: *in proprietatem habendum* oder *possidendum*, übrigens bei ewiggültigem Tausch wie bei zeitlich begrenztem Empfang.[29] Die häufige Wortverbindung *in proprietatem possidendum* zeigt zudem, dass man mit *proprietas* und *possidere* keine Unterscheidung zwischen befristetem Besitz und ‹vollem› Eigentümerwechsel traf.
Auch diese Formel wird im ausgehenden 10. Jahrhundert seltener, wenngleich sie nicht verschwindet. Bald trifft man öfter eine Gabe *in proprium*; das mag einfache Varianz sein,[30] zeigt aber auch wieder, dass das Wort *proprietas* selbst aus der Mode gerät. Doch verändert sich auch das, was damit ausgedrückt wurde. Es lohnt

---

28 Zur Interpretation der Tauschgabe als Preis vgl. Laurent Feller, Transformation des objets et valeur des choses. L'exemple de la Vita Meinwerci, in: ders., Ana María Rodríguez López (Hg.), Objets sous contraintes. Circulation des richesses et valeur des choses, Paris 2013, S. 91–122.
29 Prekarische Geschäfte, bei denen ein Landstück bis zum Tod des Empfängers oder seiner Söhne vergeben wird, werden im 11. Jahrhundert häufiger. Sie werden oft wie ein ‹normaler› Tausch beschrieben und (nicht immer) als *complacitatio* bezeichnet; dazu Wolfgang Hessler, Complacitatio. Wortschöpfung und Begriffsbildung bei Vorbehaltsschenkungen an die Kirche im frühmittelalterlichen Bayern, in: Zeitschrift für Bayerische Landesgeschichte 41, 1978, S. 49–92; vgl. Bührer-Thierry (Anm. 11), S. 228 f.; Ludwig (Anm. 11), S. 224 f. Zu Prekarien zuletzt (für Lothringen) Katharina Anna Groß, Visualisierte Gegenseitigkeit. Prekarien und Teilurkunden in Lotharingien im 10. und 11. Jahrhundert (Trier, Metz, Toul, Verdun, Lüttich) (MGH Schriften, Bd. 69), Wiesbaden 2014. Zum Verhältnis von Tausch und Prekarie auch Ludwig (Anm. 11), S. 39 f. Siehe oben, Anm. 19.
30 Ob dahinter ein stärkerer Einfluss von ahd. *eigan* steht, wäre nur eine vage Vermutung.

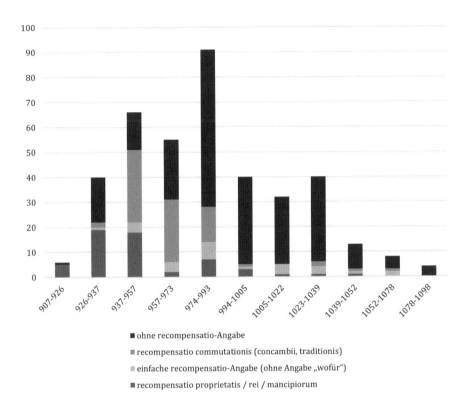

Abb. 3: Anzahl der *recompensatio*-Angaben nach ihrer Formulierung

ein Blick auf das Wortumfeld von *proprietas* und besonders auf das Verb *possidere* (‹besitzen›), das in der Formel, jemand erhalte etwas *in proprietatem possidendum*, mit ihm gemeinsam begegnet.

Verwendungen von *possidere*, um das ‹Ziel› der Transaktion(en) in einem Tauschgeschäft zu beschreiben, finden sich durchgehend. Charakteristisch für die früheren Urkunden – grob gesagt für das 10. Jahrhundert – ist eine Schlussformel, die ursprünglich daher rührt, dass über den Tausch zwei gleichlautende Dokumente ausgestellt werden. In dieser Formel steht am Ende meist der Ausdruck «auf dass jeder, was er vom anderen erhalten hat, fest habe und besitze».[31] *Ut uterque possideat*

---

31 Typisch ist TF 1055: *Unde et duas commutationes inter se fieri voluerunt pari tenore conscriptas, ut uterque quod ab altero accepit firmiter teneat atque possideat.* Siehe auch oben, Anm. 21.

weist so am Ende der Urkunde noch einmal deutlich auf die Gegenseitigkeit des Besitzwechsels hin. Im späten 10. Jahrhundert wurden immer seltener zwei Urkunden ausgestellt,[32] weswegen die Formel in dieser Gestalt verschwindet. Nichtsdestoweniger wird weiterhin, in abgewandelter Form, auf das gegenseitige *possidere* als Ergebnis des Tauschs hingewiesen.[33] Der Bedeutungsgehalt wird also weiterhin ausgedrückt, auch wenn sich die Beurkundungspraxis und mit ihr das Urkundenformular ändern.

Der Ausdruck verschwindet gleichwohl aus den Tauschnotizen, und zwar am Beginn des 11. Jahrhunderts, etwa zu der Zeit, als man auch auf die Angabe der *recompensatio* als Begründung für den Tausch endgültig verzichtete. Stattdessen wird *possidere* nun genutzt, um das Ziel der Transaktion einseitig anzugeben – in der Regel für den Laien, nicht für die Kirche.[34] Nicht mehr «jeder von beiden» soll (ewig oder auf Lebenszeit) besitzen, sondern das wird für den einzelnen Empfänger angegeben.[35] Besitz wird also weiter als Ziel des Tauschs genannt, aber im 11. Jahrhundert wird das nicht mehr reziprok formuliert.

Noch etwas geschieht am Ende des 10. Jahrhunderts mit dieser Formel: Konnte sie schon zuvor[36] erweitert werden um den Zusatz «und damit zu tun, was ihm beliebt» (*in proprietatem possidendum et quicquid voluerit faciendum* und Ähnliches), wird

---

32 Da sich Ausfertigungen für die nichtkirchliche Partei nicht erhalten haben, muss man das aus dem Ausbleiben der *unde-et-duos*-Formel schliessen. Nach Bitterauf, Bd. 2 (Anm. 10), S. XXXXVII–L, fällt sie zuerst bei den zeitlich begrenzten Tauschgeschäften weg, wo nur die eine Partei (die Kirche) ein Interesse an dauerhafter Aufzeichnung hat. Es gilt dann aber bald auch für den ‹ewiggültigen› Tausch. Gleichzeitig steigt die Bedeutung des Zeugenbeweises, also der Rechtshandlung selbst. Allgemeiner Johanek (Anm. 16). Zum Verlust von Urkundenausfertigungen für Laien (im Spätmittelalter) siehe Stefan Sonderegger, Verluste. Zahlen statt Spekulationen: drei Fälle von quantifizierbaren Urkundenverlusten in der Sanktgaller Überlieferung des Spätmittelalters, in: Archiv für Diplomatik 59, 2013, S. 433–452.

33 Eindrücklich TF 1141 (955): *cum testibus firmaverunt, ut uterque quod altero accepit firmiter teneat atque possideat* [...]. Danach aber vor allem wie TF 1153: *ea scilicet ratione, ut uterque quod ab altero accepit firmiter teneat atque possideat* [...]. Dies schliesst unmittelbar an die Gegengabe an. Für Bitterauf, Bd. 2 (Anm. 10), S. L, ist das «der unwesentlichere Teil» der *unde-et-duas*-Formel.

34 Seit dem frühen 10. Jahrhundert wird beim Übergang eines Tauschguts an die Freisinger Kirche der Gedanke der Ewigkeit kirchlichen Besitzes eigens betont, indem man hinzusetzt, eine solche Gabe sei *perpetualiter existendum*. Der Zusatz ist nur bis um 1040 zu greifen, allerdings ist danach die Urkundenzahl gering. Warum er ausgerechnet in den 920er-Jahren auftaucht, ist erklärungsbedürftig. Es könnte sich um einen Nachhall der Synode von Hohenaltheim 916 handeln; jedenfalls ist diese besonders von bayerischen Bischöfen gut besuchte Synode die einzige im frühen 10. Jahrhundert, die den Schutz von Kirchengut behandelte: Die Konzilien Deutschlands und Reichsitaliens 916–1001, Bd. 1, hg. von Ernst-Dieter Hehl (MGH Conc., Bd. 6.1), Hannover 1987, S. 24, Nr. 11.

35 Und zwar manchmal mit der Formel *ut libere possideat*, vor allem bei zeitlich begrenztem Empfang; sonst das genannte (*in proprietatem*) *habendum/possidendum*.

36 Offenbar seit Beginn der Freisinger Tauschaufzeichnung im 9. Jahrhundert, zurückgehend (mindestens) auf die Formulae Marculfi des 7. Jahrhunderts, vgl. Ludwig (Anm. 11), S. 210 f. mit Anm. 1047.

die Reihe dieser Gerundiva als «Übereignungs- bzw. Verfügungsformel»[37] jetzt noch erweitert: So tauchen hier weitere Verben auf, die bestimmen, was der Empfänger mit dem erhaltenen Gut (oder der *proprietas*) tun dürfe, also Rechte und Praktiken der weiteren Verwendung benennen: *commutare* (vertauschen), *vendere* (verkaufen), *in hereditatem relinquere* (vererben), *tradere* (‹verschenken›).[38] Diese Reihe ist beileibe keine Freisinger Erfindung, sondern überkommenes Formelgut. Im konkreten Fall könnte sie aus zeitgenössischen Herrscherurkunden übernommen sein.[39] Will man aber das Hinzutreten solcher ‹Weiterverwendungs-Gerundiva› nicht als reinen Zierrat auffassen, sondern als für die Zeitgenossen sinnhaft, dann unterstreicht es die potenzielle Weitergabe (statt des reinen Habens) der Tauschgüter. Während man seltener den beiderseitigen Besitz als Ziel des Tauschs ausdrückt, wird, wieder von den letzten Jahrzehnten des 10. und bis ins 11. Jahrhundert hinein,[40] ausbuchstabiert, dass die ertauschte *proprietas* für weitere Transaktionen zur Verfügung stehen kann.[41]

37 So die sinnvolle Benennung bei Bernhard Zeller, Diplomatische Studien zu den St. Galler Privaturkunden des frühen Mittelalters (ca. 720–980) (Mitteilungen des Instituts für Österreichische Geschichtsforschung, Ergänzungsbd. 66), Wien, Köln 2022, S. 244 f. Schon dieser Doppelname zeigt an, dass hier verschiedene Aspekte akzentuiert werden können, was sich im Freisinger Fall deutlich zeigt.

38 Etwa zwei Dutzend solcher Reihen finden sich ab TF 1237 (nach 973). TF 1186, 1194, 1201 haben sie auch, doch ist die Datierung des Wortlauts auf vor 973 durch Bitterauf mindestens fraglich, was an anderer Stelle gezeigt werden muss.

39 Vergleichbare Reihen finden sich in etwa 10 Prozent der echten Urkunden Ottos I. und Ottos II., auch in zwei (von drei) Diplomen für Abraham von Freising (DD O II 47 und 66 von 973). Ab da begegnen sie auch in den TF.

40 Alle diese Gerundiva (*commutandum, vendendum, relinquendum, tradendum*) erscheinen letztmals in den 1040er-Jahren unter Bischof Egilbert, ab etwa 1000 als *potestas commutandi* usw. Danach tauchen sie nicht mehr auf, die Zahl der Tauschnotizen nimmt aber auch deutlich ab.

41 Man könnte sich verleitet sehen, hierin eine Übertragung vor allem von Nutzungsrechten zu sehen, etwa im Sinne eines *dominium utile*. Dagegen sprechen aber mehrere Gründe: Es geht in diesen Fällen nicht um die (besitzrechtliche oder gedankliche) Teilung von ‹Eigentum›, sondern um die Übertragung voller Verfügungsgewalt. Das ‹Problem zweier Eigentümer› scheint tatsächlich erst im Hoch- und Spätmittelalter so systematisch behandelt worden zu sein, dass man *dominium utile* von *dominium directum* unterschied – vor allem im Lehnskontext, aber etwa auch bei Eheleuten, jedenfalls da, wo mehr als eine Person im Verständnis der Zeitgenossen das ‹Eigentum› innehatte. Siehe dazu Thomas Rüfner, The Roman Concept of Ownership and the Medieval Doctrine of Dominium Utile, in: John W. Cairns, Paul J. Du Plessis (Hg.), The Creation of Ius Commune. From Casus to Regula (Edinburgh Studies in Law, Bd. 7), Edinburgh 2010, S. 127–142; zum historischen Kontext auch Emanuele Conte, Modena 1182, the origins of a new paradigm of ownership. The interface between historical contingency and the scholarly invention of legal categories, in: Glossae 15, 2018, S. 5–18; beide berufen sich auf die grundsätzlichen Ergebnisse von Robert Feenstra. Dieses Problem ist hier nicht gegeben. Die Freisinger Notizen sind durchaus (sprach)sensibel für Niessbrauch und befristeten Besitz, siehe oben, Anm. 29 und 35. Das ist aber dort gerade nicht gemeint, wo die genannten «Übereignungs- bzw. Verfügungsformeln» auftauchen; sie treten ja neben die Angabe der vollen und freien Verfügungsgewalt. Es geht hier als nicht um eine andere Form oder einen anderen Umfang, sondern um die Betonung eines anderen Aspekts von ‹Eigentum›.

Ein Wandel von ‹Eigentum› im Vokabular der Freisinger Tauschnotizen

An allen drei Stellen, an denen zu Beginn des Zeitraums *proprietas* häufiger genannt wird, sind im späten 10. und im 11. Jahrhundert Veränderungen festzustellen. Grundsätzlich nimmt die Verwendung des Worts ab: Das vom Tradenten gegebene Gut ist immer seltener *proprietas*. Es wird hernach nicht mehr konzeptuell als zum Geber gehörend benannt, sondern konkret dinglich. In eingeschränktem Masse gilt das ab der Wende zum 11. Jahrhundert auch für das im Gegenzug Empfangene. Bei diesem ist vor allem das Hinzutreten von Gerundiva zu beobachten, die nicht mehr nur den Besitz und die freie Verfügungsgewalt betonen, sondern spezifischer das Potenzial des erhaltenen Gutes, Grundlage weiterer Transaktionen zu werden. Nun verschwindet auch die *recompensatio*-Formel, deren Fokus sich schon zuvor vom Objekt auf das Geschäft selbst verschoben hatte; überhaupt wird nun das Ziel beiderseitigen Besitzens nicht mehr stark betont.

Man kann all dies als einfache Änderung im Urkundenformular und -diktat, im Usus der Schreiber verstehen; nur erklärt das erst einmal nichts, sondern wäre selbst zu erklären. Will man nicht annehmen, dass «die Veränderungen, welche die einzelnen Formeln erlitten haben im Laufe der Zeit, von keiner besonderen Bedeutung»[42] seien, kann man Folgendes feststellen: *Proprietas* als Abstraktion eines Objekts und seines Verhältnisses zum Besitzer, als (durch Tausch auszugleichender) Ausgangsstatus, gerät aus der Mode. Das Wort verschwindet nicht völlig, erscheint aber oft nur noch am Ende des Tauschs. *Proprietas* wird nun eher durch Transaktionen erst erzeugt. Diese werden bald auch da stärker betont, wo ausgedrückt wird, dass weitergetauscht (-verkauft, -verschenkt) werden kann; dafür ist dann der unmittelbare Ausgleichscharakter beider Teilhandlungen weniger prominent.[43] Dazu passt, dass jetzt häufiger die Vorbesitzgeschichte der Güter erwähnt wird. Sie werden hier gelegentlich als *proprietas* bezeichnet, sind aber vor allem Besitz, der schon früher die Hände gewechselt hat – wieder ein Hinweis auf die stärkere Aufmerksamkeit, die die Urkundensprache der Mobilisierbarkeit von Landbesitz seit dem Beginn des 11. Jahrhunderts widmet.[44]

---

42 Bitterauf, Bd. 2 (Anm. 10), S. LIII.
43 Und zwar dadurch, dass die *ut ... possideat*-Formel nun einseitig gebraucht wird. TF 1442, 1443 (1039/52) sind besonders eindrücklich, wenn dort Tradent A «zuerst» *(inprimis)* gibt.
44 Etwa TF 1406, 1420, 1423.

Abschliessende Überlegungen

Häufigkeit und Kontext der Verwendung von *proprietas* zeigen also: In den Freisinger Traditionsnotizen wurden um die Wende vom 10. zum 11. Jahrhundert die Konzeptualisierung von Sachen als zugehörig zu Personen und vom Tausch als gegenseitigem Ausgleich dieses jeweiligen ‹Eigentumsverhältnisses› schwächer. An den Stellen, die am Beginn des Untersuchungszeitraums *proprietas* in diesem Sinne nutzten, werden jetzt eher der transaktionale Charakter des Tauschs und die Möglichkeit weiterer Transaktionen betont, also die Mobilisierbarkeit von Grundbesitz. Welche Gründe lassen sich für diese Fokusverschiebung finden? Denkbar wäre, dass die Bischöfe im Laufe der Zeit mit verschiedenen Personengruppen Tauschgeschäfte eingingen, denen man unterschiedliche Besitzrechte und Handlungspotenziale zuschrieb. Der Anteil von Klerikern und von Frauen unter den Tradenten blieb ungefähr gleich, der von Unfreien nahm hingegen im 11. Jahrhundert deutlich zu (Abb. 4).[45] Unter ihnen hat man sich freilich keine mittellosen Bauern vorzustellen, sondern Dienstleute des Bischofs – die entstehende Ministerialität.[46] Unfreiheit ist bei ihnen kein Hindernis, *proprietas* zu haben[47] und mit ewig gültiger Handlungsfreiheit[48] zu erhalten, ebenso wie Unfreie auch selbst andere Unfreie ‹haben› und vergeben können.[49] Zumindest aber korreliert die zunehmende Bedeutung der Mobilisierbarkeit von Besitz nicht mit einem höheren Anteil von Freien unter den Tradenten.

Ein weiterer Erklärungsansatz könnte in der Besitzgeschichte des Bistums Freising zu suchen sein. Der Befund des ‹Eigentums›-Vokabulars wandelt sich vor allem in den letzten zwei Jahrzehnten des 10. Jahrhunderts. In vielen Punkten hebt sich die Urkundensprache dieser Jahrzehnte – die zweite Hälfte des enorm langen Pontifikats Bischof Abrahams – von der der früheren Zeit ab.[50] Weitere hier beobachtete Verschiebungen fallen in die Zeit um 1030 unter Bischof Egilbert.[51] Abraham und

---

45 Vgl. Bührer-Thierry (Anm. 11), S. 222, Abb. 7; dies., Femmes donatrices, femmes bénéficiaires. Les échanges entre époux en Bavière du VIIIe au XIe s., in: Régine Le Jan et al. (Hg.), Dots et douaires dans le haut Moyen Âge, Rom 2002, S. 329–351.
46 Zum Aufstieg von Unfreien in Freising vgl. Wilhelm Störmer, Frühmittelalterliche Grundherrschaft bayerischer Kirchen (8.–10. Jahrhundert), in: Werner Rösener (Hg.), Strukturen der Grundherrschaft im frühen Mittelalter (Veröffentlichungen des Max-Planck-Instituts für Geschichte, Bd. 92), Göttingen 1989, S. 370–410, hier S. 401 f.; Günther Flohrschütz, Die Freisinger Dienstmannen im 10. und 11. Jahrhundert, in: Beiträge zur altbayerischen Kirchengeschichte 25, 1967, S. 9–79.
47 TF 1389 erhält ein *servus* ein Gut gar einseitig *in proprietatem*.
48 TF 1432: *libera potestas*; TF 1373: *perpetim possidendum*; TF 1368: *ut libere possideat*.
49 Etwa TF 1434.
50 Abraham war von 957 bis 993 Bischof von Freising. Nach Bitterauf, Bd. 2 (Anm. 10) lassen sich die Tauschnotizen grob den Zeiträumen 957–972 und 973–993 zuweisen.
51 Vor allem hier nimmt die Betonung des beiderseitigen Besitzens als Ziel des Tauschs ab; gleichzeitig erscheinen vermehrt Angaben zur Vorbesitzgeschichte, siehe bei Anm. 44.

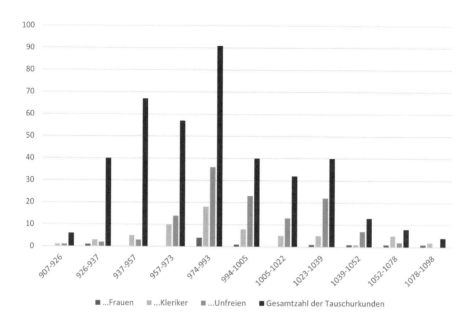

Abb. 4: Anzahl der am Tauschgeschäft beteiligten Frauen, Kleriker und Unfreien

Egilbert waren beide vor ihrem Bischofsamt Teil der königlichen Kanzlei gewesen, und während ihrer Pontifikate erhielt Freising Königsurkunden; die spezifischen und vor allem nachhaltigen Veränderungen im Formular für Tauschgeschäfte decken sich allerdings nicht unbedingt mit Trends im Diktat der Königsurkunden.[52] Ein detaillierter Vergleich mit der königlichen Urkundensprache muss hier aus Platzgründen unterbleiben. Doch mögen auch andere Entwicklungen im Bistum Freising unter Abraham und Egilbert dazu geführt haben, den Tausch als Transaktion – und als Glied einer Kette von möglichen Transaktionen – stärker zu betonen als die Tatsache, dass Güter vor und nach dem Tauschen jemandes fester Besitz waren. So bewirkten etwa die Ungarneinfälle in Bayern, dass in der ersten Hälfte des 10. Jahrhunderts Fernbesitz schlechter zu erreichen und zu nutzen war;[53] Besitzfestigkeit mag hier erstrebenswert gewesen sein. Nach 973, als sich die Formulierungen in wichtigen Punkten wandelten, war Freising deutlich enger in das Reich

---

52 Wenngleich es von dort möglicherweise Anregungen erhielt, siehe Anm. 39. *Proprietas* ist in den Königsurkunden (Stichprobe: je fünf Jahre vor Amtsantritt der beiden Bischöfe, also 952–957, 1000–1005) aber kein sonderlich prominenter Begriff. Man trifft es gelegentlich als ‹Zielstatus› von Transaktionen, kaum als deren Ausgangspunkt.
53 Störmer (Anm. 46), S. 408 f.

eingebunden, die Bischöfe erhielten eine souveränere Position vor Ort, vor allem aber auch just zu diesem Zeitpunkt aus der Hand des Königs umfangreichen Besitz in Niederösterreich, der Steiermark und Kärnten[54] – womit eine Arrondierung und Festigung des Besitzes in Bayern selbst, wo die meisten der getauschten Güter lagen, weniger dringlich geschienen haben mag.

Unabhängig von möglichen konkreten Einflüssen lässt sich fürs 11. Jahrhundert eine neue Konturierung bischöflichen Handlungspotenzials vermuten. In dieser Perspektive sind die Bischöfe diejenigen, die sich durch frühere Transaktionen gewordenen Besitz aneignen und dem Gegenüber weiteres Handeln ermöglichen. Indem man weniger auf *proprietas* als Bindung von Personen an Sachen abhob, das unmittelbare Aufeinander-bezogen-Sein der Tauschhandlungen weniger betonte als am Beginn des Untersuchungszeitraums und dafür häufiger frühere und potenzielle künftige Transaktionen des Gegenübers ausdrückte, wurde der Tausch von einem präsentischen Moment reziproker ‹Eigentums›-Sicherung zum Glied in einer Kette von Transaktionen.

‹Eigentum› kann ein ganzes Bündel von Verhältnissen einer Person zu einer Sache bedeuten. Das Nachverfolgen einer sich wandelnden Urkundensprache hat im Falle Freisings gezeigt, dass dort am Ende des 10. und am Beginn des 11. Jahrhunderts die Betonung zunehmend weniger auf dem Charakter einer Sache als *proprietas*, als zu jemandem gehörend, lag – und wenn, dann als durch Transaktion erzeugt – und dass der Tausch selbst und die Tatsache, dass Güter schon zuvor und potenziell auch später wieder die Hände wechselten, stärker betont wurde. Formeln für den «Ausgleich» und die reziproke Besitzübertragung traten in den Hintergrund. ‹Eigentum› wurde zunehmend von seiner Mobilisierbarkeit her verbalisiert, und dafür schien das Wort *proprietas* sogar eher ungeeignet. In Freising jedenfalls galt beim Tausch von Gütern die Aufmerksamkeit bald mindestens so sehr dem Geben wie dem Haben.

---

54 Gertrud Thoma, Zur Grundherrschaft des Bistums Freising im Hochmittelalter: Organisation und Nutzung der Besitzungen in Bayern und im Ostalpenraum. Ein Vergleich, in: Krista Zach, Mira Miladinović Zalaznik (Hg.), Querschnitte. Deutsch-slovenische Kultur und Geschichte im gemeinsamen Raum (Veröffentlichungen des Südostdeutschen Kulturwerks, Reihe B, Bd. 80), München 2001, S. 21–61, hier S. 28 f. Zur Freisinger Entwicklung allgemeiner Josef Maß, Das Bistum Freising im Mittelalter (Geschichte des Erzbistums München und Freising, Bd. 1), München ²1988, S. 101–142.

Volker Stamm

Dominium als Verhältnis von Menschen zu Land am Beispiel von Südtirol/Trentino in spätmittelalterlicher Zeit

Dominium as a relationship of people to land using the example of South Tyrol/ Trentino in late medieval times
On the way to a theory of property, medieval judicial scholars developed the doctrine of divided ownership (dominium directum vs. dominium utile). Without rejecting the term ‹dominium' completely, as being unsuitable for the analysis of rights on land, I wish to plead in this article for a thorough investigation into its meanings as they appear in the sources on land transactions, drafted by legal practitioners like the notaries in northern Italy. The understanding and use of the notion of dominium turn out to be highly variable, and they were rarely conforming with the teaching of the legal scholars. Nevertheless, present-day historical studies constantly employ the doctrine of divided ownership, and often in a simplified way. It is shown that the hybrid practices of access to and use of land can hardly be understood with the only help of this juridical construction.

Es ist das Ziel dieser Untersuchung, die Eignung das Begriffs ‹dominium› für das Verständnis von Rechten auf oder über Land und sonstige Liegenschaften und von damit verbundenen Ansprüchen, wie Nutzungs- und Rentenbezugsrechten in hoch- und spätmittelalterlicher Zeit zu prüfen. Gegenstand meiner Überlegungen ist nicht vorrangig die Art und Weise, wie Land besessen, genutzt und übertragen wurde.[1] Vielmehr geht es um die Begriffe, die verwendet wurden und werden, um diesen Komplex von Praktiken und Rechten zu verstehen. Regelmässig lösten sie bei

---

1 Dazu Volker Stamm, Kauf und Verkauf von Land und Grundrenten im hohen und späten Mittelalter. Eine Untersuchung zur historischen Wirtschaftsanthropologie, in: Vierteljahrschrift für Sozial- und Wirtschaftsgeschichte 96, 2009, S. 33–43; ders., Lehnspraxis im spätmittelalterlichen Tirol, in: Tiroler Heimat 72, 2008, S. 63–72. Ich danke Hannes Obermair für die kritische Durchsicht dieses Textes.

meinen bisherigen Untersuchungen ein gewisses Unbehagen aus, ein Gefühl des Ungenügens angesichts der Vielfalt der Rechtsgewohnheiten. Vermögen sie dazu einen Beitrag zu leisten? Resultieren sie aus der Lebenswelt des Spätmittelalters, oder sind sie anderen Referenzrahmen verpflichtet, etwa den gelehrten Diskursen der Rechtswissenschaft, Herrschaftsbegriffen oder gar heutigen geschichtswissenschaftlichen Theoriebildungen?

Die Prüfung soll sowohl im Hinblick auf die zugrunde gelegten Quellen wie auch auf die Terminologie in der neueren historischen Forschung erfolgen. Genauer gesagt soll erkundet werden, inwieweit die in den Quellen aufscheinenden Praktiken der Verwendung von Grund und Boden mit dem rechtlichen Konstrukt des *dominium* vereinbar sind und ob dieses geeignet ist, ihren Inhalt, ihre Logik adäquat zu beschreiben.

Hinter diesem begrifflichen Themenfeld zeichnet sich ein weiteres ab, das der Relevanz der Rechtslehre für das gesellschaftliche Leben. Anders gefragt: Gab es in der betrachteten Periode einen gesonderten Bereich juristischer Doktrinen, der mit den sozialen und wirtschaftlichen Aktivitäten verknüpft war und Einfluss auf sie ausübte, wenn er sie nicht gar prägte? Die neuere Forschung neigt dazu, diese Annahme als einen Anachronismus anzusehen, doch es erheben sich auch Gegenstimmen. Hinsichtlich des Zugangs zu und der Verfügung über Liegenschaften schreibt Joseph Morsel, sie seien nicht unter Anwendung einer juristischen Eigentumsdoktrin erfolgt, sondern «à l'aide de discours et pratiques spécifiques».[2]

Die juristische Lehre

Im 14. Jahrhundert entwickelten Juristen, namentlich Bartolus de Saxoferrato, der in Pisa und Perugia unterrichtete, den Begriff des *dominium* in dem Sinne, dass er das Verhältnis von Menschen und Dingen rechtlich definierte. *Dominium* sei «das Recht, über eine körperliche Sache vollkommen zu verfügen, falls es nicht durch das Gesetz verboten ist».[3] Die Nähe zum neuzeitlichen Eigentumsbegriff (Art. 544

---

2 Joseph Morsel, L'aristocratie médiévale, Ve–XVe siècle, Paris 2004, S. 171. Ähnlich Jean-Pierre Devroey, Puissants et misérables. Système social et monde paysan dans l'Europe des Francs (VIe–IXe siècles), Brüssel 2006, S. 187. Die Gegenposition wird von Gérard Chouquer vertreten. Vgl. als letztes in einer langen Reihe von Werken ders., Dominer et tenir la terre dans le haut Moyen Âge, Tours 2020. Siehe auch Paolo Grossi, Das Recht in der europäischen Geschichte, München 2010, und, ausführlicher, ders., L'ordine giuridico medievale, Bari, Rom 2017 (Erstauflage 1995).

3 «Quid ergo est dominium? Responde est ius de re corporali perfecte disponendi, nisi lege prohibeatur.» Bartolus a Saxoferrato, In I. partem digesti novi commentaria, De acquirenda possessione, tit. II, lex XVII, 4, Basel 1588, S. 269, www.digitale-sammlungen.de. Die Referenzen auf digitale Quellen wurden zuletzt am 26. Juli 2021 überprüft. Die obige deutsche Übersetzung nach Lexikon des Mittelalters (LdM), s. v. Eigentum, Bd. 3, Darmstadt 2009, Sp. 1716.

Code civil, § 903 BGB) fällt unmittelbar ins Auge. Bei dieser Definition handelt es sich allerdings um *dominium* im engen Sinn. In einer weiteren Bedeutung wird es als Recht auch an unkörperlichen Sachen verstanden, also etwa an Forderungen und Nutzungsrechten, wie bei Erbpacht. Dies führte aber dazu, da es, so der Rechtsgrundsatz, an einer Liegenschaft nicht zwei *domini* geben kann, das *dominium* in zwei Formen zu gliedern: *dominium directum* und *dominium utile*.[4] Es wurde nicht ausgeschlossen, wenn auch deutlich eingeschränkt, dass der Inhaber eines *dominium utile* über sein Recht verfügen, es zum Beispiel verpfänden konnte.[5]

Nach Paolo Grossi ist die Lehre vom geteilten Eigentum, der noch eine grosse Zukunft beschieden sein sollte, das Ergebnis eines juristisch-wissenschaftlichen Projektes mit der Absicht «di disegnare figure giuridiche in perfetta coerenza con la mentalità circolante». Es ging also darum, die juristischen Regeln an ein ländliches Umfeld anzupassen, letztlich um «la traduzione in termini giuridici di una mentalità».[6] Dazu war das römische Rechtsinstitut des ungeteilten *dominium* gänzlich ungeeignet.

Wie Dietmar Willoweit gezeigt hat, hatte *dominium* in den davor liegenden Jahrhunderten eine ganz andere Bedeutung, als zum Ausgang des Mittelalters von den Juristen konzipiert.[7] Ehe es im 12., vor allem dann im 13. Jahrhundert als Rechtsbegriff allmählich Eingang in die Urkunden fand,[8] drückte es ein allgemeines Herrschafts- oder Machtverhältnis aus, das sich auf Menschen und auf Dinge bezog. In diesem Sinn lautet die Bedeutung, die Alain Guerreau dem Begriff gab, «relation sociale entre dominants et dominés dans laquelle les dominants exerçaient *simultanément* un pouvoir sur les hommes et sur les terres».[9]

---

4 «Si sunt duo domini, diuersa dominia sunt.» Bartolus, ebd., S. 269.
5 Dazu Helmut Coing, Zur Eigentumslehre des Bartolus, in: Zeitschrift der Savigny-Stiftung für Rechtsgeschichte, Romanistische Abteilung 70, 1953, S. 348–371, besonders S. 355, 358.
6 Paolo Grossi, La proprietà e le proprietà nell'officina dello storico, in: Quaderni fiorentini per la storia del pensiero giuridico moderno 17, 1988, S. 359–422, hier S. 398, 399, 404. Ähnlich Thomas Rüfner, The Roman Concept of Ownership and the Medieval Doctrine of Dominium Utile, in: John W. Cairns, Paul J. Du Plessis (Hg.), The Creation of the Ius Commune, Edinburgh 2010, S. 127–142, hier S. 129.
7 Dietmar Willoweit, Dominium und proprietas. Zur Entwicklung des Eigentumsbegriffs in der mittelalterlichen und neuzeitlichen Rechtswissenschaft, in: Historisches Jahrbuch 94, 1974, S. 131–156.
8 So LdM, Bd. 3, s. v. dominium.
9 Alain Guerreau, L'avenir d'un passé incertain, Paris 2001, S. 26 (Hervorhebung im Original). In ähnlichem Sinn bereits Edmond Meynial, Notes sur la formation de la théorie du domaine divisé (domaine direct et domaine utile) du XIIe au XIVe siècle dans les Romanistes, in: Mélanges Hermann Fitting, Bd. 2, Montpellier 1908 (Nachdruck Aalen, Frankfurt am Main 1969), S. 409–461, hier S. 411. Eine kritische Diskussion von Meynial bei Robert Feenstra, Les origines du dominium utile chez les Glossateurs, in: ders., Fata Ivris Romani. Études d'histoire du droit, Leiden 1974, S. 215–259.

Jedoch waren mit der Zweiteilung des Eigentums keineswegs alle Probleme gelöst. Der französische Rechtsgelehrte Jean Faure (Joannes Faber, † um 1340)[10] erkannte, dass es denkbar war und zudem der Realität entsprach, dass Landrechte vom Empfänger einer Landleihe an Dritte (und weitere Personen) vergeben wurden. Auf diese Weise entstanden in einem stufenförmigen Prozess mehrere *domini directi* und *utiles*, und dies bezogen auf eine identische Liegenschaft: A vergab B ein Gut, das B an C weitervergab. A war nun *dominus directus*, C eindeutig *dominus utilis*, doch B vereinigte beide Eigenschaften in sich.[11] Es ist anhand des Textes nachvollziehbar, wie Joannes um diese Einsicht ringen musste, wenn er schreibt: «non possunt esse plures domini in solidum utiles, nec plures directi, quia verum est uno respectu». Aber, fährt er fort, «diversis respectibus sic [...]».[12]

Die Verwendung des Begriffs *dominium* in der Mediävistik

Die Doktrin vom geteilten Eigentum lebt in der Mediävistik bis heute fort. Sie gilt als die erklärende Begrifflichkeit zum Verständnis landbezogener Rechte und Praktiken.[13] Gian Maria Varanini verwendete sie ebenso in seiner Wirtschaftsgeschichte des Trentino[14] wie unlängst Emanuele Curzel.[15] In der jüngsten schweizerischen Agrargeschichte wurde sie unter anderem von Stefan Sonderegger und Rezia Krauer aufgegriffen und weiterentwickelt.[16] *Dominium directum* wird in der

---

10 Zu Faber siehe Hermann Lange, Maximiliane Kriechbaum, Römisches Recht im Mittelalter, Bd. II: Die Kommentatoren, München 2007, S. 581–593; zu Bartolus ebd., S. 682–733.
11 Siehe dazu Meynial (Anm. 9), S. 460. Dies ist der Sachverhalt, den Stefan Sonderegger durch die Einführung des Begriffs ‹dominium indirectum› zu klären sucht; Stefan Sonderegger, Aktive Grundherren und Bauern. Beziehungen zwischen Herren und Bauern im wirtschaftlichen Alltag im 14. bis 16. Jahrhundert, in: Enno Bünz (Hg.), Landwirtschaft und Dorfgesellschaft im ausgehenden Mittelalter, Ostfildern 2020, S. 213–250. Rezia Krauer macht darauf aufmerksam, dass es sich dabei um ein quellenfremdes Begriffssystem handelt, dies., Die Beteiligung städtischer Akteure am ländlichen Bodenmarkt, Dissertation Zürich 2018, S. 27, www.zora.uzh.ch/id/eprint164765.
12 Joannis Fabri in institutiones commentarii, Lugduni (Lyon) 1557, Blatt 103r, (https://loyola.biblioteca.deusto.es/items/38fd0cea-1cac-4bcb-9104-e4d3da92aae9) («In einer Hinsicht ist wahr, dass es nicht gemeinsam mehrere *domini utiles* geben kann, noch mehrere *domini directi*, in anderer Hinsicht jedoch ...»).
13 Es sei dafür auf ein Standardwerk verwiesen: Werner Rösener, Bauern im Mittelalter, 4. Auflage, München 1991, S. 23–24.
14 Gian Maria Varanini, L'economia. Aspetti e problemi, in: Andrea Castagnetti, Gian Maria Varanini (Hg.), Storia del Trentino, Bd. 3: L'età medievale, Bologna 2004, S. 461–515. Nun auch in Gian Maria Varanini, Studi di storia trentina, Bd. 2, Trient 2020, S. 1041–1108, dort S. 1067: «[...] fra diritto eminente e diritto utile (cioè fra proprietà e possesso della terra).»
15 Sandra Boccher, Emanuele Curzel, Italo Franceschini, Un mondo in salita, il maso di Antraque sul monte di Roncegno (XIII–XIV secolo), Trient 2017, S. 118, 119.
16 Sonderegger (Anm. 11); Krauer (Anm. 11).

Regel als Obereigentum, *dominium utile* als Unter- oder Nutzeigentum aufgefasst und übersetzt, wenn nicht, in heutigen Rechtsbegriffen, als Eigentum und Besitz. Auf diese Weise fällt es nicht schwer, eine Brücke zu der Lehre von der Grundherrschaft zu schlagen, und dies auch für eine Periode, die, zumindest nach überwiegender Anschauung,[17] vom Übergang zur sogenannten Rentengrundherrschaft gekennzeichnet war. Diese lässt sich ebenfalls als *dominium* fassen, eben als *dominium directum*. Die Bauern, Inhaber des *dominium utile*, standen noch immer unter der Macht der Oberherren. Dies zeigte sich in den obligatorischen Anerkennungsabgaben, die den Herren zu leisten waren. Ihre ökonomische Relevanz war gering,[18] aber sie besassen einen hohen symbolischen Wert. Johannes Fried wies auf den engen Zusammenhang zwischen den Begriffen Grundherrschaft und *dominium* hin, wobei Ersterer die vielfältigen Beziehungen zwischen Landgebern und bäuerlichen Landnehmern nur in sehr reduzierter Form wiedergibt.[19]

Doch ist die Frage nach dem Charakter der Grundherrschaft nicht das Thema dieses Beitrages.[20] Ich wende mich vielmehr dem Inhalt und den Formen der Landtransaktionen zu, wie sie aus den Notariatsimbreviaturen des 13. Jahrhunderts in der heutigen Region Südtirol-Trentino aufscheinen. Es handelt sich bei dieser Quellengattung um die notarielle Wiedergabe rechtlicher Sachverhalte in abgekürzter Form, ohne die vollständige Ausfertigung einer Urkunde. Imbreviaturen wurden verfasst, um vom Notar erstellte Urkunden zu dokumentieren oder um die Ausfertigung einer solchen Urkunde im Bedarfsfall zu erleichtern. Jedoch kam ihnen auch in nicht ausgefertigter Form Beweiswert zu.

Frühe Dokumente dieser Art wurden von Voltelini und Huter ediert.[21] Darauf stützt sich dieser Beitrag. Weitere, bisher fast unerschlossene Imbreviaturen aus dem 14. Jahrhundert, etwa siebzig Bände mit Handschriften, befinden sich im Stadtarchiv Meran.[22]

---

17 Sonderegger (Anm. 11) erhob gegen sie meines Erachtens begründete Einwände.
18 Morsel (Anm. 2), S. 183; Johannes Fried, Die Formierung Europas 840–1046, München 2008, S. 158; George Duby, Armand Wallon (Hg.), Histoire de la France rurale, Bd. 1: Des origines à 1340, Paris 1975, S. 551.
19 Fried (Anm. 18), S. 158 f.
20 Seit längerem neige ich der Auffassung zu, dass sich im späteren Mittelalter die sogenannte Grundherrschaft zunehmend einem Pachtverhältnis annäherte, dass also ökonomische Mechanismen an die Stelle der Machtverhältnisse traten. Zu einer solchen Interpretation gelangte nun auch Thomas Ertl in der neuesten Gesamtdarstellung mittelalterlicher Wirtschaftsgeschichte, ders., Bauern und Banker. Wirtschaft im Mittelalter, Darmstadt 2021, S. 68. Selbstverständlich kann auch durch ökonomische Instrumente Herrschaft ausgeübt werden, oft effizienter als durch Gewalt. Doch dies ist nicht spezifisch für das Mittelalter.
21 Hans v. Voltelini (Hg.), Die Südtiroler Notariats-Imbreviaturen des 13. Jahrhunderts, Teil 1 (Acta Tirolensia 2), Innsbruck 1899, Hans v. Voltelini, Franz Huter (Hg.), Die Südtiroler Notariats-Imbreviaturen des dreizehnten Jahrhunderts, Teil 2 (Acta Tirolensia 4), Innsbruck 1951. Im Folgenden wird abgekürzt nach Band und Stücknummer zitiert.
22 Zuletzt Hitomi Sato, Hannes Obermair, Il notariato di Merano nel secondo Quattrocento, in: Studi

Dominium in den Notariatsakten

Beginnen wir mit einer der nicht sehr zahlreichen Erwähnungen von *dominium directum* in dieser Quellengrundlage. Johannes wurde mit einem Zins belehnt, ‹ad rectum feudum›. Lehnsobjekt ist, folgen wir dem Wortlaut, nicht der Zins allein, sondern auch das *dominium directum*, von dem (oder aufgrund dessen?) der Zins geleistet wurde: «[...] investivit Johannem [...] de III libris den. Ver. parvorum ficti perpetualis et de direto dominio, unde solvitur dictum fictum.» (AT 4, 573)[23] Der Gegenstand des *dominium directum* – wurde Johannes mit dem Zins oder auch mit dem Grundstück ‹unde solvitur› belehnt? – wie sein Bedeutungsinhalt müssen an dieser Stelle noch offenbleiben. Jedoch fällt schon hier auf, dass es sich bei Johannes um einen Lehnsempfänger handelt, dem ein *dominium directum* über das Lehnsgut übertragen wurde.[24] Es entspräche der juristischen Lehre, dass ebendieses *dominium directum* beim Lehnsherrn verblieb.

Doch welches Bedeutungsfeld deckt *dominium* im gegebenen Kontext eigentlich ab? An mehreren Stellen wird es unspezifisch, das heisst nicht differenziert in *directum* oder *utile*, verwendet. Das geschieht dann im Sinne einer allgemeinen Kontrolle, Gewalt oder Macht über ein Objekt. Dies konnte eine Geldsumme oder ein Schlüssel sein, sie befanden sich im *dominium* genannter Personen (AT 4, 57; 62; 165). Ob dies zu Recht oder zu Unrecht der Fall war, bildete den Gegenstand einer juristischen Auseinandersetzung, der wir die Überlieferung verdanken. Einen expliziteren Hinweis gibt die Behandlung folgenden Falles (AT 4, 273). Ein Einwohner von Trient verklagte Bertold Schwab auf die Zahlung einer Geldsumme, die ihm, dem Trienter, ein Dritter schuldete. Er begründete das damit, die Güter des eigentlichen Schuldners befänden sich in ‹dominio et potestate› des B. Schwab. Der Notar sagt hier selbst, was er unter *dominium* verstand, es war synonym mit *potestas*. Die Güter des Schuldners standen unter der Kontrolle, lagen im Macht- oder Einflussbereich von Bertold Schwab, also habe er auch für die Schulden einzustehen, wozu dem Schuldner die Möglichkeit fehlte.

Einen ähnlichen Bedeutungsgehalt können wir bei der Verwendung des Begriffs in Bezug auf liegende Güter annehmen. Zwei Brüder vergaben Land und Zinse zur

---

di storia medioevale e di diplomatica 3, 2019, S. 373–384, und David Fliri, Das Meraner Notariat im Spätmittelalter, in: Gustav Pfeiffer (Hg.), 1317 – Eine Stadt und ihr Recht. Meran im Spätmittelalter, Bozen 2018, S. 217–232.

23 «übergab Johannes einen ewigen Zins von 3 Pfund Veroneser Währung und das direkte *dominium*, aus dem (oder aufgrund dessen?) er geleistet wird».

24 So auch im Muster einer Belehnungsurkunde im Vintschgau: «feodum una cum suis iuribus, racionibus et accionibus, utilitatibus et directis». Raimund Senoner (Edition und Übersetzung), Noderbuch. Notariatsimbreviaturen des Jakob von Laas 1390–1392, Brixen 2008, Nr. 89. Der Notar Jakob dagegen verzichtet in seinen Imbreviaturen völlig auf die Verwendung von *dominum directum*, *utile*, oder Ähnlichem.

Pacht (AT 4, 183c). Die Pächter wurden ausdrücklich als solche, als ‹conductores› bezeichnet, die vereinbarte Pachtdauer betrug zehn Jahre. In der Folge befanden sie sich, so die Notiz, «in dominio dictorum denariorum et bonorum et redituum». Zum Verständnis, was mit diesem *dominium* der Pächter über diese Einkünfte und Güter gemeint sein könnte, ist zunächst in Analogie zu Obigem an ‹potestas› zu denken, sie gingen in ihre Kontrolle, in ihre Hand über.

Der Begriff *dominium* tritt noch in weiteren Bedeutungszusammenhängen auf, wie die folgenden Beispiele erhellen. Abt Clericus von St. Lorenz (Trient) verkaufte einen jährlichen Zins, den Martinus de Castellano zu leisten verpflichtet war. Als Käufer trat Dominicus in Vertretung seines Vaters auf (AT 2, 136b). Nun erfolgte der Verkauf «cum dominio ipsius proprietatis unde solvitur». Dies ist kaum anders zu verstehen, als dass mit dem Zins auch die Liegenschaft beziehungsweise das *dominium* der Liegenschaft verkauft wurde. Als *proprietas* ist die Liegenschaft zu verstehen, als *dominium* die Macht über die Sache, wenn es sich nicht um eine rhetorische Figur handelte, die identische Begriffe aneinanderreiht. Auf diese Möglichkeit deutet eine weitere Stelle hin, die ebenfalls den Verkauf von Gütern und Rentenrechten behandelt (AT 2, 282). Letztere wurden «cum dominio et proprietate unde solvuntur» veräussert. *Dominium* und *proprietas* lassen keinen Bedeutungsunterschied erkennen, es handelt sich bei der begrifflichen Aneinanderreihung um eine additive Verstärkung,[25] bei der beide Elemente das Gleiche bedeuten, die fragliche Liegenschaft selbst.

An anderer Stelle habe ich gezeigt, dass beim Verkauf eines Zinses auch dann die Formulierung ‹cum proprietate unde solvitur› gewählt wurde, wenn sich die Liegenschaft bereits im Eigentum des Zinskäufers befand. *Proprietas* bezeichnete dann nicht ein physisches Objekt, sondern einen Rechtsanspruch, der veräussert wurde – den Zins mit dem Recht, aufgrund dessen er erhoben wurde.[26] Schliesst man sich allerdings der Interpretation Voltelinis an, wonach ‹cum proprietate et dominio, unde solvuntur› oder ähnliche Formulierungen die Übergabe der Liegenschaft selbst bedeutet, so gelangt man unversehens zur Folgerung, dass *proprietas* und *dominium* nicht mehr als Rechte anzusehen sind, sondern als physische Ob-

---

25 Vgl. Bernhard Diestelkamp, Frühe urkundliche Zeugnisse für ‹dominium directum› und ‹dominium utile› im 13. Jahrhundert, in: Richard H. Helmholz, Paul Mikat, Jörg Müller, Michael Stolleis (Hg.), Grundlagen des Rechts. Festschrift für Peter Landau, Paderborn 2000, S. 391–403, hier S. 401. Diestelkamp merkt an, dass die «rechtsgelehrten Formulierungen keinem sachlichen Bedürfnis entsprachen».

26 Stamm, Kauf (Anm. 1). Dass der Inhaber eines Zinsanspruchs nicht notwendig über weitere Rechte an dem Land verfügte, von dem der Zins geschuldet war, dass also Zinsanspruch und Eigentumsrechte in getrennten Händen lagen, zeigt die Übergabe der Pfarre St. Pauls/Eppan mit allen Ländereien an das Stift Au/Gries. Im Gegenzug verpflichtete sich das Stift, dem die Pfarre abgebenden Domkapitel Trient von den überlassenen Liegenschaften («de patrimonio et possessione plebis sancti Pauli») einen jährlichen Zins zu entrichten (AT 2, 345).

jekte, als Immobilien. Dies wäre dann analog zu den Stellen der Imbreviaturen zu deuten, bei denen *possessio* ebenfalls nicht als Recht, nämlich als Besitzrecht, zu lesen ist, sondern als Liegenschaft.[27]

Weiter erfahren wir aus unserer Quellengrundlage, dass ein Stück Gartenland «ad proprium et pro expedito allodio», als freies, unbelastetes Eigen, verkauft wurde (AT 4, 240). Der Käufer verfügte also, so wäre zu erwarten, über das *dominium directum* des Landes. Und doch war dieses *allodium*, Eigengut, einem Dritten zinspflichtig.

Dass die gelehrten Juristen die Möglichkeit eines *dominium* an nichtkörperlichen Sachen wie zum Beispiel Forderungen einräumten, sahen wir bereits oben. Nun begegnet uns ein dokumentarischer Beleg für entsprechende Praktiken, nicht ohne zu neuen Aporien zu führen (AT 4, 166). Peter Moser, seine Gattin und ihr Sohn verkauften gemeinsam Otto vom Graben nicht spezifizierte Rechte an einem Weingarten. «Ibique Petrus Mosarius et sua uxor Hedewiga et Symon eius filius iure et nomine vendicionis ad proprium [...] investiverunt dm. Ottonem de Fossato de omnibus suis racionibus et accionibus utiles et directas reales et personales quod que quos vel quas habent et habebant vel habere possint in quadam pecia terre vineata iacente [...].»[28] Es scheint, ist aber aufgrund unklarer grammatikalischer Bezüge nicht zweifelsfrei klar, als handele es sich dabei um Rechte an einem Weingarten, den sie von Otto auf dem Weg der Leihe erhalten hatten: «quod ipsi prius habebant et tenebant ab eo». Was kann hier mit *acciones utiles et directe*, mit Ober- und Nutzrechten, gemeint sein, die Otto an seinem Land zurückerhält? Diese Rechte, hier als Synonym zu *dominium directum* zu lesen, verblieben ja gemäss der juristischen Lehre bei ihm, dem Landgeber. Er konnte nicht von der Familie Moser zurückkaufen, was diese gar nicht besass, er, Otto, aber sehr wohl: das *dominium directum*. Offenbar stellt die Wortfolge des Textes eine Aneinanderreihung von Begriffen ähnlichen Inhaltes dar, einen Pleonasmus, der einzig betont, dass alle Rechte gänzlich an den Käufer übertragen wurden. Auch im Vintschgau umschrieb ein Notar mit einer langen Kette unterschiedlich lautender Termini, dass alle Rechte an den Käufer eines Ackers übergingen, unter ihnen auch ‹utiles› und ‹directi›.[29] Und doch war das so erworbene Eigen einer Kirchengemeinde zinspflichtig. Wer hier als ‹Obereigentümer› angesehen werden konnte, der Inhaber des Eigens oder der zum Zinsbezug Berechtigte, lässt sich nicht entscheiden. Offensichtlich ist nur, dass auf dem Feldstück unterschiedliche Rechte verschiedener Inhaber ruhten. Ähnliches macht

---

27 AT 4, 53a, «bona omnia, terram campos vineas pratos et possessiones et domus»; 4: 597, «ad estimandum possessiones Arnoldi».
28 «Peter Moser, seine Frau Hedwig und ihr Sohn Simon übergaben nach Verkaufsrecht Herrn Otto vom Graben all ihre direkten und Nutzrechte zu Eigen, die sie innehaben, innehatten oder innehaben können, an jenem Stück Weinggarten, gelegen ...»
29 Senoner (Anm. 24), Nr. 1a.

eine weitere Notiz deutlich (AT 4, 725). Ein Weinzins wurde ad proprium verkauft, verstärkt durch die Formel ‹pro libero ac expedito allodio›. Der Verkauf erfolgte folglich ‹cum toto et utile dominio›, eine Umschreibung für *dominium directum et utile*. Und doch ist vom Käufer jährlich im Sommer einem Herrn, ‹cui de iure debetur›, dem es also rechtmässig geschuldet war, ein Huhn als Anerkennungszins zu liefern. Über dem Inhaber eines freien Allods mit dem *dominium totum* existierte offenbar noch ein weiterer Herr, dem Vorrechte zuerkannt wurden, ausgedrückt in dem jährlichen Huhn.

Eine andere Imbreviatur macht die Problematik deutlich, im konkreten Fall solche Rechte eindeutig zu bestimmen, die dem idealtypischen *dominium directum* entsprachen (AT 2, 682). Es handelt sich um die Vergabe eines Zehnten als Lehen von einem Hof, den Ropret bewirtschaftete. Er leistete folglich auch die Abgabe. Lehensträger und Empfänger des Zehnten war Heinrich, das Lehen wurde von Gebhardt vergeben. Nun verpfändete Heinrich den Zehnten an Ropret, mit Zustimmung Gebhards. Letzterer muss in der gängigen Terminologie als Obereigentümer angesehen werden. Nicht nur vergab er das Lehen, er stimmte auch der Verpfändung zu. Doch die Zahlungen flossen von Ropret an Heinrich, sodass dieser in Bezug auf Ropret ebenfalls Merkmale eines Obereigentümers annimmt. Und zu allem Überfluss erfahren wir, dass über Gebhard noch ein weiterer Lehnsherr stand, der aber bei dieser Transaktion keine ersichtliche Rolle spielte. Dieser Sachverhalt kaskadenförmiger Rechtsverhältnisse tritt vielleicht noch deutlicher bei der Vergabe von Erbbaurechten hervor. Jakob hielt ein Zinslehen von den Herren von Firmian (heute Sigmundskron bei Bozen). Dieses Nutzungsrecht verlieh er im Unterverhältnis an Abraham; Letzterem wurde wiederum die Möglichkeit eingeräumt, seine Rechte zu verkaufen.[30] Auch dort, wo die Brüder Otto und Kunz Pfaffe Erbpachtrechte mit Zustimmung genannter Herren vergaben, ist davon auszugehen, dass sie die entsprechenden Liegenschaften nur als Zinslehen oder Pachtstellen besassen (AT 4, 443; 445).

Mögliche Rechte aus *dominium directum*

Beleuchten wir nun noch die Problematik aus einer Perspektive, die sich auf mögliche exklusive Vorrechte der Inhaber des Obereigentums richtet. Nutzungsrechte an einer Liegenschaft entfallen dabei von vornherein – sie charakterisieren per definitionem das *dominium utile*. Es bleiben die Verfügungsrechte: Verkauf, Verleihung, Verpfändung etc. verbunden mit der Möglichkeit, daraus einen Zins- oder Verkauf-

---

30 AT 4, 769: «Jacobus […] iure et nomine locacionis perpetualis investivit Abraham de quadam pecia terre cum vineis et […]. Et si ipse conductor [Abraham, V. St.] […] ius suum vendere voluerit, vendat ipsi locatori [Jacobus] […] aut suis dominis, a quo habet in feodum, illis de Firmiano.»

serlös zu erzielen. Dazu existierten bestimmte Zustimmungs- und Einspruchsrechte eines Obereigentümers und schliesslich die schon erwähnte Anerkennungsabgabe. In AT 2, 61 wurde die Vergabe eines Grundstücks mit einem Gebäude zu Erbpacht registriert. Die Pächter waren ausdrücklich befugt, ihre Rechte zu verkaufen, zu verschenken, zu verpfänden oder für ihr Seelenheil zu stiften, «sine omni predictorum dominorum locatorum et eorum heredum contradictione» («ohne jeden Einspruch der vorgenannten Pachtherren und ihrer Erben»). In AT 4, 169 ist dieser Katalog der Verfügungsrechte ausdrücklich noch auf ‹locare›, verleihen, erweitert. Die Verfügung über die Pachtrechte im Sinne der Weitergabe lag also bei den Pächtern. Sie konnten damit tun, was sie wollten: «quicquid velint faciant».[31] Dies erklärt auch die Beobachtung, dass auf manchen Liegenschaften sowohl Rentenpflichten wie auch -bezugsrechte lagen; so wurden von einem Haus mit Grundstück in Bozen dem Heilig-Geist-Spital Abgaben des tatsächlichen Nutzers gezahlt, zugleich hatte das Spital dem Augustiner-Chorherrenstift Habach (Bayern) Zahlungen für dieses Objekt zu leisten. Das fragliche Anwesen war dem Stift Habach bei seiner Gründung übertragen worden.[32]

Es stellt sich die Frage, ob die oben dargestellte Veräusserungsbefugnis nur für die erworbenen Rechte galt oder auch für die Liegenschaften, auf denen sie beruhten, also beispielsweise für das Land, von dem der Zins geschuldet war. Sie ist erstaunlich schwer zu beantworten, doch deutet vieles auf die zweitgenannte Möglichkeit hin. Darauf verweist der Verkauf eines Gartens «nomine vendicionis ad proprium [...] salvo iure ficti XXX solidorum Ver., quod datur de ipsa terra» (AT 4, 240).[33] Offenbar handelte es sich also um ein Zinsgut, das hier verkauft wurde. Eine letzte Bestätigung fehlt allerdings, da es nicht explizit als solches bezeichnet wird. Eine Imbreviatur vom 15. Juli 1237 (AT 2, 609; ähnlich 2, 735) trägt zur Klärung des fraglichen Sachverhalts bei. Laut Kopfregest des Herausgebers wurde hier das Erbpachtrecht eines Hauses mit Grundstück und Nebengebäuden in Bozen verkauft. Tatsächlich war es dem Bischof von Trient zinspflichtig. In der Aufzeichnung des Notars lesen wir nun aber weiter, dass den Käufern «iure et nomine vendicionis ad proprium» das Haus, nicht das Erbpachtrecht daran, verkauft wurde. Ausdrücklich wird einige Zeilen weiter der Verkaufsgegenstand wiederholt als ‹domus vendita› benannt. Folgerichtig wird weiter bestimmt, die Käufer «habeant et teneant dictam domum cum terra [...] et deinde faciant quicquid voluerint, vendere donare pignus obligare seu per anima et corpore iudicare [...] salvo iure ficti di episcopi omni anno

---

31 Ebenso AT 2, 427; 457; 501.
32 Walter Schneider (Bearb.), Das Urbar des Heilig-Geist-Spitals vom 1420, Innsbruck 2003, Nr. 420 in Verbindung mit Nr. 120.
33 «Nach Verkaufsrecht zu Eigen [...] vorbehaltlich eines Zinses von 30 solidi Veroneser Währung, der von diesem Boden gegeben wird.»

VII solidorum et [...].»³⁴ Die Käufer des vermeintlichen Erbpachtrechtes verfügten also in der Folge über ein gesamtes Bündel von Rechten an dem Haus, lediglich der Zinsanspruch des Bischofs blieb erhalten.³⁵ AT 2, 775³⁶ lässt schliesslich kaum noch Zweifel daran bestehen, dass Erbpächter gegebenenfalls das Pachtgut selbst zu verkaufen berechtigt waren. Ein Haus in Eppan mit zugehörigen Grundstücken wurde in Erbpacht gehalten. Dieses ihr Pachtrecht («raciones et acciones utiles et directas») verkauften die bisherigen Inhaber an einen Ulrich und dessen Ehefrau Geisa. Dabei fällt wieder auf, dass der Wortlaut Inhabern eines Pachtrechtes auch ‹acciones directas› zubilligt, wären doch lediglich ‹acciones utiles› zu erwarten. Weiter führt der Text aus, dass in dem Fall, dass der Verkäufer den Käufern nicht innerhalb eines Jahres den Kaufpreis zurückerstattet, also von dem Verkauf zurücktritt, letzteren das Haus mit den Ländereien zufällt, mit dem Recht, diese Liegenschaften weiter zu verkaufen. Der Zinsanspruch des Domkapitels von Trient war immer zu gewährleisten.

Auch in einem anderen Quellenkorpus ist der Verkauf von Zinsgütern belegt, in den Urkunden der Brixner Hochstiftsarchive. Darin ist der Verkauf eines Weingartens bezeugt, bei dem es sich um ein Zinslehen³⁷ des Domkapitels Freising handelte.³⁸
In diesem Beispiel sind wir Beobachter von Rechtshandlungen, die uns widersprüchlich erscheinen. Der Inhaber des Zinslehens verkaufte es – wohlgemerkt nicht das Nutzungsrecht, sondern das Gut selbst; zugleich wurde es dem Käufer von dem Lehnsherrn erneut verliehen. Der Widerspruch löst sich allerdings auf, wenn wir die Vorstellung aufgeben, eine der beteiligten Parteien müsse sämtliche Verfügungsrechte an dem Weingarten besitzen. Dies ist aber nicht der Fall: Der Lehnsinhaber war berechtigt, das Gut zu verkaufen, doch zugleich bedurfte es einer erneuten Verleihung. Wie es scheint, waren diese unterschiedlichen Rechte gleichwertig.

Zuweilen waren Eigengut und Zinsgut so eng miteinander verbunden, dass das eine nicht ohne das andere veräussert werden konnte. Es ist der Verkauf von Eigengut überliefert, doch, fährt die Urkunde fort, «ist ouch ze wizzen, daz die hofstat da daz hous zu Prunne dez egenanten gutes aufstet ist zinslehen von dem Gotzhus ze Augs-

---

34 Die Käufer «mögen das genannte Haus mit dem Land innehaben und besitzen [...] und können damit machen, was sie wollen: verkaufen, verschenken, verpfänden, für ihr Seelenheil hinterlassen [...] vorbehaltlich eines dem Herren Bischof geschuldeten Jahreszinses von 7 solidi ...».
35 Derselbe Notar Jakob Haas vermochte an anderer Stelle klar zwischen Verkauf einer Liegenschaft und eines Rechtes zu differenzieren und wählte im letzteren Fall eine eindeutige Formulierung, «et si suum ius vendere voluerit» (AT 2, 605, auch 2, 606; 607). Gelegentlich gelang es anderen Notaren weniger gut, den Sachverhalt zu Ausdruck zu bringen, wenn es etwa heisst, der Inhaber eines Erbpachtrechtes könne ‹dictam terram› verkaufen, wenig später aber nur noch ‹ius suum› (Tiroler Landesarchiv Innsbruck, Parteibriefe P 716 v. 25 März 1257).
36 Vgl. dazu Voltelini (Hg.) (Anm. 21), AT2, S. LXX, n. 8.
37 Nicht viel anderes als ein Pachtgut, siehe Stamm, Lehnspraxis (Anm. 1).
38 Leo Santifaller, Heinrich Appelt (Hg.), Die Urkunden der Brixner Hochstiftsarchive 1295–1336, 1. Teil in zwei Lieferungen, Leipzig 1940/41, Nr. 381.

purch vnd sol er oder wer dazelb gut vnd garte inne habent dem vorgenanten gotzhus [...] ierichleich [...] geben zween zwainziger».[39] Die Hofstatt, also das Gehöft (oder auch nur dessen Grundstück)[40] war also ein Zinslehen. Es wurde, wie es auch nicht anders möglich war, mit dem Gut, das verkauft wurde, ebenfalls übertragen, vorbehaltlich der zu leistenden Abgabe. Unter ähnlichen Bedingungen wurde ein Haus als ‹rechts aygen› verkauft. Die Hofstatt, «da daz vorgeschriben hous auffe stet» sowie ein Garten wurden zugleich ‹ewikleich verlihen›.[41]

An anderer Stelle[42] ist definiert, an wen Lehensgut verkauft werden konnte, nämlich an Abhängige der Brixner Kirche, damit «apud ipsam ecclesiam remaneat directum dominium». In gewisser Weise bestätigt diese Begriffsverwendung von *dominium directum* den Bedeutungsinhalt einer Kontrolle über die Liegenschaften der Kirche. Passender als Obereigentum erscheint allerdings auch in diesem Kontext Oberherrschaft. Zugleich entspricht die Position des Käufers und Lehensempfängers nicht der eines Inhabers eines reinen Nutzungsrechtes, sondern geht deutlich darüber hinaus.

Auch der Anspruch auf Rentenbezüge konnte ebenso wie Nutzungsrechte verkauft und weiterverkauft werden, sodass sein Inhaber nicht mehr mit dem des *dominium directum* identisch war. Dies zeigte sich am Fall einer Erbpacht, die der Bischof von Trient vergab (AT 2, 506). Der Pachtzins war nicht dem Bischof geschuldet, sondern einer dritten Person, die den entsprechenden Anspruch in der Vergangenheit erworben hatte, und nichts schloss aus, dass sie ihn eines Tages weiterveräusserte (so zu sehen in AT 2, 482). Jedenfalls kann aus dem Recht, Pachteinnahmen zu erheben, nicht auf die Qualität eines *dominus directus* geschlossen werden. Stellen wir uns vor, der Pächter vergibt sein Erbpachtrecht weiter, so wird gänzlich undeutlich, wer als Inhaber des *dominium directum* angesehen werden kann: der, der dem letzten Pächter das Erbpachtrecht übertrug, der, der zum Rentenbezug befugt war, oder letztlich doch der Bischof, der am Anfang dieser Kette stand. Die Verfolgung der Genese der jeweiligen Rechte und die Analyse ihres Inhaltes trägt auch hier mehr zu ihrem Verständnis bei als die Klassifizierung in festen Rechtskategorien.

Es bleiben noch die Zustimmungsrechte eines Oberherrn zu den Entscheidungen der von ihm Beliehenen. Dass sie gegeben wurde, scheint der Regelfall gewesen zu sein. Transaktionen wurden ‹cum manu› eines Herren getätigt. So im Fall des Verkaufes eines Hauses mit Scheune, Garten und Obstgrundstück. Das Anwesen war dem Bischof von Trient zinspflichtig, der Verkäufer suchte ihn um Zustimmung zu

---

39 Ebd., Nr. 518.
40 Hofstatt konnte sowohl das Grundstück bedeuten, auf dem ein Haus oder Gehöft standen, wie auch den bebauten Kernbereich eines Gutes, Haus, Stallungen, Nebengebäude mitsamt dem zugehörigen Grundstück. Vgl. ebd., Nr. 167, 205, 233.
41 Ebd., Nr. 541.
42 Ebd., Nr. 185.

dem Verkauf nach (AT 2, 413 in Verbindung mit 399). Die Übergabe unterlag aber ebenso der Zustimmung von Ehefrau und Tochter des Verkäufers.

Damit sind wir bei einem weiten Personenkreis angelangt, dessen Zustimmung zu Rechtsgeschäften dokumentiert wurde. Es konnte sich um die Ehefrau, Kinder und Geschwister handeln (AT 2, 529), um die Eltern (2, 417c), den Ehemann bei Geschäften der Frau,[43] um Miteigentümer, eine Nichte (4, 168), um potenzielle Erben (2, 775b; 654), um die Mitbrüder in einer religiösen Gemeinschaft (2, 136b), um Vormunde. Hier erweist sich die Bedeutung der Familie. Sie erlegte den Dispositionsentscheidungen über Liegenschaften und Einkommensquellen Einschränkungen auf, die vermutlich eine grössere Verbreitung und Tragweite hatten als jene, die aus einem *dominium directum* resultierten.

Grundlagen praktizierten Rechtes

Die Einsichten in den beiden vorhergehenden Teilen wurden von Notaren vermittelt, von Personen also, bei denen eine gewisse juristische Bildung und Kenntnis der rechtlichen Normen zu erwarten wäre. Doch ist das so? Unter den spätmittelalterlichen Notaren in Meran hatte nur ein Vertreter ein Studium absolviert, doch handelte es sich nicht um ein Studium der Rechte. Die anderen erlernten ihren Beruf bei berufserfahrenen Notaren, oft bei ihrem Vater.[44]

Die Quellen ihrer Kunst sind eher in schmalen Einführungen als in gelehrten Werken zu finden, vor allem aber in ihrer Kenntnis der örtlichen Gewohnheiten. Das führte Paolo Grossi zu der folgenden Aussage: «... der Notar, ein Mann der Praxis. Von der Rechtswissenschaft hatte er keine Ahnung, vom Recht wusste er nur, was er in spezifischen Ausbildungsstätten gelernt hatte und was ausreichte, um die bescheidenen Tagesgeschäfte abzuwickeln; auf der Basis des gesunden Menschenverstandes gelang es ihm, die Forderungen der Parteien mit den verborgenen, aber wirkmächtigen örtlichen Gebräuchen in Einklang zu bringen.»[45]

Ein Blick in eine in Tirol verbreitete Einführung in die Ars Notariatus bestätigt Grossis Urteil. Dort wird gleich zu Beginn die Aufgabe eines Notars so beschrieben, dass er zur dauerhaften Erinnerung getreulich die Geschäfte der Menschen nie-

---

43 AT 2, 444; 842; 845, erneut ein Hinweis auf die Beteiligung von Frauen am Wirtschaftsleben.
44 Fliri (Anm. 22), S. 224.
45 Grossi, Recht (Anm. 2), S. 36. Über den Bozner Notar Jakob Haas schreibt Voltelini, sein Latein sei grauenhaft, gelegentlich kaum verständlich, Voltelini (Hg.) (Anm. 21), AT2, S. XXXIV. Siehe aber Hannes Obermair, Il notariato nello sviluppo della città e del suburbio di Bolzano nei secoli XII–XVI, in: Il notariato nell'arco alpino. Produzione e conservazione delle carte notarili tra medioevo e età moderna (Studi storici sul notariato italiano, Bd. 16), Milano 2014, S. 293–322, hier S. 306 f.

derzuschreiben habe.[46] Ganz ähnlich hatte bereits Rolandinus, er nun ein führender Vertreter der Bologneser Notariatsschule, die Pflichten eines Notars definiert: «Et est notarius persona priuilegata ad negocia hominum publice et auctentice conscribenda.»[47] Daraus wird deutlich, dass es die Praktiken der Akteure waren, die entscheidend bestimmten, was in den Urkunden und notariellen Verzeichnissen seinen Niederschlag fand. Woraus sich wiederum diese Praktiken speisten, erhellt aus Ziffer 11 der Ars Notariatus: «Quid sit consuetudo? Consuetudo est usus rationabilis longo tempore confirmatus […]. Aliter consuetudo est quoddam ius moribus institutum, quod pro legibus subscribitur, quando deficit lex.»[48]

Zusammenfassung und Ausblick

Die herangezogenen Quellentexte erlauben es, Rechte über Liegenschaften besser zu verstehen. Sie stellen Nutzungs- und Verwendungsmöglichkeiten dar, ‹utilités›, schreibt Gérard Chouquer,[49] deren Inhalt und Tragweite im jeweils gegebenen Kontext interpretiert werden müssen. Je nach Fallgestaltung konnten sie unterschiedlich ausgebildet sein, gebündelt oder auf mehrere Träger verteilt.[50] Gegen Chouquer, von dessen umfangreichem Werk diese Überlegungen inspiriert sind, ist allerdings einzuwenden, dass die von ihm hervorgehobenen ‹utilités› kaum in der juristischen Dogmatik ihre Grundlage haben, sondern in der Rechtspraxis.

Ein *dominium* in der engeren Bedeutung als ‹ius de re perfecte disponendi› lässt sich mit der spätmittelalterlichen Rechtswirklichkeit kaum vereinbaren. In der Folge entwickelten die Rechtsgelehrten die zum Teil hochkomplexe Lehre des geteilten Eigentums. Den Praktikern des Rechtes dagegen gelang es nicht, die Kategorien *dominium directum* und *dominium utile* auf die sie umgebenden lokalen Gegebenheiten schlüssig anzuwenden. Nur zum Teil lag das in Defiziten ihrer Ausbildung begründet. Vor allem aber liessen sich die auf Liegenschaften ruhenden Rechte nicht auf dieses Be-

---

46 Siegfried Furtenbach, Ars Notariatus. Ein kurialer Notariatstraktat des 15. Jahrhunderts, in: Österreichisches Archiv für Kirchenrecht 30, 1979, S. 3–22, 299–327 (Edition und Kommentar), hier S. 308 f.
47 «Und ist der Notar eine Person, die berechtigt ist, die Geschäfte der Menschen öffentlich und wahrheitsgemäß aufzuzeichnen.» Rolandinus de Passageriis, Summa totius artis notariae, Venedig 1546, fo. 406v, https://digitale-sammlungen.de.
48 «Was ist Gewohnheit? Gewohnheit ist ein vernünftiger, seit langer Zeit bewährter Brauch […] Auf andere Weise, Gewohnheit ist ein gewisses Recht, durch Herkommen begründet, das als Gesetz verzeichnet wird, wenn ein solches fehlt.» Furtenbach (Anm. 46), S. 314.
49 Chouquer (Anm. 2), S. 227 f. Diesem Autoren kommt auch das Verdienst zu, nachdrücklich darauf hinzuweisen, dass das römische Eigentum keineswegs so homogen war, wie oft unterstellt.
50 Ich verweise an dieser Stelle darauf, dass auch der vorliegende Beitrag viel den rechtsanthropologischen Untersuchungen von Étienne Le Roy zu Begriff und Inhalt der ‹maîtrise foncière› verdankt, als Verhältnis von Menschen zu Land, fern von der heutigen Konzeption von Eigentum.

griffssystem reduzieren. Wir konnten erkennen, dass das *dominium utile* weit mehr beinhaltete als ein reines Nutzungsrecht. Es schloss die Verfügungsmacht über dieses Recht ein und konnte sich sogar auf die Verfügung über das zugrunde liegende physische Objekt erstrecken und Verkauf, Verleihung, Verpfändung, Verschenkung, Stiftung einschliessen. Der Bezug von Zinserlösen aus Grund und Boden war nicht auf Inhaber eines *dominium directum* beschränkt, sondern weit gestreut. Entscheidungs- oder Mitspracherechte bei der Verfügung über Liegenschaften waren bei den Grundherren gegeben, aber ebenso bei vielen weiteren Personen in unterschiedlicher Stellung im Hinblick auf die handelnden Parteien. Schliesslich zeigte sich, dass in einer Hierarchie von Rechten eine Person von der Warte des Landgebers aus gesehen die Position eines Inhabers des *dominium utile* einnehmen konnte, aus der Sicht des Unterpächters aber ein *dominium directum* ausübte: Sie vergab ihm das Land und bezog die Abgaben.

Auf Grund und Boden lagen unterschiedliche Rechte mehrerer Parteien, die bekannt waren, wahrgenommen und gelegentlich von Notaren in Urkundenform gegossen wurden. Hoch über der lokalen Ebene gab es wohl noch einen Oberherrn, einen Bischof oder Adligen; ihm stand die Anerkennungsabgabe zu, wenn er oder seine Verwaltung nicht aktiv die Bewirtschaftung der Güter betrieb.

Was konnte also *dominium* in unserer Quelle bedeuten? Es handelte sich um Rechte unterschiedlicher Natur an verschiedenen Objekten. Ihr Inhalt ist nur aus ihrem Kontext erschliessbar. Die spätmittelalterlichen Juristen hatten sich wohlweislich gehütet, die von ihnen entwickelten Unterformen des *dominium* zu hierarchisieren. Sie sprachen von geteiltem Eigentum, nicht von Ober- und Untereigentum oder von Eigentum und Besitz. Die neuere Geschichtsforschung entging der Versuchung einer solchen Vereinfachung nicht. Von Ausnahmen abgesehen gelang es ihr auf diese Weise nicht, die Sachverhalte adäquat darzustellen. Es scheint aus sozialhistorischer Sicht auch keine Lösung zu sein, die Verästelungen der Lehre der Glossatoren und Kommentatoren nachzuvollziehen, um zu einem besseren Verständnis der Rechte über Grund und Boden zu gelangen. Ihre Bemühungen stellten den Versuch dar, das Recht an die vorherrschenden Praktiken anzupassen; die Sozialgeschichte sollte bestrebt sein, einen direkteren Zugang dazu zu finden.

Dies leitet zum eingangs genannten Problem über, dem des Stellenwerts der Rechtslehre im Umgang mit so grundlegenden Faktoren, wie sie Grund und Boden mit allen verbundenen Rechten in einer agrarisch geprägten Gesellschaft darstellten. Mit Recht ist hier die *lex scripta* gemeint, nicht die Gewohnheiten, die *lex non scripta*. Es gab noch kaum den von den gesellschaftlichen Praktiken, den *consuetudines*, getrennten Bereich des Rechtes, der diese Praktiken wiederum regulierte.[51] Die Notare beschrieben eher die lokalen Gepflogenheiten, als dass sie sie in ihren

---

51 Grossi, Recht (Anm. 2), S. 38.

Urkunden in kohärente rechtliche Sachverhalte ausformten. Es ist nun nicht zu erwarten, dass sie die von den Rechtsgelehrten formulierte Systematik perfekt beherrschten, die sich im Übrigen erst in der Entwicklung befand. Aber ihren Referenzrahmen bildeten vorrangig die ‹Gewohnheiten›.

Zum Abschluss stellt sich noch die Frage, ob es sich bei den dargestellten Verhältnissen um singuläre Erscheinungen in Südtirol/Trentino handelt oder ob sie zum Verständnis von Landtransaktionen auch in anderen Regionen beizutragen vermögen. Diese Frage kann in einer Fallstudie wie der vorliegenden nur aufgeworfen, nicht beantwortet werden.[52] Doch gibt ein längerer Passus in Marc Blochs «Société féodale» einen Hinweis darauf, dass es sich hierbei durchaus nicht um einen Sonderfall handelt. «Sur presque toute terre, en effet, et sur beaucoup d'hommes, pesaient, en ce temps, une multiplicité de droits, divers par leur nature, mais dont chacun, dans sa sphère, paraissait également respectable. Aucun ne présentait cette rigide exclusivité, caractéristique de la propriété, du type romain. Le tenancier qui – de père en fils généralement – laboure et récolte; son seigneur direct auquel il paie redevances […]; le seigneur de ce seigneur et ainsi de suite […]: que de personnages qui, avec autant de raison l'un que l'autre, peuvent dire ‹mon champs›!»[53]

Mit diesen Worten ist vieles von dem zusammengefasst, was wir vorstehend erörtert haben.

---

52 Eine verwandte Fragestellung beleuchtete unlängst Nicolas Carrier aus einer veränderten Perspektive. Er geht vom Fall des *alleu* (*allodium*) aus, das, so die verbreitete Annahme, keiner fremden Herrschaft (*dominium*) unterstand. Dieses *allodium* erschien oben als *proprium* oder ‹Aigen› – dass es keineswegs mit dem modernen Eigentum identisch ist, habe ich zu zeigen versucht. Leider kamen mir diese wichtigen Untersuchungen zu spät zur Kenntnis. Sie hätten es erlaubt, meinen Untersuchungen einen weiteren zeitlichen und geografischen Horizont zu geben. Nicolas Carrier (Hg.), Alleux et alleutiers. Propriété foncière, seigneurie et féodalité (France, Catalogne, Italie, X^e–XIIe siècle), Lyon, Avignon 2021, darin besonders die Beiträge von Carrier und Huertas.

53 Marc Bloch, La société féodale, Paris 1973 (1939/40), S. 174.

Pablo F. Luna

Possession et propriété de la terre et des richesses naturelles
Entre la Péninsule ibérique et l'Amérique andine, XVIe–XVIIIe siècle

> *Possession and ownership of land and natural resources. Between the Iberian Peninsula and Andean America, 16th–18th centuries*
> The aim of this article is to insist on the need to link, more than in the past (and in a concrete way), historical research on the countryside on both sides of the Atlantic, and in particular research on the rural worlds of the Iberian Peninsula and on the rural worlds of the Iberian-American continent. This is, in our opinion, an imperative for the so-called modern period, but also strongly recommended for the contemporary period. This means, for example, that more than laws or royal guidelines (without neglecting them, however), we should look more at the American practice of the conquistadores and colonisers, informed by their own peninsular reference points, formed by field experience and the specific time. This is particularly valid for issues such as labour, the possession and exploitation of land and natural wealth, or family reproduction.
> But it is also indispensable in order to better outline the contours and content of the multiform modalities of Ibero-American colonial settlement, going beyond the exclusively formal and institutional framework, which has too often been the case in the past, and giving historical analysis and understanding their place in order to better know the present.

L'historien des mondes ibériques sait que, depuis le XVIe siècle, les structures sociales, économiques et démographiques de deux parties du monde, à savoir, les sociétés castillano-aragonaises péninsulaires et les sociétés hispano-américaines du Nouveau Monde, ont été étroitement associées, voire rattachées, dans leurs évolutions respectives. Cela a touché plusieurs domaines de l'histoire rurale et foncière en particulier.

Pourtant, si les rapprochements ont été faits, ils n'ont pas toujours été porteurs d'éclaircissements. Ainsi, pour être précis, tel que cela a été dit pour la possession de la terre et des richesses naturelles, par exemple pour l'Andalousie, il a été préconisé, sans crainte d'anachronisme, que la "propriété foncière» est restée inchangée, comme dans une histoire immobile. L'argument a même été poussé jusqu'au bout, afin de rendre plus claire la figure de la grande possession latifondiaire, en prétendant qu'il y a eu des «familles propriétaires» qui le sont restées jusqu'à nos jours, depuis le début de la colonisation (!).[1] De fait, trop souvent, ce sont des schémas généraux qui ont été utilisés, même lorsqu'il y a eu des tentatives comparatistes.[2] Nous voudrions, quant à nous, préconiser la méthode consistant à examiner la pratique de la possession foncière ainsi que l'appropriation des richesses naturelles, des espaces, des territoires, pour l'ensemble castillan et pour le monde andin. C'est-à-dire approcher les mécanismes utilisés par les conquistadores et les colonisateurs dans leur implantation américaine, à partir de leur matrice originale castillane. Sans oublier que nous sommes, aux XVIe et XVIIe siècles, dans un contexte contradictoire entre, d'une part, l'occupation coloniale et la destruction d'institutions et de sociétés indigènes et, d'autre part, une pratique de terrain obligée de prendre en compte la réalité des sociétés et des structures étatiques andines, construites, elles aussi, dans la durée et prêtes à résister aux mutations imposées par les nouveaux venus[3] et leurs intérêts. Dans l'espace limité de ce texte, trois axes d'analyse nous semblent utiles. D'abord, les repères des Castillans arrivant dans le Nouveau Monde. Ensuite, la transition de l'appropriation foncière informelle vers sa formalisation sous Philippe II. Enfin, l'approche du cadre global, à savoir, la «famille juridique» castillane où s'inscrit cette pratique.

---

1 Idem avec le schéma de la «grande dépression agraire» du XVIIe siècle, qui, s'appliquant d'une façon trop globale au monde castillan (sans parler de la couronne d'Aragon), a aussi été transposé à l'espace américain, alors que les situations sont bien distinctes. Sur la dépression du XVIIe siècle, Angel García Sanz, Auge y decadencia en España en los siglos XVI y XVII. Economía y sociedad en Castilla, in: Revista de historia económica 3/1, 1985, pp. 11–27; Alberto Marcos M., España en los siglos XVI, XVII y XVIII. Economía y Sociedad, Barcelone 2000. Pour toute la période moderne, Enrique Llopis et al., ¿Retrocedió el producto agrario por habitante en la Europa Moderna? El caso castellano (Asociación Española de Historia Económica, Documentos de Trabajo, no 161), Madrid 2016; Enrique Llopis, José A. Sebastián, Aclarando tintes demasiado oscuros. La economía española en el siglo XVIII, in: Cuadernos Dieciochistas 20, 2019, pp. 13–67.
2 Ce qui est toutefois récent, étant donné la séparation traditionnelle qu'il y a eu des deux côtés de l'Atlantique, entre, d'une part, l'histoire moderne de la péninsule Ibérique (et l'Europe) et, d'autre part, l'histoire coloniale du Nouveau Monde. Pour une mise en perspective, Enrique Soria, El origen judeoconverso de la nobleza indiana, in: Ofelia Rey Castelao, Pablo Cowen (éd.), Familias en el Viejo y Nuevo Mundo, La Plata, 2017, pp. 155–185, ici pp. 156–157.
3 Avec l'hybridation contrainte de statuts fonciers de durée variable, sur un axe structuration / déstructuration.

Les repères castillans à l'œuvre sur le continent américain

Pour le dire d'emblée: après avoir constaté un grand nombre de similitudes, il nous semble qu'il ne faudrait pas négliger le potentiel heuristique d'une comparaison entre, d'une part, les régimes de domination péninsulaires, particulièrement castillans, sur les Mudéjars et les Morisques vaincus, avec leurs différentes formes d'occupation de l'espace[4] et, d'autre part, les divers statuts de domination et d'implantation coloniale imposés aux indigènes andins et plus largement américains (y compris les «seigneuries sans seigneur[5]»).

Pour la grande majorité de conquistadores et de colons castillans[6] le repère quasi immédiat pour penser et appliquer un rapport de supériorité sur les Indiens d'Amérique, plus que celui des vassaux proprement ibériques,[7] était davantage celui des

---

4 Antonio Muñoz, La repoblación del reino de Granada a finales del quinientos. Las instrucciones particulares de 1595. I Estudio, in: Chronica Nova 20, 1992, pp. 253–297; Antonio Malpica, Economía rural en el reino de Granada. De la sociedad andalusí a las modificaciones castellanas, in: Chronica Nova 30, 2003–2004, pp. 265–316, ici pp. 313–314; Thomas Glick, Félix Retamero et al. (éd.), From El-Andalus to the Américas (13th–17th Centuries). Destruction and Construction of Societies, Leyde, Boston 2018, spécialement 2ᵉ part, pp. 190–355; María Martínez, Los rahales andalusíes del campo murciano y su trasvase a los nuevos propietarios cristianos (siglo XIII), in: Historia. Instituciones. Documentos 47, 2020, pp. 255–291. Sans oublier la séparation opérée dans le régime castillan entre la possession des terres et l'exercice de la juridiction seigneuriale (Miguel Artola, La evolución del latifundio desde el siglo XVIII, in: Agricultura y Sociedad 7, 1978, pp. 185–198, ici p. 189), la seconde aspirant à sa fusion avec la première (Laureano Rubio, ‹Desde la hoja del monte hasta la piedra del río›: Dominio territorial y fueros concejiles en la base de las relaciones vasalláticas y de la conflictividad antiseñorial. El modelo de las comunidades campesinas en el noroeste de de la Corona de Castilla durante la Edad Moderna, in: Juan J. Iglesias et al. [éd.], Comercio y Cultura en la Edad Moderna, Séville 2015, pp. 1513–1530).

5 Des «seigneuries de fait» ou des para-seigneuries, existant dans la péninsule Ibérique durant la période moderne, très contestées par les villages. Voir, par exemple, María A. Faya, Lidia Anes, Nobleza y poder en la Asturias del antiguo régimen, Oviedo, 2007, pp. 160, 169. Pour la Nouvelle Espagne (Mexique), voir François Chevalier, La formation des grands domaines au Mexique. Terre et société au XVIᵉ–XVIIᵉ siècles, Paris 1952.

6 Arrivés en Amérique aussi pour fuir la lourdeur aggravée de la seigneurie castillane et léonaise, entre la fin du XVIᵉ et le début du XVIIᵉ siècle, ou face aux crises économiques récurrentes (Ignacio Atienza, ‹Refeudalización› en Castilla durante el siglo XVII: ¿Un tópico?, in: Anuario de historia del derecho español 56, 1986, pp. 889–920, ici p. 912; José L. Betrán, La coyuntura socioeconómica entre 1527 y 1556: De la expansión a la crisis, in: Manuscrits 16, 1998, pp. 17–37, ici pp. 24–25), sans parler de ceux fuyant l'Inquisition et les persécutions religieuses. Selon la reconstruction de l'émigration péninsulaire effectuée, entre 1493 et 1600, environ 55 000 Castillans sont partis dans le Nouveau Monde, avec plus de 52 % d'originaires de l'Andalousie-Estrémadure, plus de 36 % des deux Castilles et du León, et environ 3,5 % de Basques. Peter Boyd-Bowman, Patterns of Spanish Emigration to the Indies until 1600, in: Hispanic American Historical Review 56/4, 1976, pp. 580–604, ici pp. 585–586.

7 À Valence, l'*Audiencia* locale (Tribunal de justice) faisait la différence entre, d'une part, les vassaux ibériques des seigneurs, les nouveaux habitants ou les «vieux chrétiens», et, d'autre part, les Maures qui étaient considérés presque comme des *esclavos adscripticios* (des esclaves assignés et attachés à la glèbe), avec des plus lourdes charges personnelles. Rafael Benítez, Control político y explotación económica de los moriscos. Régimen señorial y ‹protección›, in: Chronica Nova

Morisques de la Péninsule, progressivement vaincus et expulsés. Avec ou sans repeuplement du territoire «reconquis», avec divers *repartimientos* (distributions) de terres au nom du roi, cela permettait leur appropriation formellement légale, ou leur réappropriation, mais aussi celle des espaces, des richesses naturelles – et des vaincus eux-mêmes. Les Castillans avaient déjà fait preuve d'adaptabilité, dans les méthodes d'occupation, pour mener *in situ* des processus de colonisation et de peuplement.[8] Ils savaient composer des entités à part, passablement compactes, des ensembles mixtes avec les conquis pour accéder aux richesses naturelles, et pouvaient, le cas échéant, assumer la dispersion et la fragmentation territoriales.[9]

De fait, nous pourrions affirmer que l'occupation latifondiaire seigneuriale, civile et laïque, de pleine possession des terres et territoires, et la redistribution et le partage des richesses naturelles, caractérisant le repeuplement castillan de «reconquête», spécialement dans le sud de la péninsule Ibérique, dès la fin du Moyen Âge – que les Habsbourg prolongent[10] –, ont fait partie de repères des conquistadores et des colonisateurs hispano-américains du XVIe siècle.[11] Ceux-ci arrivaient dans le monde andin, nourris d'une expérience tirée de la résistance opposée par une société clanique, collectivement enracinée, familiale et endogamique. C'était aussi une expérience dans l'implantation et la mixité des méthodes culturales, hydriques et d'élevage.[12]

Mais il y a eu, avec l'appropriation des terres, des territoires et des espaces par *repartimiento* et par *merced real*, au nom du roi,[13] d'autres domaines connexes où la

  20, 1992, pp. 9–26, ici pp. 14–15. Étonnamment, tout en utilisant le même adjectif, *adscripticio*, pour parler des indigènes andins soumis à la glèbe, le lien n'est pas fait alors avec la situation des Morisques ibériques. Voir, par exemple, Juan de Solórzano, Política Indiana, Madrid 1736 [1648], pp. 67–68.
8 D'autres pratiques d'expansion seigneuriale laïque ou religieuse, plus ou moins conflictuelles avec la monarchie et les conseils communaux et les municipalités (y compris durant la période médiévale castillane) seraient à prendre en compte. Voir, entre autres, Andrea Miranda et Juan I. Santos, Análisis del territorio de Ranón de la Arena. Génesis y desarrollo medieval, in: Arqueología y territorio medieval 9, 2002, pp. 85–104; Iván Muñiz, Principios de formación y transformación del poder. El señorío monástico de Santo Adriano de Tuñón (siglos IX–XVIII), in: Territorio, sociedad y poder 7, 2012, pp. 85–128; Rubio (voir note 4).
9 Josep Torró, Paisajes de frontera: conquistas cristianas y transformaciones agrarias (siglos XII al XIV), in: Edad Media. Revista de Historia 20, 2019, pp. 13–46, ici pp. 22–32; Félix Retamero et Josep Torró, One Conquest, Two Worlds: An Introduction, in: Glick et al. (voir note 4) pp. 1–16.
10 Muñoz (voir note 4) pp. 260 et ss; Martínez (voir note 4).
11 Même si à propos de la surface, nous sommes en Amérique espagnole bien au-delà des 250 ha (ou 500 ha) que l'on a longtemps considérés dans la péninsule Ibérique pour définir les latifundia. Artola (voir note 4), p. 185.
12 Voir l'approche comparée, sur le plan hydraulique, de Félix Retamero et Virgilio Martínez-Enamorado, Iberian Colonisations and Water Distributions Systems (15th–16th c.). A Comparative Approach, in: Glick et al. (voir note 4) pp. 259–300.
13 La bibliographie en est considérable, même s'il manque toujours une synchronie chronologique et une synthèse sur les phases de l'appropriation. Voir, entre autres, Pablo F. Luna, Francisco Quiroz, Introducción, in: Pablo F. Luna, Francisco Quiroz (éd.), Haciendas en el mundo andino,

comparaison est possible, par exemple, dans les deux cas, l'utilisation de l'énergie humaine et les formes esclavagistes pratiquées et combinées avec le travail forcé. En dépit des déclarations de principe (voire des lois), les conquistadores, les colons et les autorités royales sur place savaient que, si les Indiens devaient jouir du statut de vassaux castillans, ils n'auraient alors plus dû supporter les systèmes fiscaux et de travail qui leur étaient réservés; et que cela avait un coût. Il est possible de dire (surtout pour les premières décennies de la conquête) que les Indiens ont joué en Amérique le même rôle que les Morisques dans la péninsule Ibérique, spécialement dans le Sud castillan. Il en est de même des surcharges fiscales, dans les deux cas, des rentes et des prestations personnelles, avec une plus grande complexité encore dans le cas des terres viticoles.[14]

Dans cette perspective, soulignons toutefois une nuance. Il semble bien que, dans les zones péninsulaires où ont longtemps prédominé le dédoublement de la possession et les contrats emphytéotiques, les Morisques (et les Mudéjars) ont été des sujets de domaine utile, c'est-à-dire des bénéficiaires des cessions du domaine utile par les détenteurs du domaine direct, comme les vassaux péninsulaires, toujours avec des buts rentiers. Avec néanmoins l'exigence d'un canon emphytéotique plus lourd pour ces Morisques que pour les vassaux ibériques. Ce ne fut pas le cas (sauf rare exception) des indigènes andins. Si ceux-ci, à l'image des Morisques péninsulaires, devaient supporter les plus lourdes charges, en travail et en fiscalité, leur statut pratique n'incluait pas le fait de jouir du dédoublement de possession comme possédants utiles[15] des terres et territoires dont ils venaient pourtant d'être dépossédés. En revanche, ce même dédoublement y a surtout été un outil d'usurpation et d'accaparement fonciers.

De fait, les conquistadores et les colonisateurs castillans n'ont pas considéré que les Indiens andins puissent devenir des emphytéotes dans leurs haciendas et leurs latifundia. Les soustractions de rente (de *dominium* ou d'exploitation de la terre et du travail) ont été autrement assurées par le statut colonial imposé, grâce à des mécanismes utilisés d'une façon séquentielle, parmi lesquels: l'*encomienda a*u profit des conquistadores et des colons, le *tributo* de reconnaissance de vassalité envers le souverain castillan, la dîme et les différentes prestations et prélèvements en faveur du clergé, la «distribution» (*repartimiento*) des indigènes et leur rattachement forcé

---

siglos XVI–XX, Lima 2020, pp. 11–49 et Pablo F. Luna, Haciendas andinas, siglos XVI-XIX. Ensayo bibliográfico. Al conocer una, se conocen todas?, in: Investigaciones Sociales, 48, 2023, pp. 127-172.

14 Benítez (voir note 7); José M. Martín, El marquesado del Zenete, un modelo de implantación castellana en el reino de Granada, in: Chronica Nova 30, 2003–2004, pp. 371–400, ici pp. 382–383, 385 et ss; James Casey, Las causas económicas de la expulsión de los moriscos, in: Revista de Historia Moderna 27, 2009, pp. 135–150, ici p. 145.

15 Pablo F. Luna, Enfiteusis y desdoblamiento de la posesión de la tierra. Entre Europa y América, in: Mundo Agrario 22/49, 2021, www.mundoagrario.unlp.edu.ar/article/view/MAe166/13860.

(*mita*) en tant qu'énergie humaine dans les mines et les haciendas, les loyers versés comme locataires des terres, les ventes forcées de produits qu'ils devaient monétiser (ou l'embauche contrainte, avec le même objectif), les corvées et le travail domestique imposés, etc.

Les Castillans colonisateurs ont donc utilisé l'exemple morisque péninsulaire[16] en Amérique andine, sur des territoires plus vastes que dans la Péninsule, et ont articulé sur place un «modèle» foncier d'implantation coloniale; un modèle résultat, *ex post* et non pas *ex ante*. Il s'est lentement construit dès la fin du XVIe siècle, que ce soit sur le plan juridique et institutionnel, ou que ce soit sur le plan pratique des opérations (voir plus loin); un «modèle» inédit dont la reconstitution reste une tâche à effectuer.[17] S'il y a eu dans la péninsule Ibérique des résultats mitigés et contrastés dans le repeuplement des territoires reconquis,[18] en revanche, l'assujettissement des indigènes américains, malgré la catastrophe démographique des deux premiers siècles, a permis l'implantation durable d'occupation coloniale.

La formalisation de l'appropriation foncière en Amérique andine, à l'image de l'appropriation castillane

C'est bien sous Philippe II, dès le milieu du XVIe siècle et pour faire face aux crises financières de la couronne castillane (qui conduiront à des banqueroutes, en dépit de la recherche effrénée de nouveaux gisements financiers),[19] que la vente des terres (*baldíos*,[20] biens du domaine royal, terres municipales) et des richesses naturelles

16 Par ailleurs, l'association entre Morisques et Indiens se fait jour même à l'insu de leurs protagonistes: les fêtes traditionnelles d'affrontement entre Maures et Espagnols ont trouvé en Amérique andine leur corrélat, dans les fêtes d'affrontement entre Indiens et Espagnols, jusqu'à nos jours. Voir Pedro Gómez, Religión popular y mesianismo. Análisis de cultura andaluza, Grenade 1991.

17 Nous insistons sur cette notion de «modèle» foncier comme une synthèse opérationnelle entre, premièrement, l'expérience pratique des conquistadores et des colonisateurs sur le terrain, deuxièmement, les normes de la «famille juridique» castillane importée en Amérique (voir plus loin) et sans doute d'autres «familles juridiques» et, troisièmement, les traces de la résistance durable opposée par les formes de possession précoloniales refusant de disparaître. Trois composants et leur interaction dynamique, et pas seulement le droit castillan (ou le *derecho indiano*) ainsi que l'on a longtemps assumé. Un tel «modèle» *ex post* reste effectivement à reconstituer.

18 Muñoz (voir note 4), p. 279; Antonio Malpica, The Kingdom of Granada. Between the Culmination of a Process and the Beginning of a New Age, in: Glick et al. (voir note 4), pp. 383–400. Avec l'expulsion finale des Morisques comme résultat définitif.

19 La vocation impériale et la guerre qu'elle impose, la volonté d'hégémonie religieuse, les dépenses pour construire un État moderne, l'offensive usurière des banquiers, tout comme les dégâts provoqués par l'inflation interne, expliquent ces difficultés financières – pour un budget fait à la hauteur de la petite Castille. Avec, de plus, une fiscalité qui, en même temps, consolide ses traits prémodernes et exhibe parfois le recul pratique des prérogatives et des prééminences, notamment judiciaires, du souverain. Cf. Atienza (voir note 6) p. 903.

20 Dans toute l'imprécision et la confusion du terme, employé parfois comme substantif, parfois

prend forme.[21] C'est le cas d'abord dans la péninsule Ibérique, puis dans les décennies et les siècles ultérieures, dans les territoires coloniaux du Nouveau Monde.[22] Cela conduit aussi à la centralisation poussée de l'émission officielle de titres de possession des biens fonciers, c'est-à-dire la vente des documents signés par le souverain, contre paiement de droits versés par les possédants, anciens ou nouveaux. Engagées pour soulager les caisses royales, ces formalisations ont connu plusieurs modalités et ont représenté des choix fonciers et territoriaux des Habsbourg, avec un lien parfois immédiat avec la vente juridictionnelle.[23] Ce furent des mesures précises: premièrement, la confirmation de nombreuses usurpations foncières et territoriales préalables, seigneuriales ou communales, y compris au détriment du domaine royal, contre le versement de droits et l'émission de titres de pleine possession correspondants. Deuxièmement, la reconnaissance définitive (contre paiement) en faveur d'individus, d'institutions ou de corporations, de la possession de biens temporairement cédés par des souverains antérieurs, au détriment des Conseils municipaux.[24] Troisièmement, la vente de biens et de juridictions du clergé (et de ses organismes): une sorte de *désamortisation*[25] ecclésiastique avant-la-lettre, au

comme adjectif, signifiant plusieurs choses: terres inutiles, terres incultes, terres abandonnées, terres en friche, terres libres, à la frontière avec les terres du domaine royal (*realengas*), etc.
21 David Vassberg, La venta de tierras baldías. El comunitarismo agrario y la Corona de Castilla durante el siglo XVI, Madrid 1983.
22 Après la phase de la conquête (où appropriation a rimé avec pillage et saccage), les autorités représentant le souverain castillan, ont commencé à délivrer aux conquistadores des titres (*merced real*) de possession de terres, de territoires. Ils avaient trouvé que, hormis les mines, l'agriculture, l'élevage et l'approvisionnement des marchés pouvaient aussi servir à s'enrichir, grâce à une main-d'œuvre captive – d'autant plus que les indigènes étaient légalement distribués (*encomienda*) aux conquistadores bien méritants.
23 Nous ne parlerons pas de toutes les ventes effectuées ni de la vénalité des offices, qui, en étant antérieure, a aussi fait partie de la pratique des Habsbourg, amplement utilisée dans la péninsule Ibérique et en Amérique espagnole – et andine. Voir: Antonio Domínguez O., La venta de cargos y oficios públicos en Castilla y sus consecuencias económicas y sociales, in: Anuario de Historia Económica y Social 3, 1970, pp. 105–137; Francisco Tomás y V., La venta de oficios de regidores y la formación de oligarquías urbanas en Castilla (siglos XVII y XVIII), en: Historia. Instituciones. Documentos 2, 1975, pp. 525–547; Francisco Andújar, Necesidad y venalidad, España e Indias, 1704–1711, Madrid 2008; Antonio Jiménez, Poder, dinero y ventas de oficios y honores en la España de Antiguo Régimen. Un estado de la cuestión, in: Cuadernos de Historia Moderna 37, 2012, pp. 259–272.
24 Des mesures donnant priorité à ceux qui avaient les moyens de payer les sommes d'argent demandées par la couronne. Même s'il y avait eu, surtout au début, des dispositions pour favoriser les acheteurs modestes.
25 Mot seulement utilisé pour évocation, afin de ne pas tomber dans l'anachronisme. L'opération signalée est bien différente de celle du XVIIIe et du XIXe siècle. Il s'agit d'une «vente des vassaux» ou «vente des villages», avec ou sans autorisation de Rome ou des bulles papales, en entier ou par fractionnement. María A. Faya, Los señoríos monásticos de Castilla y León en el siglo XVI, in: Enrique Martínez, Vicente Suárez (éd.), Iglesia y sociedad en el antiguo régimen, Las Palmas 1994, vol. II, pp. 461–482, ici pp. 470–482; María A. Faya, La venta de jurisdicciones eclesiásticas en la Corona de Castilla durante el reinado de Felipe II, in: José Martínez (éd.), Congreso in-

XVIᵉ siècle. Leurs conséquences à court et à moyen terme ont été terribles pour certains villages, partiellement bénéfiques (ou indifférentes) pour d'autres, selon les conditions régionales d'application, plus dures en Vieille Castille et dans le sud que dans le nord, sauf en Cantabrie.[26]

Puis, il y a eu les «composiciones» (du polyvalent «composer») ou l'émission de titres de vente et de possession qui, avec une ampleur différentielle et des objectifs assez semblables, ont d'abord été établies dans la péninsule Ibérique, puis transportées en Amérique dès la dernière décennie du XVIᵉ siècle.[27] Avec quelle logique d'application? En fait, une nouvelle légalité de possession pouvait remplacer l'antérieure – pourtant issue, elle aussi, des décisions prises par les autorités, ou émanant des codes légaux anciens, ou d'un souverain précédent –, si elle permettait de remplir les caisses royales.[28] Une possession de terres avec des titres douteux (ou mis exprès en doute) pouvait engendrer le besoin d'une titularisation «assainie».[29] Plus tard, les besoins fiscaux de la couronne pouvaient à nouveau déclencher une vague de *composiciones*, d'autant plus probable lorsque de nouveaux groupes sociaux enrichis souhaitaient s'«enraciner» et accéder à la possession de terres bien «composées». Le paiement des droits de titularisation signés par le souverain permettait de soulager les finances et de soutenir les dépenses de la couronne. C'était la «voracité fiscale» des Habsbourg.[30]

Avec l'Andalousie comme premier théâtre d'application, spécialement Grenade, Cordoue et Séville,[31] puis plus tard en Amérique espagnole, les commissions d'en-

---

ternacional Felipe II (1527–1598). Europa y la monarquía católica, Madrid 1998, vol. 2, pp. 239–303, pp. 245 et ss.

26 Vassberg (voir note 21); Faya, La venta (voir note 25), p. 265.
27 Chevalier (voir note 5); José M. Ots Capdequí, España en América. El régimen de tierras en la época colonial, Mexico 1959; Luis M. Glave, El arbitrio de tierras de 1622 y el debate sobre las propiedades y los derechos coloniales de los indígenas, in: Anuario de Estudios Americanos 71/1, 2014, pp. 79–106; Sergio Carrera, Entre la regularización y la enajenación: composiciones, denuncias y ventas de tierras baldías en Yucatán, 1679–1827, in: Relaciones Estudios Historia y Sociedad 151, 2017, pp. 59–92; Sementeras de papel: la regularización de la propiedad rural en la Huasteca serrana, 1550–1720, Mexico 2018; Luna (voir note 15).
28 Vassberg (voir note 21), p. 225.
29 La corruption opérant dans la Péninsule avait aussi rapidement trouvé un terrain de reproduction dans le monde andin, surtout lorsqu'il s'agissait de la dépossession et de l'accaparement des terres, mais pas seulement. Andújar, Francisco, Controlar sin reformar. La corrupción de los virreyes de Indias en el siglo XVII, in: Memoria y Civilización 22, 2019, pp. 317–342; Andrien, Kenneth, El corregidor de Indios, la corrupción y el Estado virreinal en Perú (1580–1630), in: Revista de Historia Económica 3, 1986, pp. 493–520.
30 José Calvo, Venta de baldíos y tensión social en Andalucía, a mediados del siglo XVII, in: Agricultura y Sociedad 55, 1990, pp. 95–124, ici p. 122; Francisco Andújar, Vínculos familiares entre el viejo y el nuevo mundo. El aparato administrativo (1674–1711) in: Ofelia Rey Castelao et Pablo Cowen (éd.), Familias en el Viejo y Nuevo Mundo, La Plata 2017, pp. 134–154, p. 138.
31 Vassberg (voir note 21), p. 89; Calvo (voir note 30), pp. 104 et ss. Pour les territoires et les royaumes septentrionaux de Castille voir, entre autres, Baudilio Barreiro, Montes comunales

quête sur le terrain, composées d'une grande variété de fonctionnaires, ont pu faire exprès de susciter de conflits (ou d'en réveiller d'anciens), afin de soutirer des ressources financières (accompagnées d'avantages frauduleux, strictement personnels), grâce à la reconnaissance et/ou au renouvellement des titres de possession,[32] y compris au profit des groupes indiens enrichis.

Comme dans le cas castillan[33] ces types d'opérations se sont répétées en Amérique andine (et en Amérique coloniale tout court, en suivant un rythme différentiel) au cours des siècles successifs,[34] donnant lieu à des conflits divers. Les réactions d'hostilité, collectives et individuelles, contre les *composiciones* (ou la vente de *baldíos*) n'ont pas été rares. Toutefois dans les deux cas, le castillan et l'américain, l'opération a atteint ses objectifs dans la moyenne durée. En Amérique, en particulier, il y a eu la «normalisation» coactive de ces dispositions et on a même vu des «communautés» indigènes y participer, pour limiter les dégâts des usurpations des colons et «racheter» les terres et territoires auparavant perdus.[35]

Au fond, il y a deux éléments à mettre en relief pour l'Amérique espagnole et andine. D'abord, le fait que le souverain castillan s'est mis à délivrer des titres de possession parce qu'il s'est autoproclamé *amo y señor* du Nouveau Monde. C'est-à-dire le seul dépositaire du *dominium eminens*, le domaine éminent, ou source ultime des droits de possession; ce qui est devenu une référence durable, y compris après les indépendances, jusqu'au XXe siècle. Ensuite, le fait que les *composiciones* de terres sont devenues récurrentes, selon les besoins mais aussi en fonction des conjonctures régionales, avec une évolution autonome, pas unique ou homogène. Dans leur «voracité fiscale», les Habsbourg n'ont pas hésité à mettre en cause la légitimité des titres qu'ils avaient eux-mêmes délivrés, si leurs besoins financiers l'exigeaient ainsi.

---

    y vida campesina en las regiones cantábricas, in: Studia Historica, Historia Moderna 16, 1997, pp. 17–56.

32 Pratiqué tout autant pour la vente des *baldíos* que pour les *composiciones*. En Andalousie ou en Amérique, le souverain soutenait les opérations (et les fonctionnaires), si cela permettait de recouvrer des ressources fraîches.

33 Calvo (voir note 30), p. 99.

34 Luna/Quiroz (voir note 13), pp. 16–17. Les *composiciones* ont permis dans le monde andin la formation (ou la recomposition) des haciendas, mais ont aussi donné une certaine fluidité, parfois contrainte, aux échanges fonciers. Elles ont souvent révélé l'émergence des clans sociaux récemment enrichis (ou le déclin des groupes appauvris). Voir aussi Sergio Carrera et Juan M. Pérez Zevallos (coords), En todos los rincones imperiales, Mexico 2022, pp. 13–44.

35 Voir Marina Zuloaga, La conquista negociada. Guarangas, autoridades locales e imperio en Huaylas (1532–1610), Lima 2012, pp. 179–180; Steve Stern, Los pueblos indígenas del Perú y el desafío de la conquista española, Madrid 1982, pp. 133–184, pp. 187–189. Pour d'autres formes de participation indienne, voir Pablo Macera, Feudalismo colonial americano. El caso de las haciendas peruanas, in: Acta Historica (Szged) 35, 1971, pp. 3–43, ici p. 30.

La «famille juridique» castillane et son implantation andine

Progressivement formée durant le Moyen Âge, au moins depuis le XIIIe siècle, consolidée par la jurisprudence cumulative de la «reconquête ibérique», avec ses *Partidas* (Code de lois d'Alphonse X le Sage), ses *fueros* anciens, ses recueils d'ordonnances royales et ses corpus des *Cortes* (Parlements de villes) jusqu'à la chute de Grenade – et plus tard –, la tradition ou «famille» juridique castillane en matière de possession foncière et des richesses naturelles[36] s'applique en Amérique espagnole, surtout dans les premiers siècles de l'implantation coloniale.

Elle s'y est caractérisée, peut-être plus encore qu'en Castille, par l'hégémonie des formes d'appropriation, de pleine possession, ainsi que par le faire-valoir indirect. Elle a dû constamment se confronter aux us et coutumes indigènes, codifiés mais non écrits, en matière d'appropriation foncière, d'usufruit, de partage, de transmission, d'exploitation, qu'elle a cherchés à supplanter et à éradiquer, sans toutefois y parvenir complètement, en créant des formes inédites, hybrides. En préférant la pleine possession des terres, comme une forme de «propriété», ancienne et précoce, ainsi que la location à court terme pour leur exploitation, il y a eu peu de place pour le dédoublement de possession et la diversité des droits sur les terres et les richesses naturelles.[37] Nous aurions tort néanmoins de négliger l'examen et la présence du terme location (*arrendamiento*). Nous savons qu'il a souvent été à l'origine de confusions diverses.[38] Cette mise en garde est d'autant plus justifiée

---

36 Une utile approche générale est proposée par David Abulafia, Servants, Slavers or Subjects? Jews, Muslims and Indians as royal Property, in: Glick et al. (voir note 4), pp. 359–382. Même s'il y a eu dans la Péninsule d'autres «familles juridiques», ainsi dans l'Aragon (Catalogne, Valence...) ou en Navarre, avec des éléments tout autant concordants que discordants. Bartolomé Clavero, Enfiteusis, ¿Qué hay en un nombre?, in: Anuario de historia del derecho español 56, 1986, pp. 467–520, ici pp. 484–485; Anatomía de España. Derechos hispanos y derecho español, entre fueros y códigos, in: Bartolomé Clavero, Paolo Grossi et Francisco Tomás y V., Hispania. Entre derechos propios y derechos nacionales, Milan 1990, pp. 47–86, ici pp. 50, 53–54, 64–65, 69; Antoni Jordà, Doctrina de los juristas catalanes sobre la expropiación durante los siglos XVI y XVII, in: Salustiano de Dios et al. (éd.), Historia de la propiedad. La Expropiación, Salamanque 2012, pp. 195–210.

37 Sans doute liée à l'origine estrémègne, andalouse, ou castillano-léonaise des pionniers colonisateurs.

38 Voir, par exemple, Antonio López, Las explotaciones agrarias de los jesuitas en Andalucía occidental, durante el antiguo régimen, in: Bibiano Torres (éd.), Andalucía y América. Propiedad de la tierra, latifundios y movimientos campesinos, Huelva 1991, pp. 197–214, ici pp. 200–201. Les possessions des jésuites en Basse Andalousie sont présentées comme étant de pleine possession, alors qu'il y a visiblement un dédoublement de possession. Ce genre de problème se fait récurrent lorsque le mot *propriété* est ramené dans le passé (et dans l'espace) un peu trop librement. Il en est de même avec le terme *arrendamiento*, trop souvent pris dans son sens contemporain de location à court terme, alors qu'il veut seulement dire *cession à rente*, sans parler de durée ou de la nature du contrat. Voir aussi Guy Lemeunier, Cens emfitèutic i colonització agrícola a Múrcia (1450–1900). Primera part: edat moderna, in: Estudis d'història agrària 7, 1989, pp. 51–76; Luna/Quiroz (voir note 13); Luna (voir note 15).

que le dédoublement de possession et les formes emphytéotiques font aussi partie de la «famille juridique» castillane et qu'elles sont très présentes en Galice et dans les Asturies – moins, il est vrai, dans le León ou en Vieille Castille (ou en Nouvelle-Castille), même si on y trouve aussi des traces.[39]

D'autre part, du point de vue de la transmission et de la perpétuation du patrimoine foncier, les familles castillanes colonisatrices de l'espace andin y ont entièrement transposé les pratiques de la péninsule Ibérique,[40] pour lesquelles le binôme terres-familles était axial, tout comme les comportements endogamiques.[41] Ce qui veut dire que les mariages, les alliances matrimoniales, les partages égalitaires, mais aussi la création des majorats et la fondation des patrimoines de substitution forcée, civils et laïcs, ont également fait le voyage entre l'Europe et l'Amérique, dans toutes les stratégies et variétés de la «famille juridique» castillane.

Il y a donc eu, également dans ce domaine, une adaptation de la législation castillane aux réalités locales, y compris, par exemple, à l'illégitimité des naissances. Ce fut un processus continuel depuis la seconde moitié du XVIe siècle, durant les trois siècles coloniaux, reconduit et reformaté par les nouvelles vagues de migrants castillans et péninsulaires (et leurs propres «familles juridiques»). Pour cela, l'analyse historique de ces pratiques dans le monde andin – et dans l'espace hispano-américain –, doit se faire en interrogeant simultanément les pratiques péninsulaires, plus que cela n'a été fait jusqu'à présent. Par exemple en examinant la fusion entre la puissance honorifique et de prestige, issue de la reconnaissance nobiliaire et militaire (exclusivement péninsulaire, même pour les faits d'armes accomplis en Amérique), et la puissance économique, issue des échelons successifs de la réussite marchande et productive – y compris pour les groupes indigènes et métis.[42]

Comme dans la péninsule Ibérique,[43] la loi du roi et ses ordonnances y ont eu tendance à favoriser aux XVIIe–XVIIIe siècles la possession des terres et des ri-

---

39 Voir l'inventaire qui en est fait pour la Vieille Castille et le León, notamment pour le domaine ecclésiastique, dans Faya, Los señoríos (voir note 25), pp. 466–467. Pour sa part, Betrán (voir note 6), p. 25, souligne le fait que l'arrêt de la cession emphytéotique à Tolède, au milieu du XVIe siècle, a pu représenter un frein à l'élan productif précédent.

40 Après plusieurs initiatives précédentes, un travail récent a mis en parallèle et en perspective historique les relations des familles, entre la péninsule Ibérique et le Nouveau Monde. Rey Castelao/Cowen (voir note 2).

41 María J. Pérez et Laureano Rubio, Familia y comunidad rural. Modelos agrarios, colectivismo social y comportamientos familiares en la provincia de León durante la edad moderna, in: Studia Historica, Historia Moderna 36, 2014, pp. 177–212, ici pp. 178, 201 y ss; Faya/Anes (voir note 5), p. 76; Ana M. Prieto, Familia y endogamia en el mundo rural extremeño durante la época moderna, in: Juan J. Iglesias et al. (éd.), Comercio y Cultura en la Edad Moderna, Séville 2015, pp. 1613–1628, ici p. 1614.

42 Sebastián Molina, Familia y poder en la Castilla moderna. Aproximación a través del estudio de la élite local de Almansa en el siglo XVII, in: Chronica Nova 30, 2004, pp. 489–510, ici pp. 496, 505.

43 Ceferino Caro, Cerramientos de tierra en el siglo XVIII según los despachos de Gracia del Consejo de Castilla, in: Hispania 77/255, 2017, pp. 117–153.

chesses naturelles par les puissants, les nouveaux riches ou ceux qui en avaient les moyens – qui n'étaient pas toujours les plus gros possédants de terres. Toutefois, le fait de favoriser la possession de certains agents économiques et marchands se traduisait en même temps par la dépossession d'autres, plus faibles. C'est le sens des «réformes» approuvées (parfois appliquées) par les Bourbons au XVIIIe siècle, afin d'encourager l'agriculture et la production,[44] aussi bien dans la Péninsule qu'en Amérique andine. La dépossession exécutée a souvent visé les «terres collectives» (avec ou sans enclaves déjà désappropriées) issues du mélange opéré par les conquistadores et les colonisateurs castillans entre, d'une part, la pratique des communautés originales et, d'autre part, la possession communale castillane (et léonaise) transposée depuis la Péninsule.[45] Ce qui a produit la formation et/ou la recomposition de «communautés indiennes», en les adaptant à l'implantation coloniale, en renforçant notamment leur lien territorial de continuité spatiale.

Il en a été de même pour les terres et les richesses naturelles non directement exploitées, y compris pour les terres appropriées par la couronne (devenues des *baldíos* ou des *realengos*) *ou les espaces de possession commune, utilisés par les clans indigènes, avec des pratiques anciennes et régulées pour l'usufruit commun. Ainsi, la voie vers l'individualisation et la désappropriation de ces biens, au profit des plus puissants, a connu un itinéraire semblable à celui de la péninsule Ibérique, en dépit de lois censées contrecarrer le processus.*[46] Répondant sans doute à des intérêts contradictoires, la couronne pouvait encourager de la main gauche ce qu'elle devait proscrire de la main droite, ce qui n'a pu susciter que des réactions et des conflits (des deux côtés de l'Atlantique). De la même manière, à l'instar de l'expérience péninsulaire, il est souvent arrivé en Amérique andine que, lorsqu'il y a eu des demandes pour «enclore» des terres, en fait, le but recherché ait surtout été celui d'amodier plus avantageusement, avec des loyers plus élevés, les terres encloses, plus que de réussir une augmentation de la production.

D'une façon générale, à l'image de ce qui s'est produit dans la couronne de Castille et ses royaumes,[47] il y a eu en Amérique andine une confusion entre les biens communaux et les *baldíos* (qui sont généralement des biens du domaine royal). Cela a pu favoriser sur les espaces castillans les phénomènes usurpateurs et expropriateurs, créant d'utiles connivences entre les possédants civils, les corporations d'Ancien

---

44 Faites au nom du bien-être «général et public», même si l'objectif devait rester théorique et éloigné d'une quelconque «égalité» ou proportionnalité dans la distribution de terres et de richesses naturelles. Souvent, c'était tout le contraire qui arrivait.

45 L'approche comparatiste s'y avère indispensable, dans l'axe structuration / déstructuration (voir note 3), la destruction passant aussi par la formation d'hybrides de durée indéterminée. Voir aussi Macera (voir note 35), p. 18.

46 Ofelia Rey Castelao, La propiedad colectiva en la España moderna, in: Studia Historica, Historia Moderna 16, 1997, pp. 5–16.

47 Calvo (voir note 30); Rey Castelao (voir note 46).

Régime et les autorités royales, au détriment de la possession communale. Surtout lorsque les besoins financiers ont conduit à la transformation des possessions du domaine royal (*realengos*) en nouvelles seigneuries, y compris au profit des ordres religieux ou, plus tard, en nouveaux espaces d'exploitation agricole et économique.[48] Des décisions semblables (sans création de seigneuries toutefois) ont été prises dans le monde andin, selon ses particularités locales, mais avec les mêmes objectifs.

Notes finales

Au terme de cet exercice comparatiste, il serait nécessaire de souligner cinq idées générales qui sont en vérité cinq pistes de travail, afin de prolonger les efforts accomplis jusqu'à présent:
– La nécessité d'approcher la colonisation et l'implantation foncière américaine – et andine –, à partir de leur matrice foncière castillane, en examinant la pratique des colonisateurs sur le terrain et non pas en la déduisant des interprétations générales ou des théories.
– La nécessité d'incorporer les repères du «colonialisme interne» médiéval ibérique à l'égard des Morisques vaincus (avec ou sans repeuplement du territoire), comme des référents incontournables de la pratique des colonisateurs castillans dans le monde andin.
– La nécessité de lier plus étroitement l'appropriation foncière et l'émission des titres de possession, que les Habsbourg et les Bourbons mettent en œuvre dans la Péninsule, avec son application dans le cadre andin (et plus largement hispano-américain).
– La nécessité de comprendre la cession des biens fonciers, leur transmission, leur dépossession, leur réappropriation, ainsi que leur exploitation productive, dans le contexte de la «famille juridique» castillane qui est importée, hybridée et complexifiée, en Amérique.
– La nécessité de savoir que la reconstitution du «modèle» foncier en Amérique andine, qui permettra aussi de mieux y connaître les blocages contemporains du «problème de la terre», est toujours une tâche à accomplir, avec la nécessaire confrontation entre la loi et son application pratique sur le terrain, dans la dialectique sociale des protagonistes, colonisateurs et colonisés.

---

48   García Sanz (voir note 1), p. 23; López (voir note 38), pp. 207–208.

Michela Barbot

Città e proprietà
Evidenze storiche e questioni aperte a partire da alcuni casi europei

> *Cities and property. Historical evidence and open questions from some European cases*
> Focusing on the centuries of the Ancien Régime, the article presents a series of empirical evidence that call into question the urban matrix of individual property within several European cities. After illustrating the multiple forms of occupation to which urban real estate was subject, the text analyzes the cleavage between city and country and rejects the hypothesis of a legal specificity of the former with respect to the latter. While the forms of urban property were not very different from rural property, in comparison with land in the countryside, urban real estate had more pronounced effects of social reproduction and community integration that stemmed from its close link with citizenship rights.

Diritti di proprietà e spazi urbani fra Antico Regime ed età contemporanea: due tradizionali chiavi di lettura

L'analisi dell'evoluzione di lungo periodo delle forme della proprietà urbana impone di confrontarsi con due maggiori chiavi di lettura, solo in parte alternative.[1]
Un'interpretazione elaborata dagli anni Ottanta-Novanta del XX secolo, e diventata col tempo molto diffusa, ha identificato nelle città di Antico Regime il regno dell'immobilizzazione e della «pietrificazione» della rendita, postulando l'esistenza

---

1 L'orizzonte geografico nel quale si iscrivono queste pagine è l'Europa occidentale, con un'attenzione privilegiata ai casi italiano e francese. Una simile circostanza è il riflesso dell'esistenza di una letteratura storiografica in gran parte dedicata a queste due aree, caratterizzate da un'abbondanza documentaria che ha particolarmente interpellato gli specialisti di storia urbana e di storia dei diritti di proprietà. Rimando, in proposito, a Olivier Faron, Étienne Hubert (a cura di), Le sol et l'immeuble. Les formes dissociées de propriété immobilière dans les villes de France et d'Italie (XIIe–XIXe siècle), Roma 1993.

di una forte discontinuità rispetto all'età contemporanea, attraversata da intensi fenomeni di speculazione immobiliare.[2] Secondo questa interpretazione, gli spazi urbani avrebbero cominciato ad essere oggetti d'investimento, capaci di produrre e riprodurre ricchezza, soltanto in corrispondenza dell'imposizione della proprietà piena, esclusiva e individuale formalizzata dal movimento delle *enclosures* e dalle codificazioni continentali.[3] Prima di queste due grandi trasformazioni, gli scambi immobiliari sarebbero stati condannati a un'intrinseca inefficienza economica, mostrandosi sostanzialmente incapaci di creare un vero e proprio mercato della rendita in ambito urbano.[4]

In termini altrettanto evoluzionistici, ma quasi totalmente ribaltati rispetto a questa prima lettura, una seconda e più antica interpretazione, veicolata da una serie di lavori d'inizio Novecento divenuti ormai classici (prima fra tutti l'opera di Werner Sombart),[5] ha invece rintracciato nella fioritura urbana medievale la culla per eccellenza dell'accumulazione capitalistica, istituendo una netta contrapposizione tra il mondo cittadino precocemente liberato dai vincoli feudali e l'universo rurale inesorabilmente rallentato dal ricorso diffuso e persistente a pratiche non esclusive e comunitarie di utilizzo della terra.[6]

Insistendo sulla matrice eminentemente urbana dell'individualismo proprietario, ed erigendo quest'attributo a vero e proprio archetipo della modernità,[7] entrambe queste interpretazioni hanno a tal punto dominato il dibattito storiografico che è soltanto in tempi recenti, complice anche il nuovo interesse suscitato dal tema dei *commons*,[8]

---

2 Si vedano, al riguardo, Annalisa Guarducci (a cura di), Investimenti e civiltà urbana. Secoli XIII–XVIII, Firenze 1989, nonché il volume monografico, dal titolo quanto mai eloquente, di Roberto Fregna, La pietrificazione del denaro. Studi sulla proprietà urbana tra XV e XVII secolo, Bologna 1990.

3 Per una analisi più approfondita e circostanziata di questa interpretazione, si vedano Bernard Lepetit, L'appropriation de l'espace urbain: la formation de la valeur dans la ville moderne (XVIe–XIXe siècles), in: Histoire, économie et société 3, 1994, pp. 551–559; Jean-François Chauvard, Pour en finir avec la pétrification du capital: investissements, constructions privées et redistribution dans les villes de l'Italie moderne, in: Mélanges de l'École française de Rome. Italie et Méditerranée 119, 2, 2007, pp. 427–440, e Michela Barbot, Andrea Caracausi, Paola Lanaro, Lo sguardo della storia economica sull'edilizia urbana. Introduzione, in: Città e storia IV, 1, 2009, pp. 3–12.

4 Basti citare, al riguardo, le osservazioni di Alberto Tenenti, che nella Prolusione alla IX Settimana di Studi dell'Istituto Internazionale di Storia Economica Datini di Prato (1988), ebbe modo di osservare: «quando [i settori edilizio e immobiliare] prendono delle notevoli dimensioni, ci si trova spesso di fronte a fasi di ripiego o declino dell'economia cittadina», tanto che «l'invenzione semantica [...] del termine investimento non è certamente sbocciata per le operazioni in quei settori»: Alberto Tenenti, Prolusione, in: Guarducci (vedi nota 2), pp. 13–27, qui p. 15.

5 Werner Sombart, Der moderne Kapitalismus. Historisch-systematische Darstellung des gesamteuropäischen Wirtschaftslebens von seinen Anfängen bis zur Gegenwart, Leipzig 1916.

6 Una simile interpretazione è parzialmente condivisa anche da Max Weber nel suo celebre saggio sulla città, contenuto nell'opera postuma Wirtschaft und Gesellschaft, Tübingen 1922.

7 Sulla genesi storica di quest'archetipo, si veda Louis Dumont, Homo aequalis I. Genèse et épanouissement de l'idéologie économique, Parigi 1977.

8 Per una sintesi del dibattito suscitato da questo tema, esplorato soprattutto a partire dai lavori se-

che il legame fra la città e la proprietà privata individuale, dato a lungo per scontato, è stato oggetto di analisi più mirate e approfondite.[9] Ne è scaturito un affresco che, benché ancora parziale, da un lato pone fortemente in discussione l'idea di un'intrinseca specificità (e omogeneità) giuridica della proprietà urbana su scala europea, e, dall'altro, invita a riconsiderare i termini del confronto città/campagna, spostando la focale su una serie di analogie e differenze fin qui poco considerate.

Le forme di occupazione degli immobili urbani al di là del binomio proprietari/inquilini

Nel corso degli ultimi decenni, una serie di indagini sparse, a carattere eminentemente monografico e condotte a partire da fonti eterogenee (documenti fiscali, atti notarili, censimenti demografici, registri contabili), ha permesso di misurare il peso e il significato della piena proprietà individuale in molte città di Antico Regime. Uno dei risultati senza dubbio più significativi messi in luce da questi studi è l'esistenza di una forte discontinuità cronologica: l'aspirazione alla casa di proprietà non corrispondeva se non in maniera molto limitata alle ambizioni e alle abitudini residenziali delle popolazioni locali.

Fra il XVI e il VIII secolo, a titolo d'esempio, soltanto una frazione compresa fra il 4 e il 20 % degli abitanti di Roma, Venezia, Milano, Firenze, Parigi, Rouen e To-

---

minali di Elinor Ostrom (fra cui il celebre Governing the Commons. The Evolution of Institutions for Collective Action, Cambridge 1990), rimando a Giangiacomo Bravo, Tine de Moor, The commons in Europe: from past to future, in: International Journal of Commons 2, 2008, pp. 155–161; Fabienne Orsi, Elinor Ostrom et les faisceaux de droits: l'ouverture d'un nouvel espace pour penser la propriété commune, in: Revue de la régulation 14, 2013, DOI : https://doi.org/10.4000/regulation.10471, https://regulation.revues.org/1047.

9 Simili approfondimenti hanno interessato tutte le scienze sociali e territoriali, dalla storia alla sociologia, dalla geografia all'urbanistica. Si vedano, a titolo d'esempio, Tine De Moor, The silent revolution. The emergence of commons, guilds and other forms of corporate collective action in Western Europe from the late Middle Ages onwards, in: The International Review of Social History 53, 2008, pp. 175–208; La ville comme bien commun. Planification urbaine et droit à la ville, numero monografico di: Les cahiers d'architecture, 9, 2013; Francesco Trigari, Bene comune: la città medievale, in: Maria Rosaria Marella (a cura di), Oltre il pubblico e il privato. Per un diritto dei beni comuni, Verona 2014; Christian Borch, Martin Kornberger (a cura di), Urban Commons. Rethinking the City, Abingdon 2015; Daniela Festa, Urban Commons. Critique of Ownership Institutions: An Insurrection on the Way? Finding common ground, in: Green European Journal 14, 2016, www.greeneuropeanjournal.eu/urban-commons-critique-of-ownership-institutions-an-insurrection-on-the-way. In proposito, mi permetto di rinviare anche a Michela Barbot, Ville et Polycentricité, in: Marie Cornu, Judith Rochfeld, Fabienne Orsi (a cura di), Dictionnaire des communs, Parigi 2017, pp. 1207–1211; Ead., Quels biens communs y avait-il dans les Communes? Quelques remarques à partir d'un cas d'Ancien Régime, in: Christian Bessy, Michel Margairaz (a cura di), Les biens communs en perspective. Propriété, valeur, travail (XVIIe–XXIe siècle), Parigi 2021, pp. 45–58.

rino risiedeva in un alloggio in piena proprietà. Il resto della popolazione occupava degli immobili concessi in locazione, secondo formule giuridiche quanto mai variabili da un luogo all'altro.

Tab. 1: Pieni proprietari in una serie di città italiane e francesi, XVI–XVIII secolo

Città e periodo	Percentuale di pieni proprietari
Roma, XVI secolo	4
Venezia, inizio XVII secolo	6
Milano, prima metà del XVII secolo	7–13
Firenze, metà XVII secolo	17
Parigi, XVIII secolo	10
Rouen, fine XVIII secolo	20
Torino, fine XVIII secolo	5

Fonti: Su Roma: Manuel Vaquero Piñeiro, Renta y transformación de las viviendas en Roma durante el siglo XVI, in: Città e Storia 1, 2006, pp. 53–78, p. 90; su Venezia: Ennio Concina, Venezia nell'età moderna. Struttura e funzioni, Venezia 1989, pp. 89–90, e Giovanni Levi, Note conclusive a Paola Lanaro, Gian Maria Varanini (a cura di), «Edilizia privata nella Verona rinascimentale», Milano 2000, pp. 404–405; su Milano: Stefano D'Amico, Le contrade e la città. Sistema produttivo e spazio urbano a Milano fra Cinque e Seicento, Milano 1994, p. 44; su Firenze: Filippo Benfante, Le proprietà urbane di Santa Maria Nuova (Firenze, XVI–XVIII secolo), in: Quaderni storici 113, 2003, pp. 325–344, qui p. 326; su Parigi: Nicolas Lyon-Caen, L'immobilier parisien au XVIIIe siècle. Un marché locatif, in: Histoire urbaine 43, 2, 2015, pp. 55–70, qui p. 57; su Rouen: J.-P. Bardet, Rouen aux XVIIe et XVIIIe siècles. Les mutations d'un espace social, Paris 1983, p. 170; su Torino: Renato Curto, Da un'idea convenzionale di valore al valore rendimento: estimi e significati della proprietà urbana tra '700 e '800 a Torino, in: Storia urbana 71, 1995, pp. 67–87, qui p. 73.

Nelle città caratterizzate da una significativa presenza di aree edificabili si registrava una forte diffusione del contratto di enfiteusi. Particolarmente adatto a progetti costruttivi su larga scala, il ricorso a questo contratto aveva permesso ai grandi proprietari laici ed ecclesiastici medievali di rifondare intere città e di arrestare il declino urbano medievale.[10]

Nella sua versione più diffusa,[11] l'enfiteusi istituisce una dissociazione di lungo periodo (generalmente pari a 99 anni) fra il dominio eminente di un terreno e il do-

---

10 È quanto evocato da Jean-Claude Maire Vigueur (a cura di), D'une ville à l'autre. Structures matérielles et organisation de l'espace dans les villes européennes (XIIIe–XVIe siècle), Roma 1989; Étienne Hubert, Espace urbain et habitat à Rome du Xe siècle à la fin du XIIIe siècle, Roma 1990; Faron/Hubert (vedi nota 1).

11 Sulla storia dell'enfiteusi, già disciplinata dal diritto romano, si vedano Giorgio Cencetti, Il contratto di enfiteusi nella dottrina dei Glossatori e dei Commentatori, Bologna 1939; Pietro Vaccari,

minio utile dell'edificio insistente su di esso, edificio costruito e manutenuto integralmente a spese dell'enfiteuta. In cambio del diritto di occupazione dell'immobile edificato, l'enfiteuta, detto anche «utilista» o «quasi proprietario», ha l'obbligo di pagare le imposte fondiarie e di versare al titolare del dominio eminente un canone di piccola entità, la cui funzione principale è quella di ricordare, un anno dopo, l'esistenza di due distinti livelli proprietari.[12]

Nella Roma seicentesca, molto ricca di spazi vuoti, due terzi dei trasferimenti rogati annualmente dai notai rispondevano precisamente a questa formula giuridica.[13] Proporzioni non molto diverse si registravano nella Londra settecentesca, dove il contratto di *ground lease*, non molto diverso dall'enfiteusi continentale, rappresentava la modalità più ricorrente di occupazione degli edifici urbani.[14]

Nelle città in cui la presenza di spazi vuoti era meno importante, la dissociazione fra il dominio eminente e il dominio utile non interessava materialmente il terreno e la casa, ma si traduceva in una separazione astratta fra il diritto alla percezione di una rendita e il diritto/dovere d'utilizzo e di realizzazione di una serie di migliorie sul bene locato. Era questo il caso, ad esempio, del *bail à rente* in Francia o del *livello* in Italia.[15]

L'ampio ricorso a queste forme di dissociazione immobiliare, tutte accomunate dal fatto di far partecipare gli utilisti alla sfera della proprietà,[16] era strettamente legato al

---

Enfiteusi (storia), in: Enciclopedia del diritto, vol. XIV, Milano 1965, pp. 915–920; Luigi Capogrossi Colognesi, Proprietà e signoria in Roma antica, Roma 1986; Rosa Congost, Pablo Fernando Luna (a cura di), Agrarian Change and Imperfect Property. Emphyteusis in Europe (16th to 19th centuries), Turnhout 2018. L'enfiteusi non è peraltro stata completamente eliminata né dalla Rivoluzione francese, né dal movimento delle codificazioni: al riguardo, si veda Jean-Louis Halpérin, Le Code civil, Parigi 2003, e Id., Histoire du droit des biens, Parigi 2008.

12 In caso di mancato rinnovo, entrambi i contraenti possono trasformare il proprio dominio in una piena proprietà, versando alla controparte un corrispettivo adeguatamente stimato: mi permetto di rimandare, in proposito, a Michela Barbot, What the Dominia Could do. Enfiteusi and other forms of divided property rights in Lombardy from the 14th to the 20th century, in: Congost/Luna (vedi nota 11), pp. 53–74.

13 Renata Ago, Economia barocca. Mercato e istituzioni nella Roma del '600, Roma 1998.

14 Francis Henry Wollaston Sheppard, Survey of London. The Grosvenor Estate in Mayfair, Londra 1977, vol. I, pp. 17–19.

15 Sul caso francese, si vedano, in particolare, Gerard Béaur, Le marché foncier éclaté. Les modes de transmission du patrimoine sous l'Ancien Régime, in: Annales. Économies, sociétés, civilisations 46, 1, 1991, pp. 189–203; Id., L'immobilier et la Révolution. Marché de la pierre et mutations urbaines 1770–1810, Parigi 1994; Bernard Gauthiez, La forme des immeubles et le statut juridique des terrains: l'exemple de Rouen du XIIIe au XVIIIe siècle, in: Faron/Hubert (vedi nota 1), pp. 267–299. Sull'Italia del Nord, si veda. Gianluigi Corazzol, Fitti e livelli a grano. Una forma di credito rurale nel Veneto del '500, Milano 1979; Id., Livelli stipulati a Venezia nel 1591. Studio storico, Pisa 1976; Luigi Faccini, La Lombardia fra Seicento e Settecento. Riconversione economica e mutamenti sociali, Milano 1988.

16 È quanto sottolineato da Gian Luigi Barni, Proprietà (diritto intermedio), in: Novissimo Digesto Italiano, vol. XIV, Torino 1967, pp. 120–124; Paolo Grossi, Proprietà [diritto intermedio], in: Enciclopedia del diritto, vol. 37, Milano 1988, p. 226; Id., Il dominio e le cose. Percezioni medievali

vantaggio che esse presentavano per tutte le parti in gioco. Se l'acquisizione del dominio utile permetteva ai suoi titolari di godere a poco prezzo di una lunga stabilità residenziale e di evitare di sostenere gli ingenti esborsi richiesti dall'accesso alla piena proprietà,[17] i proprietari eminenti, per parte loro, avevano l'opportunità di sgravarsi dei costi di edificazione e di manutenzione degli immobili, col beneficio ulteriore di poter usufruire di un'entrata regolare che, per quanto modesta, era «congelata» per lunghissimi periodi, e per ciò stesso sottratta agli andamenti mutevoli della congiuntura.[18] In aggiunta a questi vantaggi, gli utilisti e i proprietari eminenti avevano la possibilità di vendere, trasmettere, frazionare o sublocare i loro rispettivi diritti o loro singole parti, una circostanza che, anziché limitare gli scambi immobiliari, aveva l'effetto opposto di incrementare sensibilmente il volume di transazioni realizzabili su ogni singola unità abitativa. I diritti enfiteutici potevano inoltre essere utilizzati a titolo di pegno o di ipoteca, permettendo ai loro titolari di accedere al credito e di disporre di denaro liquido utilizzabile in altri settori economici.[19]

Accanto a queste concessioni di lungo o lunghissimo periodo, esistevano poi delle forme di locazione di breve durata, generalmente compresa fra i sei mesi e i tre anni, le quali, non implicando alcun frazionamento dei diritti proprietari, si iscrivevano completamente nel regime giuridico della piena proprietà individuale. Vere e proprie antesignane del moderno contratto d'affitto, queste locazioni – anche dette «pigioni» o «investiture semplici» – imponevano agli inquilini di non alterare in alcun modo le caratteristiche fisiche del bene loro assegnato, obbligandoli a riconsegnarlo nelle stesse condizioni alle quali l'avevano trovato inizialmente.[20] Per parte loro, le

---

 e moderne dei diritti reali, Milano 1992; Id., La proprietà e le proprietà nell'officina dello storico, Napoli 1996.

17 L'esistenza di forti barriere d'accesso alla piena proprietà immobiliare, il cui costo proibitivo era un importante deterrente alla sua diffusione, è sottolineata, per Parigi, da Nicolas Lyon-Caen, L'immobilier parisien au XVIIIe siècle. Un marché locatif, in: Histoire urbaine 43, 2, 2015, pp. 55–70.

18 Sulla funzione di protezione anticongiunturale svolta dai contratti afferenti al regime della proprietà dissociata, mi permetto di rinviare a Michela Barbot, Per una storia economica della proprietà dissociata. Efficacia e scomparsa di ‹un altro modo di possedere›, in: Materiali per una storia della cultura giuridica I, 2008, pp. 33–62.

19 I titoli di credito potevano a loro volta circolare e dare vita a mercati paralleli, come mostra Lucia Alonzi, Economia e finanza nell'Italia moderna. Rendite e forme di censo (secoli XV–XX), Roma 2012. Per fare l'esempio di Milano, le cessioni di diritti enfiteutici ascendevano grossomodo a un terzo dei trasferimenti notarili registrati tra la metà del XVI e la fine del XVIII seolo: rimando, al riguardo, a Michela Barbot, Le architetture della vita quotidiana. Pratiche abitative e scambi immobiliari a Milano in età moderna, Venezia 2008.

20 Su queste formule contrattuali, si vedano, a titolo d'esempio, Pietro Battara, Botteghe e pigioni nella Firenze del XVI secolo. Un censimento industriale e commerciale all'epoca del granducato medicео, in: Archivio Storico Italiano XCV, 1937, pp. 3–28; Maura Palazzi, Pigioni e inquilini nella Bologna del Settecento: le locazioni delle ‹case e botteghe di città›, in: Istituto per la storia di Bologna (a cura di), Popolazione ed economia nei territori bolognesi durante il Settecento. Atti del 38o colloquio, Bologna 1983, pp. 337–434; Barbot (vedi nota 19).

spese di manutenzione e il pagamento delle imposte fondiarie erano interamente addossati ai proprietari, i quali, in contropartita, avevano la possibilità di riaggiustare con frequenza i canoni d'affitto, allineandoli in modo profittevole a eventuali congiunture economiche espansive.[21] In alcune città, questi contratti erano a tal punto diffusi da rendere i canoni fissati al loro interno la base principale, se non esclusiva, del calcolo dei prezzi sul mercato delle compravendite immobiliari. Era questo il caso di Parigi, dove il valore venale degli appartamenti[22] era determinato in maniera pressoché esclusiva attraverso la capitalizzazione al 5 % della rendita locativa,[23] ed era questo anche il caso di Venezia, dove l'alta densità abitativa e l'assenza pressoché totale di spazi edificabili avevano reso l'enfiteusi una forma di concessione obsoleta già dalla fine del Medioevo, inducendo i proprietari urbani a utilizzare di preferenza forme di concessione di breve durata.[24]

Giova inoltre sottolineare come, sul piano sociale e simbolico, le condizioni di pigionante e/o di utilista non avessero, in sé, alcuna connotazione particolarmente negativa, al punto che non era affatto infrequente imbattersi in nobili e patrizi che sceglievano deliberatamente di vivere in affitto o di cedere ad altri individui o ad altre famiglie l'uso di porzioni più o meno significative dei loro sontuosi palazzi.[25]

Ancor più vasto, benché non quantificabile in termini precisi, era, poi, il mondo variegato delle sub-locazioni, le cui scarse formalità giuridiche e la cui durata limitata (in genere compresa fra poche settimane e un anno) permettevano di alloggiare con grande flessibilità le popolazioni itineranti che facevano un via vai costante tra la

---

21 Sul rapporto fra affitti brevi e congiunture espansive, si veda. Pierre Couperie, Emmanuel Le Roy Ladurie, Le mouvement des loyers parisiens de la fin du Moyen Âge au XVIIIe siècle, in: Annales. Économies, Sociétés, Civilisations 25, 4, 1970, pp. 1002–1023. Per l'età contemporanea, molti spunti utili si trovano in Mario Talamona, Fluttuazioni edilizie e cicli economici: ricerche sul comportamento degli investimenti in abitazioni in Italia dal 1863 al 1945, Roma 1958.

22 Dato il costo elevato dell'accesso alla piena proprietà, la maggior parte delle unità edilizia in vendita nella Parigi d'età moderna erano degli appartamenti piuttosto che delle case singole: è quanto osservato da Annick Pardailhé-Galabrun, L'habitat parisien: comment on loge dans Paris aux XVIIe et XVIIIe siècles, in: Cahiers du CREPIF 12, 1985, pp. 36–45.

23 Ciò anche nel caso delle espropriazioni, come mostrano Nicolas Lyon-Caen, Un prix sans aménité. L'indemnisation des propriétaires parisiens à la fin de l'Ancien Régime, in: Histoire & Mesure 28, 1, 2013, pp. 75–106; Id., L'immobilier parisien au XVIIIe siècle. Un marché locatif, in: Histoire urbaine 43, 2, 2015, pp. 55–70.

24 Per il Medioevo, si veda Federica Masè, Patrimoines immobiliers ecclésiastiques dans la Venise médiévale (XIe–XVe siècle). Une lecture de la ville, Roma 2006. Per l'età moderna, Jean-François Chauvard, La formation du prix des maisons dans la Venise du XVIIe siècle, in: Histoire & Mesure 3, 1999, pp. 331–368; Id., La circulation des biens à Venise: stratégies patrimoniales et marché immobilier (1600–1750), Roma 2005.

25 Si vedano, ad esempio, Laura Megna, Comportamenti abitativi del patriziato veneziano (1582–1740), in: Studi storici, XXII, 1991, pp. 253–324; Stefano D'Amico, Le contrade e la città. Sistema produttivo e spazio urbano a Milano fra Cinque e Seicento, Milano 1994; Albane Cogné, Les propriétés urbaines du patriciat (Milan, XVIIe–XVIIIe siècle), Roma 2017.

città e le campagne o le montagne circostanti.[26] Benché la nozione di «diritto alla casa» fosse ampiamente estranea alle società di Antico Regime,[27] non era raro, infine, trovare delle abitazioni concesse a titolo interamente gratuito,[28] un privilegio riservato soprattutto alle categorie di abitanti (vedove, invalidi, poveri meritevoli e «vergognosi») che, trovandosi al centro di processi di mobilità discendente, presentavano forti rischi di esclusione, minacciando l'ordine sociale urbano nella sua integralità.[29] Malgrado la presenza di casi di microsegregazione interna a singoli immobili o a singoli quartieri, lo scarso valore sociale accordato alla piena proprietà individuale e la preferenza socialmente trasversale accordata alla locazione garantivano in ultima analisi un grado di *mixité* più elevato di quello riscontrato negli spazi urbani contemporanei.[30]

---

26 Sulla pratica del subaffitto, sulle sue molteplici declinazioni giuridiche e sulle sue implicazioni socio-economiche, si vedano Jean-Pierre Bardet, Pierre Chaunu, Gabriel Désert, Pierre Gouhier, Hugues Neveux (a cura di), Le bâtiment: enquête d'histoire économique. Maisons rurales et urbaines dans la France traditionnelle, Parigi 1971; Renata Ago, Gérard Delille, Proprietari e inquilini. Premessa, in: Quaderni storici, 2, 2003, pp. 299–304; Barbot (vedi nota 19), nonché Eleonora Canepari, Céline Regnard, Abitare la città. Premessa, in: Quaderni storici, 151, 2016, pp. 103–112.

27 Questa nozione, com'è noto, è debitrice delle lotte e delle conquiste legate alla questione sociale di fine Ottocento: si vedano, al riguardo, Robert Castel, Les métamorphoses de la question sociale. Une chronique du salariat, Parigi 1995; Giovanna Procacci, Governare la povertà. La società liberale e la nascita della questione sociale, Bologna 1998.

28 Sulla pratica della concessione di alloggi *pro amore dei*, rimando a Jean-François Chauvard, Rendita, diritto e morale. Proprietari e inquilini in Età moderna, in: Quaderni storici, 113, 2003, pp. 305–323.

29 Su queste categorie, e sulle tutele che erano loro accordate, si vedano Giovanni Ricci, Povertà, vergogna, superbia. I declassati fra Medioevo e Età moderna, Bologna 1996; Edoardo Grendi, Ideologia della carità e società indisciplinata: la costruzione del sistema assistenziale genovese (1470–1670), in: Giorgio Politi, Mario Rosa, Franco Della Peruta (a cura di), Timore e carità. I poveri nell'Italia moderna, Cremona 1982, pp. 39–75; Vera Zamagni (a cura di), Povertà e innovazioni istituzionali dal Medioevo ad oggi, Bologna 2000; Michela Barbot, Jean-François Chauvard, Stefano Levati (a cura di), L'expérience du déclassement (Europe occidentale et méridionale, XVIe – premier XIXe siècle), Roma 2021.

30 I fenomeni di microsegregazione, che potevano ad esempio prodursi fra i piani di uno stesso immobile (col piano «nobile» – in genere il primo – riservato agli occupanti aristocratici), avevano talora effetti visibili sui prezzi e sulla loro formazione: a titolo d'esempio, si veda Gilbert Eggimann, Les acteurs du marché immobilier urbain. L'exemple de Genève, 18e–20e siècles. Quelques pistes de réflexion, in: Michel Dorban, Paul Servais (a cura di), Les mouvements longs des marchés immobiliers ruraux et urbains en Europe (XVIe–XIXe siècles), Louvain-la-Neuve 1994, pp. 183–211; Clé Lesger, Marco H. D. van Leeuwen, Bart Vissers, Residential segregation from the sixteenth to the nineteenth century: evidence from the Netherlands, in: Journal of Interdisciplinary History 42, 3 2012, pp. 333–369; Michela Barbot, Marco Percoco, Does a neighbor have a price? Rental prices and residential choices in early modern Milan, in: Eleonora Canepari, Massimiliano Crisci (a cura di), Moving Around in Town. Practices, Pathways and Contexts of Intra-Urban Mobility from 1600 to the Present Day, Roma 2019, pp. 23–38.

Per una nuova lettura della proprietà urbana: elementi di confronto con gli spazi rurali

Diversamente da quanto ipotizzato dai primi studi novecenteschi, le formule contrattuali appena descritte erano ben lontane dall'essere un appannaggio esclusivo delle città. Le concessioni di lunga durata, in particolare, avevano un forte radicamento rurale, tanto che i contratti enfiteutici cittadini – in primo luogo il già citato *livello* – erano spesso delle versioni rivedute e corrette dei più correnti patti agrari locali, ove l'obbligo di coltivare i campi era rimpiazzato dal dovere di riparare o di apportare migliorie alla struttura degli edifici urbani.[31] Vi erano poi intere aree geografiche in cui l'affitto a breve termine era più diffuso in campagna che in città, dando vita a forme avanzate di gestione fondiaria capitalistica.[32]

Se la natura giuridica della proprietà urbana d'Antico Regime non aveva alcuna intrinseca specificità o eccezionalità rispetto a quella rurale,[33] è pur vero, tuttavia, che il diverso valore socioeconomico e politico assunto dalle terre e dalle case, beni solo in apparenza completamente fungibili, finiva per conferire un senso parzialmente divergente anche alle loro modalità di occupazione.

Laddove la terra costituiva il più importante fattore di produzione nonché la base per eccellenza del potere politico,[34] gli immobili urbani fungevano anzitutto da strumenti di integrazione comunitaria e di riproduzione sociale e simbolica. Quest'ultima funzione era particolarmente visibile in seno alle élite aristocratiche, per le quali la formazione di un patrimonio edilizio entro le mura urbane[35] giungeva a co-

---

31 Sulle forme di concessione fondiaria esistenti nelle campagne europee la bibliografia è amplissima. A titolo puramente esemplificativo, rimando a Giorgio Giorgetti, Contadini e proprietari nell'Italia moderna. Rapporti di produzione e contratti agrari dal secolo XVI a oggi, Torino 1974; Gerard Béaur (a cura di), Histoire agraire de la France au XVIIIe siècle, Parigi 2000; Simonetta Cavaciocchi (a cura di), Il mercato della terra secc. XIII–XVIII, Firenze 2004.

32 Era questo, ad esempio, il caso della regione di Londra o ancora della pianura padana, su cui rimando, rispettivamente, a David Ormrod, James M. Gibson, Owen Lyne, City and Countryside Revisited. Comparative rent movements in London and the South-East, 1580–1914, in: Studies in Economics, School of Economics, University of Kent, 1117, 2011, https://ideas.repec.org/p/ukc/ukcedp/1117.html; Pasquale Villani, Il capitalismo agrario in Italia (sec. XVII–XIX), in: Studi storici 7, 3, 1966, pp. 471–513.

33 Entrambe, in definitiva, erano caratterizzate dalla compresenza di diverse stratificazioni di diritti proprietari, individuali, collettivi e dissociati, come mostra, in un'ottica di storia del diritto, A. Dani, Pluralismo giuridico e ricostruzione storica dei diritti collettivi, in: Archivio Scialoja-Bolla. Annali di studi sulla proprietà collettiva 1, 2005, pp. 64–73.

34 Sulla terra come fonte di ricchezza, e sulle logiche che presiedevano alla sua valorizzazione economica, mi permetto di rimandare a Guido Alfani, Michela Barbot (a cura di), Ricchezza, valore, proprietà in età preindustriale, 1400–1850, Venezia 2009; Michela Barbot, Marco Cattini, Matteo Di Tullio, Luca Mocarelli (a cura di), Stimare il valore dei beni. Una prospettiva europea (XV–XX secoli), Udine 2019.

35 Questi patrimoni erano ben lungi dall'essere detenuti in un regime di piena proprietà: si vedano, al riguardo; a Luca Mocarelli, Ascesa sociale e investimenti immobiliari: la famiglia Clerici nella

ronare dei percorsi di ascesa di lungo corso, inserendosi in articolate strategie familiari ed ereditarie e in altrettanto complesse dinamiche di costruzione di reti clientelari.[36] Per i membri degli altri strati sociali urbani, la posta in gioco era, se possibile, ancora più elevata, poiché per molti di loro ottenere un alloggio significava anche e soprattutto trovare un'occupazione in seno ai corpi intermedi cittadini.[37] Fra gli amministratori delle istituzioni proprietarie di grandi parchi immobiliari era, infatti, prassi consolidata quella d'instaurare o di rinnovare in un solo atto giuridico un contratto locativo e un rapporto lavorativo,[38] risolvendo contestualmente i problemi abitativi e occupazionali dei loro inquilini, e permettendo loro di beneficiare dei privilegi e delle protezioni che esse accordavano a quanti gravitavano nella loro sfera di influenza.[39]

Oltre ad assolvere a una serie di funzioni essenziali, l'abitare in città giocava, infine, un ruolo giuridico e giurisdizionale di primaria importanza: quello di garantire l'accesso ai diritti di cittadinanza. Nelle entità territoriali prive di uno Stato nazione centralizzato (ovvero nella maggior parte delle formazioni politiche europee di Antico Regime),[40] l'ottenimento dello status di cittadino, dal livello minimo fino

Milano del Sei-Settecento, in: Quaderni storici 2, 2003, pp. 419–436; Albane Cogné, Constitution, usages et transmission d'un patrimoine urbain: la famille Crivelli d'Agliate à Milan (XVIIe–XVIIIe siècle), in: Mélanges de l'École française de Rome. Italie et Méditerranée 119, 2, 2007, pp. 475–499, nonché a Michela Barbot, La casa da nobile et sa valeur: le cas de Milan (XVIe–XIXe siècle), in: Revue belge de philologie et d'histoire 94, 2016, pp. 393–406.

36 Sulle strategie edilizie, patrimoniali e clientelari delle élites aristocratiche, si veda Edoardo Grendi, Profilo storico degli alberghi genovesi, in: Mélanges de l'École française de Rome. Italie et Méditerranée 87, 1, 1975, pp. 241–302; Simonetta Cavaciocchi (a cura di), La famiglia nell'economia europea, secoli XIII–XVIII, Firenze 2009; Jean-François Chauvard, Anna Bellavitis, Paola Lanaro (a cura di), Fidéicommis. Procédés juridiques et pratiques sociales (Italie-Europe, Bas Moyen Âge – XVIIIe siècle), numero monografico dei Mélanges de l'École Française de Rome. Italie et Méditerranée, 124-2, 2012; Cogné (vedi nota 25).

37 L'intima commistione, tipica delle città preindustriali, fra spazi di vita e di lavoro è ben esemplificata dall'ampia diffusione del modello abitativo della «casa con bottega», sul quale mi permetto di rinviare a Michela Barbot, Casa, in: Christian Topalov, Jean-Charles Depaule, Brigitte Marin, Laurent Coudroy De Lille (a cura di), L'aventure des mots de la ville, Parigi 2010, pp. 216–222.

38 Era questo il caso dell'Ospedale di Santa Maria Nuova di Firenze o della Fabbrica del Duomo di Milano, sui quali rimando a Filippo Benfante, Le proprietà urbane di Santa Maria Nuova (Firenze, XVI–XVIII secolo), in: Quaderni storici 113, 2003, pp. 325–344; Michela Barbot, Luca Mocarelli, L'ombra lunga della cattedrale. L'impatto del cantiere del Duomo di Milano sullo spazio urbano (secoli XVI–XVIII), in: Patrick Boucheron, Marco Folin (a cura di), I grandi cantieri del rinnovamento urbano: esperienze italiane ed europee a confronto (secoli XIV–XVI), Roma 2011, pp. 251–277.

39 Sul ruolo inclusivo giocato dai corpi intermedi urbani, oltre ai lavori già citati alle pagine precedenti, rimando a Katherine Lynch, Individuals, families and communities in Europe, 1200–1800: the urban foundations of western society, Cambridge 2003; Simona Cerutti, Etrangers. Etude d'une condition d'incertitude dans une société d'Ancien Régime, Montrouge 2012, in particolare pp. 111–126.

40 Charles Tilly, The Formation of National States in Western Europe, Princeton 1975; Antonio-Manuel Hespanha, L'espace politique dans l'Ancien Régime, in: Boletim da Faculdade de Direito,

alla piena cittadinanza originaria,[41] era sovente regolato su base municipale[42] ed era strettamente legato all'obbligo di dar prova di una residenza stabile e prolungata entro le mura urbane.[43] Nella loro grande eterogeneità, le molteplici forme di occupazione degli immobili urbani assolsero anche, e soprattutto, a questo compito essenziale, offrendo a chi arrivava o a chi già dimorava in città un caleidoscopio di possibilità residenziali dai forti effetti inclusivi,[44] in larga parte ridimensionato – anche se non del tutto cancellato – dal trionfo della proprietà liberale e dall'affermarsi di un diritto di cittadinanza definito su base nazionale.[45]

    Universidade de Coimbra LVIII, 1982, pp. 455–510; Marino Berengo, L'Europa delle città. Il volto della società urbana europea tra Medioevo ed Età moderna, Torino 1999.

41 Sui diversi gradi di cittadinanza esistenti nelle città di Antico Regime, si veda Pietro Costa, Civitas. Storia della cittadinanza in Europa. I. Dalla civiltà comunale al Settecento, Bari, Roma 1999; Simona Cerutti, Robert Descimon, Maarten Prak (a cura di), Cittadinanze, numero monografico di: Quaderni storici, 2, 1995; Anna Bellavitis, Identité, mariage, mobilité sociale. Citoyennes et citoyens à Venise au XVIe siècle, Roma 2001; Gérard Delille, Aurora Savelli (a cura di), Essere popolo. Prerogative e rituali d'appartenenza nelle città italiane d'Antico Regime, numero monografico di: Ricerche storiche, 2–3, 2002; Leonida Tedoldi, Cittadini minori. Cittadinanza, integrazione sociale e diritti reali nella Brescia veneta, Milano 2004.

42 Marteen Prak, Citizens without Nations. Urban Citizenship in Europe and the World, 1000–1789, Cambridge 2018.

43 La durata della residenza era variabile a seconda delle città e dei gradi di cittadinanza. A Torino e a Parigi, ad esempio, la durata minima richiesta era di un anno e un giorno; a Venezia, invece, si richiedeva una residenza da almeno quindici anni. Al riguardo, si veda l'ampia casistica riportata da Dina Bizzarri, Ricerche sul diritto e sulla cittadinanza nella costituzione comunale, in: Studi di storia del diritto italiano, Torino 1937, pp. 61–158.

44 È quanto mostrato da Leonida Tedoldi, Cittadinanza, locazioni e integrazione sociale nella Brescia veneta (XVII–XVIII secolo), in: Quaderni storici 113, 2003, pp. 381–397, e da Michela Barbot, La résidence comme appartenance. Les catégories spatiales et juridiques de l'inclusion sociale dans les villes italiennes sous l'Ancien Régime, in: Histoire urbaine 27, 2013, pp. 29–47.

45 Sul persistere della centralità della residenza nei percorsi d'inclusione sociale e nell'ottenimento dei diritti di cittadinanza, rimando, in un'ottica sociologica, ad Antonio Tosi, Abitanti. Le nuove strategie dell'azione abitativa, Bologna 1994; Giovanna Procacci, Cittadinanza, in: Rassegna italiana di sociologia 4, 1998, pp. 621–631; Enrico Gargiulo, L'inclusione esclusiva. Sociologia della cittadinanza sociale, Milano 2008; Id., Appartenenze precarie. La residenza tra inclusione ed esclusione, Torino 2019. Sulla sopravvivenza di molte delle forme giuridiche di occupazione immobiliare descritte in queste pagine, solo in parte eliminate dalle codificazioni ottocentesche, si vedano Paolo Grossi, ‹Un altro modo di possedere›. L'emersione di forme alternative di proprietà alla coscienza giuridica post-unitaria, Milano 1977; C. Beroujon, Entre droits réels et personnels: la concurrence de prérogatives sur l'immeuble urbain au XIXe siècle, in: Faron/Hubert (vedi nota 1), pp. 115–147.

Eigentum, Verwandtschaft, soziale Netzwerke

Propriété, parenté, réseaux sociaux

Matthias Donabaum, Margareth Lanzinger, Janine Maegraith

Eigentum und Besitz
Rechtsqualitäten von Grund und Boden im räumlichen Vergleich

Possession and Ownership: Legal qualities of landed property in spatial comparison
The article discusses fundamental aspects of possession and ownership in the context of early modern manorial systems in urban as well as rural areas in southern Tyrol and northern Lower Austria during the eighteenth century. In this article, we search for traces of specific legal qualities of real estate that have not yet been analysed empirically in a comparative form: on the one hand, free property that is not bound by manorial rights and, on the other hand, more mobile forms of property that are not firmly connected to land units such as farmsteads. Conceptualising the power of disposal as an intermediary approach between law and practice, this contribution examines two legal spaces in which different manorial rights and duties existed in relation to land. The comparison serves as an instrument to identify a spectrum of crucial situations and contexts. An analysis of sources specific to each legal space and the intermediary approach not only provides greater insights into different forms of possession and ownership but also allows us to revise presuppositions.

In zahlreichen Territorien der frühen Neuzeit waren Eigentumsrechte zwischen dem Obereigentum der Grundherrschaft und den Besitzrechten, das heisst den Nutzungsrechten, derjenigen, die darauf wohnten und arbeiteten, geteilt. Je nach Zeit und Rechtsraum gestaltete sich dieses Verhältnis in Hinblick auf Rechte und Pflichten sowie auf Handlungsradien sehr unterschiedlich. Tendenziell wurden die Besitzrechte der ländlichen Bevölkerung in Westmitteleuropa seit dem Spätmittelalter gestärkt, sodass Häuser, Höfe und Grundstücke mit grundherrlichem Konsens an die nächste Generation übergeben und vererbt oder verkauft werden durften.[1] Der

---

1 Kontext dieses Beitrages ist das vom Österreichischen Wissenschaftsfonds (FWF) geförderte

Zugang zu Liegenschaftsbesitz als einer grundlegenden ökonomischen und sozialen Ressource war dabei von mehr oder weniger sozioökonomischer Ungleichheit geprägt. Diese bemass sich zu einem wesentlichen Teil am Umfang von Verfügungsrechten über Grund und Boden und hatte geschlechtsspezifische Implikationen. In der Sozialgeschichte dominierten seit den 1970er-Jahren lange Erbrecht und Erbpraxis als zentrale Hebel der Verteilung. Diese wiesen mit vielen Varianten zwei auf den ersten Blick sehr unterschiedliche Formen auf: Bei der ungeteilten Besitznachfolge kam ein Kind, vielfach ein Sohn, zum Zug und die Geschwister erhielten Erbteile ausbezahlt oder in Naturalien übertragen. Bei der Realteilung wurde der Liegenschaftsbesitz unter den Kindern aufgeteilt.[2] Dass Erbpraxis immer auch zum herrschenden Ehegüterrecht – Gütertrennung oder Gütergemeinschaft – in Relation gesetzt werden muss, kam erst deutlich später in den Blick. Denn dieses hatte markante Auswirkungen auf Beziehungen und Dynamiken in Ehe, Familie und Verwandtschaft und vor allem in Hinblick auf die besitzrechtliche Position von Ehefrauen und Witwen. Denn die verschiedenen Ehegütermodelle strukturierten die Zuteilung von Vermögen nach Todesfällen: Galt der Vorzug den Nachkommen, vornehmlich den Söhnen oder auch Töchtern, oder der hinterlassenen Ehepartnerin? Dies erschwerte oder erleichterte eine Beteiligung von Frauen auf dem Landmarkt. Deren variierende Präsenz bei Landtransaktionen lässt sich daher an unterschiedliche ehegüterbezogene Rechtsräume zurückbinden.[3]

Aus den verschiedenen Ausprägungen der Grundherrschaft und Kombinationen von Varianten in Erb- und Ehegüterrecht und -praxis resultierte ein kaum überschaubarer Flickenteppich mit je unterschiedlicher Verfügungsgewalt über Liegenschaften, die mit Rechten und Verpflichtungen, Abgaben und Transferkosten verbunden war. Doch können Unterschiede zugleich heuristisch genutzt werden, um Verhältnis und Formen von frühneuzeitlichem Eigentum und Besitz klarer zu profilieren. In diesem Beitrag begeben wir uns dafür auf eine Spurensuche nach spezifischen Rechtsqualitäten von Grundstücken und Gütern, die empirisch bislang nicht in der Form vergleichend analysiert wurden: zum einen nach nicht grundherrschaftlich gebundenem freiem Eigentum, zum anderen nach «walzenden», also ‹mobilen› und fest zu Einheiten verbundenen Formen von grundherrschaftlichem Besitz und deren Logiken. Wir untersuchen zwei Rechtsräume, in denen die ungeteilte Besitznachfolge der übliche Modus war. Sie unterscheiden sich jedoch in Hinblick auf grundherr-

---

Forschungsprojekt «Vermögen als Medium der Herstellung von Verwandtschaftsräumen vom 16. bis zum 18. Jahrhundert» (P 33348-G28), https://kinshipspaces.univie.ac.at.

2 In der Praxis waren Unterschiede oft weniger markant als angenommen. Die Forschung hat hier eine Reihe von Gemeinsamkeiten herausgearbeitet.
3 Margareth Lanzinger, Gunda Barth-Scalmani, Ellinor Forster, Gertrude Langer-Ostrawsky, Aushandeln von Ehe. Heiratsverträge der Neuzeit im europäischen Vergleich, 2. Auflage, Köln, Weimar, Wien 2015.

schaftliche Rechte sowie in Bezug auf die in Tirol vorherrschende Gütertrennung und die in Niederösterreich vorherrschende Gütergemeinschaft. Konkret handelt es sich um das Gericht Kastelruth, das geistliche Hofgericht Sonnenburg und die Stadt Brixen im südlichen Tirol sowie um die Stadt Eggenburg und die Herrschaft Kattau im nördlichen Niederösterreich – und damit in beiden Territorien sowohl um städtische als auch um ländlich-dörfliche Gebiete. Wie in deutschen bestand die Grundherrschaft auch in österreichischen Territorien bis 1848 fort und reichte damit weit ins sogenannte bürgerliche Zeitalter hinein. Besitz ging mit der Grundablöse in Eigentum über; Erb- und Ehegüterpraxis veränderten sich dadurch tendenziell nicht. Ebenso hatten die in der frühen Neuzeit ausgebildeten Besitzstrukturen, die lokale und regionale Ökonomien prägten, eine mitunter sehr lange Dauer, sodass der Blick ‹zurück› zum Verständnis von Logiken des Eigentums in der jüngeren Vergangenheit beitragen kann.

Einen Einblick in Verfügungsrechte, insbesondere bei Landtransfers, geben in Tirol die nach Gerichtsbezirken angelegten Verfachbücher, die ab dem 16. Jahrhundert zur Protokollierung von Rechtsgeschäften in Gebrauch kamen. Sie enthalten unterschiedliche Arten von Verträgen sowie Abschriften vermögensrechtlicher Angelegenheiten.[4] Für die Zeit zwischen 1774 und 1784 liegen Grundsteuerkataster vor, die eine Momentaufnahme der Kategorisierung nach Besitzformen darstellen und Auskunft über Abgaben erteilen.[5] Für Niederösterreich werden neben Protokollbüchern und der Maria-Theresianischen Fassion von 1750/51[6] auch Grundbücher verwendet. Sie sind nach Liegenschaften geordnet und erlauben damit einen systematischen objektzentrierten Zugriff, indem die Besitzhistorien einzelner Häuser relativ einfach rekonstruiert werden können. In Tirol wurden Grundbücher erst um 1900 eingeführt. Die Rechtsgrundlage dort war die im 16. Jahrhundert ausgearbeitete Tiroler Landesordnung, die in der Fassung von 1573 bis 1787 in Kraft blieb, wobei Teile des fünften Buches über das grundherrschaftliche Verhältnis bis 1815 galten.[7] In Niederösterreich entstanden ebenfalls im 16. Jahrhundert Landrechtsentwürfe, die zwar landesfürstlich nicht sanktioniert wurden, sich in der Praxis jedoch, insbesondere die Version von 1573, durchaus als handlungsleitend erwiesen.[8] Für

---

4 Wilfried Beimrohr, Mit Brief und Siegel. Die Gerichte Tirols und ihr älteres Schriftgut im Tiroler Landesarchiv, Innsbruck 1994, S. 97–101.
5 Christine Roilo, Südtiroler Grundsteuerkataster (Manuskript, Südtiroler Landesarchiv), Bozen 1996.
6 Darunter sind Selbsterklärungen der Grundbesitzer zu Umfang und Wert ihrer Liegenschaften zu verstehen, die im Rahmen einer Reform mit dem Ziel erhoben wurden, die Steuerlasten gleichmässiger zwischen adeligem Dominikal- und bäuerlichem Rustikalbesitz zu verteilen.
7 Josef Pauser, Martin Schennach, Einführung, in: dies. unter Mitarbeit von Verena Schumacher (Hg.), Die Tiroler Landesordnungen von 1526, 1532 und 1573. Historische Einführung und Edition, Wien 2018, S. 11–108, hier S. 30; Beimrohr (Anm. 4), 109 (Grundbuch).
8 Wilhelm Brauneder (Hg.), Landrechtsentwurf für Österreich unter der Enns 1573, Frankfurt am

das Grundbuchwesen waren weiters der «Tractatus de juribus incorporalibus» von 1679[9] sowie das Grundbuchpatent von 1765 bedeutsam.[10]

Grundherrschaften und «freies Eigen» in Tirol

Für das frühneuzeitliche Tirol gilt, dass die Grundherrschaft im Vergleich zu den östlich davon gelegenen österreichischen Ländern deutlich schwächer ausgeprägt war: Sie bezog sich auf Grund und Boden, jedoch nicht auf die persönlichen Rechte und Freiheiten von Personen. Ein Grundzins war zu entrichten, und bei Gütertransfers war der grundherrliche Konsens erforderlich. Seit dem Spätmittelalter unterstanden die Gerichte in Tirol nicht mehr den Grundherren, ausgenommen in geistlichen Territorien.[11] Wichtige Institutionen waren der «Gemeindeverband des Dorfes» und die Nachbarschaften, die unter anderem die gemeinsame Nutzung von Wäldern und Weiden organisierten und regulierten.[12] Für die landesfürstlichen Herrschaften – im Unterschied zu den geistlichen – sei, der älteren Rechtsgeschichte zufolge, wie sie vor allem Otto Stolz vertreten hat, bereits in der spätmittelalterlichen, schriftlich jedoch nicht überlieferten Landesordnung das Erbleiherecht der Bauern festgeschrieben gewesen. Insofern befanden sich die allermeisten Liegenschaften zwar nur im Besitz jener, die sie bewohnten und bewirtschafteten und nicht in deren Eigentum, jedoch unter weitgehender Verfügungsgewalt.[13] Damit verbunden war die Entrichtung des jährlichen Grundzinses. Weitere Abgaben konnten hinzukommen: ein Auf- und Abzugsgeld bei Besitzwechseln und, zumindest im Gericht Sonnenburg, variierende Zusatzabgaben wie Todfall und Siegelgeld. Stär-

---

Main 2015; Gunter Wesener, Geschichte des Erbrechtes in Österreich seit der Rezeption, Graz 1957, S. 13–15.

9 Wilhelm Brauneder, Grundbuch und Miteigentum im «Tractatus de Iuribus Incorporalibus», in: ders., Studien II: Entwicklung des Privatrechts, Frankfurt am Main 1994, S. 305–314.

10 Fürmerkbücher-Einführung bey den Grundbüchern, 1. September 1765, Codex Austriacus (CA) VI, S. 748–754.

11 Beimrohr (Anm. 4), S. 53; Otto Stolz, Rechtsgeschichte des Bauernstandes und der Landwirtschaft in Tirol und Vorarlberg, Bozen 1949, S. 315, 318; Martin P. Schennach, Gesetz und Herrschaft. Die Entstehung des Gesetzgebungsstaates am Beispiel Tirols, Köln 2010, S. 79. Zu den Exemptionsgerichten siehe Otto Stolz, Politisch-historische Landesbeschreibung von Tirol, Teil 1: Nordtirol, 1. Hälfte, Wien 1926, S. 19–21.

12 Stolz, Rechtsgeschichte (Anm. 11), S. 119, 44; Schennach (Anm. 11), S. 88.

13 Stolz, Rechtsgeschichte (Anm. 11), S. 232; Rudolf Palme, Die Entwicklung des Erbrechtes im ländlichen Bereich, in: Paul Rösch (Hg.), Südtiroler Erbhöfe. Menschen und Geschichten, Bozen 1994, S. 25–37, hier S. 29; Janine Maegraith, Selling, Buying and Exchanging Peasant Land in Early Modern Southern Tyrol, in: Thomas Ertl, Thomas Frank, Samuel Nussbaum (Hg.), Busy Tenants. Peasant Land Markets in Central Europe (15th to 16th Century), Stuttgart 2021, S. 193–229, hier S. 207 f.

ker ins Gewicht konnten diverse Gerichtskosten von Landtransaktionen fallen, die bei Vertragsabschlüssen, Vergleichen und administrativen Handlungen anfielen.[14] Neben Lehen gab es wie in anderen Gebieten auch sogenannte Allodialgüter oder das «freie Eigen», in Tirol auch als «luteigen» bezeichnet: Liegenschaften, die im vollen Eigentum der Inhaber*innen standen.[15] Abgaben waren zumeist dennoch damit verbunden. In den Steuerkatastern und Rustikalfassionen[16] des späten 18. Jahrhunderts scheinen die jeweiligen Spezifizierungen der Güter und die zu leistenden Abgaben auf.[17] Otto Stolz hat bereits in seiner 1949 erschienenen «Rechtsgeschichte des Bauernstandes» einen Vergleich zwischen dem 17. und dem 18. Jahrhundert als Forschungsdesiderat angeführt, um zu sehen, ob und wann die luteigenen Güter zugenommen haben, wo sie situiert waren und ob sie in den Haus- oder Hofverband räumlich integriert waren oder woanders lagen.[18] Rodungen von Wald oder Ödland nennt er nach dem 15. Jahrhundert als eine Möglichkeit, mit landesfürstlicher Bewilligung zu einem freien Eigen zu gelangen. Einen solchen umfassenden Vergleich kann dieser Beitrag nicht leisten, doch soll ein klareres Bild dieses spezifischen Eigentumsverhältnisses für zwei Gerichte im südlichen Tirol, für Kastelruth und Sonnenburg, mit Schwerpunkt auf der zweiten Hälfte des 18. Jahrhunderts herausgearbeitet und mit der Situation in Niederösterreich verglichen werden.

Die Verfachbücher und Steuerkataster Tirols belegen die Existenz von luteigenen Grundstücken. Letztere mussten auch die sogenannten walzenden Grundstücke, also die einzelnen Grundstücke, die ausserhalb des Hofverbandes lagen, auflisten.[19] Die Analyse der Grundstücke im Kataster des Hofgerichts Sonnenburg von 1779 ergab, dass es nur eine Handvoll freieigener Grundstücke gab: Zwölf von insgesamt 665 Grundstückseinheiten oder 1,8 Prozent standen nicht unter Grund- oder

---

14 Martin Paul Schennach, «Dem gemeinen armen Mann der Weg zum Recht gleichsam gesperrt und verschlossen ...», Gerichtskosten in Tirol in Spätmittelalter und Frühneuzeit, in: Wolfgang Ingenhaff, Roland Staudinger, Kurt Ebert (Hg.), Festschrift Rudolf Palme zum 60. Geburtstag, Innsbruck 2002, S. 455–484, hier S. 459 f.
15 Stolz, Rechtsgeschichte (Anm. 11), S. 89–91; Karin Gottschalk, Erbe und Recht. Die Übertragung von Eigentum in der frühen Neuzeit, in: Stefan Willer, Sigrid Weigel, Bernhard Jussen (Hg.), Erbe. Übertragungskonzepte zwischen Natur und Kultur, Frankfurt am Main 2013, S. 85–125, hier S. 91 f.
16 Das ist die Beschreibung der verliehenen grundherrschaftlichen Güter im Unterschied zu den Dominikalfassionen der Güter, die von der Grundherrschaft selbst verwaltet wurden.
17 Roilo (Anm. 5), S. 7. Demnach mussten alle Arten der auf Häusern und Liegenschaften lastenden und zu entrichtenden Zinse angegeben werden.
18 Stolz, Rechtsgeschichte (Anm. 11), S. 90. Seinen Archivrecherchen zufolge machten die luteigenen Güter im westlichen Tirol, das tendenziell Realteilungsgebiet war, «weit die Hälfte» aus, während sie «in den anderen Landesteilen», also auch in unseren Untersuchungsgebieten im Pustertal und im Eisacktal mit tendenziell ungeteilter Erbfolge, «stets weit unter der Hälfte, oft nur bis zu einem Zehntel liegen». Ebd., S. 233.
19 Roilo (Anm. 5), S. 8.

Lehnsherrschaft.[20] Die Hälfte, darunter Äcker, Wiesen, ein Stück Wald und eine Behausung, lag bei den Dörfern Sonnenburg und Pflaurenz; bei Weitenthal wurden zwei freie Bergwiesen und bei Fassing drei Äcker und Wiesen verzeichnet. Dies verdeutlicht, dass in den primär landwirtschaftlichen Gebieten die Struktur der Höfe als Verband vorherrschend war und luteigenes Land dort eher als Feld oder Bergwiese, oft an die «Gemein», also an die Allmende, angrenzend, vorkam. Freies Eigen war nicht abgabenfrei: Zwei der Grundstücke waren mit Zehenten und vier sogar mit Zinsen belegt, obwohl sie mit keinem Grundrecht behaftet waren. Der Vergleich mit den Verfachbüchern Sonnenburgs des 16. und 17. Jahrhunderts zeigt ebenfalls eine geringe Menge Eigengüter. Die in einer Datenbank aufgenommenen Fälle zwischen 1540 und 1670 ergaben nur vier Hinweise auf Eigengut, vor allem Bergwiesen.[21] Eine signifikante Veränderung über die Zeit kann nicht festgestellt werden, allenfalls eine Verlagerung hin zum Dorf im 18. Jahrhundert. Das ist wesentlich weniger als Otto Stolz oder auch neuere rechtshistorische Befunde vermuten lassen. Dies könnte mit der stärker ausgeprägten Grundherrschaft in der Klosterherrschaft Sonnenburg zusammenhängen.[22]

Eigengüter konnten neben einem flexibleren Einsatz in der Agrarproduktion auch eine wichtige finanzielle Funktion einnehmen, wie der folgende Fall illustriert: Christan Coriseller, Hofeigentümer in Untermoi im Gadertal, verkaufte im Jahr 1596 eine Bergwiese genannt Päres (an die Gemein angrenzend) für 60 Gulden an Caspar Taler. Allerdings liess der Verkäufer einschreiben, dass ihm der Käufer Jacob Taler versprochen habe, die 80 Gulden zu bezahlen. Dabei handelte es sich um einen fälligen Betrag, den Taler an diesem Tag von einem Dritten erhalten sollte. Die beiden Parteien würden sich dann über das einigen, was über den Kaufpreis der 60 Gulden hinausging. Auf den ersten Blick macht diese Transaktion wenig Sinn,

---

20 Südtiroler Landesarchiv (SLA), Stift Sonnenburg, Steuer Kataster Sonnenburg 3, 1779. Der Steuerkataster des Hofgerichts Sonnenburg von 1778/9 umfasst die Dörfer Sonnenburg und Pflaurenz sowie Güter in Fassing, Untermoi, Welschellen und Weitenthal. Er listet die grundherrschaftlichen, administrativen und Zehentabgaben, die auf den Erbleihe- und Lehensgütern lagen, auf. Die zum Stift Sonnenburg, zu Spital und Kaplan in Sonnenburg gehörenden Grundstücke wurden nicht in die Analyse aufgenommen. Deren Grundstückseinheiten waren meist eigen oder zinsfrei.

21 SLA, Verfachbuch (VB) Sonnenburg, 1592, 24. 9. 1592, S. 201 (Mühlwald), Verkauf einer halben Bergwiese, eigen; VB Sonnenburg, 1593/94, 28. 6. 1594, ohne fol. (Sonnenburg), Verkauf von freieigenem Zehenten aus 3 Äckern; VB Sonnenburg, 1595/96, 28. 6. 1596, ohne fol., und VB Sonnenburg, 1608–1612, 26. 11. 1610, ohne fol. (Untermoi) Bergwiese Päres, freieigen; VB Sonnenburg, 1586, 12. 9. 1586, ohne fol. (Untermoi), Tausch zweier Höfe, der andre Hof ist in Gericht Altrasen und hat zwei freieigene Bergwiesen; VB Sonnenburg, 1669/70, 24. 8. 1670, fol. 161r–162r (Pflaurenz), Verkauf eines Ackers, freieigen.

22 Martin P. Schennach, Geschichte des bäuerlichen Besitz- und Erbrechts in Tirol – ein Überblick, in: Tiroler Landesarchiv (Hg.), Tiroler Erbhöfe Nr. 21. Hofgeschichten der 2002 und 2003 verliehenen Erbhöfe, Innsbruck 2003, S. 9–30, hier S. 9: «Wenngleich dieses ‹freie Eigen› in Tirol im Vergleich zu anderen österreichischen Erbländern verhältnismässig häufig war, war der Besitz meist doch durch Erb(bau)recht, Leibgeding oder Freistift einer Grundherrschaft unterworfen.»

wenn nicht Christan Corisellers weitere Transaktionen in diesem Jahr mit einbezogen werden: Drei Monate zuvor hatte er zusammen mit Domenig Coriseller den halben Hof Weg gekauft und damit die Abzahlung erheblicher Schulden übernommen. Es ist sehr wahrscheinlich, dass er die freieigene Wiese nun als Pfand einsetzte, um kurzfristig 80 Gulden für dringende Schuldentilgungen zu leihen. Kurz danach muss er sie wieder eingelöst haben, denn in seinem Testament von 1610 vermacht er die «Wiese von 7 Tagmadt, so eigen, genannt Päres» Peter Weger, und in seinem Nachlassinventar wird sie aufgelistet mit «Ain Wisen so frei Lut und aigen genannt Päres, taxiert umb 40 [Gulden]». Die Qualität der Bergwiese als freieigenes Gut, das nicht innerhalb eines Hofverbandes lag, machte dessen Einsatz als Pfand zu fluktuierenden Preisen möglich.[23]

Ein als Stichprobe erhobener Faszikel der Rustikalfassionen des Gerichts Kastelruth zum Hauptort Kastelruth im unteren Eisacktal aus dem Jahr 1775 weist, ohne den Pfarrhof, 173 Inhaber*innen von Höfen und Häusern, vereinzelt auch von Grundstückskomplexen aus. Diese besassen insgesamt 1390 einzelne, in Hinblick auf Lage und Abgaben ausgewiesene Liegenschaften, worunter 95 als «luteigen», einige auch als «eigen», «zehent frey» oder «frey» bezeichnet sind. Diese machen 7,3 Prozent aus. Dabei handelt es sich hauptsächlich um Äcker und Wiesen, aber auch um einige Höfe. Von den Wiesen einschliesslich zweier «Dillen» – kleine Heuschuppen – liegen 22 auf der Seiser Alm, neun Grundstücke grenzen an die Gemein.[24] Die Lage eines guten Teils der luteigenen Grundstücke lässt auf einen spezifischen rechtlichen Kontext schliessen. Die Seiser Alm wies einige Besonderheiten auf: Sie diente als Mahdalm zu einem guten Teil der Heugewinnung. An Wiesen gab es hier drei verschiedene Arten, die auch in den Verfachbüchern aufscheinen: Schwaigwiesen mit Sennhütten und Weiderechten, zumeist im Besitz des ‹Dorfpatriziats›, Wiesenschwaigen mit Weiderechten und «Dillen» sowie Wiesen ohne Weiderechte und ohne Gebäude. Die im Verkauf erzielten Preise waren vergleichsweise hoch. Die Gemein war offensichtlich Manövriermasse; ein erstes Indiz dafür ist, dass luteigene Grundstücke wie im Gericht Sonnenburg bisweilen an die Gemein grenzten.

Zieht man die Verfachbücher der beiden Sample-Jahre, die den Kataster umrahmen, 1770 und 1780, heran, so zeigt sich, soweit die Transaktionen eingebunden sind,

---

23 SLA, VB Sonnenburg, 1595/96, 28. 6. 1596, ohne fol., VB Sonnenburg, 1595/96, 28. 3. 1596, ohne fol. (Kaufbrief halber Hof Weg), VB Sonnenburg, 1608–1612, 26. 11. 1610, ohne fol. (Untermoi); VB Sonnenburg VfB 18, 1608–1612, 26. 11. 1610, ohne fol. (Testament und Schenkung); VB Sonnenburg, 1590–1612, 9. 2. 1611, ohne fol. (Nachlassinventar von Christan Coriseller). Diese Fallstudie ist Teil einer ausführlichen Fallrekonstruktion im Rahmen des genannten Projekts und der in Vorbereitung befindlichen Monografie von Janine Maegraith.

24 SLA, Rustikalfassionen 1775, Kastelruth Nr. 3, fol. 1r–204r, 51r–256r. Das Gericht Kastelruth besteht aus elf Dörfern und Weilern; von den 21 verzeichneten Faszikeln der Rustikalfassionen des Jahres 1775 wurde der mit Abstand umfangreichste erhoben. Da es sich um Work in Progress handelt, können sich Zahlen noch ändern.

dass zehn beziehungsweise elf Stücke Land als solche den Besitzer, die Besitzerin wechselten. 1770 waren es vor allem luteigene Wiesen auf der Seiser Alm,[25] 1780 auch Äcker und Grundstücke. Gleich der erste Verkauf eines Grundstücks vom 3. Januar 1780 betrifft einen luteigenen Acker, der zum Teil als Wiese genutzt wurde und den der Metzgermeister Anton Peterlunger an Martin Hofer um ansehnliche 1359 Gulden verkaufte. Anton Peterlunger hatte das Grundstück im Jahr 1768 von Johann Anton Lorenz von Kraus erworben,[26] der sich nach Ablauf von 18 Jahren ein Rückkaufsrecht für seine «eheleibliche Deszendenz im ersten Grad» mit einer Aufkündigungsfrist zwischen Martini und Weihnachten, falls seine Nachkommen von diesem Recht Gebrauch machen wollten, ausbedungen hatte.[27] Luteigene Grundstücke konnten demnach adeliger Provenienz sein, aber, wie es scheint, in den selteneren Fällen oder weit zurückliegend. Am 16. Januar 1780 verkaufte Michael Gasser zwei Grundstücke um 95 Gulden, was für diese Zeit keinen besonders hohen Wert ausmachte. Die beiden Grundstücke hatte er 1775 im Zuge der «Gemeins-Austheilung» an sich gebracht.[28] Sie dürften, sofern sie nicht luteigen waren, unter die Kategorie der «walzenden» Grundstücke fallen. Kaiserin Maria Theresia hatte 1768 ein Gesetz zur Aufteilung der Gemeindeweiden erlassen. Das könnte ein Hintergrund des Erwerbs sein. Der vergleichsweise geringe Preis spricht dafür, dass es sich um wenig ertragreichen Boden gehandelt haben dürfte. Das war bei dieser Art von Grundstücken jedoch nicht zwangsläufig so. Am 27. Februar 1780 verkauften die Eheleute Oswald Tirler und Maria Gollerin aus Seis einen «Gemeinsgrund» um 300 Gulden, der ihnen 1784 verliehen worden war und den sie inzwischen «zu Fruchtbarkeit gebracht» hatten.[29] Eine Wertsteigerung ehemaliger Allmendgründe war also durchaus möglich und findet sich in der Beschreibung von luteigenen Grundstücken des Öfteren.

Auch in Kastelruth mussten Inhaber*innen luteigener Grundstücke zumeist Abgaben entrichten. Als Christian Drocker ein «frey ledig und luthaigenes Stück» Wiese auf der Seiser Alm aufgrund eines auf Verwandtschaft basierenden Rückkaufrechts an Joseph Drocker am 27. Februar 1770 abtreten musste, ist bezüglich der an die

---

25 Die Seiser Alm ist mit einer Fläche von 51,5 Quadratkilometern die grösste Alm des Alpenraums. Nikolaus Grass, Aus der Rechtsgeschichte der Seiser Alm, in: ders., Alm und Wein. Aufsätze aus Rechts- und Wirtschaftsgeschichte, hg. von Louis Carlen, Hans Constantin Faussner, Hildesheim 1990, S. 193–220.
26 Die von Kraus waren in Kastelruth seit Mitte des 16. Jahrhunderts, zunächst als Pfleger, präsent. Johann Anton Lorenz, geboren 1726, hatte den von seinem Vater geerbten «großen Lafayhof in Kastelruth zu einem vornehmen Ansitz» umbauen lassen. Bruno Mahlknecht, Die Krausen zu Kastelruth, in: Josef Nössing (Hg.), Gemeinde Kastelruth. Vergangenheit und Gegenwart. Ein Gemeindebuch zum 1000-Jahr-Jubiläum der Erstnennung der Orte Seis und Kastelruth, 2. Auflage, Kastelruth 1983, S. 179–188, hier S. 184.
27 SLA, VB Kastelruth, 1780, fol. 3v-7r.
28 Ebd., fol. 85r-87r.
29 Ebd., fol. 365r-366r.

St.-Vigil-Kirche in Kastelruth zu entrichtenden Abgabe in der Höhe von 12 Kreuzern vermerkt, dass es sich dabei um einen «gemeinen und nicht grundzins» handle.[30] Dass es kein Grundzins sei, ist auch in der Verlassenschaftsabhandlung vom 13. Januar 1780 nach dem Tod des Johann Santifaller explizit angeführt. Er hinterliess den Ladins- und den Kachlerhof mit einer ganzen Reihe von im Laufe der Zeit erworbenen Grundstücken, darunter auch luteigene Wiesen und ein «walzender» Grund, erkauft bereits im Dezember 1717 von der Gemein in Kastelruth und fruchtbar gemacht. Das Kachler Gut selbst war «laut älterer Brief der Grundrechthalber frey ledig und luteigen» und zinste der Bruderschaft «Unsere liebe Frau» in Kastelruth.[31] Luteigen waren demnach vereinzelt auch Höfe.

Entgegen der Vermutung, dass eine städtische Struktur einen höheren Anteil an Eigengütern hatte, zeigt die Analyse der Verfachbücher des Stadtgerichts Brixens nur wenige, darunter zwei Häuser in der Stadt und eine Wiese im Gericht Pfeffersberg.[32] Doch wurden freieigene Stadthäuser mit guter Lage hoch gehandelt. Die im Jahre 1780 verstorbene Maria Barbara Kurzin, Witwe des Georg Marenichle, bürgerlicher Gerichtsverpflichteter und Kupferschmiedmeister in Brixen, hinterliess eine «ledig und luteigene Behausung» am alten Markt in Brixen. Dieses Haus wurde mit 1200 Gulden taxiert.[33] Der Schätzwert ihres gesamten Vermögens belief sich nach Abzug der Schulden auf 5790 Gulden. Gemäss ihrem Testament wurde es an die Kinder ihres Sohnes und an ihre Tochter verteilt – allerdings vermachte sie das Haus allein ihren Enkeln, den drei Söhnen ihres Sohnes. Da alle drei Enkel noch unter zehn Jahren waren, boten deren Vormünder das Haus zum Verkauf an, und zwar für 1500 Gulden. Der Meistbietende sollte es gegen eine Barzahlung von 400 Gulden und Verzinsung des Restbetrages bekommen, vorausgesetzt die Obrigkeit willigte ein. Laut dem Versteigerungsprotokoll wurde das Haus zu einem Preis von 1620 Gulden verkauft. Dies überstieg die ursprüngliche Taxierung um 420 Gulden und zeigt, wie begehrt ein freieigenes Haus sein und, ähnlich wie in Kastelruth, zu erheblicher Wertsteigerung führen konnte.[34]

Wenngleich in den Kaufverträgen Brixens kaum Eigengüter aufscheinen, verweisen sie auf den grundherrschaftlichen Konsens. Allerdings gab es im städtischen Kontext mobilere Grundstücke wie Gärten, Felder und Weingärten, die nicht zu einem geschlossenen Verband gehörten und daher ähnlich den «walzenden» Gütern ein-

---

30   SLA, VB Kastelruth, 1770, fol. 176v-180r.
31   SLA, VB Kastelruth, 1780, fol. 33r-52v, Zitat 59v.
32   SLA, VB Stadtgericht Brixen, Bd. 415, 1779/80, 15. 2. 1780, fol. 167r-176r, Behausung, Wirt; VB Stadtgericht Brixen, Bd. 414, 1779/80, 10. 1. 1780, ohne fol., Nr. 50, Haus am Markt; VB Stadtgericht Brixen, 1670, 1. 6. 1670, fol. 137v-138r, Wiese in Pfeffersberg.
33   Das Haus wurde der Witwe 1778 von den Vormündern ihrer Enkel überlassen und sie hatte es bis zu ihrem Tode inne. Vermutlich war das Haus vorher in ihrem Besitz oder dem ihres Ehemannes, ging dann an ihren Sohn über und nach seinem Tod wieder «treuhänderisch» an sie.
34   VB Stadtgericht Brixen, Bd. 414, 1779/80, 10. 1. 1780, ohne fol., Nr. 50, Haus am Markt.

zeln veräusserbar und vererbbar waren. Dies weist auf regionale und zeitliche Unterschiede hin, wobei auch die Agrarstruktur eine Rolle spielen dürfte: mit dem von Mischbetrieben (Getreide- und Viehwirtschaft) geprägten Gericht Sonnenburg und dem stärker von Vieh- und Weidewirtschaft geprägten Gericht Kastelruth. Hinzu kommt die Frage der Benennung in den Quellen: Eine Stichprobe in den Verfachbüchern Sonnenburgs ergab, dass freieigene Stücke nicht immer als solche bezeichnet sind. Eine den Zeitgenoss*innen bekannte Grundstückseigenschaft scheint sich verschriftlicht nicht konsequent abzubilden.

Freieigene Güter waren, auch wenn sie einen nur geringen Teil ausmachten, bedeutsam, denn sie waren einzeln und ohne grundherrschaftlichen Konsens veräusserbar und vererbbar. Das bot überall dort, wo der Hofverband nur sehr geringe Flexibilität zuliess, wichtige Handlungsoptionen. Zugleich fielen üblicherweise keine grundherrschaftlichen Zinse und Transferkosten an.[35] Ebenso wichtig in Hinblick darauf, dass sie den Besitzer*innen freies Disponieren ermöglichten, waren ungebundene «walzende» Grundstücke, die es insbesondere in städtischen und dörflichen Kontexten und vor allem in Realteilungsgebieten gab.[36]

Grundherrschaft in Niederösterreich

In Niederösterreich war, anders als in Tirol, auch persönliche Abhängigkeit durch Grundbesitz vermittelt. Der Obereigentümer der besessenen Behausung musste in der Regel zugleich als Grundobrigkeit anerkannt werden, Besitzer*innen von Haus und Hof mussten sich seiner Gerichtshoheit und Strafgewalt unterstellen. Diese Beziehung endete, falls die Leihe aufgelöst wurde, etwa durch Verkauf. Dadurch unterschied sich dieses Abhängigkeitsverhältnis deutlich von der Leibeigenschaft. Neben unfreien Leiheformen gab es auch freie Leiheformen, die keine persönliche Abhängigkeit konstituierten und eher einem Pachtverhältnis glichen. Im niederösterreichischen Kontext wurden diese meist als «Bergrecht» oder «Burgrecht» bezeichnet.[37] Anders gestaltete sich die Situation in den Städten, wo der Besitz eines Hauses

---

35 Wie erwähnt sind im Kataster Sonnenburgs und in den Akten Kastelruths luteigene Güter, die belastet waren. Auch Otto Stolz wies darauf hin, dass sie zu Stiftzinsen, Zehnten oder Fronden verpflichtet sein konnten. Stolz, Landesbeschreibung (Anm. 11), S. 16 f.

36 Johannes Kaska, Equal but not Identical. Modes of Partible Inheritance in Early-Modern Schlanders (South Tyrol) and Medieval Lambach (Upper Austria) Compared, in: The History of the Family 27/1, 2022, S. 100–124; Jon Mathieu, Vermögensarrangements und Verwandtschaft im frühneuzeitlichen Graubünden: Grundmuster, Wandel, Einordnung, in: Geschichte und Region 27/2, 2018, S. 149–168.

37 Helmuth Feigl, Die niederösterreichische Grundherrschaft vom ausgehenden Mittelalter bis zu den theresianisch-josephinischen Reformen, St. Pölten 1998, S. 32–34.

zwar in der Regel mit einer Abgabenpflicht einherging, aber keine persönliche Unfreiheit der oder des Beliehenen begründete.[38]

Die Situation in Niederösterreich verkomplizierte sich dadurch, dass zur Grundobrigkeit noch andere obrigkeitlichen Rechte, unter anderem die Orts-, Gerichts-, Zehent- und Vogtobrigkeit, hinzutraten. Diese herrschaftlichen Rechte waren zwar häufig, aber bei weitem nicht immer in den Händen eines Grundherrn vereint.[39] So konnten beispielsweise zwei benachbarte Häuser derselben Ortsobrigkeit, aber unterschiedlichen Grundobrigkeiten unterstehen. Im Fall von Eggenburg bedeutete dies etwa, dass zwar alle Häuser der städtischen Gerichtsobrigkeit unterstanden, die Grundobrigkeit aber zwischen Magistrat, Bürgerspital, Pfarrkirche, Herrschaft und Veste Eggenburg sowie der St.-Michaels-Kapellen-Bruderschaft geteilt war. Gleichzeitig unterstanden diesen Grundobrigkeiten auch Grundstücke aus umliegenden Orten wie Gauderndorf oder Grafenberg, die der Ortsobrigkeit der Herrschaft Kattau zugehörig waren.[40] Zudem konnten nicht alle Herrschaftsrechte von allen Grundherrschaften im selben Ausmass durchgesetzt werden. Abgaben etwa waren häufig auf Gewohnheitsbasis fixiert, und die Anwendbarkeit anderer Rechte, wie der Frondienste (in Niederösterreich «Robot» genannt), hing unter anderem von der räumlichen Distanz der Untertanengüter im Verhältnis zu den Herrschaftsbetrieben ab.[41] Allzu legalistische Analysen von Besitzverhältnissen, die nur auf formale Rechte fokussieren, greifen daher viel zu kurz. Zentral ist viel mehr, Besitz und Eigentum als soziale Praxis zu verstehen, die auch unter identischen rechtlichen Rahmenbedingungen stark variieren konnte.[42]

Der Grossteil der Grundstücke hatte im frühneuzeitlichen Niederösterreich die Rechtsstellung von Erbzinsgütern. Diese konnten von den Besitzer*innen frei verkauft, vererbt oder durch Eheschliessung übertragen werden. Von diesen Gütern mussten Abgaben entrichtet werden. Eine Besitzveränderung bedurfte der Zustimmung der Grundherrschaft, die jedoch nur in Ausnahmefällen verweigert wurde. Die Besitzrechte waren bei Erbzinsgütern dementsprechend vergleichsweise sicher.

---

38 Wilhelm Christoph Friedrich Arnold, Zur Geschichte des Eigentums in den deutschen Städten. Mit Urkunden, Basel 1861, S. 34–36.
39 Josef Löffler, Grundherrschaft, Gerichtsbarkeit und Regionalverwaltung bis 1848, in: Oliver Kühschelm, Elisabeth Loinig, Stefan Eminger, Willibald Rosner (Hg.), Niederösterreich im 19. Jahrhundert, Bd. 1: Herrschaft und Wirtschaft. Eine Regionalgeschichte sozialer Macht, St. Pölten 2021, S. 177–189; Feigl (Anm. 37), passim.
40 Exemplarisch: Niederösterreichisches Landesarchiv (NÖLA), BG Eggenburg 04/02, Grundbuch III über Häuser und Überlände, S. 800, 804, 807; NÖLA, BG Eggenburg 05/01, Grundbuch, S. 119 f.
41 Feigl (Anm. 37), S. 197–199.
42 Rosa Congost, Property Rights and Historical Analysis: What Rights? What History?, in: Past & Present 181/1, 2003, S. 73–106, hier S. 74–78; Michela Barbot, When the History of Property Rights Encounters the Economics of Convention. Some Open Questions Starting from European History, in: Historical Social Research 40/1, 2015, S. 78–93, hier S. 88 f.

Vereinzelt gab es zudem die Leihe zum sogenannten Freistift, bei dem die Grundherrschaft frei in ihren Verfügungsrechten war und die Güter theoretisch jederzeit wieder einziehen konnte.[43] Diese Leiheform ist aber sehr selten anzutreffen und liegt in unserem Sample nur in einer Handvoll Fällen vor. Freies Eigen, also exklusives Eigentum der Untertanen, verlor in Niederösterreich seit dem späteren Mittelalter zunehmend an Bedeutung, zumal das niederösterreichische Landrecht den Verkauf von Grund und Boden an Bauern als freies Eigen ausdrücklich untersagte.[44] Dementsprechend konnten wir in unserem niederösterreichischen Sample auch keine Fälle von freiem Eigen finden.

Die Verpflichtung zur Entrichtung von Abgaben in der Form von Grundzins, Arbeitsleistungen (Robot, Corvee etc.) oder Naturalien war ein wesentliches Merkmal grundherrschaftlicher Abhängigkeit. Da in den Untersuchungsgebieten, wie vielerorts in West- und Westmitteleuropa, die ursprünglichen Naturalabgaben im Laufe des Mittelalters und der frühen Neuzeit in Geldzahlungen umgewandelt wurden, waren sie anfällig für Geldentwertung. Die eigentlichen Grundzinse für Häuser und Grundstücke machten so um die Mitte des 18. Jahrhunderts nur knapp 4 Prozent der Einnahmen der Herrschaft Kattau aus. Verschiedene Zehente betrugen nochmals 11 Prozent, während Gebühren für Besitzwechsel und Verwaltungsakte wie Heiratsverträge und Geburtsbriefe etwa 13 Prozent zum herrschaftlichen Einkommen beitrugen. Untertänige Arbeitsdienste beziehungsweise deren monetäre Ersatzleistung betrugen 21 Prozent.[45]

Obwohl eines der Hauptinteressen der Grundherrschaft in der Abschöpfung von Abgaben und Arbeitskraft bestand, trat sie nicht ausschliesslich extraktiv oder behindernd auf, sondern konnte auch positive Anreize schaffen. So finden sich etwa im späten 17. und frühen 18. Jahrhundert zahlreiche Fälle, in denen die Stadt Eggenburg unbebaute Grundstücke, «Öden», an Personen verkaufte und ihnen eine bestimmte Anzahl «Freijahre» gewährte, in denen sie keine Abgaben zu zahlen hatten.[46] Dies konnte die Bewirtschaftung von ungenutzten Grundstücken ermutigen, was langfristig höhere Einnahmen generierte. Auch in Krisenzeiten war es üblich, dass die Grundherrschaft Abgaben erliess oder stundete.[47]

---

43 Feigl (Anm. 37), S. 34 f.
44 Herwig Ebner, Das freie Eigen. Ein Beitrag zur Verfassungsgeschichte des Mittelalters, Klagenfurt 1969, S. 111–114; Feigl (Anm. 37), S. 29.
45 NÖLA, Maria-Theresianische Fassion (MThF) 0178/02, Kattau (Gerichtsbezirk Eggenburg), Herrschaft – Dominicalfassion.
46 Stadtarchiv Eggenburg (StAE), Kauf, Verkaufs, dann Tausch und Übernahms Contracten Protocollum De Ao. 1668 biß ad Ao. 1740, fol. 53v: «Zu erpauung dieser Öden sind 12 freyjahr erthailt worden.»
47 Feigl (Anm. 37), S. 72–74.

Hofensembles und mobile Grundstücke

Ein wichtiger Aspekt grundherrschaftlicher Kontrolle über den Boden bestand in der Teilbarkeit oder Unteilbarkeit von Höfen. Teilung von Grundbesitz konnte ein Resultat von Erbgängen sein und/oder als Strategie der Risikominimierung genutzt werden. Räumlich gestreute Flächen boten zahlreiche Vorteile: Sie ermöglichten es, Gunstsituationen in Hinblick auf Böden, Sonneneinstrahlung und andere mikroklimatische Gegebenheiten gezielt zu nutzen, halfen Totalausfälle infolge von Hagel, Schädlingen etc. zu vermeiden und erleichterten bei unterschiedlichen Höhenlagen die Arbeitsorganisation.[48] Sehr kleinteiliger Besitz konnte allerdings die wirtschaftliche Leistungsfähigkeit der Höfe und damit die Einkommensbasis der Grundherrschaft gefährden, weshalb vielerorts Teilungen prinzipiell verboten waren oder der ausdrücklichen Zustimmung der Grundherrschaft bedurften. Zudem erschwerten Teilungen die Bemessung und Einhebung der Abgaben.[49] Auch die Tiroler Landesordnung machte die Teilung eines Hofes von dessen Grösse, Wirtschaftlichkeit und dem grundherrlichen Konsens abhängig: Gab es mehrere berechtigte Erben für einen Hof, der ohne «Schaden und nachtail oder zerstörung des Guts» nicht geteilt werden konnte, sollte laut Landesordnung mittels Losverfahren entschieden werden, wer die ungeteilte Besitznachfolge antrat. Wenn jedoch ein Hof oder Gut so ansehnlich war, dass der «Pawmann seiner kinder mer dann ains darauf setzen oder Verheyraten» wollte, so sollte er darum beim Grundherrn ansuchen.[50] Daneben sah die Landesordnung auch das ungeteilte Brudergut vor.[51]

In Sonnenburg finden sich sowohl in den Verfachbüchern des 16. und 17. Jahrhunderts als auch im Steuerkataster von 1779 Teilungen. Häufig ist auch zumeist temporäres ungeteiltes Brudergut, welches das Risiko bei Hof- und gleichzeitiger Schuldenübernahme reduzierte. In unseren Quellen kommt dies in handwerklichen und bäuerlichen Strukturen vor. Der gemeinsame Erbantritt durch Brüder sicherte darüber hinaus nicht nur das Vorhandensein von Arbeitskräften, sondern konnte auch mit einer gemeinsamen Übernahme der auf dem Gut haftenden Schulden und Erbportionen der weichenden Geschwister eine Besitzübernahme und weiteren Zugang zu Kredit erleichtern. Die Analyse des Steuerkatasters und der Verfachbücher

---

48 Zur räumlichen Streuung von Produktionsflächen als Strategie der Risikominimierung vgl. unter anderem Cliff T. Bekar, Clyde G. Reed, Open Fields, Risk, and Land Divisibility, in: Explorations in Economic History 40/3, 2003, S. 308–325; Pier Paolo Viazzo, Upland Communities. Environment, Population and Social Structure in the Alps Since the Sixteenth Century, Cambridge 1989.
49 Johannes Kaska, The Influence of Institutional Factors on Land Transactions. An Analysis of the Practice of Partible Inheritance and Tenancy in Common in the Lambach Estate in Late Medieval Austria, in: Thomas Ertl, Thomas Frank, Samuel Nussbaum (Hg.), Busy Tenants. Peasant Land Markets in Central Europe (15th to 16th Century), Stuttgart 2021, S. 15–44, hier S. 28.
50 Tiroler Landesordnung 1532, 1573 (TLO), Buch 3, Titel 19 und Buch 5, Titel 3.
51 TLO, Buch 3, Titel 35.

bestätigt die Bedeutung, die dem Hof als Güterverband zukam, insbesondere im Vergleich mit Orten mit einer geringeren Hofdichte wie Sonnenburg und Pflaurenz. Hin und wieder kam es dennoch mit Konsens der Grundherrschaft zu Veräusserungen von Grundstücken, die auf diese Weise von einem Hofverband in einen anderen wechselten. Kataster sind Momentaufnahmen und geben keine Auskunft über zeitliche Veränderungen. Dafür enthalten die Verfachbücher Fälle, die Fluktuationen von Grundstücken aufweisen. Ein Kaufvertrag von 1587 im Mühlwaldtal zum Beispiel besiegelte den Verkauf einer «Bergmahd» von einem Hof an einen anderen, allerdings mit der grundherrschaftlichen Bedingung, dass diese in der Folge nicht mehr aus dem Hofverband verkauft werden dürfe.[52] Insgesamt waren solche Transaktionen von der Grundherrschaft jedoch nicht gern gesehen. Ein Konsens konnte daher mit Konditionen verbunden sein. So wurde im angesprochenen Vertrag vereinbart, dass der Käufer die Bergwiese «uber khurz oder Lanng Zeit, ausserhalben der Paurecht aigens Hinzugeben oder zuverkhauffen, nit macht haben solle». Die Zusammensetzung der zu einem Hof gehörigen Grundstücke konnte sich demnach zu einem gewissen, wenn auch nur geringen, Teil verändern. Auch diesbezüglich dürften Unterschiede zu Kastelruth im späteren 18. Jahrhundert bestehen. Denn einerseits resultieren aus den ausführlichen Güterbeschreibungen der Verlassenschaftsabhandlungen viele einzeln erworbene Äcker und Wiesen, auch grundzinspflichtige. Andererseits fehlen in den Kaufverträgen vergleichbare Klauseln wie bei der «Bergmahd» im Mühlwaldtal. Die Ursachen solcher Unterschiede könnten an mehreren Faktoren liegen: an der unterschiedlichen Grösse der Gerichte und der vorhandenen Almen, an der Agrarstruktur und im Falle des im Vergleich kleineren Hofgerichts Sonnenburg daran, inwieweit die Wiesen und Äcker im Eigenbau der Grundherrschaft und deren Almennutzungsprivilegien die Anzahl veränderbarer Flächen begrenzten.

In Niederösterreich wurden Bauernhöfe und die dazugehörigen Hausgründe prinzipiell als untrennbare Einheit behandelt. Teilungen konnten auch hier nur mit ausdrücklicher Zustimmung der Herrschaft vorgenommen werden. Häufige Beschreibungen wie «ein halbes Haus» deuten aber auf Teilungen in der Vergangenheit hin. Zusätzlich zu diesen Hausgründen gab es eine zweite Kategorie von Grundstücken, die sogenannten freien Überländgründe. Unterschiedliche Nutzungsformen wie Äcker, Wiesen, Wälder oder Weingärten konnten als Überländgrundstücke vergeben werden. Die Besonderheit daran war, dass sie im Gegensatz zu den Hausgründen frei vererbt und veräussert werden konnten, was ihren Besitzer*innen eine gewisse Flexibilität ermöglichte. So konnte Boden einfacher gekauft und veräussert werden, konnten Grundstücke als Heiratsgüter an Nachkommen vergeben oder bei Hofübergaben einzelne Grundstücke zur weiteren eigenen Bewirtschaftung einbe-

---

52 SLA, VB Sonnenburg, 1587, 25. 5. 1587, ohne fol.

halten werden. Diese Überländgrundstücke wurden zu freien Leiheformen vergeben, da sich sonst überlagernde und potenziell widersprüchliche Abhängigkeiten zum Grundherrn ergeben hätten.[53]

Überlände waren nicht bloss ein Randphänomen, sondern machten einen grossen Anteil am gesamten Grundbesitz aus. Daten aus einem Sample von Verlassenschaftsinventaren von Grundbesitzer*innen aus der Stadt Eggenburg und der ländlichen Herrschaft Kattau im nördlichen Niederösterreich aus den 1770er- und 1780er-Jahren zeigen, dass Immobilienbesitz wertmässig sowohl in der Stadt als auch auf dem Land der wichtigste Vermögensbestandteil war. Anteilig am gesamten Grundbesitz der verstorbenen Personen machten Überländgrundstücke in Eggenburg im Median 43,05 Prozent und in der Herrschaft Kattau 42,69 Prozent aus. Insgesamt wurde also ein grosser Anteil des Grundbesitzes in dieser frei veräusserlichen Form gehalten. Dieser Umstand ist auch kohärent mit der Erbpraxis in Niederösterreich. Grundsätzlich waren alle Kinder gleichermassen erbberechtigt, unabhängig von Alter und Geschlecht. Der Hof mit den Hausgründen konnte vom Haupterben übernommen werden, während weichende Erben zumindest teilweise mit Überländgrundstücken versorgt werden konnten, anstatt sie vollständig auszuzahlen zu müssen.[54] Dieses Arrangement ist als idealtypisch zu verstehen – in der Praxis findet sich eine Vielfalt von Konstellationen, die durch die flexible Manövriermasse in Form der Überlände begünstigt wurden, wie das folgende Beispiel zeigt.

Nachdem Paul Resch, Untertan der Herrschaft Senftenberg, 1753 gestorben war, übernahm seine Frau Maria als Mitbesitzerin den gesamten Besitz inklusive des Bauernhauses. Darunter befanden sich auch neun Überländgrundstücke, die zur Herrschaft Kattau gehörten, wie Weingärten, Wiesen, Äcker und Krautgärten. Es wurde vereinbart, dass die minderjährigen Kinder bei der Mutter bleiben sollten. Sobald eines davon ausziehen würde, müsste sie ihm den väterlichen Erbteil entweder bar oder in Form von Grundstücken auszahlen.[55] Tatsächlich überschrieb Maria ihrem Sohn Lorenz im Jahr darauf einen Weingarten, eine Wiese sowie zwei Gärten.[56] Maria nutzte die Überländgrundstücke also dazu, den Erbteil ihres Sohnes auszubezahlen, ohne ihr Hauptgut veräussern oder hypothekarisch belasten zu müssen.

Bei der Übergabe von Höfen oder Häusern an Kinder oder nicht verwandte Personen behielt die ältere Generation in Ausgedingeverträgen oftmals Überländgrundstücke, wie Gemüsegärten, Äcker oder Weingärten zurück, um sich eine gewisse wirtschaftliche Selbständigkeit zu sichern. Als Franz Pachmayer sen. im Jahr 1787 seinen Bauernhof im Gauderndorf in der Herrschaft Kattau an seinen Sohn Franz Pachmayer jun. verkaufte, behielt er sich Grundstücke sowie weitreichende Nie-

---

53 Feigl (Anm. 37), S. 34.
54 Ebd., S. 42.
55 NÖLA, KG Krems 215/10, Inventursprotokoll 1739–1769, fol. 280v-281v.
56 NÖLA, BG Eggenburg 11/07, Gewährbuch 1700–1774, fol. 603v-608r.

ssbrauchrechte an Haus, Hof und Land zur eigenständigen Nutzung vor. Zudem wurde vereinbart, dass Franz jun. seinen «blödsinnigen» Bruder Joseph zeitlebens zu versorgen habe. Im Gegenzug würden dem Übernehmer nach dem Tod des Vaters die zurückbehaltenen Äcker zufallen, ohne dass dieser seine Geschwister dafür zu entschädigen hätte.[57] Die freien Überländ wurden vom Übergeber also einerseits dafür genutzt, sich selbst eine gewisse wirtschaftliche Autonomie zu erhalten, andererseits als Druckmittel eingesetzt, um die Versorgung seines offenbar kognitiv behinderten Kindes zu sichern.

Hier zeigt sich der enge Zusammenhang zwischen regional spezifischen Formen der Grundherrschaft und der vorherrschenden Erbpraxis. Gleiches Erbrecht unter Geschwistern traf auf einen Hofverband, der grundsätzlich nicht teilbar war, aber häufig durch frei veräusserlichen Besitz ergänzt wurde. Das Spannungsverhältnis zwischen gleichem Erbrecht und Unteilbarkeit konnte so in der Praxis abgeschwächt werden.

Fazit

Unser Ansatz war es, neben den gängigeren grundherrschaftlichen Besitzverhältnissen auch Formen von Eigentum und die Flexibilität von Grundstücken auszuloten. Den Umgang mit Besitz und Eigentum verstehen wir dabei als soziale Praxis. Dieser Zugang bildete die Grundlage für den Vergleich zweier Rechtsräume, Tirol und Niederösterreich, und die Ausarbeitung der Aspekte, welche die jeweilige Verfügungsgewalt über Grund und Boden in Regionen, in denen Unteilbarkeit vorherrschte, charakterisierten. Die soziale Praxis bildete sich im Spektrum des Rechts und der Rechtspraxis aus, sodass die letztendliche Verfügungsgewalt über Grundbesitz das Ergebnis des Agierens auf mehreren Handlungs- und Entscheidungsebenen war. Der Blick wird so auf die jeweilige Ausprägung der Grundherrschaft und den Grad feudaler Abhängigkeit, auf Wirtschaftlichkeit der Einheiten und Einbindung in den Landmarkt gelenkt und ebenso auf das reziproke Verhältnis zwischen Besitzrechten, Erbpraxis und Ehegüterregimen sowie zwischen Grundherrschaft und Baumann.

Dieses Gefüge ökonomischer, sozialer und rechtlicher Komponenten ermöglichte eine relativ umfassende Verfügungsgewalt über Boden, grenzte jedoch den Kreis jener, die Zugang dazu hatten, in unterschiedlicher Weise ein: zum Beispiel über Gütertrennung in Tirol oder Teilungsverbot in Niederösterreich. Anhand von Verträgen und Liegenschaftsverzeichnissen liessen sich verschiedenste Möglichkeiten im Umgang mit Besitz, dessen Nutzung und Transfer erschliessen: als gemeinsames

---

57 NÖLA, BG Eggenburg 11/18, Kauf- u. Tauschprotokoll C, fol. 193v-196r.

Brüdererbe, geteilt, geschlossen, in Form einzelner Grundstücke, die unterschiedliche Rechtsqualitäten aufwiesen. Sichtbar wurden dabei Freiräume, Alternativen und Anreize, die in der bisherigen Forschung weniger beachtet wurden: die freieigenen und ‹mobilen› oder «walzenden» Grundstücke, Erwerb und Aufwertung von Land aus der Allmende in Tirol oder die Nutzung der «Öden» als wirtschaftlicher Anreiz und die Überlände als Alternative bei Teilungsverbot in Niederösterreich. Solche Freiräume konnten einer ungleichen Verteilung von Besitz bedingt entgegenwirken und den Landmarkt flexibler gestalten.[58]

Der Vergleich verschiedener grundherrschaftlicher Kontexte sowie von Stadt und Land hat so Einblicke in unterschiedlich geartete Gewichtungen und obrigkeitliche Einflussnahmen auf die Strukturierung von Besitz und auf Formen von Eigentum, auf deren Veränderungen sowie auf damit verbundene Rechte, Pflichten und Logiken gegeben. Der räumliche Vergleich von Rechtsqualitäten von Grund und Boden und den damit verbundenen sozialen Praktiken macht Handlungsoptionen innerhalb der rechtlichen Gefüge sichtbar und kann so als Korrektiv gegenüber verallgemeinernden Vorannahmen, die mit Grundherrschaft ebenso verbunden sind wie mit Realteilung einerseits, ungeteilter Besitznachfolge andererseits, dienen. Denn die gezielte Frage nach den Implikationen von unterschiedlichen Rahmenbedingungen und Ausformungen, wie sie in Tirol und Niederösterreich deutlich wurden – mit Divergenzen bezüglich der Grundherrschaft, der Erbpraxis und des Güterrechts –, ermöglicht einen differenzierten Blick auf lokale Ökonomien und auf die Bedingungen, die für Menschen und deren Wirtschaften ausschlaggebend waren.

---

58 Ähnlich wies Marcus Cerman auf die Bedeutung von Spielräumen innerhalb von grundherrschaftlichen Regelungen im Landmarkt vor allem für die unterbäuerlichen Gruppen hin, wie bei der Einbeziehung von Gemeindeland, gerodeten Flächen oder solchen, die bisher nicht genutzt wurden. Markus Cerman, Bodenmärkte und ländliche Wirtschaft in vergleichender Sicht: England und das östliche Mitteleuropa im Spätmittelalter, in: Jahrbuch für Wirtschaftsgeschichte 2, 2004, S. 125–148.

Stefania Bianchi

Le risorse dei sassi
Cave nel Mendrisiotto e oltre il confine:
proprietà immobiliari tra investimento e rendita (secc. XVII–XIX)

The resources of the stones. Quarries in Mendrisiotto and beyond the border: real estate between investment and income (17th–19th centuries)
The research proposes an initial investigation into the ownership of quarries, especially marble quarries, which have been exploited since at least the 16th century. Generally speaking, the «ownership of the mountains», a recurring expression used to define the location, belonged to the vicìnia and then to the patriciate, a condition that favoured all those who were entitled to the civic uses of communal property. In fact, the families who were able to provide not only skills but also capital for working enterprises, requiring collateral property, sometimes very expensive such as mills with sawmills, were favoured. The protagonists of these real estate operations are certain families who centralise in their hands a sort of monopoly of raw materials and, to a large extent, of the means of processing and transport, as well as the places of distribution. During the Ancien Régime bilocalism and/or plurilocalism, implemented also in investments, and parental alliances seem to be successful also in the management of extractive resources.

La ricerca si propone di indagare l'ambito della proprietà di cave, soprattutto di marmi, presenti in alcuni comuni collinari del Mendrisiotto e sfruttate perlomeno dal Cinquecento, nel contesto delle strategie di investimento messe in atto soprattutto da botteghe artigiane con ambizioni imprenditoriali.[1]

---

[1] Quest'indagine è frutto di un corposo spoglio di rogiti conservati presso l'Archivio di Stato del Canton Ticino (in seguito ASTi), stilati in particolare dai seguenti notai di cui si indicano (collocazione) e anni: Andrea Castelli (1535–1553) 1680–1735, Andrea Fossati (1626–1637) 1841–1887, Antonio Fossati (1677–1691) 1723–1739, Nicolao Fossati (2794–2819) 1602–1650, Bartolomeo Lobbia (44–69) 1616–1668, Giovanni Lobbia (3012–3023) 1669–1697, Alfonso Oldelli (2834–2848) 1663–1679 e (Protocolli 2849–2861) 1676–1695, Giovanni di Alfonso Oldelli

L'interesse di alcune famiglie, che sono l'asse portante della migrazione di cantiere e della mobilità di genti e risorse, si traduce pure nella capacità di investire anche oltre i confini giurisdizionali, secondo le dinamiche della filiera produttiva, dai luoghi di estrazione alle sostre, alle botteghe di manufatti finiti destinati a chiese, palazzi pubblici e privati.[2]

Anche la proprietà fondiaria, già esaminata per investigare le strategie di accumulazione delle proprietà agricole, aveva tratti «trasfrontalieri»,[3] ma in termini comparativi gli investimenti finanziari avevano finalità diverse, non da ultimo l'acquisizione di titoli nobiliari attraverso investiture feudali.[4]

La proprietà agraria nei baliaggi di Lugano e di Mendrisio risulta il prodotto degli investimenti di ricche famiglie di nobili e di notabili indigene e della vicina Lombardia, atti a cautelare i capitali che si traducono in terra, bene sicuro, garante di rendite stabili e di ulteriori guadagni quando la produzione viene orientata su colture arboree le cui rendite assicurano maggiori profitti.[5] La «corsa alla terra» interessa anche i casati delle maestranze d'arte che hanno raggiunto un discreto successo socioeconomico. Tuttavia, queste ultime, pur non trascurando il mercato della terra,[6] guardavano alla proprietà anche con occhi professionali, e i loro interessi, in patria e all'estero, si tramutavano pure in acquisti di altri beni immobiliari, tali da favorire

---

(2774–2784) 1702–1743, Giovanni di Giovanni Oldelli (4165–4172) 1756–1823, Carlo Roncaioli (149–159bis), Giulio Cesare di Gabriele Roncaioli (115–141bis) 1691–1732, Giulio Cesare di Carlo Roncaioli (119–1148bis) 1753–1795, Antonio Rusconi (1796–1910) 1781–1848, Venanzio Rusconi 1733–1794) 1781–1810, Antonio Somazzi 2944–2951) 1676–1721.

2 Seppur in termini più modesti le dinamiche sono comparabili con quelle documentate per il carrarese. Cfr. Roberto Musetti, Il banco di commercio di marmi nella seconda metà del Settecento, in: Studi storici IL, 4, 2008, pp. 1063–1103, in particolare p. 1080.

3 Ci permettiamo di rimandare a Stefania Bianchi, *Proprietari* stranieri in *Lombardia* e «possessori» *lombardi* nella Svizzera Italiana (XVI–XVIII secolo), in: Luigi Lorenzetti, Nelly Valsangiacomo (a cura di), Lo spazio insubrico. Un'identità storica tra percorsi politici e realtà socio-economiche, 1500–1900, Lugano 2005, pp. 109–128.

4 Molte le famiglie che dipanano le loro proprietà e i titoli nobiliari, organizzando patrimoni al di qua e al di là dei confini, ad esempio i Riva (cfr. Marco Schnyder, Famiglie e potere, Bellinzona 2011), i Turconi (Stefania Bianchi, Le terre dei Turconi, Locarno 1999), i Torriani (ASTi, Notarile, Martinola 2607. 1723, 23 ottobre. Testamento di Nicolò Torriani da Mendrisio, residente a Milano, che lascia in eredità la Contea e Baronia di Azzate e Bobbiate).

5 Si pensi all'incremento della vite o alla coltura intensiva (le cosiddette *moronere*) del gelso per l'allevamento dei bachi da seta. Cfr. Sandro Guzzi, Agricoltura e società nel Mendrisiotto del Settecento, Bellinzona 1990, pp. 58–60; Stefania Bianchi, Il paesaggio agrario di pianura e di collina, in: Raffaello Ceschi (a cura di), Storia della Svizzera italiana dal Cinquecento al Settecento, Bellinzona 2000, pp. 122–130.

6 Un casato che catalizza queste sinergie è quello dei Carloni, sia di Rovio sia di Scaria (Valle d'Intelvi) che praticano il plurilocalismo anche negli investimenti. Alla fine degli anni '60 del Cinquecento Giacomo Carloni, appartenente al ramo «genovese» di Scaria, si trasferisce definitivamente a Carrara dove acquista diverse proprietà immobiliari (comunicazione personale di Roberto Santamaria). In patria invece le compere più rilevanti riguardano masserie del Mendrisiotto, ma non mancano gli investimenti liguri dei Carloni di Rovio che si tramandano sino all'Ottocento.

il controllo delle risorse, dimostrando una progettualità lungimirante e tesa a consolidare il network degli appalti.

Allo stato attuale, mentre per la proprietà terriera la letteratura ha già messo in luce molte delle dinamiche che determinano le logiche degli investimenti, in altri ambiti, in particolare quello delle cave, le conoscenze sono più contenute e circostanziate. La maggior attenzione è stata riservata agli aspetti naturalistici che prendono in esame la tipologia di marmi e calcari e la relativa lavorazione; quindi, alla trasformazione di questa ricchezza in prodotti finiti, con particolare attenzione per gli esiti stilistici e cromatici. Le numerose monografie dedicate alle botteghe d'artigiani-artisti sono prodighe di notizie intorno ai materiali e ai luoghi di estrazione, ma eccezionalmente considerano il regime di proprietà delle cave.[7]

Anche per il Mendrisiotto, proprio per la peculiarità orogenetica dei rilievi che ha costituito una preziosa risorsa della regione sul lungo periodo,[8] è prevalsa l'attenzione per gli aspetti geomorfologici a cominciare dai pionieristici studi ottocenteschi del naturalista Luigi Lavizzari;[9] tuttavia in alcune pubblicazioni d'orientamento storico alcuni aspetti dominanti della gestione delle cave sono già stati messi in luce con espliciti riferimenti alle fonti archivistiche, che restano gli strumenti più importanti per riflettere su quest'area privilegiata di indagine.[10]

Partendo da questo microcosmo prealpino le componenti inerenti alla proprietà di cave sono, infatti, molteplici. Pertanto, l'indagine è stata focalizzata intorno ad alcune problematiche peculiari della coltivazione dei marmi. Pur trattandosi di pietre, la loro estrazione implicava la cura degli spazi per cui i documenti parlano proprio di coltivazione come fossero aratori, vigne o selve castanili. Inoltre, l'accesso a queste risorse impone di considerare alcuni aspetti imprescindibili per comprendere gli equilibri e i fattori di conflitto che si alternavano nei rapporti fra vicinie e fra famiglie dominanti il settore.

---

7 Nel volume «Pierre du patrimoine européen. Économie de la pierre de l'antiquité à la fin des tempes modernes», sulla direzione di François Blary, Jean-Pierre Gély, Jacqueline Lorenz, Parigi 2008, un solo saggio sui quasi cinquanta del tomo, esplicita la proprietà delle cave, in questo caso, appartenenti al patriziato veneto. Raffaello Vergani, Le trachyte des collines euganéennes (Vénétie, Italie). Extraction, circulation, emplois (XIIIe–XVIIIe siècles), pp. 393–402.

8 Marcus Felber (a cura di), Il Monte San Giorgio. Dai fossili alla lavorazione artistica della pietra. Una storia di 300 milioni di anni, Bellinzona 2005.

9 Luigi Lavizzari, Escursioni nel Cantone Ticino, a cura di Adriano Soldini e Carlo Agliati, Locarno 1988, pp. 61–64.

10 Fondanti per un approccio al tema il saggio di Rosa Cassani, Beppe Galli, Antonio Trapletti, Le predere rosse di Arzo, di Besazio e di Tremona, Viggiù 2003; Giuseppe Piffaretti, Le cave di marmo di Arzo, Arzo 2003. Per la cave lariane, note alle maestranze, Roberto Cassanelli, Massimiliano David, Vincenzo De Michele, Le pietre del Duomo di Como: dalle cave all'opera, in: Stefano Della Torre, Tiziano Mannoni, Valeria Pracchi (a cura di), Magistri d'Europa, Como 1997, pp. 31–46; Andrea Balzarini, Fabio Cani, Alberto Zerboni (a cura di), Antiche cave nel territorio della regio insubrica, Como 2001.

In primo luogo, si assiste alla compresenza di proprietà collettiva (vicinale e poi patriziale) e proprietà privata; due realtà giuridiche che convivevano nell'organizzazione dello spazio e nella razionalizzazione delle risorse. Fondamentali erano quindi le modalità dell'esercizio del «possedere», dal momento che si intersecano più concetti di proprietà. Infatti, sono da considerare la proprietà effettiva delle cave e la «proprietà d'uso», che è quella che più ritorna nei contratti di vendita, negli inventari di famiglia e nei rogiti testamentari, senza dimenticare che vi è pure una sorta di implicita «proprietà morale» che si traduce ad esempio in tributi alla chiesa locale.[11]

Inoltre, l'attività estrattiva, affinché nulla andasse sprecato, implicava altre proprietà. Le élite familiari che controllavano questo mercato della pietra possedevano pure carri e animali per il trasporto, attrezzi del mestiere, mulini adibiti a segherie per tagliare i blocchi, sabbia per la lucidatura delle lastre, fornaci per sfruttare gli scarti.

I diritti d'uso varcavano i confini andando ad interessare terre ad esso pertinenti in un rapporto osmotico, determinando una continuità volta a mantenere integri i regimi di proprietà e lo sfruttamento delle risorse. Allo stesso tempo concernevano altre regioni dell'arco alpino e prealpino e delle tradizionali mete migratorie. Le notizie desunte dagli atti notarili ticinesi riguardano in particolare la Liguria, dove la presenza dei mastri antelami e degli scultori prosegue nei secoli, e per alcuni periodi anche le valli alpine piemontesi, le colline bergamasche e i promontori lariani. Si tratta in tutti i casi di località in cui si estraggono le qualità migliori, per colore e perfezione della materia: il bianco rosato di Candoglia,[12] il nero con vene giallo oro di Portovenere, i neri di Varenna e di Gazzaniga, il bardiglio di Valdieri,[13] il marmo per eccellenza ovvero quello di Carrara,[14] elogiati dalla trattatistica e dalle statistiche ottocentesche.[15]

Dunque, gli investimenti all'estero, sia in termini di proprietà diretta sia di appalto, sono segno dell'abilità imprenditoriale che mirava all'approvvigionamento dei marmi più pregiati e al contenimento dei costi lungo tutta la filiera di mercato,

---

11 Cassani/Galli/Trapletti (vedi nota 10), in merito alle cave di Arzo, pp. 12 e 14; relative a quelle di Tremona, pp. 25 e 63.

12 Concessa da Gian Galeazzo Visconti alla Fabbrica del Duomo, la cava è tuttora la fonte del pregiato marmo, cui attingevano anche le maestranze provenienti dal Mendrisiotto (Stefania Bianchi, Ticinesi a Milano e in Lombardia dagli ultimi Sforza a Radetzky, in: Studi Emigrazione 224, 2021, pp. 583–598.

13 Qui la proprietà è strettamente nelle mani dei Savoia, con impresari anche di nobile lignaggio. Molti i salariati provenienti dai baliaggi ticinesi, esperti piccapietre la cui paga si aggirava intorno alle 30–33 lire mensili (ASTi, Notarile, Fossati 1687. 1769, 18 febbraio. Testimonianze di numerosi mastri che hanno lavorato per il signor conte di Robilante). Si veda in merito Elena Di Majo, Altari in marmo fra Stato sabaudo e Ducato di Milano. Modelli, maestranze e materiali nel lungo Settecento, tesi di dottorato, Università di Pisa, tutor Cinzia Maria Sicca, Pisa 2011.

14 Tra la numerosa bibliografia, si segnala il pionieristico saggio di Christiane Klapisch-Zuber, Les maîtres du marbre (Carrare 1300–1600), Parigi 1969.

15 Dizionario generale di scienze, lettere, arti, storia, geografia, ecc. ecc., vol. VIII, Torino 1847, pp. 1239–1246; Antonino Parato, Il libro delle arti e dei mestieri, Torino 1874, p. 42.

dalla produzione di materia prima fino alla distribuzione di semilavorati e opere scultoree; obiettivo ultimo che a sua volta metteva in causa la necessità di possedere fondachi, laboratori e botteghe nelle principali città e lungo i percorsi fluviali e lacuali dove venivano imbarcati i preziosi, ma voluminosi e pesanti, massi o manufatti di marmo.

L'indagine del 1895

Una prima sistematica inchiesta in merito al tema risale alla fine dell'Ottocento,[16] quando il Cantone Ticino promuove una serie di interrogazioni per individuare risorse e mezzi di trasformazione.[17] La statistica, compilata per presentare all'Esposizione Nazionale Svizzera a Ginevra una carta geografica rappresentante le località dove esistevano «miniere di qualsiasi natura», fotografa le potenzialità estrattive del territorio cantonale con numerosi siti di recente apertura motivati dall'evoluzione socioeconomica a cui concorrono le vie di comunicazione – tracciati ferroviari, rinnovati ponti e nuove strade che richiedevano specifici materiali –, e che induce alla ricerca di nuove fonti energetiche o di acque minerali o sulfuree che interessano un altro settore in espansione, quello del turismo (Fig. 1).
Dall'inchiesta risulta che una settantina di comuni in quell'anno hanno cave in attività, alcune di «recente esplorazione»;[18] molti, più di un centinaio, non ne posseggono del tutto, mentre altri segnalano quelle sfruttate per il passato.[19] I materiali estratti si possono distinguere secondo quattro tipologie d'uso: cave da cui si ricavano materie per l'edilizia e le strade, ovvero gesso, argilla, pietre (granito, pietra ollare, gneiss e naturalmente marmi), cave di minerali (oro, argento, piombo, rame, ecc.) apparentemente di scarsa resa, torbiere da cui si estrae carbon fossile «giovane» (lo sfruttamento sarà effimero), e sorgenti. Le cave risultano in maggioranza

---

16 Il censimento risale al 1895 e la documentazione è conservata in ASTi, Diversi, scatole 304, A–C, 305 D–M, 306, N–V.

17 Altra fondamentale indagine riguarda il catasto delle acque con relativo censimento delle macchine (mulini, segherie) del 1894–1896. Si veda T. Meyer, A. Rovi, Il mulino di Bruzella e gli opifici idraulici della Breggia, Cabbio 1999.

18 Ad esempio, il comune di Airolo notifica cave di gesso, argilla, granito, attivate fra il 1873 e il 1880, «solo per lavori al Gottardo», da parte della ditta Forquerot e C. su suolo patriziale (ASTi, Diversi, 304, A–C); quello di Fescoggia «una piccola cava di pietre buone soltanto per la costruzione di muri […]. Col detto materiale vennero costruiti li due nuovi ponti […] Oggi poi lo si impiega nella costruzione del nuovo locale delle Scuole Maggiore e disegno di Breno» e quello di Manno un'antica cava che «nel 1874 servì per i lavoro ferroviari Lugano-Chiasso e più tardi per la linea del Monte Ceneri» (ASTi, Diversi, 305, D–M).

19 Fra i fascicoli c'è un certo disordine. Di alcuni comuni non si conoscono i dati e per altri le fonti sono contraddittorie o incomplete, con riferimenti a richieste di privati per ottenere concessioni, assai numerose negli anni '50 e '60 del secolo, quando si scatena una sorta di «febbre dell'oro».

di proprietà dei patriziati, che le danno in concessione alle ditte per l'estrazione e la lavorazione del materiale; alcune sono proprietà di privati, e fra queste proprio alcune cave di marmo del Mendrisiotto.[20]

Come si diceva poc'anzi, molte delle attività estrattive sono contingenti alle necessità imprenditoriali e prevalentemente della seconda metà dell'Ottocento, mentre a proposito delle cave di marmo la memoria del loro sfruttamento è secolare, come testimoniano le risposte al questionario cantonale compilato dal comune di Tremona che le dice «datate dal 1500», «ma ora abbandonate», o da quello di Besazio che precisa «esplorate da tempi remoti».[21]

Poche, però, quelle ancora in attività rispetto a quanto documentato per l'età moderna, quando nei tre comuni, Arzo, Tremona e Besazio, si contavano almeno tredici località, alcune dal toponimo esplicitamente evocativo (Prederòn, Pastura dei sassi), ricche di predere.[22] A Tremona e a Besazio sono quasi esclusivamente di proprietà patriziale, ad Arzo di proprietà collettiva ma pure di proprietà privata. Ancora nel 1895 l'amministrazione comunale di Tremona specifica che si tratta di terreno dato in «uso dei patrizi che hanno diritto di levarvi il marmo»; quella di Besazio indica cave in uso «ai fratelli Realini, ma un tempo addietro lavorate anche dai Fontana e dai Caslani»,[23] mentre da Arzo si conferma la compresenza di patriziato e privati cittadini, risalente ai secoli passati.

Le predere del Mendrisiotto

La natura del convivere di «proprietà d'uso» e di proprietà effettiva potrebbe trovare le sue ragioni nel fatto che soprattutto nel territorio di Arzo, come riferisce lo stesso Schinz in occasione del suo soggiorno nel Mendrisiotto alla fine del XVIII secolo,

---

20 ASTi, Risorgimento italiano, 23, Prospetto dei proprietari ed esercenti industria o professione [...], 10 settembre 1853, a Besazio conta 7 intestatari che hanno cave in attività, ad Arzo 10, cui si aggiungono 5 negozianti con «sega di marmi».
21 ASTi, Diversi, 304, A–C; 306, N–V.
22 Cassani/Galli/Trapletti (vedi nota 10), p. 45: carta della localizzazione delle *predère* – termine locale per definire aree adibite all'attività estrattiva – di cui però non è precisato il periodo storico. Stando ai toponimi citati, potrebbe riferirsi alla fine del Settecento, dal momento che non sono comprese cave appaltate successivamente. ASTi, Notarile, Rusconi 1793. Fitti riscossi negli anni 1815–1824 dal notaio che è proprietario.
23 Il cognome, comunque, non è nuovo dato che già nel 1741 un Realini, Francesco, si appresta a vendere al socio, con cui ha aperto una cava, la sua metà parte. Cassani/Galli/Trapletti (vedi nota 10), p. 72. I Realini, nel settembre del 1853, figurano fra penalizzati dal blocco. ASTi, Risorgimento italiano, 23. Ancor più danneggiato, sempre a Besazio, Fontana Giuseppe: «oltre alla cava di marmo ha anche negozio di marmi lavorati: aveva un danno di fr. 1000. Questa famiglia aveva forti commissioni per Venezia e altri paesi, che sono eseguite e che non possono essere spedite». I Caslani interessati dall'inchiesta sono quattro, tutti con cava di marmi.

Fig. 1: Le risorse del territorio cantonale secondo l'inchiesta del 1895 (Fonte: realizzazione S. Bianchi, M. Ferri, elaborazione grafica Gianluca Poletti, Creative Mind)

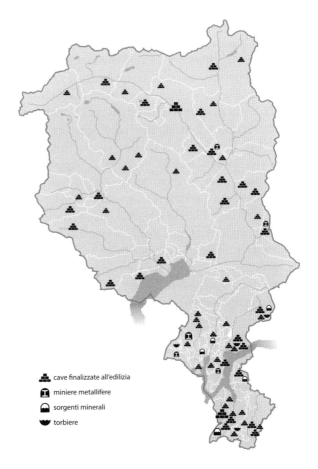

il marmo «affiora ovunque, ciò che facilita di molto l'estrazione».[24] A nostro avviso, dunque, anche parte di aratori vignati o di tratti di bosco che ancora oggi conservano tracce della trasformazione, venivano convertiti in luoghi estrattivi, modificando parzialmente l'organizzazione dello spazio e plasmando il paesaggio con segni di lungo periodo. Anche nel *Libro delle comunità* che ci ha tramandato notizie degli anni '80 del XVIII secolo, si legge «la sterilità stessa della collina è una sorgente di ricchezza e di commercio, giacché tutta la collina è un continuo Masso di pregiati marmi, che hanno un esito straordinario come ognun sa» (Fig. 2).[25]

24 Hans Rudolf Schinz, Descrizione della Svizzera italiana nel Settecento, Locarno 1785, p. 240 «Marmo se ne trova in più luoghi ed è di parecchi generi, belli e in parte rari, ma solo in una località, e precisamente ad Arzo, nel baliaggio di Lugano, la sua estrazione e lavorazione costituiscono un'attività remunerativa per gli abitanti».

25 ASTi, Notarile, Rusconi 1796.

Dunque, in alcuni casi alla vocazione agricola sarebbe subentrata una nuova coltivazione, quella dei marmi, che non richiedeva grandi superfici ma molta fatica e molta pazienza. Il valore immobiliare non è facilmente quantificabile perché solo occasionalmente vengono precisate le misure di superficie, la profondità degli scavi e il prezzo di acquisti o cessioni. I pochi casi in cui sono precisati evidenziano due aspetti: la dimensione, assai modesta, che difficilmente supera la pertica,[26] e il valore di mercato, altrettanto modesto,[27] circoscritto a poche decine di lire, decisamente inferiore rispetto a quello dei coltivi. Un atto di vendita particolarmente preciso indica un valore di 250 lire la pertica per l'aratorio vignato e di lire 40 per una pertica «boschiva e zerbiva con piante di diverso genere e con alcune cave di marmo», che dunque dovevano essere piuttosto piccole.[28]

Inoltre, quando si tratta di proprietà privata, dagli inventari e dalle divisioni fra fratelli e parenti, mentre vani abitativi, laboratori, massi di marmo in deposito, manufatti vengono «monetizzati» per definire un'equa ripartizione, le cave restano bene indiviso, caratteristica che le accomuna con le strutture di trasformazione e conservazione più importanti dell'economia mezzadrile e agropastorale, ovvero torchi, mulini, nevere. Altrimenti i contratti riguardano le ragioni d'uso consentite anche alle donne,[29] e concesse dalla vicinia, come nel caso di Tremona fra il XVII e il XVIII seclo, persino a «stranieri» di prossimità, scatenando conflitti di interesse fra vicinie.[30] Infatti, malgrado le continue opposizioni del contiguo comune di Arzo, assillato dal timore della concorrenza, per decenni le aree estrattive di Tremona sono appaltate agli uomini di Saltrio, paese limitrofo ma al di là del confine.[31]

Queste attribuzioni di *jus escavandi* a loro volta si ereditavano, si vendevano, si condividevano, ed erano oggetto dell'attività creditizia esercitata mediante lo strumento notarile più ricorrente nel mercato immobiliare, ovvero la «vendita con grazia»,[32] ma pure riguardante obbligazioni e accordi dotali.[33]

26 La maggior parte ha una superficie compresa tra i 500 e i 700 m2.
27 In una vendita di metà Ottocento il mulino è stimato quasi 8000 lire, 5 cave di marmo 600 lire, la cava di sabbia 100 lire, un prato (però non si conoscono le superfici) 2475 lire. Cassani/Galli/Trapletti (vedi nota 10), pp. 40–41.
28 ASTi, Notarile, Oldelli 4168. 1798, 23 gennaio. Vendita di Gio Battista Imperiali alla nuora Maria D. Rossi. Per le misure si veda nota 26.
29 ASTi, Notarile, Rusconi 1772. 1783, 23 febbraio. Elisabetta Tamagnini rinuncia alla «pietrera che godeva» e che quindi andrà levata dal computo della taglia.
30 Toccherà al Sindacato delle autorità sovrane dirimere il contenzioso che si trascina per decenni, documentato esaustivamente in Cassani/Galli/Trapletti (vedi nota 10), pp. 20–28, 64–67.
31 ASTi, Notarile, Rusconi 1777. Diversi contratti con uomini di Saltrio fra il 1722–32. Le predere misurate sono di 50–64 m2 di superficie e l'affitto di lire 7 l'anno.
32 Vendita che presuppone la possibilità di recuperare gli immobili anche a distanza di decenni.
33 Si vedano ASTi, Notarile, Fossati 1685. 1762, 24 novembre, Maria Donghi e il marito Giacomo Ferrari di Arzo impegnano il «lavoriero di quella cava di marmo esistente nel territorio di Arzo detta la Cava del Laticcio»; Rusconi 1734. 1788, 29 aprile, Carlo Rossi in occasione del matrimonio con Maria Fossati, per ragioni dotali «obbliga quella Pietrera di broccatello posta nei monti comunali di Arzo».

Fig. 2: Spartaco Vela (1854–1895), Alla cava, 1884 circa, olio su tela, 49,7 × 39,3 cm. (Fonte: Ligornetto, © Museo Vincenzo Vela / Francesco Girardi)

Alcune famiglie, in particolare, controllavano questo prospero mercato immobiliare che nel tardo XVIII secolo assume dinamiche quasi «frenetiche».[34] Sono i Rossi, i Fossati, i Ferrari, gli Allio, che ritroviamo strategicamente introdotti nel mercato lombardo dei marmi.[35]

Le cave «estere»

I Rossi di Arzo, fra i maggiori detentori di superfici estrattive e di segherie nel loro comune, tra il 1752 e il 1795 esercitavano «ragione di cavare, prendere o servirsi per suo uso o beneficio in detta Pietrera, ossia sasso di marmo verde», situata nelle vicinanze di Varallo Sesia.[36]
Oltre ad estrarre marmo verde in prossimità del Sacro Monte, sono attivi per secoli in alcuni importanti cantieri della città meneghina, primo fra tutti la Fabbrica del

---

34 Fra il 1790 e il 1795 fra gli atti dei notai si contano fra divisioni, compravendite di terre o di diritti d'uso, almeno 15 rogiti, quasi tutti riferiti alle cave di Arzo.

35 Ne sono conferma i dati in ASTi, Risorgimento italiano, 23. Ad esempio, fra i danneggiati di Arzo: Rossi Pietro che «ha una cava di pietre e marmi il cui materiale era dichiarato per Saltrio e Viggiù ove lo trasportava settimanalmente con carro e buoi suoi propri»; i fratelli Piffaretti che «hanno negozio di marmo a Pavia, ora sono tutti in patria»; Maria Rossi che «ha marmi lavorati destinati per l'estero che non ha potuto spedire». Anche gli Allio e i Fossati che hanno cave, negozi e mulini sono vittime del blocco.

36 ASTi, Notarile, Oldelli 4172. 1795, 3 aprile.

Duomo. A Milano possedevano anche una fiorente sostra, vero emporio per la distribuzione dei manufatti in marmo, commerciati dalla famiglia anche a Cremona.[37] Moltiplicare la proprietà di botteghe nelle principali cittadine gravitanti attorno alla metropoli lombarda era un'altra strategia comparativa di investimento, praticata da queste famiglie perlomeno fino ai primi anni del XIX secolo.

La sostra nel 1786 viene data in gestione agli Allio, altra famiglia di Arzo,[38] imparentata sia con i Rossi sia con i Fossati, la stessa che perlomeno dal 1685 risulta proprietaria anche di «vene lapidea negra» nella giurisdizione di Bergamo.[39] La cittadina in cui la famiglia ha messo radici è Gazzaniga,[40] dove gli Allio possiedono una cava che fornisce marmi destinati a importanti cantieri messi in opera da mastri marmorari provenienti dalle terre luganesi e dalla vicina Valle d'Intelvi. Dalla cava i carri con le pietre giungevano a Canonica, porto sull'Adda «dove si caricano le barche di mercanzie del Naviglio».[41]

A Gazzaniga hanno pure una rinomata bottega i Manni di Rovio che dal XVII secolo legano la loro fortuna all'estrazione e al commercio dei marmi che provengono sia dalle loro proprietà[42] sia da Arzo e da Besazio, lungo la tratta Como-Brivio-Bergamo. Nel corso del XVIII secolo il casato consolida ed estende le sue fonti di reddito con il giacimento tra Gazzaniga ed Orezzo; in seguito, rileva un'altra cava nei pressi di Desenzano al Serio, località in cui allestisce un secondo laboratorio e dove dispone di una sega per il taglio.[43]

---

37 ASTi, Maggi 35.
38 ASTi, Notarile, Rusconi 1733. 1786, 24 maggio, Antonio Rossi di Arzo costituisce procuratore il figlio per l'investitura della sostra in Milano ad Andrea S. Allio e Compagni, pure di Arzo. La famiglia a sua volta ha cave nel territorio di Bergamo.
39 ASTi, Notarile, Fossati 1866. 1685, 3 marzo, Giacomo Allio vende a Manfredo Allio la metà di una cava a Gazzaniga. Già in Cassani/Galli/Trapletti (vedi nota 10), p. 119.
40 Per i dati tratti dai rogiti del notaio Guerrini, ringrazio Massimiliano Ferri che ha indagato proprietà effettive e diritti di sfruttamento delle cave nel territorio di Bergamo.
41 Archivio di Stato di Bergamo, Notarile, Guerini 6007. 1677, 10 agosto. Giovanni Battista e Giacomo Allio fratelli, della terra di Arzo si impegnano a fornire 30 carra (a lire 56 il carro) a Carlo Ferretti di Torre e a Giuseppe Sala di Lugano; 1668, 4 ottobre Manfredo e Pietro Allio comperano una pezza di terra bruga con vena di pietra nera, con le ragioni di poter scavare, al prezzo di lire 360; Guerini 6008. 1680, 23 ottobre, procura di Giacomo Allio. Fra i testi Bartolomeo Manni di Rovio di cui si riferisce nel testo.
42 Bartolomeo Manni nel 1692 vi acquista, per 700 lire, «una pezza di terra prativa boscaliva et corniva […] in contrada detta volgarmente nella Vena […] con patto et conditione che possa et volia et senza alcuna contraditione scavare pietre». Cfr. Angelo Bertasa, Angelo Ghisetti, Lidia Rigon, I Manni – Scultori e intarsiatori del marmo nella bottega di Gazzaniga e di Desenzano al Serio (1625–1830), Sant'Omobono Terme 2017, p. 40. Il terreno, della misura di 17 pertiche nella rilevazione catastale del 1810 (Archivio di Stato di Bergamo, Catasto, 191, Gazzaniga), resterà loro fino al 1866, quando il ramo bergamasco si estingue.
43 Bertasa/Ghisetti/Rigon (vedi nota 42), pp. 43 e 54. I Manni hanno pure una cava di alabastro ad Albino.

Dunque, anche le cave estere, fiorenti e fiorite soprattutto fra il XVI e il XVIII secolo sono oggetto di investimento da parte di alcuni casati dell'aristocrazia dell'emigrazione, perlomeno fino ai primi anni dell'Ottocento quando cambiano padroni, segno del tramonto della tradizionale economia di bottega e della tradizionale committenza laica ed ecclesiastica. Allo stato attuale delle ricerche un esempio ben documentato dalle carte d'archivio ticinesi riguarda le proprietà a Portovenere e a Carrara, la regina del perfetto marmo bianco tanto apprezzato. La presenza ticinese sul mercato estrattivo dei marmi va ricondotta ai Carloni di Rovio, casato di rinomati scultori, con botteghe-laboratori a Sottoripa presso il porto di Genova,[44] in particolare agli eredi di Andrea. Le proprietà a Portovenere toccano equamente a Giacomo e a Maria Maddalena, maritatasi con un Ferretti oriundo della Valle d'Intelvi,[45] il cui nipote Giovanni Battista Ferretti agli inizi del XVIII secolo affida la sua parte all'illustre scultore Onorato Pellé[46] che ha la procura per «poter far cavare da fittavoli e conduttori di detta metà cava, da chi farà bisogno, poter esiger e ricavare fitto».[47] Vent'anni più tardi Caterina, vedova di Giovanni Battista, rinnova la procura a Domenico Magnani di Carrara e a Silvestro Fossati, entrambi intagliatori di marmi, «perché si occupino delle cose pertinenti sopra la cava di mischi gialli e neri situata nell'isola».[48]

Di mano in mano, o meglio di erede in erede, giungono alla famiglia Borsa Mazzetti. Nel 1826 le proprietà risultano gestite da Vincenzo Borsa Mazzetti[49] che vantava interessi anche a Carrara dove viveva il suocero Tommaso e dove, come appurato per le nostre contrade, facevano stato i diritti dell'uso civico del patrimonio collettivo di comunità.[50]

---

44   Roberto Santamaria, Il marmo di Carrara e il porto di Genova nei secoli XVII e XVIII, in: La Casana 1, 2004, pp. 28–39.
45   Anche questa famiglia mette in atto plurilocalismo (li troviamo nella Bergamasca, in Liguria e in Piemonte) e alleanze parentali.
46   In merito allo scultore e ai suoi legami con le maestranze dei laghi si veda Daniele Sanguineti, *Onorato Pellé, in:* Dizionario biografico degli Italiani, vol. 82, Roma 1985, *ad vocem.*
47   Asti, Notarile, Roncaioli 120. 1702, 6 luglio. Al documento sono allegate tre lettere di Giuseppe Gaggini che riferisce del suo approccio con il Pellé affinché accetti la procura.
48   ASTi, Notarile, Roncaioli 149. 1722, 23 marzo.
49   ASTi, Notarile, Rusconi 1780. 1826, 21 luglio. Dall'Inventario dei beni lasciati dal fu Tommaso Borsa Mazzetti di Melano: 6 libri di conti di Carrara; libro del ricavato cave di Porto Venere. Fascio di carte relativo alle cave in Carrara; progetto di vendita e vendita delle cave di Carrara a Giuseppe Kelly, ecc.
50   Comunicazione personale di Roberto Santamaria in procinto di studiare il mercato dei marmi, le botteghe, ecc., nell'ambito della tesi di dottorato, Pietre di «diversi colori come l'arco celeste»: il marmo a Genova dal XVII al XVIII secolo. Per agli aspetti propriamente giuridici Cesare Piccioli, Gli agri marmiferi del comune di Carrara, Carrara 1956, pp. 26–27; per quelli socioeconomici Roberto Musetti, I mercanti di marmo del Settecento, Bologna 2007, in particolare il IV capitolo, pp. 507–666.

In Piemonte, a usufruire delle regie cave sono i luganesi Ramelli in società con i Ferretti a Ceva e nella predera di Foresto;[51] sempre in Val di Susa,[52] i Ramelli hanno interessi anche in quelle di Chianocco ove subentrano, dopo la cessione del 1679, gli altrettanto luganesi Vanelli.[53] In queste contrade, perlomeno tra la fine del XVII e l'inizio del XVIII secolo,[54] si estraeva marmo bianco malleabile che sarà utilizzato anche da Filippo Juvarra per le facciate di Palazzo Madama. Inoltre, nel monregalese i caronesi beneficiavano della cava di Frabosa, scoperta nel 1621 dallo scalpellino Gabriele Casella,[55] da cui si estraevano pregiati marmi impiegati in molte opere statuarie del Piemonte.

Allo stesso tempo, i Tencalla di Bissone avevano rivolto i loro investimenti nelle terre lariane, in particolare a Perledo, sulla sponda orientale del lago di Como nella giurisdizione del conte Monti,[56] dalle cui cave si ricavava un marmo dal colore nero intenso, conosciuto come nero di Varenna, ben presente negli altari di chiese e oratori del Mendrisiotto e di molte località peninsulari (Fig. 3).

---

51 ASTi, Notarile, Castelli 1534. 1676, 3 dicembre, testamento di Paolo Ramelli da cui si desume la «proprietà d'uso» condivisa in società con i Ferretti.

52 Cfr. Sergio Sacco, Cave e cavatori della Valle di *Susa*, Borgone Susa 2016. Di Majo (vedi nota 13), p. 223, n. 174.

53 ASTi, Notarile, Somazzi 2944. 1679, 15 febbraio: «Il Sr. Agostino Ramello de Lagrantia [...] hà fatto et fa vendita dato et cessione con traslazione di totale dominio e possesso à proprio nelle mani del sig. Amodeo Vanello presente et stipulante per se, suoi heredi. Nominalmente dell'altra metà d'ogni et qualunque sorte, qualità, quantità et genere di pietre et sassi cavati et mossi, quali si ritrovano nella Petrera, ò vero sopra il monte di Cianocco, Valle di Susa et Stato di Piemonte spettanti et pertinenti alli suddetti signori Ramelli [...]. Idem di tutte le altre pietre di Cianocco esistenti nella sud.ª Città di Torino in qualsivoglia luoco e principalmente nell'Accademia spettanti alli sud. Signori Ramelli [...].»

54 Maurizio Gomez Serito, I marmi del monregalese nell'architettura moderna e contemporanea, in: Marmi e pietre del Cebano-Monregalese. Litotipi del territorio del G. A. L. Mongioie, Mondovì 2005, pp. 43–56, riferisce che «soltanto in alcuni casi hanno operato ininterrottamente per secoli, molto più comunemente hanno avuto una breve storia di piccole ma pregevoli produzioni».

55 Ibidem, p. 46, n. 7. Lo studioso riconosce una forte analogia fra il controllo delle risorse in patria e all'estero; p. 43: «I Luganesi, già nel rinascimento nei maggiori cantieri italiani ed europei [...] operavano nella produzione dei migliori marmi e la loro forte organizzazione corporativa e familiare aveva creato un tessuto connettivo transnazionale capillarmente radicato nel territorio ma al contempo sostanzialmente autonomo rispetto ai poteri costituiti. Questo era stato possibile grazie al mantenimento di rapporti diretti con la patria di origine [...]. Analizzando le tracce di lavorazione e l'impostazione delle antiche cave si è potuto osservare che anche nel territorio monregalese lo sfruttamento delle cave si è svolto secondo un modello che si ripropone identico nel territorio luganese». Inoltre, Di Majo (vedi nota 13), p. 65.

56 ASTi, Notarile, Lobbia 61. 1656, 29 settembre: Giulio Tencalla fù Francesco di Bissone fornisce quattro colonne di marmo bianco e nero della cava della Scolota a Gio. Antonio Fossati detto di Provino di Meride. Le forniture erano condotte dalla cava alla riva di Como per proseguire per Milano, destinate anche alla Fabbrica del Duomo; ASTi, Notarile, Lobbia 3018. 1683, 10 giugno 10: Serafino Tencalla fù Giulio di Bissone vende a Silvestro Verda fù Cristoforo di Gandria la ragione della predera di pietra bianca e nera in territorio di Perledo sul lago di Como, giurisdizione del conte Giulio Monti, ove si dice alla Predera della Ponta di Morca[te].

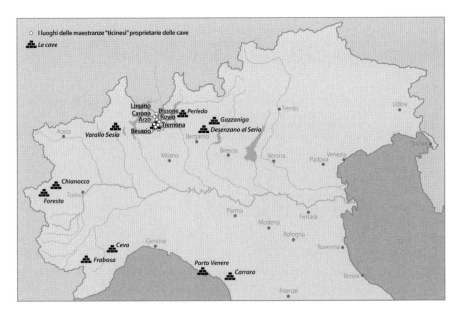

Fig. 3: Le cave estere XVII–XIX secoli. (Fonte: Realizzazione S. Bianchi, M. Ferri, elaborazione grafica Gianluca Poletti, Creative Mind.)

Per concludere

La strategia del bilocalismo e/o plurilocalismo e le alleanze parentali sembrano essere vincenti anche nella gestione delle risorse estrattive perlomeno nel corso dell'Antico Regime. Che si tratti di proprietà effettiva o di «proprietà d'uso» (il diritto «di cavare») poco incide ai fini commerciali del controllo del mercato del lavoro dei marmi. Generalmente la «proprietà dei monti», espressione ricorrente per definire l'ubicazione delle aree interessate dall'attività estrattiva, spetta alla vicinia e poi al patriziato, condizione che va a favorire tutti coloro che potevano esercitare diritti sui beni comunali.

Di fatto ne risultavano privilegiate soprattutto le famiglie che sapevano mettere in campo, accanto alle competenze, i capitali da impiegare nelle imprese lavorative, richiedenti proprietà collaterali, a volte assai costose come, ad esempio, i mulini dotati di impianti per tagliare i massi. Di per sé il valore immobiliare di questi lotti, piccoli ma assai numerosi, era infimo rispetto all'equivalente in termini di superficie di aratori vignati o prati con piante fruttifere, perché molto più impegnativi e faticosi da sfruttare e con rese apprezzabili solo sul lungo periodo, tanto è vero che anche gli affitti erano molto modesti.

Tuttavia, i documenti presi in esame dimostrano l'attenzione che le vicinie riservavano alle loro proprietà per cautelare i profitti attraverso norme statutarie e riconosci-

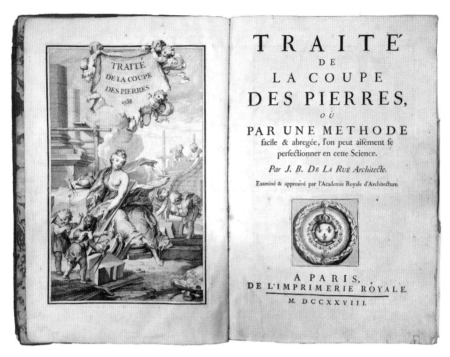

Fig. 4: Traité de la coupe des pierres, par J. B. De La Rue Architect, Paris 1738, antiporta e frontespizio (Fonte: Archivio della Città di Mendrisio, Archivio del Comune di Arzo, ARZ.RE.43.1)

menti emanati dalle autorità sovrane. Inoltre, questi atti attestano comunque una certa fluidità nell'esercizio degli appalti e un'esplicita convivenza di proprietà collettiva e proprietà privata, i cui confini a volte non sono nitidi, data una certa ambiguità nei rogiti in cui non sempre è precisato se le parti in causa intendano impegnare, vendere, scambiare, proprietà effettive degli appezzamenti o «proprietà d'uso» acquisite.

Protagonisti di queste operazioni immobiliari sono perlopiù alcuni casati che accentrano nelle loro mani una sorta di monopolio delle materie prime e in buona misura anche dei mezzi di lavorazione e trasporto, nonché dei luoghi di distribuzione (Fig. 4). Questa rete organizzata «del possedere», per assicurarsi importanti e prestigiose commissioni, valica i confini approdando in altri contesti politico istituzionali, dove vigono regole simili che consentono l'accesso alla proprietà collettiva comunitaria. Resta sovrastante il principio che «la montagna» è patrimonio di chi governa affidando ai poteri locali la gestione delle risorse, secondo rapporti di forza piramidali erosi, laddove le maglie delle regole consuetudinarie lo consentano, dal diritto alla proprietà privata che si insinua nell'economia del mercato immobiliare a spese della proprietà collettiva.

Lucas Rappo

Le marché foncier à Corsier-sur-Vevey à la fin de l'Ancien Régime
Espace et parenté (1797–1799)

The real-estate market in Corsier-sur-Vevey at the End of the Ancien Régime. Space and kinship (1797–1799)
The real-estate market is an ideal object to observe the interactions between kinship and space. This article analyzes the economic transactions at the end of the Ancien Régime in the parish of Corsier-sur-Vevey (Vaud) using a genealogical database, a cadastral map and network visualizations. These documents and methods allow us to scrutinize the influence of spatial proximity, be it land or dwelling proximity, on the choices of economical partners. The article shows that kinship is an important variable for selling a good (especially the close family), as is the localization. The space is therefore a variable that must be taken into account when analyzing the real-estate market of the past.

Espace et parenté

La dimension spatiale en histoire est sujette à un récent renouvellement,[1] notamment par l'étude des plans cadastraux à l'aide d'outils computationnels[2] et l'usage des systèmes d'informations géographiques ou des données massives.[3] La question de comment appréhender l'espace est un ancien débat et l'histoire, par na-

---

1   Par exemple Luigi Lorenzetti, Notes sur les pratiques spatiales de la ruralité et de l'urbanité dans le monde alpin (XVIIIe–XXIe siècle), in: Schweizerische Zeitschrift für Geschichte 71/1, 2021, pp. 111–124, et aussi différentes initiatives de recherche comme Lausanne Time Machine, www.epfl.ch/schools/cdh/lausanne-time-machine/fr/lausanne-time-machine.
2   Isabella di Lenardo, Raphaël Barman et al., Une approche computationnelle du cadastre napoléonien de Venise, in: Humanités numériques 3, 2021, http://journals.openedition.org/revuehn/1786.
3   Sur l'espace en sciences humaines et apports technologiques, voir David J. Bodenhammer, John Corrigan, Trevor M. Harris (éd.), The Spatial Humanities. GIS and the Future of Humanities Scholarship, Bloomington 2010.

ture, comprend une forte dimension spatiale.[4] En 2007, Philip Ethington appelle les historien·ne·s à s'engager dans le tournant spatial pris dans les autres sciences humaines dès les années 1990.[5] Toutefois, la dimension culturaliste du tournant spatial, la symbolique du paysage ou de l'espace[6] ne constitue pas le propos de cet article. Par ailleurs, l'existence même d'un tournant spatial peut être contestée, notamment dans son aspect d'étude symbolique des lieux et des espaces.[7] L'espace est ici compris comme une notion plus concrète, soit la localisation des individus impliqués dans des relations sociales, et celle des terres et des maisons échangées sur le marché. Le marché foncier est en effet dépendant de l'espace, soit de la localisation du bien immobilier qui est l'objet de la transaction. Cette contribution propose des pistes, demandant à être encore explorées plus avant, afin d'appréhender la spatialité comme un élément central des transactions économiques. En effet, le changement social ne peut être expliqué sans prise en compte de la dimension spatiale de la vie sociale.[8] Par conséquent, il est important d'intégrer la dimension spatiale, afin de mieux comprendre ce qui fait «communauté» ou ce qui constitue le tissu social des individus. Bien que cet aspect ait déjà été traité en partie, il s'agit ici d'atteindre une échelle restreinte, celle de la maison d'habitation ou de la localisation de la terre. Les transactions économiques forment un terrain d'expérimentation adapté, en ce sens qu'elles reflètent aussi avec qui les individus échangent et si les partenaires sont situés dans une spatialité déterminée.

La circulation des biens sur le marché foncier est incluse dans les rapports sociaux, notamment par son lien avec la famille et l'héritage. En effet, le marché foncier peut servir de complément à l'héritage.[9] De plus, l'espace est produit par des acteurs·trices et de même il est vécu et habité par des individus. Les apports de Lefebvre[10] et

    4 Edward L. Ayers, Turning toward Place, Space, and Time, in: David J. Bodenhamer, John Corrigan, Trevor M. Harris (éd.), The Spatial Humanities. GIS and the Future of Humanities Scholarship, Bloomington 2010, pp. 1–13, ici p. 3.
    5 Philip J. Ethington, Placing the past: «Groundwork» for a spatial theory of history, in: Rethinking history 11/4, 2007, pp. 465–493, ici p. 465.
    6 Une partie du «spatial turn» provient du tournant culturaliste, voir Angelo Torre, Un «tournant spatial» en histoire?, in: Annales. Histoire, Sciences Sociales 63/5, 2008, pp. 1127–1144, ici pp. 1127–1129.
    7 Eric Piltz, «Trägheit des Raums». Fernand Braudel und die Spatial Stories der Geschichtswissenschaften, in: Jörg Döring, Tristan Thielmann (éd.), Spatial turn. Das Raumparadigma in den Kultur- und Sozialwissenschaften, Bielefeld, 2009, pp. 75–102, ici p. 75.
    8 Courtney J. Campbell, Space, Place and Scale: Human Geography and Spatial History in Past and Present, in: Past & Present 239/1, 2018, pp. 23–45, ici p. 28; sur le «spatial turn» en général, voir Qu'est-ce que le «spatial turn»?, in: Revue d'histoire des sciences humaines 30, 2017, pp. 207–238.
    9 Joseph Goy, Note brève sur marché de la terre et transmission par voie héréditaire et dotale, in: Simonetta Cavaciocchi (éd.), Il mercato della terra, secc. XIII–XVIII. Atti della «trentacinquesima settimana di studi», 5.–9. 5. 2003, Florence 2003, pp. 979–984, ici p. 983.
    10 Henri Lefebvre, La production de l'espace, Paris 1974; sur Lefebvre, voir Jean-Yves Martin, Une géographie critique de l'espace du quotidien. L'actualité mondialisée de la pensée spatiale

d'autres penseurs des années 1960 et 1970 (Foucault, Bachelard) ont été reçus en géographie notamment par Edward Soja et David Harvey, et à leur suite un tournant spatial s'est répandu dans de nombreuses sciences sociales.[11] L'espace n'est plus un élément donné, mais produit.[12] On peut ainsi s'interroger sur les liens qui constituent l'espace social et si ce dernier est aussi le produit de ces liens. La question est donc de savoir par quels processus sociaux le lieu est construit (au sens de la construction sociale).[13] Autrement dit, l'espace physique a une influence sur l'espace social et les deux peuvent se recouper, se compléter et agir l'un sur l'autre. La question, par exemple, se pose en ville de savoir «comment la structure de la ville exerce une influence capitale sur les conflits et les solidarités de voisinage».[14] La microhistoire italienne faisait par ailleurs le même constat en affirmant que «les relations personnelles ‹constituent› la société et elles sont en même temps le contexte dans lequel comprendre les pratiques sociales».[15] Par ailleurs, Giovanni Levi a porté son attention sur le marché foncier, du point de vue du prix de la terre, à Santena en Italie. Les prix changent et les parents paient en général un prix plus élevé que celui du marché pour une terre. Les voisins de terre, quant à eux, pratiquent un prix plus proche de la valeur réelle. La distance sociale détermine ainsi le prix de la terre, les étrangers payant moins.[16] Toutefois, sur ce plan, les résultats sont contrastés. Ainsi, Bernard Derouet affirme que, dans les sociétés égalitaires, le prix ne change pas en fonction des liens de parenté. Ici, les prix sont proches du marché.[17] Dans ces sociétés, la solidarité au sein de la parenté se voit par la préférence de vente. De plus, la succession se règle après l'héritage par des ventes entre frères et sœurs.[18] En outre, la question du prix de vente de la terre ne dépend pas uniquement du critère de la parenté, mais aussi de la classe sociale ou encore de la distance par rapport au lot vendu.[19]

d'Henri Lefebvre, in: Articulo. Journal of Urban Research 2, 2006, https://journals.openedition.org/articulo/897; Andy Merrifield, Métromarxisme. Un conte marxiste de la ville, Genève 2019, pp. 164–172.

11 Ethington (voir note 5), p. 478.
12 Barney Warf, Santa Arias, Introduction: the reinsertion of space into the social science and humanities, in: Barney Warf, Santa Arias (éd.), The Spatial Turn. Interdisciplinary Perspectives, Londres 2008, pp. 1–10, ici p. 3.
13 Charles Withers, Place and the «Spatial Turn» in Geography and in History, in: Journal of the History of Ideas 70/4, 2009, pp. 637–658, ici p. 641.
14 Yvonne-Hélène Le Maresquier-Kesteloot, Le voisinage dans l'espace parisien à la fin du Moyen Âge. Bilan d'une enquête, in: Revue historique 122/1, 1998, pp. 47–70, ici p. 47.
15 Torre (voir note 6), p. 1140.
16 Giovanni Levi, Le pouvoir au village. Histoire d'un exorciste dans le Piémont du XVIIe siècle, Paris 1989, pp. 120–131; sur le prix pour les parents, voir Gérard Béaur, Marché foncier et rapports familiaux dans l'Europe du 18e siècle, in: Cavaciocchi (voir note 9), pp. 984–1001, pp. 991–997.
17 Bernard Derouet, Parenté et marché foncier à l'époque moderne. Une réinterprétation, in: Annales. Histoire, Sciences Sociales 56/2, 2001, pp. 337–368, ici p. 346.
18 Derouet (voir note 17), pp. 348–349.
19 Béaur (voir note 16), pp. 991–997.

La notion d'espace a toujours été présente en histoire, tout en restant largement floue, chacun proposant sa propre méthode et définition.[20] De plus, les travaux utilisant l'espace comme catégorie analytique étaient encore rares il y a une décennie.[21] Si l'espace paroissial a servi de cadre à de nombreuses monographies, l'espace consiste le plus souvent en un contenant dans lequel évoluent les acteurs·trices, au moins avant les années 1990.[22] Pourtant, l'espace est intimement lié aux expériences vécues.[23] Ainsi les réseaux de parenté dans le val de Bagnes recoupent l'espace de la commune politique, et pas celui du village.[24] Les réseaux sociaux sont aussi un outil utile afin de déterminer l'espace vécu par les habitant·e·s.[25] Les études historiques ont été touchées différemment selon les spécialités. L'histoire urbaine en France a par exemple vu une attention plus forte à l'espace dès les années 1970.[26] En France, l'espace est aussi pendant longtemps resté une toile de fond aux monographies, avant la prise en compte du fait que l'homme crée son propre milieu, et du poids de la détermination sociale de l'espace.[27]

Toutefois, quand on approche une échelle plus réduite, pour laquelle un lieu sert de contenant aux relations et à la vie quotidienne des individus, il semble que cette problématique ait peu été thématisée, même si quelques exemples existent.[28] Loin de vouloir approcher les conceptions mentales des acteurs·trices de l'époque ou encore comment les changements économiques ont modifié l'espace, l'objectif est ici de proposer une méthode, certes encore assez descriptive, pour prendre en compte l'espace comme un produit des relations et pour appréhender comment les relations sont un produit de l'espace donné. En effet, entretenir des liens sociaux avec un·e voisin·e·s de terre ou de résidence est à la fois le produit de l'agencement spatial (les lieux donnés de résidence et de propriété) et produit un nouvel espace (on acquiert une nouvelle terre, *de facto* de nouvelles relations débutent). Cette réflexion sert d'ailleurs de conclusion en 1986 à Reinhard Koselleck qui demande à l'histoire de réfléchir sur l'espace de deux manières: d'une part à travers les données naturelles,

---

20 Piltz (voir note 7), p. 78.
21 Piltz (voir note 7), p. 94.
22 Qu'est-ce que le «spatial turn»? (voir note 8), p. 214.
23 Warf/Arias (voir note 12), p. 4.
24 Sandro Guzzi-Heeb, Passions alpines. Sexualité et pouvoirs dans les montagnes suisses (1700−1900), Rennes 2014, p. 27.
25 Sandro Guzzi-Heeb, Politica, reti sociali e riproduzione dello spazio in una valle alpina svizzera: Bagnes, 1700−1900, in: Popolazione e storia 2, 2012, pp. 41−65, ici pp. 41−42.
26 Bernard Lepetit, Histoire urbaine et espace, in: L'Espace géographique 9/1, 1980, pp. 43−54, ici pp. 43, 54.
27 Patrice Bourdelais, Bernard Lepetit, Histoire et espace, in: Franck Auriac, Paul Alliès (éd.), Espaces, jeux et enjeux, Paris 1986, pp. 15−26, ici pp. 22−23.
28 Vincent Gourdon et Isabelle Robin, Parrains et voisins? Espace et parrainage en banlieue parisienne au XIXe siècle, in: Dubrovnik Annals 21, 2017, pp. 47−72; ou concernant des mariages dans la même rue: Guy Tassin, Qui épouser et comment. Alliances récurrentes à Haveluy de 1701 à 1870, Paris 2007, pp. 216−224.

soit le lieu, où se déroulent les faits et d'autre part à travers les espaces que l'homme crée lui-même.[29]

Une attention particulière doit être donnée au fait que l'espace, bien qu'important, ne peut pas être le principe explicatif unique.[30] C'est pourquoi la part de la proximité spatiale est observée en parallèle avec le rôle de la parenté sur le marché foncier, la parenté constituant un élément essentiel pour la compréhension de la transmission de la terre et du marché immobilier. D'ailleurs, le géographe Roger Brunet rappelle que le groupe familial est un acteur important de la production de l'espace, car il transmet un «rapport aux lieux» et un patrimoine qui a une localisation.[31] L'histoire économique traitant du marché foncier s'est intéressée aux transactions entre parents ou entre voisin·e·s. Toutefois, le voisinage, ou la proximité spatiale, reste abordé assez superficiellement. Georg Fertig insiste ainsi sur une distance assez limitée entre la localisation de la ferme et la parcelle achetée.[32] De même, Gérard Béaur distingue entre intérieur et extérieur du lieu étudié.[33] Concernant le réseau du crédit, Laurence Fontaine sépare le village et les autres espaces.[34] Gilles Postel-Vinay démontre quant à lui une différence, là aussi sur le marché du crédit, entre contrat formel et contrat informel, le crédit informel se faisant dans un rayon de deux à trois kilomètres.[35] Ainsi, une localisation plus précise des parcelles échangées et des lieux de résidence est importante à considérer. Giovanni Levi a également brièvement abordé le sujet de la proximité de terre, qui est plus déterminante dans la formation du prix, que la résidence. Selon Levi, le voisinage résulte d'un pur facteur économique, et pas d'un facteur relationnel.[36] D'ailleurs, le lien entre territoire et parenté est complexe et comprend des mécanismes variés, comme l'existence de droits particuliers (la bourgeoisie en Suisse), la manière dont est réglé l'héritage, la formalisation des liens entre voisin·e·s (existence d'entraide entre maisons proches spatialement), etc.[37] Cette contribution constitue plutôt une expérimentation, afin de démontrer le potentiel de l'usage de plans cadastraux, de

---

29 Piltz (voir note 7), pp. 78–79.
30 Bourdelais/Lepetit (voir note 27), p. 25.
31 Roger Brunet, Le déchiffrement du Monde. Théorie et pratique de la géographie, Paris 2017, pp. 49–50.
32 Georg Fertig, Äcker, Wirte, Gaben. Ländlicher Bodenmarkt und liberale Eigentumsordnung im Westfalen des 19. Jahrhunderts, Berlin 2007, pp. 137–138.
33 Gérard Béaur, Le marché foncier à la veille de la Révolution. Les mouvements de propriété beaucerons dans les régions de Maintenon et de Janville de 1761 à 1790, Paris 1984, pp. 130–132.
34 Laurence Fontaine, Espaces, usages et dynamiques de la dette dans les hautes vallées dauphinoises (XVIIe–XVIIIe siècles), in: Annales. Histoire, Sciences Sociales 49/6, 1994, pp. 1375–1391.
35 Gilles Postel-Vinay, La terre et l'argent. L'agriculture et le crédit en France du XVIIIe au début du XXe siècle, Paris 1997, p. 184.
36 Levi (voir note 16), p. 127.
37 Bernard Derouet, Territoire et parenté. Pour une mise en perspective de la communauté rurale et des formes de reproduction familiale, in: Annales. Histoire, Sciences Sociales 50/3, 1995, pp. 645–686.

données généalogiques et d'actes notariés afin d'intégrer la proximité spatiale à un niveau plus détaillé.

L'interrogation principale concerne l'articulation entre espace, parenté et marché immobilier. Dans un premier temps, la place de la parenté sur le marché immobilier est interrogée: vend-on à un parent? Si oui, auquel et dans quelle proportion? On sait que la parenté constitue une part importante des ventes sur le marché de la terre, que ce soit en Suède ou dans le sud de l'Allemagne.[38]

Mais l'interrogation principale porte sur la proximité spatiale, ou le voisinage: constate-t-on des signes de collaboration entre voisin·e·s sur le marché immobilier? La proximité spatiale est-elle un élément à prendre en considération quand il s'agit d'avoir accès à des informations sur les biens disponibles, du fait que le voisinage constitue un lien faible?[39] De plus, la parenté et le voisinage sont-ils des éléments séparés ou qui se recoupent?

Dans une région de partage égalitaire, comme l'est le Pays de Vaud, le marché de la terre est essentiel afin d'assurer des revenus adéquats et de la nourriture suffisante aux paysans et aux vignerons. En effet, l'héritage n'est pas toujours suffisant pour tirer sa subsistance des terres reçues des parents. L'égalité du partage entre enfants conduit à la multiplication des petites parcelles, parfois inexploitables. C'est pourquoi, le marché foncier est central afin de maîtriser les terres possédées, de contrôler leur emplacement et d'augmenter leur productivité.[40] On peut alors supposer des ventes entre parents qui seraient également voisins de terre afin de rassembler des parcelles voisines.

Sources, données et méthodes

Le cadre de cette contribution est la paroisse de Corsier-sur-Vevey, formée de quatre villages: Corsier, Corseaux, Chardonne et Jongny. Il s'agit de villages vignerons et agricoles, proches de Vevey, qui comptent 2165 habitants en 1798.

38 Maria Ågren, Land, Credit and Gender. The Swedish Land Market in Transition, ca. 1680–1800, in: Cavaciocchi (voir note 9), pp. 877–887; David Warren Sabean, Property, Production, and Family in Neckarhausen, 1700–1870, Cambridge, New York, etc. 1990, pp. 371–414.
39 Sur les liens faibles, voir Mark S. Granovetter, The strength of weak ties, in: American Journal of Sociology 78/6, 1973, pp. 1360–1380; Ulrich Pfister, Johannes Bracht, Christine Fertig et al., Life course strategies, social networks, and market participation in nineteenth-century rural Westphalia. An interpretative essay, in: Georg Fertig (éd.), Social Networks, Political Institutions, and Rural Societies, Turnhout 2015, pp. 89–124, ici p. 90.
40 Fabrice Boudjaaba, Des paysans attachés à la terre? Familles, marchés et patrimoines dans la région de Vernon (1750–1830), Paris 2008, p. 87; pour un bilan historiographique des recherches sur les différentes formes d'héritage, voir Fabrice Boudjaaba, Marie-Pierre Arrizabalaga, Les systèmes familiaux. De la cartographie des modes d'héritage aux dynamiques de la reproduction familiale et sociale, in: Annales de démographie historique 129, 2015, pp. 165–199.

Tab. 1: Actes contenus dans le registre du notaire
Ferdinand Louis de Montet entre janvier 1797 et juin 1799

Type d'acte	Nombre
Acquis	66
Lettre de rente	46
Obligation	28
Acte de revers	18
Traité de mariage	16
Cession	14
Contrat de mariage	9
Partage	8
Retraction	7
Echange	5
Procure	2
Concessions	2
Cautionnement	2
Convenant	1
Retrait	1
Obligation et cession	1
Partage soit cession	1
Rétrocession	1
Concession de source d'eau	1
Quittance	1
Amodiation	1
Total	231

Afin de réaliser cette étude, les actes contenus dans un registre de notaire entre janvier 1797 et juin 1799 sont observés.[41] Ces actes notariés ont été saisis dans un tableur; au total 231 actes sont conclus (Tab. 1). Parmi eux, les plus courants sont les acquis, soit les ventes de biens immobiliers (66).

Afin de déterminer la maison de résidence des acteurs·trices, le recensement de 1798 est mobilisé.[42] En effet, ce document a compté et listé les personnes habitant dans les quatre villages de la paroisse et présente l'avantage de contenir non seulement les propriétaires des bâtiments, mais aussi les locataires et les pensionnaires. Les officiers

41 Archives cantonales vaudoises (ACV), Cote: Ds 69/6, Registre du notaire Ferdinand Louis de Montet dit Taverney, 1796–1801.
42 ACV, Cote: Ea 18/1-5, Tabelles de la population vaudoise par paroisse 1798–1802.

chargés du recensement ont suivi un ordre logique dans leur tâche, longeant le plus souvent une rue. La seule exception est le village de Chardonne, où ils ont probablement fonctionné par groupes de maisons, rendant parfois difficile l'identification des bâtiments et des personnes y étant liées. Cependant, les maisons d'habitation ont le plus souvent pu être retrouvées. Ce recensement de 1798 est croisé avec les plans cadastraux réalisés en 1776.[43] Des différences dans le bâti entre 1776 et 1798 peuvent exister, raison pour laquelle les plans cadastraux suivants, datant des années 1830,[44] ont été consultés pour compléter les informations.

Enfin, ces informations sont recoupées avec une base de données généalogiques comprenant les baptêmes et/ou les naissances et les mariages contenus dans les registres de paroisse de Corsier entre 1680 et 1840 et les inhumations et/ou les décès de 1727 à 1840.[45]

Afin d'analyser ces données, trois méthodes sont utilisées. La première consiste à opérer des statistiques descriptives; la deuxième est une analyse des liens de parenté entre les vendeurs·euses et les acheteurs·euses à l'aide d'un logiciel ad hoc, PUCK,[46] qui permet de connaître les degrés de parenté entre les personnes actives sur le marché de la terre. Ce à quoi est ajouté une simulation de distribution aléatoire des liens. Finalement, afin de mieux appréhender la proximité spatiale, le logiciel de visualisation de réseaux GEPHI[47] est utilisé. Ce choix a été fait en particulier, car le logiciel comprend un plug-in permettant de projeter les coordonnées géographiques des nœuds, dans notre cas les acheteurs·euses et les vendeurs·euses.

Les ventes immobilières

Les 66 acquis contenus dans le registre notarial peuvent se réaliser entre deux personnes, ce qui est le plus fréquent, ou entre plusieurs vendeurs·euses et plusieurs acheteurs·euses. L'acquis comprenant le plus de protagonistes (sept) concerne une vente réalisée par six sœurs, qui vendent leur maison du village de Corsier à la bourgeoisie qui souhaite y installer une école. Deux actes comprennent six acteurs et actrices, l'un concernant également des frères et sœurs qui vendent une maison

---

43 ACV, Cote: Gb 343 d/1, Plans du territoire de la paroisse de Corsier 1776.
44 ACV, Cote: Gb 343/e 1-3, Plans de Corsier 1833–1835; Cote: Gb 344/a 1-3, Plans de Jongny 1833; Cote: Gb 342/a 1-2, Plans de Corseaux 1833; Cote: Gb 340/a 1-2, Plans de Chardonne 1834–1837.
45 La base de données est disponible sur Github, cf. Lucas Rappo, Corsier 1680–1840, Data set, https://github.com/lucasrappo/corsier-1680-1840, DOI: http://doi.org/10.5281/zenodo.4680238, 2021. Les données pour le présent article sont sur https://github.com/lucasrappo/notarialactscorsier1797-1799.
46 Disponible sur kintip.net.
47 Disponible sur https://gephi.org.

à Chardonne. Les mêmes enfants vendent par ailleurs d'autres fonds situés *rière* Chardonne. Ces deux actes concernent des biens venant de la succession de leur mère.

Quatre actes de vente comptent quatre acteurs, deux concernant des frères portant le nom Butticaz, qui, au moins dans un cas, vendent des biens provenant de la succession de leur père et de la cession de leur mère. Un autre acte concerne un acteur vendant des biens à trois frères et, enfin, une sœur et ses deux frères acquièrent des biens vendus par un homme et son beau-frère.

Le plus souvent, quand l'acte de vente comprend de nombreux protagonistes, il concerne des frères et sœurs, et fait fréquemment suite à une succession. Il s'agit donc probablement d'arrangements réalisés après un héritage, dans le but de réorganiser les terres transmises. Cette activité sur le marché immobilier, du moins pour les actes comprenant le plus de protagonistes, est donc tributaire de cycles de vie, le décès d'un parent entraînant la vente de ces biens. Ce fait n'est pas surprenant et la même dynamique se retrouve à Vernon en France, où les ventes sont probablement en lien avec les recompositions découlant des successions.[48]

Assez peu de personnes sont très actives sur le marché immobilier, une seule agissant cinq fois, une quatre fois et six trois fois (Tab. 2). L'acteur le plus fréquent est Jean Louis Barbey. Il est trois fois acheteur d'un bien et deux fois vendeur. Les biens acquis sont d'abord une grange et une écurie à Chardonne, puis deux terrains situés au même lieu-dit à Chardonne. Ainsi cherche-t-il peut-être à se constituer un domaine par un jeu de ventes et d'achats, les ventes finançant les achats (Tab. 3).

Jean Antoine Merlin, habitant à Chexbres, est le deuxième acteur le plus actif. Son père et sa mère ont vécu à Chardonne. Il est exclusivement vendeur (quatre fois), et cherche probablement à se débarrasser de terres héritées dont il n'a plus usage, puisque résidant désormais à Chexbres.

Les indices pointent ainsi vers des facteurs influençant la présence des acteurs·trices souvent liés à la biographie, que ce soit un héritage dont il faut se débarrasser ou une impossibilité de s'occuper des terrains. De plus, les frères et sœurs vendent souvent ensemble et la parenté joue un rôle important lors des ventes. Toutefois, la période limitée prise en considération ici ne peut permettre de tirer des conclusions définitives à ce sujet. Les années observées sont en effet situées à un moment particulier de l'histoire vaudoise, marqué par la fin de l'Ancien Régime. Or, David Sabean a démontré que la conjoncture politique et économique peut avoir des conséquences importantes sur le marché.[49]

---

48 Boudjaaba (voir note 40), pp. 151–153.
49 Sabean (voir note 38), pp. 366, 401–405.

Tab. 2: Nombre de personnes et leur fréquence d'apparition dans les acquis

Occurrences	Personnes
1	100
2	19
3	6
4	1
5	1
Total	127

Tab. 3: Vendeurs·euses et acheteurs·euses les plus fréquent·e·s

*	Nom	Occurrences
1	Jean Louis BARBEY	5
2	Jean Antoine MERLIN	4
3	Jean François Gabriel CAILLET	3
4	Jean Benoît DELAFONTAINE	3
5	Abraham Samuel CAILLET	3
6	Jeanne Marie CAILLET	3
7	Jean François Frédéric CAILLET	3
8	Pierre Louis DUPONT	3

Les liens de parenté entre vendeurs·euses et acheteurs·euses

Afin de détailler la présence de la famille, les liens de parenté entre vendeur·euse et acheteur·euse ont donc été recherchés pour l'ensemble des acquis. La majorité des transactions étudiées concerne des ventes entre personnes apparentées (45 sur 65, soit 69,2 %), l'un des actes étant exclu car l'acheteur est une institution. Ce taux correspond à ce qui a été trouvé à Neckarhausen, avec un tiers des ventes entre personnes non apparentées de 1780 à 1789.[50] Cependant, un certain nombre de ces actes concernent de la parenté éloignée. En réduisant aux liens de consanguinité jusqu'au quatrième degré canonique et aux liens d'affinité jusqu'au deuxième, ce taux tombe 29,25 % (19 actes sur 65).[51] Ce résultat est plutôt élevé comparé à la région de Ver-

---

50 Sabean (voir note 38), p. 394. Toutefois les liens recherchés ne vont que jusqu'au petit-cousin et quatre foyers différents dans l'alliance.
51 La notation des liens de parenté suit le modèle de la notation positionnelle. Ici, les lettres H correspondent à un homme, F à une femme. La première lettre représente Ego, une parenthèse un

non, où la moyenne aux XVIIIe et XIXe siècles se situe autour de 11−12 %,^{52} mais se rapprochent de ceux trouvés à Löhne et Borgeln en Westphalie.^{53}

Parmi les liens de parenté détectés, 11 sont consanguins (Tab. 4). Un des liens est spécifié dans l'acte en lui-même, alors que cette information est indisponible dans la base de données. Les ventes entre consanguin·e·s se font donc avant tout entre frères et sœurs. Il s'agit en effet le plus souvent d'une vente à un frère ou une sœur (quatre), ou à un enfant (deux).

Les liens passant par un mariage sont plus nombreux, cependant le critère choisi couvre un large spectre de relations, parfois très éloignées. Après exclusion des liens les plus éloignés, il en reste huit (Tab. 5). La vente entre beaux-frères est la plus courante, en particulier à l'époux de la sœur (deux fois). À Neckarhausen, les ventes dans la famille nucléaire (qui incluent les beaux-frères et gendres) sont en général très nombreuses parmi les ventes entre parents, même si pour la période 1780−1789 elles le sont moins.^{54} Ce résultat concorde avec le fait que les ventes de terres sont souvent faites pour des règlements de succession.^{55}

La vente à la parentèle ne peut cependant être considérée dans tous les cas comme un choix. Comme l'a constaté Fabrice Boudjaaba pour Vernon, la variable la plus importante pour la vente à un parent est en fait le nombre de parents et d'alliés présents dans le lieu. Plus une personne aura de parentèle, plus elle aura tendance à vendre à une personne en faisant partie. Ainsi, la vente à une personne apparentée ne serait qu'un effet mécanique de la présence de parents et d'alliés sur place, et non un choix délibéré.^{56} De même, dans le cas anglais médiéval, la présence de parenté dans la communauté entraîne des ventes à des parents.^{57} Ce résultat est intéressant, car il met au centre la proximité spatiale et l'espace qui seraient alors plus déterminants. C'est le lieu qui influe sur la vente, et pas la parenté. Par conséquent, la situation géographique d'un bien pourrait expliquer ces ventes.

---

ancêtre ou couple apical et un point un mariage. Ainsi un frère et une sœur sont noté H()F. Laurent Barry, Michaël Gasperoni, L'oubli des origines. Amnésie et information généalogiques en histoire et en ethnologie, in: Annales de démographie historique 116, 2008, pp. 53−104; Laurent Barry, Logiques terminologiques. Les taxinomies de parenté et leur relation aux systèmes d'alliance, in: L'Homme. Revue française d'anthropologie 225, 2018, pp. 27−72.

52 Boudjaaba (voir note 40), pp. 349−350.
53 Pfister et al. (voir note 39), p. 107.
54 Sabean (voir note 38), p. 394.
55 Par exemple dans les montages du Dauphiné, voir Laurence Fontaine, Le marché contraint, la terre et la révocation de l'Édit de Nantes dans une vallée alpine, in: Revue d'histoire moderne & contemporaine 38/2, 1991, pp. 275−294, ici p. 287.
56 Pfister et al. (voir note 39), pp. 367−376.
57 Zviv Razi, The Peasant Land Market and Family in England c. 1250−c. 1450, in: Cavaciocchi (voir note 9), pp. 563−567.

Tab. 4: Liens de consanguinité entre vendeurs·euses et acheteurs·euses

*	Lien de parenté (positionnel)	Degré	Lien
1	(H)H	1	enfant
2	(H)H	1	enfant
3	F()H	1	frère/sœur
4	H()H	1	frère/sœur
5	H()H	1	frère/sœur
6	H()H	1	frère/sœur
7	neveu (pas dans bdd)	1-2	neveu/nièce
8	FH(H)H	1-2	oncle/tante
9	HHH()FH	2-3	cousin-e
10	FHH()FHHH	3-4	cousin-e
11	HF()HFFH	2-4	cousin-e

Tab. 5: Liens d'affinité entre vendeurs·euses et acheteurs·euses

*	Lien de parenté (positionnel)	Degré	Lien
1	H()F.H	1	époux de la sœur
2	H.F()H	1	frère de l'épouse
3	H()H.F()H	1	frère de l'épouse du frère
4	H.F()H	1	époux de la sœur
5	HF()FH.F()FH	2	neveu de l'épouse du cousin germain
6	HH()HF.H()FH	2	neveu de l'époux de la cousine germaine
7	H.F()HH	2	neveu de l'épouse
8	HF()HF.H	2	époux de la cousine germaine

Distribution aléatoire des liens entre protagonistes des actes[58]

Afin de savoir si cette forte présence de la parenté découle de choix ou simplement de la densité et de la structure du réseau de parenté, une distribution aléatoire des liens a été réalisée. À partir du fichier généalogique, une première étape est de construire une nouvelle base robuste. Pour cela, une date de naissance et une de

---

58 Merci à mon collègue Rémi Petitpierre, ingénieur en humanités numériques, pour avoir réalisé le code python.

mort sont estimées en fonction de l'espérance de vie, de même que pour les décès, afin d'isoler les personnes encore en vie en 1797–1798. Puis, en fonction du nombre de personnes extérieures dans les transactions, un certain nombre de personnes sans lien sont intégrées dans la distribution aléatoire. Les liens sont ensuite distribués aléatoirement sur la base de ces critères ainsi que sur une probabilité d'actes comportant plus de deux protagonistes.

Un nouveau fichier est créé comprenant aussi 66 actes. Parmi ces actes, 49 se font entre deux personnes, 10 entre un individu qui vend et deux qui achètent, trois entre six qui vendent et un qui achète, deux entre un qui vend et trois qui achètent, deux entre trois vendeurs·euses et un acheteur ou une acheteuse. Les différentes personnes sont au nombre de 162, dont 27 personnes non reliées et une seule active deux fois.

Parmi les 66 actes, seuls cinq comprennent un lien de parenté entre acheteur·euse et vendeur·euse. Tous les liens passent par un mariage et lient des personnes plutôt éloignées. Le lien le plus court est F.HH()HF, soit un lien entre une femme et la cousine germaine de son époux.[59] Ainsi, à la différence des liens contenus dans les actes réels, on ne trouve dans la simulation que très peu de liens de parenté entre vendeurs·euses et acheteurs·euses.

Parmi les cinq actes ayant plusieurs vendeurs·euses, trois comprennent des liens entre les personnes vendant, mais toujours éloignés et passant par un mariage. Le plus court étant FHH()F.H()HH, soit un lien avec un neveu de l'époux de la sœur du grand-père.[60] Parmi les 12 actes dans lesquels plusieurs acheteurs·euses sont impliqués, deux présentent des liens de parenté entre individus achetant un bien: HFF()HF.HF()HFH et FFH()FFF.H()FF. Là aussi, un mariage est présent dans les deux circuits et il faut remonter jusqu'à l'arrière-grand-père pour trouver un lien.

Ainsi, contrairement aux liens réels, il n'y aucun lien de parenté proche présent, quelle que soit la relation prise en considération. On peut donc estimer que la présence de frères et sœurs et beaux-frères et belles-sœurs découle bien de choix et n'est pas une conséquence de la structure du réseau.

La proximité géographique entre vendeurs·euses et acheteurs·euses

Le voisinage, ou la proximité spatiale, est ici envisagé sous deux aspects: le premier concerne la proximité des terres ou des biens vendus avec celles de l'acheteur·euse, la seconde la proximité de résidence. La situation géographique des biens est dé-

---

59 Les autres liens de parenté sont: HF(H)FH.FH()F, FHHH()HF.H()FHFF, (H)F.HHHH()FFF, H()FH.FFFF()HH.
60 Les autres liens de parenté sont: XHFF()FHHH.F(F), (H)H.FFF()FF, FH(H).FF(H)HFFH, H()FH.FFFF()HH.

crite en détail dans les actes notariés, qui mentionnent systématiquement les limites des terres, donc les propriétés attenantes. Grâce à ces précisions, il est possible de savoir si ces terres sont voisines de celles de l'acheteur·euse. Plus d'un quart des transactions (19 sur 66) impliquent un voisinage de terres avec l'acquéreur. Les acheteurs·euses cherchent ainsi probablement à étendre leur possession. Lorsqu'une proximité de terre existe, les acteurs et les actrices sont également souvent apparentés, puisque 15 actes sur 19 présentent un lien de parenté. Cela confirme ainsi l'hypothèse d'une prévalence de la localisation sur la parenté. Toutefois, seuls sept de ces liens sont considérés comme proches. Ainsi, un peu plus d'un tiers des actes présentant un voisinage de terre concernent de proches parents, soit plus que pour l'ensemble des actes (19 sur 65). En cas de terres voisines, la parenté proche est plus souvent impliquée.

Quant à la proximité de résidence, elle est représentée par une visualisation (Ill. 1). Chaque nœud est une personne, placé selon la longitude et la latitude du domicile. La taille du nœud est fonction du degré (le nombre de relations). Les liens sont dirigés du vendeur·euse vers l'acheteur·euse. Pour une meilleure lecture, les nœuds les plus éloignés géographiquement ont été rapprochés artificiellement de l'ensemble du réseau et des couleurs, aussi fonction du degré, ont été ajoutées.

Le désavantage de cette visualisation est que, si plusieurs personnes vendent à une autre dans un même acte, alors le nœud représentant cette dernière est plus gros. C'est par exemple le cas, au village de Corsier, du nœud le plus épais. Il s'agit de la bourgeoisie de Corsier, présente une seule fois, mais à laquelle six filles Boulenaz vendent une maison. Au village de Chardonne, le plus connecté est Jean Louis Barbey, présent cette fois dans cinq transactions.

Une mesure plus parlante est le degré sortant, soit le nombre de fois qu'une personne vend (Ill. 2). La taille des nœuds est très différente et représente mieux le poids des vendeurs·euses. Les plus gros vendeurs·euses (avec quatre degrés sortants) sont les frères et sœurs Caillet, ainsi que Jean Antoine Merlin, déjà mentionné, et Daniel Frédéric Gilliéron. Ce dernier est vendeur dans deux actes, dont une fois d'une vigne à trois frères, ce qui explique son fort degré sortant. L'usage des degrés ne fait que confirmer les personnes les plus actives déjà détectées auparavant.

Les degrés sortants démontrent que les personnes extérieures à la paroisse (Vevey, Échichens, Palézieux, Genève, Chexbres) vendent plutôt qu'achètent. Ainsi, il est probable que l'émigration tende à avoir pour conséquence une vente des terres possédées par la famille dans la paroisse d'origine. Les individus vendant un bien le font probablement à la suite de terres héritées, dont ils souhaitent se débarrasser.[61]

La présence de vignes, comme c'est le cas à Corsier, limite aussi la présence de personnes extérieures, car les vigneron·ne·s et petits propriétaires vendent peu à des

---

61 Béaur (voir note 33), p. 131.

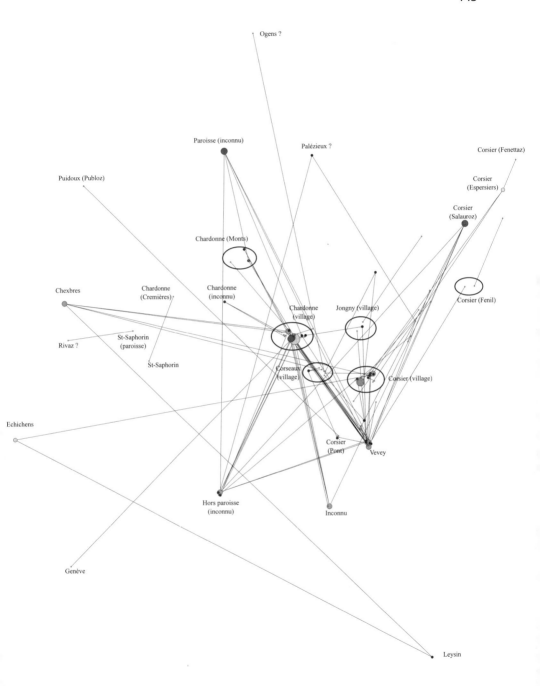

Ill. 1: Réseau géographique des acheteurs·euses et vendeurs·euses de biens immobiliers. La taille et la couleur des nœuds sont fonction du degré

étrangers·ères comme le constate Gérard Béaur.[62] En effet, on observe la présence limitée de personnes habitant hors de la paroisse, environ un tiers (48 personnes sur 165 sont extérieures à la paroisse). Cela reste plus élevé qu'à Bagnes où l'influence des étrangers sur le marché foncier est presque inexistante au XVIIIe siècle, ce qui change au XIXe siècle avec plus d'échanges vers l'extérieur, mais souvent avec de la parenté émigrée.[63] Même à Corsier, les personnes actives sur le marché résidant hors de la paroisse ont le plus souvent des noms de famille issus des villages de la paroisse.

La dernière figure (Ill. 3) ne représente aucune mesure particulière, simplement l'emplacement de la résidence des acteurs·trices du marché de la terre et de la pierre. Les liens vont du vendeur vers l'acheteur, indiqués par des flèches. La représentation est brute, mais permet tout de même quelques observations. Les échanges ne sont pas limités à l'intérieur des différents villages, et les nœuds situés à Vevey sont liés avec de nombreux autres endroits, démontrant sa fonction de centre économique régional.

Outre la vision globale, on trouve des exemples de proximité spatiale proche à un niveau plus détaillé. Aux Monts de Corsier – le nœud le plus haut sur le graphe, au lieu-dit La Fenettaz – Jean François Ferdinand Barbey vend un bien à son beau-frère. Les deux habitent dans la même partie de la commune et sont éloignés de 500 mètres environ. Toutefois, dans cette partie à l'habitat dispersé, cette distance est synonyme de voisinage direct, puisque leurs deux propriétés, sur lesquelles se trouvent leur habitation, sont accolées.

La distance pour considérer une personne comme étant voisine dépend ainsi fortement de la forme de l'habitat. Dans un village, la rue peut être vue comme une limite acceptable, voire une portion du village s'il est petit. En revanche, dans les lieux où l'habitat est dispersé, une plus grande distance peut être synonyme de voisinage.

Le village de Corsier présente également quelques relations géographiquement proches. Jean Louis Chardon est par exemple acheteur à deux reprises. Son frère lui vend un morcel de vigne, par ailleurs attenant à une vigne de l'acquéreur. Les deux habitations sont situées à environ 120 mètres à vol d'oiseau. De plus, la seconde fois que Jean Louis Chardon achète un bien, la vendeuse est Élisabeth Viande, habitant aussi à environ 120 mètres. Cet acte comprend un second acheteur, résidant lui aussi à proximité, qui est le voisin direct du premier (Ill. 4). Les deux acquéreurs auraient-ils unis leurs forces afin d'acheter ce bien mis aux enchères, dans le but de disposer de suffisamment de capital pour en faire l'achat, démontrant une collabo-

---

62 Ibid.
63 Guzzi-Heeb (voir note 24), pp. 30–32, 219–220.

Ill. 2: Réseau géographique des acheteurs·euses et vendeurs·euses de biens immobiliers. La taille et la couleur des nœuds sont fonction du degré sortant (vente)

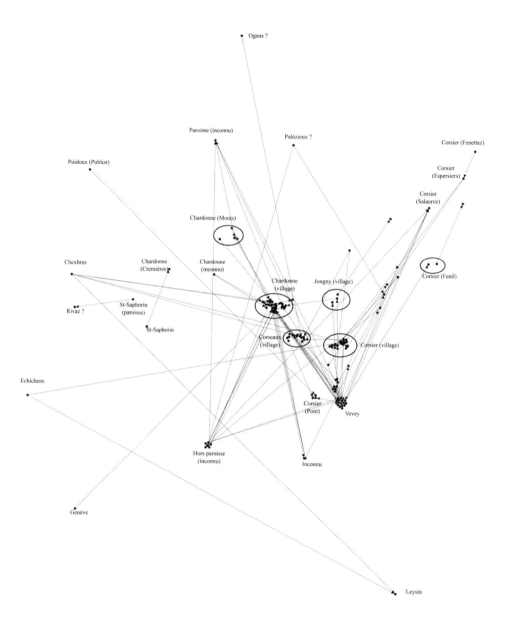

Ill. 3: Réseau géographique des acheteurs·euses et des vendeurs·euses de biens immobiliers. Liens dirigés de vendeur·euse vers l'acheteur·euse (sens des flèches)

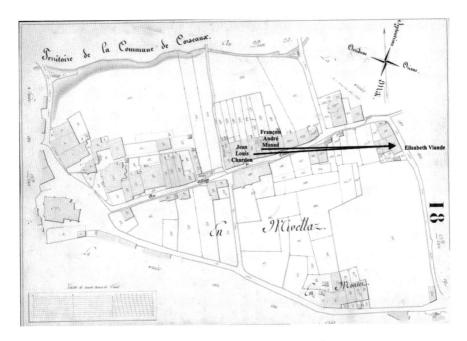

Ill. 4: François André Monod et Jean Louis Chardon achètent à Élisabeth Viande

ration entre voisins? Ainsi sur les quatorze nœuds présents au village de Corsier, au moins quatre sont relativement proches.

Au quartier du Pont, le marbrier Jean François Matthey-Doret vend sa maison à son fils Philippe Benjamin et à Jean Pierre Chaudet. Cette vente est particulièrement intéressante, car elle démontre l'importance de la profession pour les transactions immobilières. Le vendeur est qualifié dans l'acte de «maître marbrier», son fils «maître potier d'étain» et le dernier acheteur est «maître tailleur». Ainsi un artisan vend à un autre artisan, exerçant possiblement le même type d'activité. La proximité géographique est ici fonction de la famille, puisque le fils, récemment marié, habite probablement chez son père.

Une vente de maison présente également une proximité forte. En effet, Isaac Valot vend à Jacob Grandchamp «sa maison de demeure» au Pont Saint-Antoine. Ce dernier peut ainsi devenir propriétaire d'une maison située juste en face, de l'autre côté de la rue. Ici aussi, sur les dix nœuds situés dans cette partie de Corsier, au moins quatre effectuent une transaction avec leur voisin. Il est possible qu'il y en ait plus, car trois nœuds ont également des liens avec Vevey, ville située de l'autre côté du cours d'eau de la Veveyse.

À Corseaux, un tiers des nœuds entretient une relation avec d'autres du même village. Par exemple Jean Isaac Gerbex qui vend une fois à Jean Samuel Chambaz, le mari de sa sœur,[64] une vigne, et une autre fois à Aréthuse Claudine Mouron, aussi une vigne. Cette dernière est par ailleurs une lointaine parente.[65] Jean Isaac Gerbex vend les deux fois à des personnes proches, habitant à environ 175 et 215 mètres, soit, pour la plus éloignée, à l'autre bout du village en suivant la rue principale. Il est dans ce cas difficile de parler de voisinage direct, puisque le lien de parenté entre aussi en compte et peut être le facteur décisif. Ainsi, certains lieux – le village de Corsier et celui de Corseaux – présentent des signes importants d'échanges entre voisin·e·s.

Conclusion

Dans le cas des ventes de biens immobiliers, la parenté et la proximité spatiale sont imbriquées de manière complexe, rendant parfois difficile de démêler quel facteur est le plus déterminant afin de réaliser la transaction. En utilisant une distribution aléatoire, on constate que la forte présence de la parenté n'est pas une conséquence de la structure du réseau.

La question est de savoir si les individus sont entourés de parenté dans l'espace paroissial, et à quel degré. Il est difficile de répondre à cette question pour Corsier, et de manière générale les études manquent à ce propos. Comment alors interpréter ces taux, plus ou moins élevés?

Une des explications possibles est que la paroisse de Corsier est un lieu où la parenté a un rôle important et où les mariages entre parents sont aussi relativement nombreux.[66] De plus, les retraits lignagers sont fréquents, ce qui indiquerait aussi une place essentielle de la parenté.[67] Il s'agit d'une communauté dans laquelle la cohésion parentale est forte, et celle-ci se refléterait sur les pratiques de vente foncière. Un des objectifs est également de proposer une approche spatiale des relations économiques. Ainsi, grâce à différents outils et en croisant différentes sources, il est possible d'approcher les liens économiques en y intégrant l'espace et la place du voisinage. En effet, on trouve des indices d'opportunités présentées par la proximité

---

64 (H()H.F()H).
65 HFF()HF.H(F) ou HFFH()HH.F.
66 Lucas Rappo, Matrimonial alliances in Corsier-sur-Vevey (Switzerland) during the 18th and 19th centuries. An evolution towards close kin, in: Revista de Demografia Historica 37/2, 2019, pp. 119–155.
67 Les «retractions» sont une forme de retrait lignager et représentent plus de 10 % des acquis et des retraits cumulés. Sur le retrait lignager, cf. Derouet (voir note 17), pp. 338–345.

de résidence. En outre, la proximité de terres et de parenté est forte, ce qui peut faire penser à une réorganisation des terres à la suite d'un héritage.

L'usage couplé d'un recensement, de plans et d'une base de données généalogiques permet ainsi d'ouvrir des possibilités futures pour des recherches plus approfondies sur la place de la proximité spatiale dans le marché foncier, cela à un niveau de localisation détaillé, de proximité directe. Des méthodes quantitatives plus poussées, une extension de la période observée, une intégration des mécanismes de succession et d'héritage permettraient de mieux comprendre l'importance de cette proximité géographique pour le marché foncier.

Certains indices de l'importance de la proximité spatiale sont mis en lumière: des voisin·e·s peuvent par exemple entrer en collaboration pour un achat ou encore partager des informations. Le voisinage est ainsi à visages multiples, pouvant être lié à la parenté, ou présentant une opportunité d'achat ou de vente. Bien sûr, l'échantillon analysé est limité mais fournit néanmoins des indicateurs sur le rôle que peut revêtir la proximité spatiale lors d'échanges économiques. L'espace est ainsi un facteur important à prendre en considération lors de l'analyse des liens sociaux, puisqu'il explique, au moins en partie, les choix des personnes avec lesquelles on échange.

Fabrice Boudjaaba (CNRS)

Enracinement généalogique, résidence et propriété
Les vieilles familles paysannes face au processus d'urbanisation et aux nouveaux acteurs du marché foncier
(Ivry vers 1780 – vers 1860)

> *Genealogical roots, residence and propriety. Old peasant families facing the urbanization process and the emergence of new actors on the land market in Ivry (F), 1780-1860.*
> From the case of Ivry, a village bordering Paris that became the second industrial city of the Parisian suburbs in the first part of the 19th century, the article examines the behavior of peasant families on the land market in the face of the transformation of their environment. The article seeks to go beyond traditional analyses of the land market that tend to oppose buyers from outside the municipality and residents. To do so, it uses the notion of «genealogical roots». By distinguishing individuals from the old peasant families of the old village of Ivry from other residents who have settled more recently, the article highlights the good resistance of the old peasant families on the land market in the face of the new market players. Despite the radical transformations of their living space, these «old» populations continue (through the land market) to a large extent to inscribe their mode of social and family reproduction in the framework of their commune.

Cet article souhaite interroger, à travers le prisme du marché foncier, la manière dont le monde rural a appréhendé l'industrialisation non pas comme un phénomène macroéconomique mais comme un processus qui a directement affecté son territoire en transformant son espace agricole en ville industrielle. Comment les familles paysannes ont-elles fait face à cette concurrence à la fois urbaine (extension des espaces bâtis, forte affluence de migrants) et industrielle (installations d'ateliers et de manufactures, etc.) pour l'accès au foncier? Ont-elles cherché à tout prix à maintenir leur propriété et ainsi à protéger leur activité et leur mode de reproduction familiale de génération en génération[1] ou, au

---

[1] Antoinette Fauve-Chamoux, Le modèle de transmission familiale à l'identique, in: Mélanges de l'École française de Rome Italie-Méditerranée 110, 1998, pp. 63–167.

contraire, se sont-elles saisies des opportunités offertes par le développement économique de leur village transformé en ville?

En prenant appui sur la cas d'Ivry, village du sud de Paris devenu au XIXe siècle la deuxième ville industrielle de banlieue parisienne, nous concentrerons l'analyse sur deux aspects: l'évolution globale du marché foncier en contexte d'urbanisation, d'une part, les rapports de force entre les vieilles familles paysannes dites «enracinées» et les nouveaux venus sur le marché foncier, d'autre part.

La grille d'analyse proposée entend dépasser le cadre strict des structures économiques et sociales et prendre appui, grâce à l'élaboration d'une base de données généalogiques de la commune d'Ivry (fin XVIIe-milieu XIXe siècle) sur la notion «d'enracinement généalogique» des populations pour mieux appréhender leurs comportements en matière de propriétés et de patrimoines.[2] Il s'agira donc de comprendre en quoi l'enracinement des individus dans un territoire – définie ici par un ancrage familial plurigénérationnel des individus dans la commune[3] – constitue à la fois une des clés de lecture de leur rapport à la terre et de leurs comportements économiques et permet ainsi d'aller au-delà d'une approche classique des concurrences entre horsains (bourgeoisie urbaine, élites) et résidents (exploitants agricoles) pour la maîtrise du foncier.[4]

Ivry, du village à la ville industrielle

Ivry est une commune limitrophe du sud de Paris qui constitue aujourd'hui une ville de plus de 60 000 habitants mais qui, dans les années 1800, est encore un gros village d'un peu moins de mille habitants (986 en 1806). Au début du XIXe siècle, la commune se caractérise par trois éléments principaux sur le plan de son développement économique: les habitants d'Ivry restent encore très majoritairement liés au travail agricole; l'intensité des liens avec Paris est cependant ancienne,[5] car les activités agricoles sont orientées par la proximité du marché de consommation parisien; le début du XIXe siècle voit l'émergence d'activités industrielles et d'une nouvelle population résidente, ouvrière pour partie.

---

2 Fabrice Boudjaaba, Les vertus de l'enracinement. La reproduction familiale et sociale à l'épreuve de l'industrialisation (Ivry, vers 1770 – vers 1860), mémoire d'HDR, Université Paris 1, 2019.
3 Ibid. et Fabrice Boudjaaba, Enracinement, sociabilités et identités paysannes à l'épreuve de l'industrialisation (Ivry, XIXe siècle), in: Le Mouvement social, 277, oct.–déc. 2021, pp. 137–152.
4 Classiquement Gérard Béaur, Le Marché foncier à la veille de la Révolution. Les mouvements de propriété beaucerons dans les régions de Maintenon et de Janville de 1761 à 1790, Paris 1984; plus récemment Sylvain Vigneron, La pierre et la terre. Le marché foncier et immobilier dans les dynamiques sociales du nord de la France aux XVIIe et XVIIIe siècles, Lille 2007.
5 Philippe Daumas, Familles en Révolution. Vie et relations familiales en Île-de-France, changements et continuités (1775–1825), Rennes 2003.

Dans les années 1830, la commune a véritablement changé de dimension, sa croissance s'accélérant vivement dans les années 1820. Un recensement de 1817 fait état d'une population totale de 1204 personnes, soit une augmentation encore modérée par rapport aux 986 habitants de 1806. En revanche, en 1831 la population a plus que doublé avec 2875 habitants et croît encore considérablement dans la décennie suivante (3956 en 1836; 5172 en 1841).[6] Elle profite notamment du développement de la verrerie, d'activités industrielles dans le domaine du bois de charpente, de la fabrication de tuiles et de briques mais également de l'essor des activités de négoce lié à la proximité du fleuve. À la veille de l'annexion de la partie nord de la commune par Paris en 1860, Ivry compte près de 15 000 habitants.

Si l'on s'en tient à l'analyse des structures de la population agricole, la situation a donc considérablement changé entre le début et le milieu du XIXe siècle. Le changement fondamental ne réside pas dans la disparition de l'activité agricole, le nombre de cultivateurs et de vignerons augmente en valeurs absolues; il est lié au développement des jardins, c'est-à-dire des parcelles mises en cultures maraîchères. Ces espaces prennent une place importante dans le territoire agricole de la commune.[7] La terre n'est donc pas affectée seulement par l'emprise des activités industrielles mais aussi par une transformation des usages culturaux des sols, qui restent encore vers 1850, majoritairement à destination agricole.

De ce point de vue, il y a matière à interroger le repositionnement foncier du groupe paysan puisque le mouvement d'urbanisation ne le fait pas disparaître mais transforme l'environnement économique et possiblement son assise foncière.

En s'appuyant sur les sources de l'Enregistrement des mutations foncières, nous avons collecté l'ensemble des transactions réalisées dans la commune entre 1803 et 1859 pour reconstituer l'histoire du marché foncier de la commune: cela représente 2563 mutations de propriété,[8] soit une moyenne de 45 actes par an durant la période d'observation.

Cette documentation a été mise en relation avec l'information démographique et généalogique que nous avons reconstituée. Le dépouillement systématique des registres paroissiaux et d'état civil entre 1690 et 1830 a permis de constituer une base de données informatisée de 11 000 individus et d'établir leur généalogie. Il a été

---

6 État des communes à la fin du XIXe siècle publié sous les auspices du Conseil général. Ivry sur Seine. Notice historique et renseignements administratifs, Montévrain 1904, p. 52.
7 Fabrice Boudjaaba, Le déclassement social. Une forme de reproduction familiale réussie? Des cultivateurs face à l'industrialisation de leur espace (Ivry, 1770–1860), in: Michela Barbot, Jean-François Chauvard, Stefano Levati (éd.), Statuts et conditions sociales à l'épreuve du déclassement (France-Italie, XVIe – premier XIXe siècle), Rome 2021, pp. 175–195.
8 Ce chiffre monte à 2605 si on considère les transactions où le bien principal n'est pas à Ivry mais qui comprend, parmi les différents biens vendus, une parcelle située à Ivry. Nous ne les avons pas prises en compte dans les traitements qui suivent étant donné leur faible nombre et leur caractère marginal. Archives départementales du Val-de-Marne, DQ14 914 à 936.

ainsi possible d'attribuer un degré d'enracinement[9] (en fonction de la profondeur de la présence de leur famille dans la commune et en distinguant ceux qui vivent sur place de ceux qui y sont nés, de ceux dont les parents sont également d'Ivry, de ceux dont les grands-parents étaient également résidents dans la commune). Cet indicateur, frustre, en distinguant ceux qui appartiennent aux anciennes familles de l'ex-village permet ainsi d'analyser les comportements économiques et fonciers de la population paysanne «enracinée» face au processus d'industrialisation. Concrètement, dans les analyses qui suivent, sont considérées comme appartenant aux anciennes familles les individus qui ont au moins un de leurs quatre grands-parents nés, mariés ou décédés à Ivry.

L'activité du marché

La fréquence de transactions

Entre la décennie 1800 et la décennie 1850, le nombre de transactions annuelles est multiplié par un facteur d'environ 4,5 qui indique un changement complet des conditions de fonctionnement du marché et une multiplication du nombre des acteurs.[10] La population de la commune, quant à elle, a été multipliée par plus de 13 au cours de la même période pour dépasser les 13 000 habitants en 1856. Une partie de cette croissance démographique est très directement liée au débordement de l'activité parisienne sur les communes limitrophes.

L'ampleur de la croissance de l'activité du marché ne suit donc pas le rythme de croissance de la population. L'augmentation du nombre des habitants ne produit pas automatiquement une concurrence supplémentaire pour les individus enracinés en termes de maîtrise des ressources foncières. Dans la mesure où la propriété foncière fait partie des paramètres essentiels de la reproduction sociale et familiale, le fait qu'une grande partie des individus qui alimentent la croissance de la commune restent à l'écart du marché foncier doit être pris en compte pour comprendre les réactions de ces familles paysannes qui composent l'essentiel des familles généalogi-

---

9 Boudjaaba (voir note 2), pp. 43–46.
10 Cette évolution n'est évidemment pas linéaire et la courbe annuelle des transactions révèle, comme attendu, la sensibilité du marché aux crises conjoncturelles de toute nature. Les difficultés d'ordre documentaire rendent peu lisibles les effets de la crise de 1817, mais la mauvaise récolte de 1846, et la crise qui s'ensuit, est constaté par un fléchissement du nombre des transactions cette année-là qui conclut un mouvement ascendant d'une demi-douzaine d'années. De même, la crise politique de 1848 se traduit par un étiage inédit du nombre de transactions avec 28 mutations seulement, ce qui ramène momentanément le marché à des niveaux qui rappellent les années 1810 ou 1820.

quement enracinées.[11] Celles-ci peuvent trouver là un argument pour continuer de fonctionner comme avant, sans s'inquiéter de la croissance d'une population située pour une grande partie aux marges géographiques du village historique et qui ne menace pas le ressort principal de leur fortune et de leur système de reproduction social et familial.

Quels biens sont échangés sur le marché?

Les terres, labourables pour l'essentiel, maraîchères pour une partie d'entre elles, sont l'objet en début de période de la majorité des transactions. Cette proportion est assez semblable à celles rencontrées dans les enquêtes portant sur le marché foncier en France à la fin du XVIIIe siècle et au début du XIXe siècle.[12] Cette proportion varie généralement en fonction de la présence significative d'un autre type de culture, la vigne par exemple, ou de toute autre forme de spécialisation agricole. Ces terres sont suivies, là aussi de manière assez attendue, par les maisons, qui représentent au début du XIXe siècle un tiers des transactions. L'explosion du nombre de transactions ne bouleverse pas ce classement: maisons comme parcelles de terre semblent également affectées par le développement du marché.

Une question reste néanmoins en suspens dans ce type d'approche: celle de savoir si le développement du marché des maisons est uniquement le fait d'un taux de rotation des biens plus élevé, signalant une mobilité accrue de la population, ou s'il résulte de la conversion de terres en bâtis. Si nous ne pouvons proposer une mesure de cette conversion, plusieurs indices vont cependant dans le sens de cette seconde hypothèse. La croissance de la population ne peut se faire sans impliquer une augmentation du nombre d'édifices pour la loger, même si cette offre peut rester insuffisante; ensuite, nous savons que le cadastre foncier est complété à Ivry dans les années 1850 par l'élaboration d'un cadastre urbain à même de prendre en compte les évolutions du bâti. Le marché voit en outre s'étendre une nouvelle catégorie de biens, «les terrains», qui sont à mettre en lien avec le développement des bâtiments. Ces terrains, parfois dénommés «terrain à construire», ou «terrain-construction» dans les tables de vendeurs et d'acheteurs, indiquent que de plus en plus de parcelles changent totalement de destination pour devenir constructibles. Inconnue dans les années 1800–1820, cette mention concerne 41 transactions entre 1855 et 1859. En

---

11 Boudjaaba (voir note 7), p. 193.
12 Les terres labourables représentent environ la moitié des transactions dans la région de Vernon entre 1800 et 1830 (Fabrice Boudjaaba, Des paysans attachés à la terre? Familles, marchés et patrimoines dans la région de Vernon [1750–1830], Paris 2008, pp. 116–117), 75,4 % en Cambrésis avant la Révolution (Vigneron [voir note 4], p. 221).

Tab. 1: Nature des biens échangés sur le marché foncier d'Ivry (1803–1859), en pourcentage

	1803–1809	1810–1814	1815–1819	1820–1824	1825–1829	1830–1834	1835–1839	1840–1844	1845–1849	1850–1854	1855–1859	TOTAL
Maison	38,2	42,1	24,5	31,3	32,2	40,0	31,9	20,5	35,2	32,1	28,1	31,2
Terre	56,2	45,8	64,2	60,7	58,6	56,8	56,6	64,2	44,9	53,4	58,9	56,5
Vigne	4,5	5,6	1,9	1,9	1,3	0,0	2,7	1,8	1,3	0,0	0,0	1,4
Terrain	0,0	0,0	0,0	3,7	6,6	2,2	5,8	8,0	10,6	6,4	8,6	6,3
Autres	1,1	6,5	9,4	2,3	1,3	1,1	3,1	5,5	8,0	8,1	4,4	4,6
Total	100	100	100	100	100	100	100	100	100	100	100	100

outre, dans les tables, les mentions d'«immeuble» se multiplient également au cours de la période, particulièrement après 1830. Autant d'indications du caractère de plus en plus immobilier de ce marché même si, il faut insister sur ce point, la commune reste en surface très majoritairement agricole et même rurale, dans certaines de ses parties, puisque les transactions sur les parcelles de terres se sont multipliées et forment encore près de 59 % des échanges en fin de période.

Enfin, il faut souligner la place de plus en plus faible de la vigne dans les transactions. C'est la seule catégorie de biens-fonds qui n'augmente pas en nombre absolu de transactions. Cette disparition progressive des vignes du marché signale clairement le déclin de cette activité tout en reflétant le fait que la vigne circule moins par le marché que d'autres biens et privilégie la voie successorale. On peut également supposer qu'une partie des vignes a été abandonnée par leurs propriétaires avant la mise en vente et que ces parcelles apparaissent sous de nouvelles dénominations, les terrains par exemple, reflétant de nouveaux usages.

Les prix, une valorisation relative

La croissance démographique de la commune, sous l'effet de la migration, ne semble pas se traduire par une hausse mécanique du prix des transactions, démentant au moins partiellement notre hypothèse de départ d'un marché foncier soumis à une forte pression urbaine qui viendrait en modifier profondément les caractéristiques. À deux moments, toutefois, un lien semble établi entre la croissance de la commune et l'évolution du prix des transactions. Les années 1820, qui sont celles d'une première forte hausse du prix des transactions est aussi celle de la première accélération de la croissance de la commune.[13] Tandis qu'Ivry gagne quelques centaines d'habitants entre la Révolution et 1820, sa population fait plus que doubler durant la décennie suivante. La décennie 1850 voit également la valeur médiane et la valeur moyenne des transactions croître de 50 % par rapport aux années 1840–1849. Les années 1850 correspondent à une nouvelle accélération de la croissance de la ville, dont la population double en quelques années.[14] C'est donc uniquement dans les deux phases d'explosion démographique de la commune que le marché se trouve fortement affecté, et non de manière continue.

Le marché semble rester soumis également à d'autres logiques, par exemple à des contraintes cycliques qu'une analyse annuelle permettrait probablement de mettre en évidence. Comment les paysans d'Ivry percevaient-ils cette évolution? Il est probable que les hausses des années 1820 et 1850 ne sont pas passées inaperçues, notamment aux yeux des propriétaires, étant donné leur intensité. Elles ont pu contraindre les uns à renoncer à un achat, à remettre à plus tard un projet d'extension de leur exploitation; d'autres, au contraire, ont pu anticiper une vente pour profiter des prix avantageux offerts par le marché. Ces changements étaient-ils de nature à mettre en cause de manière irréversible l'équilibre économique des familles paysannes de la commune et, plus largement, les modes de vie des uns et des autres?

La réponse n'est pas évidente. Le marché, nous semble-t-il, continue, malgré tout, dans le premier XIXe siècle, à offrir aux habitants un visage familier, fait de variations cycliques avec des mouvements de hausse qui alternent avec des phases de diminution du prix des transactions. De ce point de vue, à l'inverse de la population qui poursuit sa croissance de manière continue durant la période, avec des phases de fortes accélérations, le marché foncier suit une trajectoire plus fluctuante. Au total, du point de vue des prix, il n'est pas très différent en 1859 de ce qu'il est au début de l'Empire. Les prix moyens sont proches (5676 francs en 1803–1809 contre 6005 francs en 1850–1859), les prix médians également (1200 francs / 1500 francs), même si les surfaces aliénées se sont fortement réduites. Le premier quartile, qui rassemble les petites opérations, communes chez un paysan qui vend et achète des parcelles pour reconfigurer son exploitation, est identique dans les deux périodes (190 francs en moyenne en 1803–1809 contre 188 francs en 1850–1859).

En d'autre termes, sous cet angle, le marché foncier ne donne pas aux familles ivryennes le signal que leur environnement se transforme de manière irrémédiable au cours des premières décennies du XIXe siècle et que les conditions de leurs activités et leur mode de vie sont fragilisées. Certes, l'arrivée massive de nouvelles

---

13 Le prix moyen de l'are de «terre» passe de 47 à 126 francs entre la décennie 1810 et la décennie 1820.
14 La population d'Ivry est, rappelons-le, de 7671 habitants au recensement de 1851 et déjà de 13 239 au recensement de 1856. Dans les années 1840, la progression est beaucoup plus modérée: 5172 habitants en 1841 et 6880 au recensement de 1846.

populations est visible pour chacun, mais, moyennant une hausse relative des prix et une réduction des surfaces moyennes acquises, les Ivryens ont encore les moyens d'agir sur ce marché, c'est-à-dire notamment encore les moyens d'acheter.

Du point de vue des Ivryens issus des anciennes familles de paysans propriétaires, les évolutions du marché foncier peuvent donc être diversement appréciées. Le marché foncier, dynamisé par l'arrivée et la concurrence de nouveaux acteurs, peut certes fragiliser l'exploitation familiale et faire obstacle à sa transmission, mais il est aussi une source d'opportunités considérable. Les nouveaux usages des biens-fonds valorisent en effet dans les années 1830 ou 1840 des terres qui ont pu être achetées ou héritées à une époque où seule leur exploitation agricole justifiait leur valeur.

La place et le comportement des Ivryens «enracinés» sur le «nouveau» marché foncier

Néanmoins pour apprécier l'attitude des anciennes familles paysannes face à la transformation du marché foncier, l'arrivée massive de nouvelles populations complique l'analyse. La catégorie des «résidents» si souvent convoquée, par opposition aux horsains, et qui, au début du XIXe siècle, se compose principalement de paysans n'est plus opératoire pour suivre les individus enracinés après deux décennies de migrations.

Le rapport classique résident-horsain sur le marché

Le premier fait notable est la place importante occupée par les horsains sur ce marché, ce qui n'est pas surprenant. Les non-résidents sont constamment majoritaires (50 à 70 % selon les années) parmi les vendeurs, ce qui signale à la fois la mobilité d'une fraction de la population qui, en quittant la commune, se sépare d'une partie de ses biens, mais aussi, et surtout, l'insertion d'Ivry dans un environnement dense sur le plan du peuplement et sa position périphérique par rapport à la capitale limitrophe.[15] Les vendeurs habitant les communes voisines (Vitry, Villejuif, ou encore Gentilly) sont nombreux, mais ce sont, malgré tout, les Parisiens qui dominent le groupe des horsains.

---

15 La proportion de horsains est particulièrement élevée du fait de la proximité de la ville de Paris. Dans des régions plus rurales, on observe des taux bien moins élevés de non-résidents parmi les vendeurs. À Vernon et dans sa région entre 1800 et 1828, 55 % des vendeurs habitent la commune où est situé le bien et seuls 10 % des vendeurs sont des horsains à la région. Boudjaaba (voir note 12), pp. 111 et tableau IV-I.

Le second élément remarquable est l'évolution du rapport entre résidents et horsains. Les effectifs relativement limités pour les deux premières décennies et l'enregistrement parfois défectueux pour les années 1810 masquent légèrement une évolution très nette qui voit croître parmi les vendeurs la part des résidents aux dépens des horsains. Sur les deux premières décennies (entre 1803 et 1819), on observe que 35,3 % des vendeurs sont Ivryens et que 64,7 % n'y résident pas, tandis que la distribution s'équilibre dans les années 1850. Au cours de cette dernière décennie, la part des Ivryens parmi les vendeurs s'élève à 46,9 % contre 53,1 % pour les horsains. Les Ivryens, qui représentent un gros tiers des vendeurs sur l'ensemble de la période, forment presque la moitié de l'effectif de ceux qui aliènent un bien au milieu du siècle. Le recul des horsains est particulièrement net dans le cas des Parisiens: ceux-ci représentent à eux seuls un bon tiers des vendeurs jusqu'à la fin de la décennie 1830 avant de voir leur part s'effondrer aux alentours de 23 % entre 1840 et 1859.

Cette part croissante des Ivryens parmi les vendeurs peut se lire comme le signe d'un recul des résidents par rapport aux ambitions d'investisseurs extérieurs qui, loin de se séparer de leurs biens, cherchent au contraire à accroître leur emprise sur le territoire communal. L'analyse du profil des acheteurs montre que cette interprétation spontanée n'est pas exacte. En fait, ce recul des horsains, et particulièrement des Parisiens, concerne aussi les acquéreurs et signale plutôt un marché dont le fonctionnement se recentre sur les résidents, car il change de nature durant le premier XIXe siècle: Ivry devient, par ses transformations économiques, moins attractive en termes d'investissements dans la rente foncière pour les élites urbaines. Et les Parisiens, qui y trouvaient à la fin du XVIIIe siècle un lieu de calme et de villégiature renoncent à ce type de loisirs à Ivry à mesure que les ateliers et les entrepôts s'installent et encombrent le paysage.

Cependant, les résidents et les horsains qui vendent un bien-fonds ne se séparent pas du même type de biens. En bref, les Ivryens vendent des biens dont le montant rappelle celui des parcelles de terre; les Parisiens, le prix des maisons.[16] Ce ne sont bien entendu que des moyennes qui cachent une multitude de situations et de biens divers. Néanmoins, les différences observées sont significatives et signalent que le marché des résidents et celui des non-résidents n'est pas nécessairement le même. Le marché, on l'a vu, tend à se parcelliser et les surfaces à diminuer au cours de la période. Cela correspond bien au désengagement relatif des Parisiens dans les années 1840 au profit d'une relocalisation, en quelque sorte, des acteurs du marché. Cette relocalisation des acteurs, du fait de l'explosion démographique, rend moins homogène la catégorie «résident» et ne permet plus de saisir la singularité des comportements des anciennes familles paysannes. C'est précisément ce que le recours

---

16 Entre 300 et 1000 francs pour les terres, entre 5000 et 7000 francs pour les maisons (valeurs médianes calculées par décennie). Boudjaaba (voir note 12), pp. 184–185.

à la notion d'enracinement généalogique autorise – au moins partiellement – et qui fait l'objet de la dernière section de cet article.

Acquisitions et enracinement généalogique

Tab. 2: Résidents et individus issus des anciennes familles parmi les acquéreurs à Ivry entre 1803 et 1859

	ensemble des résidents	résidents «récents»*	résidents issus d'une «ancienne famille»**	non-résidents issus d'une ancienne famille	total issus d'une ancienne famille
1803–1809	29	11	19	2	21
1810–1819	38	23	14	2	16
1820–1829	107	73	34	13	47
1830–1839	87	61	25	9	34
1840–1849	179	136	43	8	41
1850–1859	212	168	44	14	58

*   Individus mariés à Ivry ou nés à Ivry de parents non originaires d'Ivry.
** Individu dont la présence d'au moins un grand-parent dans la commune est attestée par l'état civil ou les registres paroissiaux.

L'addition de la colonne «résidents récents» et «résidents issus d'une ancienne famille» n'équivaut pas à la colonne «ensemble des résidents» car, dans un certain nombre de cas, l'information sur l'identité de l'acheteur est insuffisante, ou les problèmes d'homonymie trop importants pour identifier assurément l'acheteur dans le fichier démographique.

Le tableau ci-dessus met un évidence un dynamisme partagé aussi bien par les membres des anciennes familles de la commune que par les autres catégories de population. Le nombre de transactions opérées par les individus qui disposent d'un fort enracinement généalogique dans la commune triple au cours de la période, passant d'une petite vingtaine par décennie avant 1820 à près de 60 dans les années 1850. Cette croissance est bien inférieure à celles des acquisitions des résidents de plus fraîche date, qui passent d'une dizaine de transactions dans la première décennie (incomplète) du siècle à environ 150 par décennie entre 1840 et 1859, mais elle est loin d'être négligeable.

La comparaison ne vaut pas pour autant classement des performances marchandes des uns et des autres, car la démographie des deux sous-groupes est très différente. La très forte augmentation du nombre des acquisitions des Ivryens «récents» est d'autant plus grande qu'elle part de rien ou presque. De ce point de vue, il faut plutôt souligner le dynamisme des anciennes familles du village qui, à la mesure de leur poids démographique, participent activement au développement du marché foncier. Mais surtout, ces derniers ne sont pas que les vendeurs d'un patrimoine hérité du siècle précédent, ils continuent bel et bien d'acquérir des biens. En ce sens, les anciennes familles semblent persister à inscrire leur existence et leur stratégie patrimoniale dans le cadre communal. Tous ne le font naturellement pas et la croissance du nombre des vendeurs issus de ces vieilles familles qui ne résident plus à Ivry et vendent leur bien en atteste. Mais une partie encore importante de ces anciennes familles continue à vouloir envisager son avenir et son activité dans l'espace qui est traditionnellement le sien.

On peut également noter qu'un certain nombre d'individus issus de ces anciennes familles quittent la commune sans pour autant rompre les liens fonciers avec elle. Ils sont même de plus en plus nombreux à acheter des biens dans une commune où ils ne résident pourtant plus. Ce type de configuration est rare avant 1820 (deux cas par décennie), beaucoup plus fréquent ensuite (une dizaine par décennie environ). Ces individus issus des anciennes familles agissent différemment selon le type de bien en question. Ils se manifestent par une activité croissance sur le marché des terres, conforme à la croissance globale de leurs ventes. Mais, en sens contraire, le nombre de leurs ventes de maison reste limité et stable sur la période. Cela semble indiquer la volonté de ce groupe de laisser les maisons en marge du marché, volonté que l'on peut interpréter comme un signe d'attachement particulier à ce type de bien, mais aussi comme le signe de leur fonction essentielle de logement.

Au total, les membres résidents des anciennes familles interviennent 257 fois comme vendeurs et 179 fois comme acheteurs sur le marché entre 1803 et 1859. Rapporté à une population d'une centaine de propriétaires appartenant à cette partie de la population de la commune, cela revient à dire qu'on compte de leur part 1 à 2 interventions comme acheteur et 2 ou 3 comme vendeur sur une période de 60 ans.

Les membres des anciennes familles ivryennes participent donc au développement du marché également en tant qu'acquéreurs. Ils n'achètent pas que des parcelles de terres labourables ou de maisons. Ils réalisent aussi de menues opérations visiblement destinées à mieux aménager un patrimoine déjà possédé. Les membres de ces anciennes familles achètent ainsi à 6 reprises des «murs mitoyens» ou des droits d'accès à un terrain ou même à un puits. Mais, plus significatif, ces mêmes familles, à l'instar des nouveaux venus et des horsains, achètent 16 «terrains», terme dont on a vu qu'il était absent des tables avant 1820 – et dont le nombre croît fortement après 1840 – et qu'il désignait des terrains à bâtir.

Quoique imprécise, l'apparition de cette nouvelle catégorie signale une forme de diversification du patrimoine d'une partie des anciennes familles. Elles ne se cantonnent pas au marché de terres (à labours) et prennent part, dans une certaine me-

Tab. 3: Bilan financier des opérations foncières réalisées à Ivry entre 1803 et 1859 par les individus appartenant aux anciennes familles de la commune, en francs

	Résidents			Tous (résidents et non-résidents)		
	Achat	Vente	Bilan	Achat	Vente	Bilan
1803–1809	18 235	19 551	-1 316	29 835	35 571	-5 736
1810–1819	6 140	7 284	-1 144	16 540	14 524	2 016
1820–1829	63 458	52 563	10 895	126 993	116 505	10 488
1830–1839	19 887	66 102	-46 215	52 222	114 267	-62 045
1840–1849	79 593	74 292	5 301	120 208	150 896	-30 688
1850–1859	106 610	142 072	-35 462	173 239	276 578	-103 339
Total	293 923	361 864	-67 941	519 037	708 341	-189 304
% valeur des ventes			18,7			25,0

sure, aux transformations des usages du foncier de la commune. Mais il est difficile d'avancer une interprétation plus approfondie sur ce point, étant donné le caractère très succinct de la description des biens contenue dans les sources de l'Enregistrement.

En valeur, comme attendu, le bilan est négatif pour les familles anciennes de la commune qui perdent l'équivalent d'un quart de ce qu'elles vendent ou, pour le dire autrement, n'acquièrent sur le marché que l'équivalent des trois quarts de ce qu'elles y vendent. Cela peut paraître important mais cette proportion est réduite si l'on s'en tient aux seuls résidents.[17] Le départ de certains membres de ces familles enracinées peut favoriser le maintien des autres, car il limite la concurrence interne à ce groupe pour la maîtrise du foncier ivryen. Ensuite, cette perte de terrain sur le marché n'est pas un mouvement continu. Certaines périodes voient même les anciennes familles résidentes reprendre du terrain. C'est le cas dans les années 1820 et 1840.[18] Les pertes sont également très modestes, et probablement invisibles aux yeux des contemporains avant 1820. En fait, ce sont surtout les décennies 1830 et 1850 qui marquent un net recul. D'un point de vue individuel, tous ne font pas face également à ces deux conjonctures défavorables. Un individu, en raison de son cycle de vie familial notamment, peut en effet facilement être absent du marché pendant une dizaine d'années et échapper à ces conjonctures défavorables.

---

17 En effet, au moins pour ce qui concerne les vendeurs, on peut discuter le fait d'affecter au bilan des anciennes familles résidentes le passif de ses membres qui ont quitté le territoire de la commune et sont maintenant des habitants de fraîche date d'une autre commune.
18 Boudjaaba (voir note 2), p. 220.

Conclusion

Ces premières analyses montrent, sur un plan méthodologique, combien le critère de la résidence, qui est au fondement de nombre d'analyses en histoire sociale ou démographique, contribue à dissimuler ou à simplifier les formes d'appartenance et qu'il était important d'essayer de le croiser, ou de le compléter, par d'autres approches plus fines de la population, y compris au niveau agrégé. Le critère du lieu de résidence dissimule des sous-catégories de population, qui ont certes en commun d'habiter sur place, mais se comportent de manière assez différente sur le marché; finalement, il masque les concurrences qui peuvent exister entre elles pour la maîtrise du foncier.

On peut constater, à l'issue de cette analyse, la formidable explosion du marché et l'accélération de la fréquence des mutations foncières et, dans le même temps, la bonne résistance des anciennes familles à ce mouvement qui remet en cause le cadre traditionnel de leur existence et de leurs activités économiques.

Cette résistance repose sur plusieurs éléments. D'abord, le fait que même dans un contexte aussi bousculé, une part importante des patrimoines ne passe pas le marché mais continue d'emprunter les voies familiales de l'héritage.[19] Dans ces conditions, les anciennes familles sont encore en mesure de préserver l'essentiel des bases foncières de leur activité, notamment parmi les cultivateurs. Ensuite, ces familles se maintiennent également par une participation active au marché. Même si leurs membres perdent du terrain, au sens où ils vendent plus qu'ils n'achètent en valeur dans la commune, force est de constater qu'ils ne font pas que vendre. Le nombre de leurs acquisitions augmente dans des proportions comparables à leurs ventes. Cette relative résistance aux concurrences multiples pour la maîtrise du foncier passe aussi par un traitement différencié des biens. Il est frappant de constater que les vieilles familles multiplient les ventes et, dans une moindre mesure, les achats de terres, mais se gardent bien de mettre sur le marché trop fréquemment des maisons, biens pourtant fort convoités dans un contexte d'explosion démographique. De ce point de vue, et malgré une érosion relative de leur emprise sur le foncier communal au cours des soixante premières années du XIXe siècle, les «enracinés» semblent en mesure de préserver l'essentiel.

La résistance en termes de patrimoine parmi ceux des anciennes familles qui résident à Ivry n'est-elle pas aussi facilitée par le départ d'une partie des enfants issus de ce groupe? La pression à la vente est, en quelque sorte, partiellement absorbée par ceux qui vendent et quittent la commune. On en voit l'importance à travers la croissance continue et très forte dans les années 1840–1859 du nombre de vendeurs issus des anciennes familles, mais qui ne sont plus résidents.

---

19 Boudjaaba (voir note 7), pp. 184–186.

L'analyse agrégée ne doit cependant pas conduire à prêter trop facilement des logiques collectives à une addition de comportements individuels et/ou familiaux. Ceux qui partent le font-ils aussi pour permettre aux autres de rester? L'analyse du marché foncier permet d'apporter une réponse partielle.

Nous nous sommes demandé si les membres des anciennes avaient ou non tendance à privilégier des acheteurs issus eux-mêmes de ces familles. On dénombre 232 acheteurs appartenant aux vieilles familles ivryennes au cours de la période. Sur un total de 1526 transactions concernant des biens situés à Ivry, les 436 vendeurs issus des anciennes familles ont donc théoriquement 15,2 % de chances de vendre à un semblable. La distribution des acquéreurs selon leur enracinement ne révèle aucun avantage significatif à l'entre-soi. Dix seulement des 54 maisons (18,5 %) qui sont vendues par les membres des anciennes familles le sont au profit d'acquéreurs issus du même groupe, et 60 de leurs 436 transactions totales (13,7 %) vont à des acquéreurs qui disposent aussi d'un ancrage généalogique dans la commune.

Ce segment démographique se singularise donc du reste de la population ivryenne par ses caractéristiques propres en termes de patrimoine; il bénéficie d'un avantage en termes de fortune foncière et se distingue par des comportements spécifiques sur le marché foncier. Rien n'indique cependant, à ce stade, un fonctionnement cohésif du groupe[20] sur le marché foncier. Les comportements individuels visant au maintien du patrimoine et de l'activité agricole sont fréquents mais pas pour autant coordonnés.

---

20 Au sens, par exemple, que Jérôme Viret donne aux notions de «bassins d'alliance» et de «pools familiaux» pour l'Île-de-France au XVIIe siècle; Jérôme-Luther Viret, Alliances et réseaux familiaux en Île-de-France (milieu XVIe – milieu XVIIe siècles), in: Annales de démographie historique 2, 2003, pp. 155–175.

Kollektives Eigentum

Propriété collective

Salome Egloff

Gemeingüter und soziale Ungleichheit
Konflikte zwischen Landleuten und Beisassen um kollektive Güter in der Zentralschweiz im 17. und 18. Jahrhundert

Common Goods and Social Inequality. Conflicts between Landleute and Beisassen about Collective Goods in Central Switzerland in the 17th and 18th Centuries
Between the 15th and 16th centuries economic cooperatives in the Swiss Confederacy started to regulate the access to collective resources by creating a complex system of social categories with which inequal rights were associated. Although this legal inequality led to various social problems, it was often portrayed as an indispensable means in order to manage the resources sustainably. This article is based on two case studies, namely the prealpine valleys of Entlebuch and Nidwalden, where the main social antagonism was between the fully entitled «Landleute» and the disprivileged «Hinter- or Beisassen». It analyzes triggers and socio-economic and political backgrounds of these conflicts as well as the argumentative figures used by the parties. Its goal is to explain the motives and mechanisms of exclusion as well as the effects the conflicts had on the structures of social inequality. The article thus sheds light on the complex relations between property, social status and communal affiliation in early modern societies.

Dass Eigentumssysteme soziale Prozesse und gesellschaftliche Ordnungen beeinflussen, ist unbestritten. Schliesslich hängen die Handlungsspielräume von Gruppen und Individuen davon ab, wie Eigentum in einer Gesellschaft definiert wird und welche Regeln für die Aneignung, Nutzung und Veräusserung von Ressourcen gelten. Im folgenden Artikel frage ich nach den sozialen Dimensionen vormoderner Eigentumsregimes, in denen ein beträchtlicher Teil der Ressourcen im kollektiven Besitz von dörflichen, nachbarschaftlichen oder auch überkommunalen Körperschaften war. Oft waren diese Körperschaften bestrebt, unter Verweis auf die Begrenztheit der natürlichen Ressourcen eine Ausdehnung des Nutzerkreises zu verhindern. Dies lässt sich zum Beispiel daran beobachten, dass im Verlauf des

16. Jahrhunderts viele eidgenössische Städte, Dörfer und Länder dazu übergingen, zuwandernden Personen die Niederlassung nur noch mit einem minderberechtigten Status zu gestatten. Dieser vielerorts als Beisassen- oder Hintersassenstatus[1] bezeichnete Rechtsstatus bedeutete für seine Träger verminderte Zugangsrechte zu den Ressourcen der Gemeinschaft. Die verschiedenen Status galten in der Regel als über die männliche Linie vererbbar, sodass sich die jeweilige Kategorienzugehörigkeit über die Generationen hinweg perpetuierte. Damit entstand in der frühen Neuzeit ein System der Ressourcenverteilung, welches auf ständischen Kriterien basierte und sich im Laufe der Zeit zunehmend verfestigte.[2]

In diesem Artikel sollen Konflikte zwischen den voll- und minderberechtigten Gruppen in zwei Tälern der voralpinen Zentralschweiz, nämlich in der Talschaft Entlebuch und im Land Nidwalden aus dem 17. und 18. Jahrhundert analysiert werden. Im Entlebuch verlief der soziale Antagonismus zwischen den Landleuten, Angehörigen alter Entlebucher Geschlechter mit vollem bürgerrechtlichem Status, und den Hintersassen, deren Vorfahren nicht aus dem Entlebuch stammten. Das Land Nidwalden kannte Beisassen auf Landesebene und auf der Ebene der einzelnen Ürten, den genossenschaftlich organisierten Korporationen Nidwaldens, denen in der frühen Neuzeit sowohl politische als auch wirtschaftliche Aufgaben zukamen. Jemand konnte also Beisasse auf Landesebene sein, wenn er kein Nidwaldner Landmann war, oder Beisasse einer einzelnen Ürte, wenn er zwar das Nidwaldner Landrecht besass, aber nicht in derjenigen Ürte wohnte, in der er das Ürterecht besass. Bei den Hinter- und Beisassen handelte es sich nicht zwingend um marginalisierte Fremde, die am Rande der Gesellschaft ein dürftiges Leben führten. Vielfach wohnten deren Familien seit Generationen vor Ort, sie waren wirtschaftlich und sozial integriert und oftmals gar mit Frauen aus vollberechtigten Familien verheiratet.[3] Dies zeigt, dass soziale Kategorien wie der Hintersassenstatus durch die Gesetzgebung kons-

---

1 Eine Auswahl an Literatur zu den Hintersassen: Anne-Marie Dubler, Der Hintersässe – ein armer Fremder, ein Gemeindeglied ohne politische Rechte? Zur gesellschaftlichen Stellung der Nichtburger im Emmental des 17. und 18. Jahrhunderts, in: Schweizerisches Archiv für Volkskunde 89/2, 1993, S. 143–164; Thomas Meier, Hintersassen, Gäste, Fremde, Bettler, Arme. Aspekte der Zuger Ordnungs- und Sozialpolitik in der Vormoderne, in: Peter Hoppe et al. (Hg.), Universum Kleinstadt. Die Stadt Zug und ihre Untertanen im Spiegel der Protokolle von Stadtrat und Gemeinde (1471–1798), Zürich 2018, S. 229–276.

2 Zu diesem System und den Auswirkungen auf politische Kultur und ökonomische Praktiken siehe verschiedene Arbeiten von Daniel Schläppi, zum Beispiel Daniel Schläppi, Die Ökonomie sozialer Beziehungen. Forschungsperspektiven hinsichtlich von Praktiken menschlichen Wirtschaftens im Umgang mit Ressourcen, in: Arndt Brendecke (Hg.), Praktiken der Frühen Neuzeit. Akteure, Handlungen, Artefakte (Frühneuzeit-Impulse 3), Köln, Weimar, Wien 2015, S. 684–695; Daniel Schläppi, Das Staatswesen als kollektives Gut. Gemeinbesitz als Grundlage der politischen Kultur in der frühneuzeitlichen Eidgenossenschaft, in: Johannes Marx, Andreas Frings (Hg.), Neue politische Ökonomie in der Geschichte (Historical Social Research 32/4), Köln 2007, S. 169–202.

3 Vgl. Salome Egloff, Zwischen Integration und Marginalisierung. Hintersassen im Herrschaftsge-

truiert waren. Unterschiede zwischen den rechtlichen Gruppen, wie zum Beispiel eine tendenzielle ökonomische Schlechterstellung der Hintersassen, resultierten aus der rechtlichen Benachteiligung und waren nicht a priori gegeben. Ebenso war der Zeitpunkt, an dem die Grenze zwischen eingesessenen und zugewanderten Geschlechtern gezogen wurde, im Grunde genommen willkürlich.
Während Interessengegensätze zwischen vormodernen Obrigkeiten oder modernen Staaten und lokalen Nutzergemeinschaften, vor allem bei der Verwaltung von Wäldern, bereits in zahlreichen Arbeiten untersucht wurden,[4] sieht dies bei Auseinandersetzungen zwischen rechtlichen Gruppen anders aus. Grüne, Hübner und Siegl stellen in ihrem Forschungsüberblick fest, dass «Inklusion und Exklusion von der neueren historischen *commons*-Forschung zwar als ein massgeblicher Mechanismus der Gemeingüterverwaltung und -nutzung erkannt, bislang aber nicht hinreichend problematisiert worden ist».[5] Zu den Arbeiten über derartige Fragen gehören diejenigen von Anne-Lise Head-König, die sich vor allem mit den rechtlichen Systemen der Regulierung des Ressourcenzugangs in der Eidgenossenschaft beschäftigt.[6] Der von André Holenstein und Sabine Ullmann herausgegebene Sammelband «Nachbarn, Gemeindegenossen und die anderen» enthält mehrere empirische Fallstudien, in denen die Ressourcenverteilung als Faktor zur Konstituierung von Sondergruppen analysiert wird.[7] Eine andere Perspektive verfolgt Maïka de Keyzer, die sich stark auf Elinor Ostroms Theorie bezieht und zeigen kann, dass Exklusion keine Notwendigkeit für erfolgreiche und nachhaltig verwaltete Commons war.[8] Fragen zu den konkreten Praktiken der ungleichen Verteilung kollektiver Ressourcen und den gesellschaftlichen Auswirkungen der Exklusion wurden jedoch nur

biet der Stadt Luzern im 16. und 17. Jahrhundert, in: Jahrbuch der Historischen Gesellschaft Luzern 37, 2019, S. 3–22, hier S. 10–17.

4 Zum Beispiel Hölzl Richard, Umkämpfte Wälder. Die Geschichte einer ökologischen Reform in Deutschland 1760–1860, Frankfurt am Main 2010; Stefan von Below, Stefan Breit, Wald – von der Gottesgabe zum Privateigentum. Gerichtliche Konflikte zwischen Landesherren und Untertanen um den Wald in der frühen Neuzeit, Stuttgart 1998.

5 Niels Grüne, Jonas Hübner, Gerhard Siegl, Institutionen und Praktiken kollektiver Ressourcennutzung in der europäischen Agrarwirtschaft. Vergleichende Betrachtungen und Forschungsperspektiven, in: dies. (Hg.), Ländliche Gemeingüter. Kollektive Ressourcennutzung in der europäischen Agrarwirtschaft (Jahrbuch für Geschichte des ländlichen Raumes), Innsbruck, Wien, Bozen 2015, S. 274–296, hier S. 280.

6 Zum Beispiel Anne-Lise Head-König, Les multiples facettes de l'accès aux biens communaux et de leur jouissance. Une diversité européenne parfois similaire à celle de la Suisse? in: dies., Luigi Lorenzetti, Martin Stuber, Rahel Wunderli (Hg.), Kollektive Weiden und Wälder. Ökonomie, Partizipation, Nachhaltigkeit. Geschichte der Alpen 24, 2019, S. 65–86.

7 André Holenstein, Sabine Ullmann, Nachbarn, Gemeindegenossen und die andern. Minderheiten und Sondergruppen im Südwesten des Reiches während der Frühen Neuzeit (Oberschwaben – Geschichte und Kultur 12), Epfendorf 2004, zum Beispiel die Beiträge von Edwin Ernst Weber, Philipp Dubach und Johannes Mordstein.

8 Maïka de Keyzer, Inclusive Commons and the Sustainability of Peasant Communities in the Medieval Low Countries, New York 2018.

selten aufgegriffen. Zu nennen ist etwa die Arbeit von Jonas Hübner, der sich anhand der Essener Mark bei Osnabrück mit den Nutzungsrechten unterschiedlicher rechtlicher Gruppen beschäftigt.[9] Er untersucht jedoch vor allem Expansionsbestrebungen adeliger Markenberechtigter auf Kosten bäuerlicher Nutzer, während Nutzungspraktiken und soziale Dynamiken in den bäuerlichen und unterbäuerlichen Gruppen nicht im Fokus stehen. Vielmehr will ich danach fragen, wie Nutzungskonflikte entstanden, wie die Verteilung von kollektiven Ressourcen ausgehandelt wurde, wie Exklusion durchgesetzt und legitimiert wurde und welche Auswirkungen diese Konflikte auf die Strukturen sozialer Ungleichheit hatten. Dazu werde ich untersuchen, worin auslösende Faktoren und sozioökonomische Hintergründe der Konflikte bestanden und wie die Parteien ihre Ansprüche auf ein Miteigentum an den kollektiven Ressourcen legitimierten. Im ersten Unterkapitel werde ich eine Serie von Konflikten, die sich im späten 17. Jahrhundert im Entlebuch ereigneten, analysieren. Der zweite Teil des Artikels dreht sich um Konflikte um Holzrechte in mehreren Nidwaldner Ürten. In einem dritten Schritt werden die Entlebucher und Nidwaldner Konflikte verglichen sowie Rückschlüsse auf die Rechtsstellung der Beisassen in den beiden Tälern gezogen. Dies wird es erlauben, im Fazit einige weiterführende Überlegungen zum Zusammenspiel zwischen korporativen Eigentumsregimes und gesellschaftlichen Aspekten wie Familienorganisation, Heiratspolitik und Geschlechterverhältnis anzustellen.

Zunehmende Exklusion der Hintersassen im Entlebuch

Die angesprochene Konfliktserie aus dem Entlebuch ist in den Quellen durch mehrere Anträge der Landleute an den Luzerner Rat fassbar. Diese zielten darauf ab, die Miteigentumsrechte der Hintersassen an den kollektiven Ressourcen und ihre Rechte als Eigentümer von Privatgütern einzuschränken. Obwohl die Hintersassen schon vor diesen Konflikten nicht die gleichen Rechte genossen wie die Landleute, resultierten die Ereignisse im späten 17. Jahrhundert in einer markanten Verschlechterung ihres rechtlichen Status. Die einzelnen Vorstösse und deren Resultate sollen im Folgenden kurz geschildert werden.[10]

Im Zentrum der ersten Auseinandersetzung stand der Entlebucher Hochwald, die grosse Waldallmende der Talschaft, die im kollektiven Besitz aller Entlebucher

---

9 Jonas Hübner, Gemein und ungleich. Ländliches Gemeingut und ständische Gesellschaft in einem frühneuzeitlichen Markenverband. Die Essener Mark bei Osnabrück, Göttingen 2020.
10 Als Quellengrundlage des folgenden Abschnitts dienen Quellen, die mir Andreas Ineichen dankenswerterweise aus den noch nicht veröffentlichten Rechtsquellen des Kantons Luzern zum Land Entlebuch zur Verfügung gestellt hat, vgl. Sammlung Schweizerischer Rechtsquellen LU II/4 (1601–1700).

Dörfer war.[11] Zu einer ersten Eskalation des Konflikts kam es 1682 im Amt Entlebuch, auch Unteres Amt genannt,[12] wo die Landleute den dortigen Hintersassen den Auftrieb von Vieh in den Hochwald verwehrten. Bis anhin hatten diese die Hochwaldweide unter Bezahlung einer höheren Auftriebstaxe wie die Landleute nutzen können. Dieser vorerst lokale Streit entwickelte sich zu einem Rechtsstreit, in dem schliesslich die Hochwaldrechte der Hintersassen der ganzen Talschaft zur Debatte standen.[13] Die Landleute wollten ihnen jegliches Recht an der Hochwaldweide absprechen und rechtfertigten diese Absicht mit der Begründung, dass «die zeit sich endere, das volkh sich mehre und der bysässen zahl täglich wachse».[14] Dies habe zu einer Übernutzung der Hochwaldweide geführt, von der die Hintersassen bald mehr profitieren würden als sie selber. Die Hintersassen hielten entgegen, dass sie seit eh und je ihr Vieh in den Hochwald trieben, wie die Landleute Gemeinwerk leisteten und dass sie das Hochwaldrecht mit ihren Höfen erworben und dafür bezahlt hätten. Da sie jedoch keine Dokumente vorlegen konnten, die ihre Rechte auswiesen, beschloss der Rat, dass ihnen keine eigentlichen Rechte an der Hochwaldweide zukommen sollten. Obwohl die Landleute ermahnt wurden, den Hintersassen aus Gnade weiterhin gewisse Auftriebsrechte zu gewähren, kam dieses Ratsurteil einem faktischen Ausschluss der Hintersassen von der Hochwaldweide nahe. Als diese im Jahr 1700 versuchten, den Zugang zum Hochwald wiederzuerlangen, wies der Rat sie erneut ab und bestätigte den Beschluss von 1682.[15]

Die zweite Auseinandersetzung ereignete sich ein Jahr später und drehte sich um die Rechte der Hintersassen auf dem Bodenmarkt.[16] Im Herrschaftsgebiet der Stadt Luzern gab es verschiedene Formen von Vorkaufsrechten, in der damaligen Terminologie als "Zugrechte" bezeichnet: den Lehenzug, Erbzug und Bodenzinszug.[17] Dabei handelte es sich um Rechtsinstrumente, die deren Inhabern erlaubten, einen Liegenschaftsverkauf zwischen Drittpersonen ungültig zu machen und das ver-

---

11 Zu diesem Konflikt auch Andreas Ineichen, Konflikte zwischen Landleuten und Hintersässen im Entlebuch. Rückgriff auf die «alten Rechte» am Ende des 17. Jahrhunderts, in: Geschichte, Kultur, Gesellschaft 29, 2011, S. 43–54.
12 Die Talschaft war in drei Ämter unterteilt: Entlebuch (Unteres Amt), Schüpfheim (Mittleres Amt) und Escholzmatt (Oberes Amt).
13 SSRQ LU II/4, 1682 Juni 10, Ratsbeschluss zum Ausschluss der Hintersassen von der Hochwaldweide.
14 Ebd.
15 SSRQ LU II/4, 1700 Februar 8–13, Gesuch der Hintersassen um Wiederzulassung zur Hochwaldweide.
16 SSRQ LU II/4, 1683 November 19, Ratsbeschluss über die Zugrechte der Hintersassen.
17 Der Lehenzug ist das Recht des Pächters, das Pachtgut an sich zu ziehen, wenn es der Eigentümer verkaufen will. Der Erbzug garantiert dasselbe Recht dem Erbberechtigten einer Liegenschaft. Gemäss Bodenzinszug kann ein Gut vom Eigentümer einer anderen Liegenschaft gezogen werden, wenn die beiden Liegenschaften im selben Bodenzins begriffen sind.

kaufte Gut zum Kaufpreis an sich zu ziehen. Auslöser dieser zweiten Auseinandersetzung waren zwei Fälle, in denen Hintersassen Landleuten auf der Grundlage des Bodenzinszuges Güter abgezogen hatten, was von den Landleuten als unrecht empfunden wurde. Ihre Argumentation vor dem Rat zielte darauf ab, unter Verweis auf ältere Rechtssatzungen zu beweisen, dass Hintersassen gegenüber Landleuten gar keine Zugrechte ausüben durften. Das Urteil des Rates kam dem Anliegen der Landleute weitgehend entgegen, indem es die Möglichkeit der Hintersassen, Zugrechte auszuüben, im Wesentlichen auf einen Fall beschränkte. «Angenommene»[18] Hintersassen sollten berechtigt sein, als Miteigentümer oder Erbberechtigte einer Liegenschaft gegenüber Landleuten den Zug auszuüben, wenn die ganze Liegenschaft oder Teile davon verkauft werden sollten. Wenn hingegen jeweils auch ein Landmann erbberechtigt oder Miteigentümer war, sollte der Zug des Landmanns mehr gelten als der Zug des Hintersassen. Die übrigen Zugrechte wie der Lehen- oder Bodenzinszug sollten fortan den Landleuten vorbehalten sein.

Schliesslich betraf ein dritter Vorstoss der Landleute aus dem Jahr 1687 die Vererbbarkeit von Gütern im Besitz von Hintersassen.[19] Die Landleute wiesen in einer Klageschrift an den Rat darauf hin, dass aufgrund der erbrechtlichen Gleichstellung der Söhne und Töchter, die im luzernischen Herrschaftsgebiet nur noch im Entlebuch galt, immer mehr Fremde an Grundbesitz im Entlebuch gelangten.[20] Töchter wurden nicht ausgesteuert, sondern hatten wie Söhne das Recht, liegende Güter und Fahrhabe zu erben, was zur Folge hatte, dass durch Heiraten zwischen Landfrauen und Hintersassen Güter in die Hände von Nichtlandleuten fielen. Die Landleute forderten vom Rat die Umsetzung eines Güterauskaufsrechts gegen Hintersassen, gemäss welchem ein Landmann das Gut des Hintersassen zu einem Schatzungspreis an sich ziehen durfte, wenn dieses im Rahmen einer Erbschaft die Hand wechselte. Der Rat bestätigte das Auskaufsrecht zwar, setzte aber auch Bedingungen fest, die dessen Anwendungsbereich einschränkten. So sollte es nur gegenüber «nicht angenommenen»[21] Hintersassen anwendbar sein und nur unter der Bedingung, dass das Grundstück durch seine Ehefrau, eine Angehörige eines einheimischen Geschlechts, an den Hintersassen fiel. Ausserdem sollten nicht angenommene, aber schon seit Generationen ansässige Hintersassen die Möglichkeit erhalten, sich ins Hintersassenrecht einzukaufen, wobei die jeweiligen Ämter zu ihrer Aufnahme verpflichtet wären.

18 Angenommene Hintersassen hatten durch die Bezahlung eines Einzugsgeldes eine offizielle Niederlassungsbewilligung vom Luzerner Rat und dem Entlebucher Amt, in dem sie wohnten, erworben. Nicht angenommene Hintersassen waren hingegen ohne staatliche Bewilligung im Entlebuch wohnhaft.
19 SSRQ LU II/4, 1687 Dezember 31, Ratsbeschluss über das Güterauskaufsrecht der Landleute.
20 SSRQ LU II/4, zwischen 1683 November 19 und 1687 Dezember 31, Klagen der Landleute über die Hintersassen.
21 Siehe Anmerkung 18.

Zwischen Nachhaltigkeit und Ökonomie

Betrachtet man diese Vorstösse in ihrer Gesamtheit, fällt das systematische Vorgehen der Landleute auf, die mit ganz unterschiedlichen rechtlichen Instrumenten versuchten, die ökonomischen Handlungsspielräume der Hintersassen einzuschränken. Mit dem Ausschluss von der Hochwaldweide wurde ihnen der Zugang zu wichtigen Ressourcen für die Viehwirtschaft verwehrt. Andererseits schwächte der Rat durch die Einschränkung ihrer Zugrechte und das Güterauskaufsrecht ihre Erwerbs- und Eigentumsrechte auf dem Bodenmarkt. Dadurch versuchten die Landleute gemäss eigener Aussage zu verhindern, dass der Anteil von Grundbesitz in der Hand von Nichtlandleuten zunahm und die wachsende Zahl der Hintersassen die kollektiven Ressourcen zu stark belaste. Bei der Erklärung dieser Vorgänge ist vom Zusammenspiel mehrerer Faktoren auszugehen. Als situative Auslöser wirkten vermutlich die bereits angesprochenen Fälle, bei denen Hintersassen gegenüber Landleuten den Bodenzinszug geltend gemacht hatten. Eine tiefer liegende Ursache könnte sein, dass die Entlebucher Bevölkerung im späten 17. Jahrhundert, insbesondere in den 1680er-Jahren, tatsächlich überdurchschnittlich stark wuchs. Die Geburtenzahlen sollen damals Maximalwerte erreicht haben, die erst Mitte des 18. Jahrhunderts wieder vorkamen.[22] Das demografische Wachstum wird den Druck auf die Ressourcen verstärkt oder, wie die Landleute betonten, sogar zu einer Knappheit geführt haben. Neben dieser malthusianisch anmutenden Begründung ist aber vermutlich auch eine wirtschaftliche Perspektive in die Erklärung einzubeziehen: Es gibt einige Indizien, dass die Anträge, insbesondere diejenigen im Rahmen des Hochwaldkonflikts, von einer spezifischen Sozialgruppe innerhalb der Landleute ausgingen. Der Hochwald diente im lokalen Nutzungssystem als Rinder- und Pferdeweide, während die Milchkühe auf die nährstoffreicheren Alpweiden getrieben wurden.[23] Pferde- und Rinderzucht waren Branchen der Landwirtschaft, die sich vor allem begüterte Bauern leisten konnten.[24] Die zentrale Bedeutung von Weiderechten für Pferde geht auch aus der Klage der Landleute vor dem Rat hervor: Der Hochwald sei so übernutzt, dass ein Landmann kaum noch ein Pferd auftreiben könne, monierten sie.[25] Es liegt daher nahe, dass der Ausschluss der Hintersassen vor allem von dieser Gruppe begüterter Grossviehzüchter vorangetrieben wurde, die an einer Ausdehnung ihrer Weideflächen für die Vieh- und Pferdezucht interes-

---

22 Christian Pfister, Das Klima der Schweiz von 1525–1860 und seine Bedeutung in der Geschichte von Bevölkerung und Landwirtschaft Bd. 2, 2. Auflage, Bern 1985, S. 98.
23 Silvio Bucher, Bevölkerung und Wirtschaft des Amtes Entlebuch im 18. Jahrhundert. Eine Regionalstudie als Beitrag zur Sozial- und Wirtschaftsgeschichte der Schweiz im Ancien Régime (Luzerner historische Veröffentlichungen 1), Luzern 1974, S. 157.
24 Ebd.
25 SSRQ LU II/4, 1700 Februar 8–13, Gesuch der Hintersassen um Wiederzulassung zur Hochwaldweide.

siert waren.[26] Inwieweit die geäusserte Sorge um die Übernutzung des Waldes auch oder primär zur Verschleierung dieser wirtschaftlichen Interessen diente, ist schwierig zu beurteilen. Dass es neben dem Ausschluss der Hintersassen andere Möglichkeiten zur Entschärfung von Ressourcenengpässen gegeben hätte, wie zum Beispiel die Einebnung von Nutzungsungleichheiten, steht dabei ausser Frage.

Konflikte zwischen Nidwaldner Ürten und begüterten Beisassen

Im Vergleich zum Entlebuch wurden im Land Nidwalden viele Angelegenheiten, die Beisassen oder kollektive Güter betrafen, nicht auf Landesebene, sondern auf der Ebene der einzelnen Ürte geregelt und waren folglich weniger weitreichend. Das überlieferte Schriftgut deutet darauf hin, dass sich die Auseinandersetzungen zwischen den rechtlichen Gruppen in vielen Ürten im 18. Jahrhundert verschärften. Im 17. Jahrhundert herrschten Konflikte zwischen den Ürten und einzelnen Beisassen vor, die sich meistens um die mit deren Gütern verbundenen Nutzungsrechte drehten. Man bezeichnet diese auch als Realrechte oder dingliche Rechte, da sie gewissermassen an den Gütern oder Häusern hafteten. Demgegenüber dominierten im 18. Jahrhundert Konflikte, in denen sich die Sozialgruppen als Kollektive gegenüberstanden und deren jeweilige Rechte in grundsätzlicher Art zur Debatte standen. Im Folgenden sollen zuerst zwei Beispiele aus dem 17. und frühen 18. Jahrhundert, in denen die Ürten in Konflikte mit einzelnen Beisassen verwickelt waren, betrachtet werden.

Ein derartiger Fall ereignete sich beispielsweise im Jahr 1674 in der Ürte Stans.[27] Ein gewisser Joder Rohrer, Beisasse von Stans, besass das Gut «Rieden» auf der Stanser Allmend sowie mehrere Güter im Gebiet der Ürte Waltersberg. Die divergierenden Ansprüche der beiden Parteien resultierten in folgender Konfliktkonstellation: Rohrer glaubte, aufgrund der Holzgerechtigkeit seines Hofes das Recht zu haben, im Bannwald Bau-, Brenn- und Zaunholz nach Notdurft zu schlagen. Die Genossen von Stans hingegen forderten, dass für ihn dieselben Regeln galten wie für sie selber, nämlich dass in den Bannwäldern nur Bauholz gehauen werden dürfe, und zwar auf Bewilligung und gegen Bezahlung einer Gebühr, während Brenn- und Zaunholz ausserhalb der Bannwälder zu beziehen sei. Das Geschworenengericht fällte das vermittelnde Urteil, dass Rohrer die gleichen Holzrechte haben solle wie

---

26 Als Vertreter der Landleute fungierten Landesbannermeister Melchior Emmenegger, Landeshauptmann Hans Stadelmann, Landesfähnrich Peter, und Siegler Hans Jakob Bieri. Wie aus den Titeln hervorgeht, hatten alle politische Ämter inne und gehörten der politischen und wirtschaftlichen Führungsschicht des Landes an, die häufig in der Viehwirtschaft tätig war.

27 Staatsarchiv Nidwalden, SF8-9/2:21, Geschworenengerichtsurteil betreffend Joder Rohrer aus dem Jahr 1674, Abschrift von 1749.

die Genossen, sich dafür aber auch den Regeln der Ürte, sowohl bezüglich Menge als auch Ort des Holzschlages, unterwerfen müsse.

Ein vergleichbarer Konflikt beschäftigte im Jahr 1707 die Ürte Büren nid dem Bach. Die Ürtner gerieten mit einem Beisassen namens Baschi Joller aneinander, der das grosse Gut «Schwanden» oder Teile davon, am Hang des Buochserhorns nördlich des Dorfes gelegen, besass.[28] Die Ürtner warfen ihm eine aus ihrer Sicht missbräuchliche Nutzung der kollektiven Ressourcen der Ürte vor: Er soll Holz aus seinen Privatwäldern gewinnbringend verkauft und für den Eigengebrauch Holz aus den Ürtewaldungen bezogen haben, und zwar deutlich mehr, als ihm zustehe. Die Ürtner erwarteten vom Gericht, Joller den Holzverkauf aus der Ürte zu verbieten und ihm vorzuschreiben, sein eigenes Holz zu seiner Bedarfsdeckung zu verwenden. Joller machte geltend, dass bereits seine Vorfahren das Recht gehabt hatten, so viel Holz aus den Genossenwäldern zu beziehen, wie sie für den Hof benötigten. Auch hier fand das Gericht einen Kompromiss zwischen den Parteien: Joller sollte Anrecht haben, jährlich gleich viel Holz aus den Genossenwäldern zu beziehen wie ein Ürtner. Für alles, was er darüber hinaus benötige, müsse er Holz aus seinen eigenen Wäldern verwenden.

In beiden Fällen handelte es sich bei den Beisassen, die mit den Ürten prozessierten, um vermögende Personen mit ausgedehntem Grundbesitz. Baschi Joller ist im Steuerregister von 1712 mit einem Vermögen von 41 000 Pfund, allerdings auch mit einigen Bodenkrediten belastet, aufgeführt, wobei es sich um das grösste Vermögen der ganzen Ürte handelt.[29] Auch bei Joder Rohrer ist angesichts seines ausgedehnten Güterbesitzes in den Ürten Stans und Waltersberg davon auszugehen, dass er vermögend war. Da gemäss dem Bedarfsprinzip mit grösseren Gütern mehr Nutzungsrechte verbunden waren, machten beide Ansprüche geltend, die diejenigen der Korporationsmitglieder gar übertrafen. Hinzu kam, dass sie als Nichtangehörige der Korporationen oftmals die Nutzungsregeln der Ürte nicht akzeptierten und beispielsweise Holz aus der Ürte verkauften, obwohl dies verboten war. Die Korporationsmitglieder versuchten deshalb mit einiger Vehemenz, den Zugriff dieser ökonomisch potenten Akteure auf ihre Ressourcen abzuwehren. Die beiden analysierten Fälle zeigen, dass die klare rechtliche Scheidung zwischen Ürtnern und Beisassen nicht mit einer ebensolchen ökonomischen Ungleichheit gleichgesetzt werden darf. Bei den Hinter- und Beisassen handelte es sich nicht zwingend um ökonomisch marginalisierte Leute. Im Gegenteil fanden sich unter ihnen auch äusserst wohlhabende Personen, die sich den Erwerb grosser Güter in anderen Ürten leisten konnten, und gerade diese scheinen für die Korporationsmitglieder eine Bedrohung dargestellt zu haben.

---

28 StANW, P40-2/93:168, Geschworenengerichtsurteil betreffend Baschi Joller vom 31. 3. 1707, Abschrift.
29 StANW, A 1313, Steuerregister 1712/13.

Von Personal- und Realrechten

Wie bereits angetönt, veränderten sich die Konfliktstrukturen im 18. Jahrhundert dahingehend, dass Konflikte häufiger wurden, in denen die Beisassen einer Ürte als Kollektiv gegen die Korporationen prozessierten. In diesen Auseinandersetzungen fungierten die früheren Gerichtsurteile häufig als Präzedenzfälle und Manifestation des «alten Rechts», was sich sowohl die eine wie die andere Partei in ihren argumentativen Strategien zunutze machte. Dies soll nun an einem Konflikt aus der Ürte Stans, der 1748 zu einem Urteil des Geschworenengerichts führte, demonstriert werden.[30] Dabei appellierten die Beisassen ans Geschworenengericht, weil sie sich durch eine Änderung bei der Holznutzung in ihrem Recht auf Zaunholz beschnitten sahen. Die Genossen hatten nämlich beschlossen, das jährliche Zaunholz pro Genosse oder Beisasse mit Güterbesitz auf zwei Tannen pro Jahr zu reduzieren. Die Legitimität dieser Massnahme belegten sie mit dem eben analysierten Gerichtsurteil betreffend Joder Rohrer, gemäss welchem dieser gleich viel Zaun- und Brennholz erhalten solle wie die Genossen. Die Hintersassen beanstandeten, dass sie vor der Einführung dieser neuen Regel nicht konsultiert worden seien, und begründeten ihr Recht, ihren Holzbedarf in den Genossenwäldern zu decken, wie in den vorherigen Fällen mit der Holzgerechtigkeit ihrer Güter. Die Genossen entgegneten, dass das Nutzungsrecht in Stans nicht aus dem Güterbesitz hervorgehe: Die «genossame seie ein ererbt oder erkauft guot»,[31] das also entweder durch Abstammung von berechtigten Geschlechtern oder durch Einkauf erworben werde. Ebenso betonten sie, dass das Holz knapp und die Massnahme zum Schutz der Ressourcen nötig sei. Der Vertreter der Genossen meinte wörtlich: «wan nur ein jeder gnoss jährlichen zwei dandlin hauwen sollte, so gebe es gegen 600 dandtlin, jetz solle man vernünfftig überschlagen, wie lang holtz gnuog sin wurde».[32] Durch die schlüssige Rechnung profilierte er die Genossen als die Partei, die die Gesamtsituation im Blick hatte und mit den Ressourcen nachhaltig wirtschaftete. Das Gericht hiess die beschlossene Massnahme schliesslich gut und hielt die Beisassen an, sich mit den von den Genossen vorgesehenen zwei Tannen pro Jahr zu begnügen.

Ausgehend von diesem Konflikt zwischen den Stanser Genossen und Beisassen, dessen Argumentationsstrukturen in mancherlei Hinsicht typisch sind, werden im Folgenden einige allgemeine Beobachtungen zu den Argumentationsstrategien der Beisassen und der Ürtner oder Genossen dargelegt. Viele der folgenden Überlegungen treffen aber auch auf die Entlebucher Konflikte zu. Wie im eben geschilderten Stanser Holzstreit war oftmals eine von den Genossen beschlossene Ände-

---

30 StANW, SF8-9/2:20, Geschworenengerichtsurteil zum Stanser Holzkonflikt vom 4. 4. 1748, Abschrift.
31 Ebd.
32 Ebd.

rung der Nutzungsregeln der Auslöser für eine Appellation der Beisassen an die Gerichte. Ein zentraler Klagepunkt dieser Partei bestand denn auch darin, dass sie nicht bereit seien, sich Regeln zu unterwerfen, bei deren Beschluss sie nicht mitreden konnten. Damit beanstandeten die Beisassen letztlich ihren Ausschluss von den politischen Rechten, die den Mitgliedern der Korporationen zukamen. Bei der Begründung ihrer Ansprüche auf die Holzressourcen stellten sie häufig die Realrechte ihrer Höfe in den Vordergrund. Dieser Argumentationsfigur lag die Vorstellung zugrunde, dass ein Hofbesitzer das Recht habe, die für den Unterhalt des Hofes benötigten Ressourcen aus den kollektiven Gütern der Gemeinschaft gemäss dem Prinzip der «Hausnotdurft» zu beziehen. Ein weiteres häufiges Argument war, dass beabsichtigte Regeländerungen der Ürtner gewohnheitsrechtliche Praktiken, die seit Jahrzehnten in Geltung seien, plötzlich infrage stellten. Der Hintergrund dieser Begründung war, dass im vormodernen Rechtsverständnis die lange Ausübung einer Gewohnheit deren Rechtscharakter beweisen konnte.[33] Andere Schwerpunkte setzten die Korporationsmitglieder in ihren Vorträgen: Wie die Stanser Genossen im Holzkonflikt betonten sie personalrechtliche Aspekte zur Legitimierung von Eigentumsansprüchen: Dabei begründete die erkaufte oder ererbte Zugehörigkeit einer Person zur Genossenschaft das Miteigentum an den Ressourcen.[34] Dieses Prinzip war mit der Vorstellung verbunden, dass die Vorfahren der berechtigten Geschlechter die Ressourcen seit Jahrhunderten gepflegt, erweitert, verbessert und seit Generationen von Vater zu Sohn vererbt hatten. Bei dieser Selbststilisierung als Glieder in einer langen Kette patrilinearer Erbvorgänge handelte es sich um eine rückwirkende Konstruktion der Vergangenheit, die nicht unbedingt viel mit der Realität gemein hatte. Jedoch leiteten die Ürtner aus diesen übergenerationellen Investitionen ihrer Vorfahren ihre Verfügungshoheit über die Ressourcen und ihre Verantwortung für deren langfristigen Erhalt ab. Argumente, die sich modern gesprochen um den Topos der nachhaltigen Wirtschaft drehten, traten in ihren Vorträgen deshalb häufig auf. Inwieweit sowohl im Stanser Holzstreit wie auch im Entlebucher Hochwaldstreit die Regenerationsfähigkeit der Ressourcen tatsächlich gefährdet war, kann aufgrund der überlieferten Quellen nur schwerlich beurteilt werden. Es stellt sich folglich die nicht vollständig lösbare Frage, wo die Grenze zwischen einer tatsächlichen Bedrohtheit der Ressourcen und einer Instrumentalisierung der Nachhaltigkeit zur Legitimation von Exklusionsprozessen verlief.[35]

33 Vgl. Simon Teuscher, Erzähltes Recht. Lokale Herrschaft, Verschriftlichung und Traditionsbildung im Spätmittelalter, Frankfurt am Main 2007, S. 131–141.
34 Zum Unterschied zwischen Real- und Personalrechten vgl. Anne-Lise Head-König (Anm. 6), S. 67 f.
35 Zur Verquickung von Nachhaltigkeit und Machtansprüchen auch Peter Kissling, Policey der Nachhaltigkeit. Die Politik entdeckt die knappen Ressourcen, in: Peter Blickle et al. (Hg.), Die Entstehung des öffentlichen Raumes in Oberdeutschland, Frankfurt am Main 2003, S. 515–547; von Below/Breit (Anm. 4); Joachim Radkau, Zur angeblichen Energiekrise des 18. Jahrhunderts:

Zum Schluss sollen einige Überlegungen zur Rechtsstellung der Hintersassen, die sich aus dem Vergleich der Fallbeispiele aus dem Entlebuch und Nidwalden ergeben haben, angeführt werden. Interessant ist, dass es im letztgenannten Konflikt zwischen den Stanser Genossen und Beisassen gar nicht um eine eigentliche Exklusion der Beisassen ging. Es wurde nicht darum gestritten, ob die Beisassen benachteiligt werden durften, sondern darum, ob sich diese den gleichen Regeln wie die Ürtner unterwerfen mussten. Hierin deutet sich an, dass sich die rechtliche Situation der Beisassen von Nidwalden von der der Hintersassen im Entlebuch in gewissem Masse unterschied. Zwar waren auch die Nidwaldner Beisassen von den Entscheidungsprozessen und den politischen Rechten der Ürtner ausgeschlossen. Jedoch scheinen sie bei der Verteidigung ihrer Nutzungsrechte vor Gericht, zumindest was ihre Holzrechte betrifft, eine bessere Verhandlungsposition gehabt zu haben als ihre Schicksalsgenossen im Entlebuch. In Stans waren die Beisassen den Genossen in der Holznutzung offensichtlich beinahe gleichgestellt. Auch in vielen Fällen aus anderen Ürten bestätigte das Geschworenengericht die Holzrechte der Beisassengüter. Lediglich zwei Urteile sind überliefert, in denen das Gericht diese bestritt und festlegte, dass Holzbezüge der Beisassen aus reiner «Gnade» der Genossen erfolgt seien, was jedoch nach Möglichkeit so weitergeführt werden sollte.[36] Der Unterschied in der Rechtsstellung der Bei- und Hintersassen in den beiden Tälern lässt sich dadurch erklären, dass das Nidwaldner Geschworenengericht die güterrechtlichen Ansprüche der Beisassen zumeist anerkannte, während der Luzerner Rat diese gestützt auf einen Passus im Landrecht komplett verwarf. Ein weiterer Faktor könnte relevant sein: Bei den Nidwaldner Beisassen handelte es sich grossenteils um Landleute, die in anderen Ürten berechtigte Ürtner waren. Die Beisassen wurden nicht in dem Ausmass wie die Hintersassen im Entlebuch als «Fremde» wahrgenommen, da es ein übergeordnetes Zusammengehörigkeitsgefühl der Nidwaldner Landleute gab. Schliesslich ist vermutlich der Einfluss der unterschiedlichen Erbsysteme nicht zu unterschätzen.[37] Das Entlebuch hatte ein egalitäres Erbsystem, in dem Söhne und Töchter zu gleichen Teilen erbten, während in Nidwalden der übliche Sohnesvorteil galt und den Söhnen ein Vorzugsrecht auf die väterlichen Liegenschaften zukam.[38] Die Gefahr, dass Fremde durch Heiraten mit einheimischen Frauen an Grundbesitz gelangten, könnte aus diesem Grund kleiner gewesen sein,

---

  Revisionistische Betrachtungen über die ‹Holznot›, in: Vierteljahrschrift für Sozial- und Wirtschaftsgeschichte 73, 1986, S. 1–37.
36 Es handelt sich um einen Konflikt in der Ürte Buochs im Jahr 1774, StANW, SF 3-2/90, und einen in der Ürte Büren nid dem Bach im Jahr 1750, StANW, P40-2/93:168.
37 Zum Zusammenhang zwischen kollektiven Ressourcenregimes und erbrechtlichen Regulierungen vgl. Marco Casari, Maurizio Lisciandra, Gender discrimination in property rights. Six centuries of commons governance in the Alps, in: Journal of Economic History 76/2, 2016, S. 559–594.
38 Georg Hegglin, Das gesetzliche Erbrecht der Rechtsquellen Unterwaldens, in: Der Geschichts-

weshalb in Nidwalden auch keine Massnahmen wie das Entlebucher Güterauskaufsrecht nötig erschienen.

Fazit

Kollektive Güter können als Dauerbrenner vormoderner Gerichtstätigkeit bezeichnet werden. Ein Faktor, der zu den häufigen Konflikten um kollektive Ressourcen beitrug, war die komplexe, uneindeutige und regional variierende Rechtslage bezüglich deren Eigentumsstrukturen. Eigentums-, Nutzungsrechte und Servitute überlappten sich gegenseitig und es war nicht eindeutig geregelt, welche Rechte vor welchen anderen den Vorzug hatten. Die Regeln mussten zudem flexibel an Witterungsverhältnisse, schwankende Erträge und sich wandelnde demografische Verhältnisse angepasst werden können, sodass allzu starre Normen sich vermutlich in der Praxis gar nicht bewährt hätten. Daraus folgt, dass sich Eigentums- und Nutzungsansprüche je nach Fall und Sachlage mit anderen Begründungen legitimieren liessen und immer wieder ausgehandelt werden mussten. Gerichte standen eher vor der Aufgabe, auf den Einzelfall bezogene pragmatische Lösungen zu finden, als allgemeingültige Regeln durchzusetzen. Diese Elastizität der Rechtslage eröffnete für die Akteure vor Gericht bedeutende Spielräume. In den untersuchten Fällen habe ich weniger nach den Interessen von Obrigkeit oder Gericht als nach den rechtlichen Handlungsspielräumen und den Argumentationsfiguren der Konfliktparteien gefragt. Da die Landleute das Eigentum und damit die Verfügungshoheit über die Ressourcen für sich in Anspruch nahmen, konnten Hinter- und Beisassen lediglich durch die Appellation an Gerichte oder die Obrigkeit Gegenwehr ausüben. Bei den Aushandlungen vor Gericht fiel auf, dass die Beisassen eher mit realrechtlichen, die Korporationsmitglieder mit personalrechtlichen Begründungen operierten. Wie dies in mehreren Forschungsarbeiten bereits für obrigkeitliche Interventionen aufgezeigt wurde, figurierte Nachhaltigkeit auch in Konflikten zwischen rechtlichen Gruppen häufig als Legitimationsbasis für Exklusionsmassnahmen.[39] In den analysierten Fällen wurde die soziale oder relationale Dimension der Verteilung von Gemeingütern paradigmatisch sichtbar.[40] Die gerichtlichen Verhandlungen stellten Foren dar, in denen anhand der Ressourcenverteilung soziale Ungleichheit ausgehandelt, gegebenenfalls reproduziert oder gar verfestigt wurde. Die Verhandlungen resultierten jedoch nicht durchwegs in Urteilen zugunsten der Landleute. Gerade in Nidwalden war das Geschworenengericht bemüht, auch die Interessen der Minder-

---

freund 84, 1929, S. 185–267, hier S. 225 f., 232 f.; Eugen Huber, Die Schweizerische Erbrechte in ihrer Entwicklung seit der Ablösung des alten Bundes vom deutschen Reich, Zürich 1872, S. 80.
39 Siehe Anmerkung 35.
40 Dazu auch Grüne/Hübner/Siegl (Anm. 5), S. 283.

berechtigten zu berücksichtigen. Jedoch müssten die Interessen des Luzerner Rates und der Angehörigen des Geschworenengerichts durch die Analyse vergleichbarer Fälle weiter untersucht werden.

Aus den Ausführungen in diesem Artikel sollen zum Schluss einige Forschungsfelder und -fragen abgeleitet werden, die ich im Rahmen meiner Dissertation weiterverfolgen werde. Ein zentrales Themenfeld sind die Wechselwirkungen zwischen der Institutionalisierung korporativer Gemeinwesen und Systemen der Familienorganisation. Die Forschung hat bereits vielfach darauf hingewiesen, dass in Gesellschaften, in denen Güter und Herrschaftsrechte als Teile von staatsähnlichen Gefügen unverändert von einer Generation zur nächsten weitergegeben wurden, oftmals patrilineare Logiken der Familienorganisation vorherrschten.[41] Da diese Bedingung auch auf das Miteigentum an wirtschaftlichen, politischen und herrschaftlichen Rechten in korporativen Systemen zutrifft, stellt sich die Frage, inwieweit diese gesellschaftliche Organisationsform eine patrilineare Familienorganisation begünstigte. Hinweise darauf lassen sich durchaus finden, so zum Beispiel die Tatsache, dass zur Begründung von Eigentumsansprüchen die patrilineare Abstammung von bestimmten Geschlechtern wichtiger wurde, oder auch die Klage der Entlebucher Landleute über das egalitäre Erbrecht der Talschaft. Um diese Zusammenhänge besser zu verstehen, müsste jedoch weiter untersucht werden, wie der Zugang zum Nutzungsrecht für Angehörige der berechtigten Familien geregelt war, und zwar sowohl für verheiratete und ledige, erst- und nachgeborene Söhne und Töchter. Vielerorts scheinen diese Regelungen komplexer gewesen zu sein, als dass die Söhne, sobald sie einen eigenen Haushalt führten, nutzungsberechtigt wurden. Auch die Durchlässigkeit der Institutionen bei der Integration von Nichtangehörigen müsste jenseits rechtlicher Regelungen anhand konkreter Fälle sorgfältig untersucht werden. Besonders interessant scheinen mir die trotz aller Exklusionsbemühungen ziemlich häufig vorkommenden Ehen zwischen Landfrauen und Männern mit Hintersassenstatus. Stellte ein solches Arrangement womöglich eine valable Option für Familien mit einem Nachfolgeproblem dar? Schliesslich könnte als letztes Themenfeld untersucht werden, inwieweit sich die Erkenntnisse, die in diesem Artikel anhand von ländlichen Korporationen beschrieben wurden, mit ähnlichen Phänomenen in Städten, wie der zunehmenden Abschliessung städtischer Patriziate, parallelisieren lassen.

---

41 Beispielsweise Casari/Lisciandra (Anm. 37), S. 567–574; Simon Teuscher, Verwandtschaft in der Vormoderne. Zur politischen Karriere eines Beziehungskonzepts, in: Elizabeth Harding, Michael Hecht (Hg.), Die Ahnenprobe in der Vormoderne, Münster 2011, S. 85–106, hier S. 91 f.

Matteo Tacca

Canalizzazioni, bonifiche e proprietà fondiaria nei fondovalle alpini
La Combe de Savoie nel XIX secolo

Channels, reclamation and land ownership in the Alpine valley bottoms: the Combe de Savoie in the 19th century
This paper examines the relations between river training and changes in land property of mountain valley floors by observing the case of the Combe de Savoie and the Isère River. The Combe de Savoie, a valley floor of the Northern French Alps, was subject during the Old Regime to specific forms of exploitation of common lands. Starting from 1829 and until 1854 the whole valley was interested by works of training of the Isère River and its tributaries. The intervention was socially grafted on different levels: it was mainly promoted by the central government, it involved the local municipalities, and it was addressed to local private farmers through the creation of new spaces for intensive cultivations. I will particularly focus my attention on the spaces of negotiation of property rights that the river training opened between different social groups, trying to reconstruct how these interventions shaped the territory of Savoy.

Le opere di regimentazione fluviale di cui questo contributo[1] intende occuparsi si ascrivono all'interno di un quadro ampio in cui gli Stati europei, particolarmente quello francese, rinforzano le loro prerogative sull'utilizzo delle risorse naturali, ed in particolare sulle risorse idriche. La storiografia si è in questo senso concentrata soprattutto sulla negoziazione dei diritti d'acqua e sui conflitti che scaturiscono dall'utilizzo delle risorse idriche.[2] La straordinaria diffusione dell'utilizzo dell'acqua in nuovi settori (si pensi alla rete idrica delle città o alla produzione di energia

---

1 La ricerca è parte di un progetto di dottorato condotto presso il Laboratorio di Storia delle Alpi dell'Università della Svizzera Italiana, in cui mi sono occupato più ampiamente dei processi di costruzione territoriale dei fondovalle alpini fra XVIII e XX secolo.
2 Alice Ingold, Gouverner les eaux courantes en France au XIXe siècle. Administration, droits et savoirs, in: Annales. Histoire et Sciences sociales 1, 2011 pp. 69–104; Jean-Louis Mestre, Le ren-

idroelettrica negli ultimi decenni del XIX secolo) moltiplica le occasioni di conflitto per il suo utilizzo, generando le condizioni necessarie allo sviluppo di precisi dispositivi di controllo sia delle acque sia delle risorse ad esse associate.[3]

Questo contributo intende evidenziare il rapporto tra canalizzazioni fluviali e mutazioni della proprietà fondiaria dei fondovalle alpini nella seconda metà del XIX secolo. Mi occuperò del caso specifico della Combe de Savoie, un fondovalle delle Alpi occidentali che conoscerà forti trasformazioni della trama territoriale e fondiaria proprio in seguito ad una radicale opera di canalizzazione del fiume Isère e di alcuni suoi affluenti. Cercherò di spiegare in quale modo la canalizzazione ha influito sull'economia rurale ereditata dall'Antico Regime della Savoia e sull'organizzazione dei fondi agricoli di fondovalle, con particolare riguardo ai beni comuni dei villaggi presenti lungo il fondovalle stesso.[4]

In effetti, a partire dai primi decenni del XIX secolo questa tipologia di intervento territoriale si diffonde a macchia d'olio in tutto il continente europeo. Chiari esempi in questo senso sono le rettifiche fluviali che riguardano diverse vallate alpine a partire dalla prima metà del XIX secolo. I casi più conosciuti e meglio descritti in ambito alpino sono i lavori di rettifica del Rodano nel Vallese svizzero[5] e la correzione del fiume Adige in Trentino;[6] in questi casi la gestione delle acque si riconduceva principalmente alla necessità di controllare le rive instabili dei fiumi che scorrevano a fondovalle.[7] Questo aspetto può essere considerato come una peculiarità alpina,

forcement des prérogatives de l'administration sous le Consulat et l'Empire, in: Henry Roussillon (a cura di), Mélanges offerts à Pierre Montané de la Roque, vol. 2, Tolosa 1986, pp. 607–632.

3 Patrick Fournier, Geneviève Massard-Gilbaud (a cura di), Aménagement et environnement. Perspectives historiques, Rennes 2018; un caso «precoce» in questo senso sono i polder fiamminghi descritti da Tim Soens, Polder Mania or marsh fever? Risk and management in early modern drainage projects: the case of Kallopolders, Flanders, 1649 to 1662, in: Agricultural History Review 2, 2014, pp. 231–235.

4 Un punto di vista già utilizzato soprattutto per gli studi sulle acque in area tedesca vedi Georg Stöger, Luisa Pichler-Baumgartner, Water Modernity and Society in Linz, ca. 1700–1900, in: UR Jurnal of Humanities and Social Sciences 2, 19, 2021, pp. 52–76; David Blackbourn, The Conquest of Nature. Water, Landscape, and the Making of Modern Germany, New York 2006.

5 Questo è forse il caso più significativo e studiato, nonché il più simile per dinamiche e tipologia degli interventi a quello savoiardo; si veda a proposito Dominique Baud, Jonathan Bussard, Emmanuel Reynard, La correction du Rhône valaisan au XIXe siècle. Un aménagement à fort impact environnemental, in: Patrick Fournier, Geneviève Massard-Gilbaud (a cura di), Aménagement, territoires et environnement. Perspectives historiques, Rennes 2015, pp. 137–148; Dominique Baud, Emmanuel Reynard, Géohistoire d'une trajectoire paysagère dans la plaine du Rhône valaisan. Analyse du secteur entre Riddes et Martigny (1840–1965), in: Norois 237, 2015, pp. 15–31; Léna Pasche, Travaux de correction des cours d'eau en Valais et dans la la région de Conthey (1860–1900), in: Vallesia 59, 2004, pp. 225–246; Gabriel Bender, Corriger le Rhône et les Valaisans: trois siècles de travaux et de débats, in: Revue de géographie alpine 92, 3, 2004, pp. 51–60.

6 Antonio Gusellotto, La bonifica della Val d'Adige, Trento 1940; Christian Untherhuber, 100 anni di regolazione dell'Adige e la bonifica nella Bassa Atesina, Egna 1993.

7 Nel caso dell'Isère si veda la lunga storia di esondazioni esposta da Denis Coeur, La plaine de Grenoble face aux inondations, Versailles 2008.

poiché in pianura l'infrastrutturazione delle risorse idriche è stata invece maggiormente legata alla bonifica e all'apertura di grandi canali artificiali destinati all'irrigazione di ampie porzioni di terreno agricolo.[8]

In Savoia i lavori di correzione fluviale sono strettamente legati alle modalità di sfruttamento del territorio di fondovalle e, in maniera complementare, anche dei versanti montuosi. Gli ingegneri che si occuparono nella prima metà del XIX secolo di pianificare l'opera focalizzarono spesso l'attenzione sulle condizioni precarie delle terre di fondovalle. Queste venivano spesso descritte come terre incolte in balia dell'abbandono e della miseria.[9] Le terre che venivano stagionalmente inondate dalle piene dell'Isère venivano considerate del tutto inutilizzabili e improduttive e la relativa perdita veniva stimata in 3000 ettari.[10] Ad aggravare la situazione vi erano le acque stagnanti residue, causa di frequenti febbri malariche che decimavano la popolazione degli abitati adiacenti.[11] Queste tematiche si possono inquadrare all'interno di un dibattito ampio in corso a cavallo tra diciottesimo e diciannovesimo secolo (alimentato soprattutto dalle sempre più numerose opere di catastazione e registrazione della proprietà) che riguardava la necessità di una riduzione delle terre soggette ad utilizzo misto e collettivo ed una loro riconversione a terre strettamente agricole in regime di proprietà privata.[12]

---

8 Emblematico il caso della bonifica della pianura padana occidentale e della conseguente costruzione di ampie infrastrutture idriche adatte all'irrigazione delle risaie, si veda a tal proposito Carlo Negroni, La distribuzione delle acque del Canale Cavour, Novara 1870; Luciano Segre, Agricoltura e costruzione di un sistema idraulico nella pianura piemontese (1800–1880), Milano 1983; un altro esempio è la vasta opera di bonifica della Maremma toscana negli anni del fascismo, vedi Nicola Gabellieri, Terre divise. La riforma agraria nelle Maremme toscane, Roma 2018.

9 Si veda ad esempio il resoconto dell'ingegnere Jules Guigues, Mémoire sur le diguement de l'Isère et de l'Arc dans le département de la Savoie. Construction du lit artificiel. Atterrissement des terrains domaniaux et projet de dessèchement de la vallée, Grenoble 1871.

10 Guigues (vedi nota 9), p. 15.

11 Antoine Drizard, Mémoire sur le colmatage des terrains de la vallée de l'Isère, partie comprise dans la Savoie entre le pont de Grésy et la limite du département, in: Annales des Ponts et Chaussées 16, 1868, pp. 593–632.

12 Per la Savoia si veda soprattutto l'opera del marchese Joseph Henri Costa de Beuregard, Essai sur l'améliorament de l'agriculture dans les pays montueux et en particulier dans la Savoye, Chambery 1774; il filone trattatistico della *agricultural enlightenment* è molto ricco e conobbe largo successo nell'Europa del tardo Settecento, vedi Peter Jones, Agricultural Enlightenment. Knowledge, Technology and Nature 1750–1840, Oxford 2016; Mauro Ambrosoli, Scienziati, contadini e proprietari. Botanica e agricoltura nell'Europa occidentale (1350–1850), Torino 1992.

Un progetto «necessario»

I lavori di canalizzazione del fiume Isère si svolsero nel giro di meno di trent'anni, dal 1829 al 1854, in diverse fasi che coinvolsero vari tronconi del fiume[13] dal confine con il Delfinato risalendo fino alla confluenza con l'Arly nei pressi di Albertville; i lavori riguardarono anche i due affluenti del fiume principale, l'Arc e l'Arly. In particolare, la confluenza con l'Arc, nei pressi del villaggio di Aiton, coincise con un prosciugamento radicale della grande piana alluvionale generata dall'incontro dei due corsi d'acqua terminato nel 1851. Differentemente da altri contesti, come ad esempio il Vallese svizzero,[14] la valorizzazione e la coltivazione delle terre ricavate grazie alla canalizzazione fu quasi immediata; come vedremo successivamente, infatti, il loro affitto doveva permettere ai comuni il pagamento dei costi di manutenzione delle opere idrauliche.

L'idea di una rettifica fluviale venne accarezzata dall'amministrazione sabauda già nella seconda metà del XVIII secolo,[15] probabilmente in seguito alle numerose lamentele circa lo stato del fiume Isère che i consigli delle comunità ed i proprietari terrieri inviavano al governo,[16] lamentando, verso la fine del XVIII secolo, corrosioni di terreni comuni associate a frequenti usurpazioni. Nei pressi di Aiton, un villaggio situato in un punto critico sulla confluenza tra l'Isère e l'Arc, il consiglio della comunità riferiva che i due fiumi «ont tellement inondè et corrodè les communaux et ont tellement changé la nature que les plus anciens n'en savent donner aucunne connaissance», aggiungendo infine che i lavori erano strettamente necessari poiché «les possesseurs de toutes parts aboutissants aux dits communaux se sont étendus sur iceux».[17] Queste usurpazioni, che nelle fonti vengono definite *défrichements*, interessavano perlopiù i beni comuni di fondovalle; molto spesso queste avvenivano ad opera di particolari di comunità confinanti che si appropria-

---

13 Vedi lo schema di svolgimento dei lavori esposto in Jacky Girel, Histoire de l'endiguement de l'Isère en Savoie: conséquences sur l'organisation du paysage et la biodiversité actuelle, in: Géocarrefour 85, 1, 2010, pp. 41–54.

14 La canalizzazione del Rodano svizzero, iniziata nel 1860, portò ad una valorizzazione agricola delle terre di fondovalle soltanto verso gli anni quaranta del XX secolo, principalmente a causa delle difficoltà riscontrate nel corso dei lavori, vedi Bender (vedi nota 5).

15 Il progetto originario dell'ingegner Garella era già stato descritto da François Gex, Le diguement de l'Isère dans la Combe de Savoie, in: Revue de géographie alpine 28, 1940, p. 7.

16 Sulla struttura e sulla natura delle comunità amministrative istituite dal governo sabaudo in Savoia nella prima metà del XVIII secolo mi permetto di rinviare a Matteo Tacca, Pratiche di catastazione e riforme della maglia amministrativa rurale. Borgate e beni comuni nella Savoia del diciottesimo secolo, in: Quaderni storici 167, 2021, pp. 173–196.

17 Frammenti del verbale del consiglio sono riportati da Maurice Messiez, La Combe de Savoie autrefois, Montmélian 1995, p. 16, il quale riporta inoltre che dopo la Rivoluzione verranno espresse lamentele simili anche dal comune di Montmélian, secondo il quale le piene stagionali dell'Isère risultavano dannose «par l'indifférence quel es propriétaires mettent à améliorer un terrain continuellement exposé».

vano di parti di beni comuni incolti dissodandoli e coltivandoli principalmente a vigna. È un processo che nelle fonti riguardanti la Savoia emerge a più riprese almeno dal XV secolo, ma che alla fine del XVIII secolo conosce una vera e propria esplosione.[18]

Un altro fattore di spinta alla canalizzazione, forse meno evidente, è quello evidenziato da Denis Coeur, il quale, tracciando una linea temporale delle principali inondazioni dell'Isère e del Drac nella parte francese della vallata (Gresivaudan), ha sottolineato una percezione sensibilmente aumentata dei danni stagionali a partire dalla fine del XVIII secolo, mettendo il tutto in relazione con il fenomeno di generale abbassamento delle temperature noto come Piccola Era Glaciale.[19] A tutto ciò si deve aggiungere il diverso interessamento antropico delle terre basse di fondovalle, che, tra la seconda metà del XVIII secolo e la fine del XIX secolo, sono interessate da processi sociali di affrancamento e di abolizione delle forme di proprietà collettiva e dissociata.[20] Il diverso utilizzo di ampie porzioni di fondovalle, che passano dal pascolo alle coltivazioni stabili, come ad esempio il frutteto, determina danni maggiori da parte delle inondazioni ed un'aumentata percezione degli eventi catastrofici.[21] Il graduale processo di appropriazione delle terre di fondovalle da parte dei singoli possidenti e l'ampia diffusione di colture stabili generano quindi un bisogno maggiore di stabilità e protezione del territorio.

Il primo progetto di canalizzazione, ideato nel 1788 dall'ingegnere Joseph Garella e presentato al governo sabaudo nel 1792, rimase irrealizzato nel periodo rivoluzionario (1792–1804);[22] durante gli anni del primo impero (1804–1814) furono valutati dal governo francesi altri progetti di ingegneri francesi che tuttavia rimasero sulla carta.[23] Al momento della restaurazione sabauda, nel 1816, il governo prese immediatamente in considerazione la realizzazione del progetto originario dell'ingegner Garella e, dopo aver realizzato nel 1818 una commissione speciale diretta dall'ingegner Barbavara, avviò definitivamente i lavori nel 1828. La tecnica adottata per la messa in opera fu quella della canalizzazione continua senza golena,[24] ovvero senza aree inondabili collaterali, a cui successivamente seguì il riempimento dei rami prosciugati dell'Isère con materiali ricavati dallo scavo del canale principale.

18 Mi permetto di rinviare a Matteo Tacca, Dalla deforestazione alla liberazione del suolo. Forme di proprietà e costruzione del territorio in Savoia (XVIII–XIX secolo), in: Histoire des Alpes – Storia delle Alpi – Geschichte der Alpen 25, 2020, pp. 157–172.
19 Cœur Denis, La maîtrise des inondations dans la plaine de Grenoble (XVIIe–XXe siècle). Enjeux techniques, politiques et urbains, Thèse de doctorat sous la direction de René Favier, Université Pierre Mendès France, Institut d'urbanisme de Grenoble 2003, p. 34, fig. 3.
20 Per la Savoia in particolare, si veda Max Bruchet, L'abolition des droits seigneuriaux en Savoie (1761–1793), Annecy 1908.
21 Gregory Quenet, La catastrophe, un objet historique?, in: Hypothèses 1, 2000 pp. 11–20.
22 Gex (vedi nota 15).
23 Girel (vedi nota 13).
24 Girel (vedi nota 13).

Tali lavori di canalizzazione ebbero un profondo impatto, in primo luogo, sulla copertura vegetale della Combe de Savoie. Per il caso dell'Isère, alcuni tentativi di ricostruzione dei territori che la rettifica del fiume ha cancellato sono stati intrapresi in particolare da Jacky Girel.[25] Quest'ultimo registra una serie di mutazioni nella copertura vegetale: in primo luogo, la scomparsa di piante indissolubilmente legate agli ambienti alluvionali e ghiaiosi: l'olivello spinoso, particolarmente utilizzato nel pascolo e nella produzione del foraggio per i cavalli per via delle piccole olive selvatiche che produce, e la tamerice alpina, anch'essa particolarmente adatta all'utilizzo come foraggio; sul versante arboreo era invece comune la presenza dell'ontano bianco e del salice barbuto. In seguito, con il riempimento dei rami prosciugati del fiume, questi nuovi spazi vengono inizialmente ripopolati attraverso specie termofile come la roverella, l'acero minore e il maggiociondolo.

Pratiche di sfruttamento ed ambiente fluviale

L'esistenza di queste specie vegetali era dovuta certamente alle condizioni favorevoli dell'ambiente fluviale, ma anche e soprattutto a determinate pratiche agro-silvo-pastorali di sfruttamento collettivo del territorio;[26] la documentazione presente negli archivi comunali e precedente ai lavori di rettifica è costellata di liti giuridiche per il pascolo e per lo sfruttamento del legname di fondovalle. Il mantenimento di tali ambienti era sostanzialmente alla base dell'intero rapporto tra terre basse di fondovalle e terre alte, anch'esso tipico del territorio di antico regime.[27] Il pascolo invernale di fondovalle associato a queste specie erbacee risultava complementare al pascolo estivo ad alta quota ed alle coltivazioni dei pendii montuosi. Il principale scopo delle aree umide di fondovalle era la produzione della cosiddetta *blache*,[28] ovvero una serie di

---

25 Girel (vedi nota 13), p. 50; similmente per il bacino fluviale della Leysse, tra Chambéry ed il lago Bourget, Girel Jacky, Aménagements anciens et récents. Incidences sur l'ecologie d'un corridor fluvial: la Leysse dans le bassin chamberien, in: Revue d'écologie alpine 1, 1991, pp. 81–95.
26 Vedi Diego Moreno, Dal documento al terreno: storia e archeologia dei sistemi agro-silvo-pastorali, Bologna 1990, p. 10, il quale, rifacendosi agli studi di ecologia storica inglese (in particolare Oliver Rackham, Ancient Woodland. Its, History, Vegetation and Use in England, Londra 1980) definiva tali specie come *indicators plants*; queste ultime non erano il prodotto di processi naturali, ma piuttosto il risultato di secoli di pratiche forestali e pastorali della montagna di fascia; un approccio simile, per l'est europeo, è stato adottato da Aleksandr Panjek, Feudal economy in early modern Western Slovenia, in: Acta Histriae 18, 1, 2010, pp. 23–54.
27 Anne-Lise Head-König, De la diversité des productions à la concurrence. Hautes et basses terres en Suisse face aux interventions institutionelles, 1750–1914, in: Luigi Lorenzetti, Yann Decorzant, Anne-Lise Head-König (a cura di), Relire l'altitude: la terre et ses usages. Suisse et espaces avoisinants, XIIe–XXIe siècles, Neuchâtel 2019, pp. 227–254.
28 Max Bruchet, Notice sur l'ancien cadastre de Savoie, Annecy 1896; analizzando il complesso lessico del primo catasto della Savoia, redatto nella prima metà del XVIII secolo, Bruchet indicava la *blachere* come luogo in cui era solita crescere la *blache*, anche conosciuta in francese come

piante igrofile utilizzate per il nutrimento del bestiame. Guardando alle mappe dei catasti settecenteschi[29] si nota che la stragrande maggioranza dei terreni rivatici e delle isole fluviali su cui cresceva questo tipo di vegetazione erano classificati come beni comuni gestiti collettivamente, e non senza tensioni, dagli innumerevoli gruppi famigliari che abitavano le diverse borgate di cui i villaggi savoiardi si componevano.[30] Le fonti settecentesche sono ricche di testimonianze che descrivono le diverse pratiche di sfruttamento degli incolti di fondovalle; queste emergono in particolar modo nella documentazione di tipo conflittuale, da cui emergono liti giurisdizionali soprattutto per la raccolta del legname e per lo sfalcio del fieno dei prati inondati stagionalmente dal fiume.[31] Tra le carte di archivio si trovano inoltre testimonianze delle colture temporanee che venivano praticate sulle terre collettive di fondovalle; negli archivi comunali spesso si sono conservati i registri in cui le comunità annotavano annualmente pezze di terra affittate a breve termine, per un periodo non superiore all'anno, a diversi particolari, i quali vi coltivavano principalmente patate, legumi e in rari casi cereali.[32]

L'opera di canalizzazione incontra dunque un contesto sociale, agricolo e territoriale molto complesso, percorso da antichi retaggi difficili da eradicare, generando conflitti fra diversi attori sociali; il sistema agro-pastorale appena descritto costituiva la base economica di innumerevoli gruppi sociali sin dalle prime colonizzazioni alpine del medioevo.[33] I lavori di canalizzazione coinvolgono direttamente i comuni locali, i quali sono chiamati dallo Stato sabaudo a contribuire ai costi di realizza-

---

laîche, ovvero un gruppo di graminacee del genere *Carex*, questa tipologia di copertura erbacea è solita crescere nelle aree umide, essendo spesso presente nel catasto in concomitanza alle *marais*, ovvero i prati umidi; è presumibile dunque che quest'ultima rivestisse un ruolo di primaria importanza per il pascolo degli animali.

29 Nel corso della ricerca sono state consultate diverse mappe del primo catasto sabaudo conservate presso l'archivio dipartimentale di Chambery, in questo articolo faccio particolare riferimento alla mappa della comunità di Sainte-Hélène-sur-Isère, vedi Archives départementales de la Savoie (d'ora in poi ADS), C 3912, Copie de la mappe de la commune de Sainte-Hélène-sur-Isère, 1729.

30 Mi riferisco a Tacca (vedi nota 16).

31 Si veda la lite del 1753 tra le comunità di Sainte-Hélène-du-Lac e Francin per lo sfruttamento delle isole fluviali dell'Isère in ADS, Judicature mage de Savoie, 2B 13835, Vif conflit entre la communauté de Francin et celle de Sainte-Hélène-du-Lac au sujet de la proprieté des îles de l'Isère, 1753; sulle forme di sfruttamento delle *îles* fluviali cfr. anche Alessandro Celi, Les Îles: territorio, società, economia, in: Guido Alfani, Matteo Di Tullio, Mocarelli Luca (a cura di), Storia economica e ambiente italiano (1400–1850), Milano 2012, pp. 300–312; Alice Blythe Raviola, Terra nullius. Ghiare, siti alluvionali e incolti nella piana del Po in età moderna, in: Guido Alfani, Riccardo Rao (a cura di), La gestione delle risorse collettive nell'Italia settentrionale (secoli XII–XVIII), Milano 2011, pp. 157–173.

32 Si vedano i registri delle terre collettive coltivate dai particolari di Sainte-Hélène-sur-Isère in Archive Communal de Sainte-Hélène-sur-Isère, BB.2, Déliberations du Conseil, f. 8, 1777.

33 Vedi in particolare Fabrice Mouthon, Savoie médiévale. Naissance d'un espace rural, Chambéry 2010, pp. 31–40.

zione attraverso la cosiddetta *impôt de diguement*. Questa era ripartita tra Stato, provincie e comuni secondo le seguenti modalità: 4/20 delle spese a carico dello Stato, 3/20 a carico delle provincie di Alta Savoia, Maurienne e Savoia Pro*pria, 13/20 a* carico dei 29 comuni interessati.[34] I costi di manutenzione degli argini erano invece completamente a carico dei comuni e proporzionali alla quantità di terra bonificata che ogni comune aveva guadagnato. Questa modalità di ripartizione dei costi di manutenzione prevedeva quindi una messa a profitto delle terre guadagnate dai comuni attraverso la bonifica, nello specifico attraverso un loro affitto a medio termine (mediamente nove anni) ai coltivatori privati, in modo da utilizzare parte dei proventi di tali affitti per il pagamento delle imposte di manutenzione.

Attraverso le imposte di manutenzione, lo Stato sabaudo cercava di disincentivare ogni tipo di utilizzo misto e collettivo dei territori di fondovalle, cercando piuttosto di favorire la messa a coltura dei fondi da parte dei singoli fittavoli. Il regolamento per le amministrazioni comunali del governo sabaudo, emesso nel 1838,[35] prospettava in effetti una valorizzazione delle proprietà comunali attraverso affitti, sconsigliando fortemente la vendita delle stesse. La vendita, tuttavia, non essendo espressamente vietata, poteva essere effettuata previa autorizzazione dell'intendenza.[36]

È importante osservare come a partire dall'emissione dei nuovi regolamenti per le amministrazioni locali lo Stato sabaudo incominciò a considerare i beni collettivi come delle proprietà comunali, la cui gestione era messa nelle mani dei funzionari comunali e degli ufficiali di intendenza.[37]

Questi processi generano degli attriti all'interno dei comuni, in cui si formano rapidamente due partiti opposti: da una parte i sostenitori della comunalizzazione e della coltivazione dei terreni, generalmente rappresentati da imprenditori agricoli, anche esterni alle comunità, in grado di disporre di buone quantità di denaro per l'affitto o l'acquisto dei terreni;[38] dall'altro lato abbiamo invece una parte della po-

---

34 I dati sulle imposizioni sono ricavabili dalle tabelle che la direzione dei lavori inviava alle comunità per stabilire le contribuzioni, Archive Communale de Les Marches, 202 e-depôt 239, Endiguement de l'Isère, Tableau des communes interessées à l'endiguement général de l'Isère et de l'Arc, 22 agosto 1853.

35 Ogni comune della Savoia possedeva una copia del regolamento, quello preso in esame si trova in ADS, Fonds sarde, 1FS 1687, Règlement municipal de 1838.

36 Gli intendenti erano figure amministrative nominate dal re di Sardegna, uno per ogni provincia, che si occupavano sostanzialmente di sorvegliare l'operato delle comunità locali, soprattutto in materia fiscale, agendo da intermediari fra i loro rappresentanti ed il potere regio; furono istituiti nel 1696 dal duca Vittorio Amedeo II sul modello degli intendenti francesi, vedi Enrico Genta, Intendenti e comunità nel Piemonte settecentesco, in: Luca Mannori (a cura di), Comunità e poteri centrali negli antichi Stati italiani, Napoli 1996, pp. 44–46; Geoffrey Symcox, L'età di Vittorio Amedeo II, in: Giuseppe Galasso (a cura di), Storia d'Italia, vol. 8, Torino 1994, pp. 315–317.

37 Si veda il caso veneto in Giacomo Bonan, Di tutti e di nessuno. I beni comunali nel Veneto preunitario, in: Quaderni storici 155, 2017, pp. 445–468.

38 ADS, Intendance générale de Savoie: Affaires communales, 11 FS 516, Sainte-Hélène-des-Millières, 15 luglio 1848.

polazione, che, non potendo investire nel mercato fondiario, rivendica gli antichi diritti di utilizzo collettivo del territorio propri alla comunità da tempo immemore.

Tensioni fra i gruppi sociali

A Sainte-Hélène-sur-Isère, un comune sulla riva sinistra del fiume particolarmente interessato dai lavori di canalizzazione, questi contrasti emergono in maniera particolarmente vivida. Nei verbali del consiglio comunale del 1848 troviamo allegata una lettera con cui parte della popolazione si rivolge direttamente all'ufficio di intendenza per lamentare l'impossibilità di pagare le imposte di manutenzione dell'imponente opera idrica.[39] Secondo i rappresentati del consiglio comunale, la mancanza di liquidità di una parte della popolazione era dovuta ad una ripartizione sostanzialmente non equa degli affitti delle terre ricavate con le bonifiche, le quali sarebbero state oggetto di speculazione da parte dei «contribuables plus forts», ovvero degli investitori privati con una maggiore disponibilità monetaria ed in grado di sostenere l'investimento inziale per l'affitto delle terre.
Inoltre, l'assegnazione dei beni rivatici, precedentemente soggetti ad uso misto agro-silvo-pastorale da parte dei fittavoli coltivatori avrebbe arrecato a buona parte della popolazione «le plus grandes privations, ayant abbandonnée un terrain sur le quel ils tiraient toute leur subsistance».[40] La privazione delle terre collettive, assieme alle alte imposte di manutenzione dell'opera di regimentazione avrebbe ridotto, secondo i rappresentanti del comune «un grande nombre de familles à la mendicité et un certain nombres des autres à une calamitè voisine d'icelles».[41] Le osservazioni si spostano poi su quei terreni residui che erano rimasti adibiti al pascolo ed alla riduzione del loro prodotto; gli abitanti di Sainte-Hélène lamentavano la scomparsa della vegetazione necessaria al pascolo, la quale veniva danneggiata dalle acque che spesso infiltravano gli argini dell'Isère. Quest'ultima lamentela riguardava oltretutto quella parte di terreni che, secondo il nuovo regolamento dei comuni del 1838, andava mantenuta incolta, non affittata e disponibile al pascolo comune sotto il pagamento di un'imposta di utilizzo. Com-

---

39 ADS (vedi nota 34).
40 ADS (vedi nota 31); il tema dello sfruttamento misto e collettivo del terreno come una sorta di paracadute contro lo stato di povertà assoluta è caratteristico di molti altri contesti europei. Secondo alcuni studi, era opinione diffusa tra gli abitanti delle campagne che lo sfruttamento di quei beni spettasse loro quasi secondo una legge naturale oppure divina, vedi Marina Caffiero, L'erba dei poveri. Comunità rurale e soppressione degli usi collettivi nel Lazio (secoli XVIII–XIX), Roma 1983; Aleksandr Panjek, Intangible and Material Evidence on the Slovenian Peasant Economy. Custom and Land Market in the Karst Highland (17th–18th centuries), in: Aleksandr Panjek, Jesper Larsson, Luca Mocarelli (a cura di), Integrated Peasant Economy in a Comparative Perspective. Alps, Scandinavia and Beyond, Koper 2017, pp. 229–258.
41 ADS (vedi nota 31).

plessivamente, gli abitanti di Sainte-Hélène lamentavano una decisa diminuzione della produzione foraggera e dei conseguenti prodotti legati al mantenimento del bestiame, al punto che i raccolti degli anni precedenti non sarebbero stati nemmeno sufficienti a pagare la tassa sul pascolo comune, essendo «à peine suffisantes pour leur furnir l'aliment le plus nécessaire».

Le modalità di godimento della terra erano quindi strettamente legate alla tipologia di pratiche, agricole o pastorali effettuate su di essa; concedere in affitto a singoli possidenti dei lotti di terreno comunale portava al loro dissodamento ed alla loro messa a coltura. La documentazione ci parla, ancora una volta, soprattutto dei conflitti insorti attorno a queste mutazioni di proprietà e di utilizzo della terra. Nel confronto citato poco sopra, tra «comunisti» e fittavoli, risulta di estremo interesse la documentazione che i comuni stessi producono per ricondurre a sé il dominio sui terreni rivaticchi dell'Isère. Si tratta di relazioni dal carattere rivendicativo con cui i comuni provano a tracciare una breve storia delle terre in questione; a Sainte-Hélène un documento di questo tipo viene stilato nel 1845 dal sindaco, nonché geometra, Saturnin Sage, dopo una seduta del consiglio comunale[42] in cui si denunciavano gravi irregolarità nell'assegnazione dei fondi comuni ai fittavoli a causa di una procedura che, ancora una volta, veniva accusata di favorire i *contribuables plus forts*. L'intera procedura di assegnazione dei fondi era in effetti sottoposta al vaglio dell'intendenza di Savoia, senza la cui autorizzazione il comune non poteva né affittare né vendere nessuno dei suoi beni.

Il Sage cerca con la sua relazione di riportare al comune la titolarità e la *potestas* dei beni comunali, ed apre la sua relazione dichiarando che la comunità era da tempo immemorabile in possesso di 853 giornate (325 ettari) di terreno «qui ont été de bois broussailles, dont une partie se trouvoit chaque année corrodé par les débordememnts de cette riviere et ne pouvoit pour ce motif etre divisé et rendu à l'agriculture»;[43] secondo il sindaco, questi terreni erano unicamente destinati alla raccolta del legname per il riscaldamento delle case e per il pascolo invernale del bestiame. La relazione prosegue soffermandosi in particolare sui fatti avvenuti nel 1793, anno in cui, secondo il sindaco, alcuni particolari di Sainte-Hélène avrebbero dissodato e coltivato alcuni appezzamenti di terra, pagando al comune un censo annuo di 4 lire per giornata. Il documento sottolinea poi come la tendenza all'affitto e al dissodamento delle terre comuni abbia preso piede in maniera incontrollata negli anni successivi: nel 1808 erano state dissodate 350 giornate di terra, al punto che, verso il 1830, il comune temeva ormai «de voir disparaitre pour toujours le bois d'affouage et ses paturages».[44] In allegato alla relazione si trova poi un conteggio delle terre ri-

---

42 ADS, 11 FS 515, 5 marzo 1845.
43 ADS, 11 FS 516, Relation de Saturnin Sage sindic, 23 giugno 1845.
44 ADS (vedi nota 36).

maste a disposizione degli abitanti come pascolo nel 1845, ovvero appena 70 giornate di terreno.

Il Sage, assieme al consiglio comunale di Sainte-Hélène, conclude la sua relazione sostenendo che l'attuale sistema di ripartizione dei fondi comunali è ben lontano dal fare gli interessi del comune, degli abitanti e in più in generale «dell'agricoltura», inclinandosi piuttosto alle «spéculations de quelques intrigants ou privilégiés». La richiesta che viene avanzata all'intendenza è quella di indire una nuova asta per la ripartizione delle terre coltive date in affitto e delle terre pascolive comuni. L'intendenza accoglie in parte la richiesta, e nel 1848 convoca davanti al consiglio di Sainte-Hélène una trentina di fittavoli, comunicando che i beni in questione gli sarebbero stati sottratti per poter procedere ad una loro redistribuzione.[45] Tuttavia, da una successiva lettera del consiglio all'intendenza si evince che molti membri del consiglio stesso, probabilmente essi stessi fittavoli, si sarebbero rifiutati di firmare la delibera per l'esproprio. La situazione continuerà ad essere ambigua almeno fino al 1857, anno in cui l'intendenza concede la ridistribuzione di una piccola parte dei terreni, circa 200 giornate,[46] mentre si sbloccherà definitivamente soltanto con il passaggio all'amministrazione francese, che verso la fine del XIX secolo avvierà ampie e definitive vendite di terreni comunali.

Conclusioni

L'avvento della Rivoluzione in Savoia creò i presupposti per una progressiva liberalizzazione delle forme di godimento delle terre che in antico regime venivano considerate collettive; la tendenza ad una progressiva appropriazione da parte di singoli attori genera un rapido aumento dei canoni di affitto che, secondo il sindaco di Sainte-Hélène, nel corso degli anni era salito da 4 a 15 lire per ogni giornata di terreno.[47] Da questo punto di vista i lavori di correzione fluviale non furono la condizione necessaria al dissodamento dei terreni rivatici di fondovalle, ma piuttosto un modo per regolarizzarne il regime fondiario, e per ricondurre la loro gestione non più agli attori locali, ma al governo centrale attraverso l'intendenza di Savoia. Lo Stato sabaudo diventa brevemente, fino alla cessione della Savoia alla Francia nel 1860, il vero detentore del dominio diretto sui beni comunali intraprendendo allo

---

45 ADS, 11 FS 516, 4 luglio 1848.
46 ADS, 11 FS 516, 8 marzo 1857.
47 Dinamiche molto simili sono state descritte in Francia da Nadine Vivier, Les biens communaux en France, in: Marie-Danielle Demelas, Nadine Vivier (a cura di), Les propriétés collectives face aux attaques libérales (1750–1914). Europe occidentale et Amérique latine, Rennes 2003, pp. 132–155, p. 140; con la promulgazione del Codice Civile del 1804 si decise di lasciare ai coltivatori, tramite il pagamento di un censo annuale, tutte le terre collettive francesi che negli anni precedenti erano state indiscriminatamente dissodate e coltivate.

stesso tempo una politica di gestione che favorirà la loro progressiva privatizzazione, escludendone l'accesso ad ampie fasce della popolazione rurale savoiarda.
La natura delle terre in questione, rimaste boschive e pascolive per lunghi secoli non era quindi determinata dallo scarso interesse nei loro confronti, ma piuttosto a utilizzi della terra da parte di gruppi sociali che all'interno delle fonti sembrano avere poca voce in capitolo. I lavori di correzione eliminano materialmente buona parte delle terre collettive e delle pratiche agro-silvo-pastorali praticate su di esse; non eliminano tuttavia i gruppi sociali coinvolti nella loro gestione. La loro presenza emerge da una documentazione che ha un carattere sostanzialmente conflittuale e rivendicativo, quasi un modo per continuare ad esibire agli occhi di tutti la loro esistenza.

Attraverso questo contributo ho cercato di delineare un rapporto di potere spesso invisibile o comunque ben celato nelle fonti archivistiche settecentesche e ottocentesche, ovvero il rapporto tra le opere di canalizzazione idrica e bonifica e lo smantellamento dei beni collettivi e dei loro diritti di sfruttamento da parte di determinati gruppi sociali. In queste pagine mi sono concentrato su di un piccolo fazzoletto di terra, un singolo fondovalle delle Alpi occidentali; tuttavia, sarebbe certamente interessante indagare se e come queste dinamiche possano interessare altri contesti europei. Penso ad alcuni altri casi, come ad esempio quello della pianura piemontese in Italia, in cui la bonifica della baraggia incolta ha portato ad un abbandono degli usi collettivi della terra e ad un passaggio netto alla risicoltura intensiva da parte di coltivatori privati tra la seconda metà del XIX e primi tre decenni del XX secolo.[48]
Non sempre tuttavia le risistemazioni territoriali ottocentesche sono esitate in un completo smantellamento dei diritti collettivi di sfruttamento; esistono casi, come quello del fiume Rodano nel Canton Vallese svizzero, in cui nonostante i lavori di canalizzazione del letto fluviale e lo sviluppo in particolare della frutticoltura intensiva[49] sono comunque sopravvissute antiche forme di possesso ed utilizzo collettivo della terra, le *Burgeoisies*, ovvero istituzioni in cui al comune politico si affianca un comune patriziale composto da abitanti «originari» che gestiscono le proprietà

---

48 Anche in questo caso, pur essendo stato descritto il rapporto tra la costruzione di una fitta rete irrigua artificiale e lo sviluppo della risicoltura intensiva (vedi nota 7), ci sono pochi lavori che si sono occupati di descrivere la sostituzione delle pratiche collettive di sfruttamento del territorio di antico regime; un tentativo, soprattutto di ricostruzione delle pratiche silvo-pastorali, è quello di Igiea Adami, Terre di Baraggia. Pascoli, acque, boschi e risaie: per una storia del paesaggio vercellese, Alessandria 2012, in cui l'autrice porta alla luce una complessa economia di antico regime complementare a quella biellese della lana e basata sullo sfruttamento degli ampi spazi pascolivi di cui l'alta pianura vercellese era dotata.

49 Vedi Luigi Lorenzetti, Between Conversion and Innovation: Alpine Fruit Growing in Trentino-South Tyrol and the Valais, 1860–1960, in: Gerard Béaur (a cura di), Alternative Agriculture. A Reassessment of Joan Thirsk's Concept, Turnhout 2020, pp. 155–179; Delphine Debons, Pour que les terrains de la plaine se couvrent de fruits et de fleurs: améliorations foncières et privatisation des propriétés dans la plaine de Saillon (1927–1945), in: Vallesia 71, 2016, pp. 105–140.

collettive, soprattuto risorse forestali, della comunità.[50] Questo tipo di approccio allo studio delle proprietà collettive e delle bonifiche territoriali potrebbe quindi portare a comparazioni fra diversi ambiti politici ed istituzionali; quali fattori legati alle bonifiche fluviali influenzano maggiormente la scomparsa degli usi collettivi del territorio? È corretto parlare di diverse forme di proprietà collettiva in diversi ambiti istituzionali? In quale modo il cambiamento delle istituzioni influenza le dinamiche di integrazione delle proprietà collettive? Lo studio della proprietà collettiva attraverso i processi storici e territoriali che ne hanno determinato la scomparsa può in definitiva rivelarne molti aspetti ancora nascosti.

---

50 Questi istituti rappresentato delle vere particolarità nel panorama politico europeo, si vedano gli studi di Luigi Lorenzetti, Gérer les terres, gérer les conflits. Les terres des Locarnesi, XVIe–XVIIIe siècles, in: Luigi Lorenzetti, Yann Decorzant, Anne-Lise Head-König (a cura di), Relire l'altitude (vedi nota 27), pp. 57–76; Jean Dubas, Histoire de la Burgeoisie de Fribourg. Des origines à nos jours, Friburgo 1992.

Mark Bertogliati

La proprietà intrecciata
Forme miste del possedere nella Svizzera italiana

> *The intertwined property. Mixed forms of ownership in Southern Switzerland*
> In the past the collective use of resources prevailed in the mountains mainly in terms of surface area, while complementarity with individual forms of land use was of central importance on the socio-economic level. In the present times, however, the separation of forms of ownership is much sharper, reflecting the profound transformations that have taken place over the last two centuries. In this paper we will deal with the interpenetration of individual and collective uses, i.e. what we identify as the mixed forms of ‹intertwined ownership›. Some examples from Italian-speaking Switzerland, but also present and widespread in many other Alpine areas, will be illustrated, such as the *jus plantandi* in chestnut orchards, the *quadrelle* (or *sorti*) in the management of coppice forests or the practice of *trasa* (*compascolo*, collective autumnal or spring grazing rights on private cultivated land).

Una «resistente pluralità di situazioni proprietarie»

Nell'epoca attuale siamo abituati a considerare proprietà privata e collettiva come due entità nettamente distinte, se non addirittura contrapposte. Nel passato, invece, le due forme del possedere erano sovente legate in un rapporto di reciproca dipendenza.[1] Nell'area alpina le comunità locali coltivavano una stretta familiarità con le diverse modalità di appropriazione della terra.[2] In questi contesti la complementa-

---

1 Pio Caroni, Le origini del dualismo comunale svizzero, Milano 1964, p. 40; Giuseppina Bernardin, Frontiere politiche e gestione delle risorse collettive. Boschi e pascoli a Primiero (Trento) nel XV secolo, in: Guido Alfani, Riccardo Rao (a cura di), La gestione delle risorse collettive. Italia settentrionale, secoli XII–XVIII, Milano 2011, pp. 79–93, qui pp. 80, 87.
2 Per le comunità alpine vedi: Robert McC. Netting, What Alpine Peasants Have in Common: Observations on Communal Tenure in a Swiss Village, in: Human Ecology 4, 1976, pp. 135–146,

rità culturale e socioeconomica tra le diverse forme d'uso e gli intrecci tra sfera privata e collettiva si manifestavano in forme diverse e a più livelli:
– Nello spazio (zone di transizione tra fondi agricoli, pascoli e boschi come le selve castanili o nei boschi pascolati);
– Nel tempo (servitù collettive di pascolo che gravavano ciclicamente sui fondi privati in funzione del calendario agro-pastorale);
– Nelle strategie di gestione e nell'organizzazione interna delle comunità (diritti di godimento e usufrutto su beni collettivi ripartiti in modo duraturo tra le singole persone e famiglie, solitamente originarie del luogo).

In riferimento a questo complesso e intricato sistema di relazioni, pratiche agro-pastorali e forme del possedere si è parlato di una «resistente pluralità di situazioni proprietarie».[3]

In questo contributo tenteremo di illustrare, con l'ausilio di alcuni esempi della Svizzera italiana, il concetto di «proprietà intrecciata» e, più in generale, indagare sulle relazioni tra usi individuali e collettivi dalla fine del XIX secolo fino ai giorni nostri.

Proprietà, possesso, diritti d'uso

Il processo che ha condotto alla cristallizzazione del concetto di proprietà fondiaria – intesa come diritto esclusivo e nominale sulla terra – è assai tormentato e ricco di increspature. Soprattutto a partire dal XIX secolo la proprietà viene sempre più concepita in chiave individualistica, associandola a un diritto esclusivo su un oggetto, un appezzamento di terra o un immobile. Nelle montagne e nelle lande incolte, tuttavia, la proprietà privata s'inseriva in un complesso articolato – e oggi a tratti nebuloso, perché poco conosciuto – di diritti d'uso agro-silvo-pastorali e vincoli comunitari che costituivano risorse irrinunciabili per le popolazioni locali.

Nelle montagne svizzere le risorse collettive sono sopravvissute agli stravolgimenti del ‹lungo Ottocento›, epoca che coincide con l'apoteosi della legittimazione della proprietà privata. Qui i ‹commons› resisteranno a questo processo di disgregazione grazie all'instaurarsi di un ‹dualismo comunale› che andrà affermandosi e consoli-

---

qui p. 140; Elinor Ostrom, Governing the Commons. The Evolution of Institutions for Collective Action, Cambridge 1990, p. 63; Luigi Lorenzetti, Introduction, in: Luigi Lorenzetti et al. (a cura di), Relire l'altitude. La terre et ses usages. Suisse et espaces avoisinants, XIIe–XXIe siècles, Neuchâtel 2019, pp. 9–26, qui p. 21.

3 Elena Ramelli, Fra segni e tracce. La ridefinizione della proprietà nel Ticino dell'Ottocento, in: Giorgio De Biasio et al. (a cura di), Un inquieto ricercare. Scritti offerti a Pio Caroni, Bellinzona 2004, pp. 363–390, qui p. 364.

dandosi nel corso del XIX secolo. Ed è proprio la persistenza di questi diritti a rappresentare una delle specificità dell'area alpina.

Anche in questi contesti favorevoli, tuttavia, i beni collettivi non passeranno indenni questa lunga fase di tensione nei rapporti proprietari. Il nuovo modello che si tentò d'imporre a partire dal XIX secolo era «astratto ed unitario» e tendeva ad allontanarsi «dalle implicazioni reali, dalla rilevanza socioeconomica delle ‹cose›».[4]

Le terre alte erano invece contraddistinte da specificità culturali e naturali che rendevano assai sottile la differenza tra un diritto di proprietà e un diritto d'uso. Ciò era un riflesso del paesaggio agrario del passato, dove le transizioni tra le varie forme d'uso del suolo erano più sfumate e sovente le diverse colture erano affiancate o sovrapposte.

Lungi dal voler essere esaustivi, in questo contributo intendiamo presentare alcuni esempi di forme del possedere che intreccia(va)no usi collettivi e individuali relativi alla Svizzera italiana, ma tipici anche di altre aree alpine limitrofe. Prenderemo in considerazione le forme di proprietà o i diritti d'uso in vigore a lungo termine o a titolo perpetuo come i diritti d'usufrutto sui boschi (*quadrelle*), i diritti di proprietà arborea nelle selve castanili (*jus plantandi*, nell'odierna terminologia storico-giuridica) e le servitù collettive di pascolo sui fondi privati (*trasa* o compascolo).

Tra utilità ed eccessi

Lo *jus plantandi*, letteralmente ‹diritto di piantare›, è un antico istituto giuridico che prevede la proprietà degli alberi da frutto (in particolare castagni; ma anche noci, ulivi, ciliegi) separata da quella del terreno. Nella Svizzera italiana i primi indizi di questo diritto d'uso si collocano nel X secolo,[5] ma è probabilmente nel corso del Basso Medioevo che la pratica della proprietà arborea si afferma nelle fasce collinari e alpine delle terre insubriche parallelamente all'ampia diffusione della castanicoltura da frutto, che in molte valli assume i tratti di una vera e propria specializzazione.[6] Questo processo si situa nella fase in cui, secondo Tine De Moor, nell'Europa occidentale è in atto si sta attuando una «rivoluzione silenziosa» in cui le forme d'uso collettivo e le realtà corporative si consolidano e vengono istituzio-

---

4 Caroni (vedi nota 1), pp. 195 ss.
5 Romano Broggini, Appunti sul cosiddetto «Jus plantandi» nel Canton Ticino e in Val Mesolcina, in: Vox Romanica 27, 2, 1968, pp. 212–228.
6 Patrik Krebs, Willy Tinner, Marco Conedera, Del castagno e della castanicoltura nelle contrade insubriche: tentativo di una sintesi eco-storica, in: Archivio Storico Ticinese 155, 2014, pp. 4–37.

nalizzate.⁷ Altri autori, nel contesto alpino, parlano in questo senso di ‹comunalismo› o ‹comunalizzazione›.⁸

In generale gli alberi erano di pertinenza privata e il terreno su cui erano piantati o innestati era di proprietà comunitaria. Vi erano però anche altre servitù o forme del possedere simili allo *jus plantandi* che potevano gravare anche su terreni comuni divisi o fondi privati.⁹ Negli antichi statuti questi diritti non erano espressamente menzionati, ma se ne disciplinavano piuttosto alcuni aspetti specifici.¹⁰ Ad esempio negli statuti trecenteschi di Oltreponte del Piaggio a Cannobio si arguisce la presenza di questo istituto, anche se non esplicitamente citato, attraverso una norma che impedisce la piantagione di castagni oltre un numero prefissato e diversamente dal sistema d'impianto stabilito da periti della comunità.¹¹ Si tratta di una norma che compare in forma simile anche negli statuti coevi di Brissago.¹²

Nel corso del XIX secolo, nel Canton Ticino, come in altre regioni svizzere, si instaura un dualismo comunale. Accanto al comune politico si consolida il ruolo delle corporazioni che ereditano le strutture delle antiche vicinanze che in Ticino prenderanno il nome di patriziati. Questi enti si dotano di regolamenti ispirati agli antichi statuti che disciplinavano la gestione del territorio e altri aspetti del vivere quotidiano. In questa fase le autorità politiche e i fautori delle riforme agrarie individuarono nell'eccessiva invadenza di questo diritto un intralcio alla coltivazione del suolo, al rendimento della terra e alle riforme agricole e forestali.¹³ La pressione demografica e il crescente frazionamento dei fondi dovettero, in effetti, favorire in alcuni luoghi un'eccessiva piantumazione dei terreni comunitari.¹⁴ D'altro canto, già nei secoli precedenti le norme statutarie lasciano intendere l'esistenza di abusi ed eccessi.¹⁵

---

7 Tine De Moor, The Silent Revolution: A New Perspective on the Emergence of Commons, Guilds, and Other Forms of Corporate Collective Action in Western Europe, in: International Review of Social History, vol. 53, suppl. 16: The Return of the Guilds, 2008, pp. 179–212.
8 Vedi ad esempio Jon Mathieu, Gemeinde als sozialer Prozess: Der Freistaat der Drei Bünde 1500–1800, in: Florian Hitz, Christian Rathgeb, Marius Risi (a cura di), Gemeinden und Verfassung. Bündner Politik und Gebietsstruktur gestern, heute, morgen, Coira 2011, pp. 35–47.
9 Giuseppe Mondada, Gli statuti di Olivone del 20 marzo 1474 in una traduzione settecentesca. Estratto da: Rivista Patriziale Ticinese, n. 1, 1959, pp. 1–32, qui p. 21.
10 Pio Caroni, In tema di superficie arborea (jus plantandi) nella prassi cantonale ticinese, in: Rivista Patriziale Ticinese 25, 1, 1971, pp. 1–27.
11 Pierangelo Frigerio, Renato Arena (a cura di), Statuti del Piaggio di Cannobio. Verbania-Intra 1996, p. 82.
12 Pierangelo Frigerio, Pier Giacomo Pisoni, Brissago medievale nei suoi Statuti (secoli XIII–XVI), Locarno 1984, pp. 67–68, 115.
13 Caroni (vedi nota 10), p. 9.
14 Raffaello Ceschi, Nel labirinto delle valli. Uomini e terre di una regione alpina: la Svizzera italiana, Bellinzona 1999, p. 19.
15 Oltre alle norme già citate vedi gli statuti seicenteschi di Broglio in Lavizzara. Patrik Krebs, Mark Bertogliati, Bruno Donati, Daniele Zoppi, Armando Donati, Il libro dei patti e ordini di Broglio del 1598–1626. Consuetudini antiche, organizzazione socioeconomica e concezione degli statuti di un Comune della Val Lavizzara, Locarno 2015, p. 199.

Negli ultimi decenni il ruolo dei beni collettivi e delle collettività proprietarie ha riscosso un crescente interesse in ambito storico ed economico.[16] Su un binario parallelo gli esiti di studi nell'ambito dell'antropologia storica si sono soffermati sui meccanismi di regolazione tra risorse e popolazione.[17] Nelle istituzioni che amministrano la gestione dei beni collettivi – e di riflesso nella proprietà intrecciata – si riscontrano certamente elementi di resilienza, auto-regolazione e sostenibilità, ma bisogna essere cauti nel qualificare le pratiche tradizionali d'uso del territorio come risposte perfettamente adattate alle condizioni locali. È però un fatto che, a dispetto dei presunti eccessi, lo *jus plantandi* abbia dato prova nei secoli di una notevole persistenza. Con l'entrata in vigore, nel 1912, del Codice civile svizzero questa pratica fu formalmente vietata (art. 678), divieto che però non incideva sui diritti acquisiti. Nei decenni successivi le autorità cantonali ticinesi continuarono infatti ad approvare regolamenti locali che contemplavano questo diritto, anche se non mancavano le diatribe giuridiche a questo proposito.

Citiamo ad esempio per la Valle di Muggio il caso del nuovo regolamento patriziale di Campora del 1967, il quale ribadiva che «ogni patrizio ha il diritto di sostituire piante castanili con nuove piante sia di castagno che di noce». In questo caso il Consiglio di Stato stralciò la norma ritenendola contraria ai disposti del Codice civile e in opposizione all'estinzione del diritto. Un intervento ingiustificato a detta dei giuristi poiché non tutelava il diritto anteriore che prevede invece la possibilità di sostituzione degli alberi salvo circostanze particolari e giustificate.[18] A Campora come in altre parti della Valle di Muggio saranno però il sopraggiungere del cancro corticale del castagno e il rapido abbandono delle pratiche tradizionali a decretare il tramonto dello *jus plantandi* che oggi sopravvive solo in rari casi.

Le sorelle Bruna e Piera Barella di Muggio detengono ancora un diritto su 270 alberi di castagno sul terreno patriziale, di cui possono disporre sia per la raccolta dei frutti che dell'eventuale legna e foglia a terra. Gli alberi sono contraddistinti dal numero della famiglia iscritto sulla corteccia. Per poterne usufruire le sorelle corrispondono al patriziato una tassa annua (*piantivo*) di 50 centesimi per albero, in conformità dei disposti del codice civile svizzero che, nella sua versione attuale, pre-

---

16 Paolo Grossi, Un altro modo di possedere: l'emersione di forme alternative di proprietà alla coscienza giuridica postunitaria, Milano 1977. Questo risveglio e questa nuova consapevolezza in ambito storico-giuridico a partire dalla fine degli anni Settanta sono ben descritti dallo stesso Grossi, scomparso nel 2022, in una più recente pubblicazione: Paolo Grossi, Il mondo delle terre collettive. Itinerari giuridici tra ieri e domani, Macerata 2019, pp. 62 ss. In ambito economico è il saggio di Ostrom (vedi nota 2) ad aver riconosciuto l'importanza degli usi collettivi come elementi positivi di sviluppo. Infine, va citata, in ambito storico-economico e ambientale, la raccolta di saggi: Diego Moreno, Osvaldo Raggio (a cura di) Risorse collettive, in: Quaderni storici, n. 81, XXVII, 3, 1992, pp. 613–924.
17 Robert McC. Netting, Balancing on an Alp. Ecological Change and Continuity in a Swiss Mountain Community, Cambridge 1981.
18 Caroni (vedi nota 10), pp. 12 ss.

Fig. 1: Selva castanile nel Malcantone inizio Novecento. (Foto: Eugen Schmidhauser. Collezione Giuseppe Haug, Capolago)

Fig. 2: Raccolta delle castagne in Valle di Muggio, 1955. (Foto: Hans Gerber. ETH-Bibliothek Zürich, Bildarchiv)

vede «una servitù analoga al diritto di superficie su singole piante e piantagioni».[19] Nelle valli del Ticino e del Moesano un pugno di proprietari vanta e sfrutta ancora questo antico diritto che si trova oggi in un limbo legale. In ambito forestale non sussistono interessi economici tali da sopprimere definitivamente – ma nemmeno rivitalizzare – i diritti di proprietà arborea.

Come dividere i beni comuni

Nel XIX secolo, nel Ticino meridionale è ben documentata la pratica della divisione dei boschi cedui comunitari in parcelle per il loro godimento in usufrutto fino all'estinzione delle famiglie beneficiarie. È il sistema delle *quadrelle*, termine che deriva dalla forma dei lotti (o *sorti*) delimitati sul terreno e riportati su mappe ed elenchi regolarmente aggiornati dai patriziati. La cessione in usufrutto a vantaggio dei ‹vicini› (dal XIX secolo in Ticino denominati ‹patrizi›) è documentata anche nelle valli superiori sin dal XIV secolo.[20] Simili forme d'uso fino all'inizio del XX secolo si riscontrano anche nell'ambito dello sfalcio del fieno selvatico o di bosco, sebbene in questo caso l'assegnazione fosse rinnovata in genere a scadenze più ravvicinate.[21]

Si tratta di esempi interessanti d'integrazione di usi agricoli e forestali che giustificano la diffusione di simili pratiche nell'intero arco alpino meridionale.[22] L'origine di questi usi nell'Antico regime non è chiara, né siamo in grado di documentare in modo circostanziato e di quantificare l'estensione di simili pratiche a livello regionale. È però certo che simili diritti di godimento si fecero più diffusi all'inizio del XIX secolo.[23] Negli anni della Repubblica Elvetica e all'indomani dell'Atto di Mediazione gli sviluppi politici e istituzionali stimolarono in molte località del Canton Ticino, in particolare nel Sottoceneri – un vivace processo di spartizione dei beni vicinali.[24] Simili dinamiche di attribuzione di diritti esclusivi di proprietà oppure di

---

19 *Codice civile svizzero del 10 dicembre 1907* (Stato 1° gennaio 2021), art. 678 cpv. 2–3.
20 Vittorio F. Raschèr, Lothar Deplazes, Consuelo Johner-Pagnani, Materiali e Documenti Ticinesi. Regesti Leventina, Serie I, fasc. 5, Bellinzona 1976, pp. 208–212.
21 Per il caso di Olivone in Valle di Blenio vedi: Guido Bolla, Aspetti di vita montana, Lugano 1935, pp. 52 ss. e Cristiano Caflisch, La Val Blenio: caratteri e problemi di una valle del Ticino settentrionale, in: Geographica Helvetica. Schweizerische Zeitschrift für Geographie, n. 5, 1950, pp. 137–149, p. 143. Per il caso della Val Verzasca: Franco Binda, I vecchi e la montagna, Locarno 1983, p. 30.
22 Nel Veneto, ad esempio, sono documentati nel primo Ottocento boschi «consortili» e simili diritti di compartecipazione. Giacomo Bonan, ‹Di tutti e di nessuno›. I beni comunali nel Veneto preunitario, in: Quaderni storici, n. 144, LII, 2, 2017, pp. 445–469. Esempi di riparto periodico di terreni agricoli, boschivi e incolti sono diffusi nella Pianura Padana e nelle montagne che la delimitano.
23 Ceschi (vedi nota 14), p. 25.
24 Stefano Franscini, La Svizzera italiana, vol. II, parte 1, Lugano 1838, pp. 253–254.

Fig. 3: Trasporto di legna da ardere nella zona di Astano, Malcantone, prima metà del Novecento. (Foto: Eugen Schmidhauser. Collezione Giuseppe Haug, Capolago)

diritti di usufrutto temporanei o ereditari sui boschi si manifestarono anche in altre regioni della Svizzera, come ad esempio nell'Entlebuch o nel Basso Vallese.[25]
In Ticino all'inizio del XIX secolo, i progetti di legge volti ad abolire e limitare i privilegi delle antiche vicinanze a vantaggio dei neocostituiti comuni politici non furono mai implementati nella pratica.[26] In una prima fase contraddistinta dalla legittimazione della proprietà privata e dall'elogio dell'individualismo agrario il sistema delle *quadrelle* fu addirittura associato dagli esperti forestali a una migliore gestione forestale,[27] nonostante i proprietari potessero disporne a loro piacimento, senza grossi aggravi e senza particolari limitazioni. I proprietari, secondo questa visione, erano incentivati a effettuare le ceduazioni secondo turni appropriati e salvaguardare le tagliate dai danni del vago pascolo. Si confidava dunque nella tutela della proprietà privata in un'epoca in cui le proprietà collettive non potevano essere sottoposte a un efficace controllo da parte dello Stato.
Non stupisce dunque la diffusione di questa forma d'uso nel Ticino meridionale e la sua persistenza, nonostante il cambiamento di rotta e di paradigma da parte delle au-

---

25 Alfred Huber, Der Privatwald in der Schweiz, Zurigo 1948, pp. 197–207.
26 Ivo Ceschi, Il bosco del Cantone Ticino, Locarno 2014, p. 71.
27 Francesco Eckert, Sull'attuale condizione e sul governo dei boschi nel Cantone Ticino, in: Giornale delle Società ticinesi di utilità pubblica, vol. VI, 1846, pp. 212–216, 237–240, 261–264, 270–275, qui p. 275: citato in Ceschi (vedi nota 14), p. 25.

torità alla fine del XIX secolo che favorirono un maggiore interventismo e un controllo più ferreo sulle autonomie locali e sull'iniziativa privata in materia forestale.[28]
A livello federale, la revisione del 1902 della legge forestale del 1876 vietò qualsiasi divisione delle foreste pubbliche per proprietà o usufrutto.[29] Questa norma segnò il progressivo declino di questi diritti, che fu però costellato da strenue opposizioni. Del resto, il ruolo delle *quadrelle* nel Ticino rurale rimase a lungo di vitale importanza. Dava accesso ai terreni forestali a persone che, per la maggior parte, non avrebbero potuto acquisire questa terra, combinando i vantaggi della proprietà-possesso collettiva e di quella privata. I boschi cedui o da *palina* (per lo più castagneti) erano una fonte irrinunciabile di legname per vigneti e costruzioni, fornendo inoltre legna da ardere e altre risorse.
A livello cantonale il *Decreto relativo al godimento dei boschi privati e patriziali divisi in usufrutto* del 28 aprile 1899 vincolava il taglio dei boschi privati e delle *quadrelle* all'autorizzazione dell'Ispettorato forestale. Nel 1910 Brenno Bertoni definiva questi usi come «una pianta nata da vegetazione spontanea, dotata di una forte vitalità» che andava «coltivata» a beneficio della selvicoltura.[30]
In Ticino questa pratica fu definitivamente soppressa solo nel 1962 con la revisione della Legge organica patriziale che sanciva il divieto di assegnare nuove parcelle di bosco e l'abolizione, entro un termine di dieci anni, dei diritti esistenti.[31] Questo intervento non ebbe particolari strascichi poiché la gestione tradizionale dei boschi cedui in quegli anni era ormai prossima al tramonto. A differenza dello *jus plantandi*, inoltre, le divisioni per godimento dei boschi patriziali erano associate a un diritto d'uso e non a una proprietà del singolo che poteva essere invece rivendicata in forza ai principi del diritto anteriore.[32] In realtà fino agli anni 1990, in altre forme, questi usi sopravvissero localmente. Nelle Centovalli porzioni delle roverine patriziali venivano ancora assegnate come lotti privati delimitati.[33] La persistenza di questi usi era nella fattispecie motivata dagli incentivi economici connessi al valore commerciale del legno di quercia, più che a motivi di attaccamento alle tradizioni del passato.

---

28 Mark Bertogliati, Dai boschi protetti alle foreste di protezione. Comunità locali e risorse forestali nella Svizzera italiana (1700–1950), Bellinzona 2014, pp. 186 ss.
29 Vedi l'art. 33 della legge.
30 Brenno Bertoni, Relazione della Commissione d'inchiesta sulle cause del conflitto fra le autorità forestali e le corporazioni patriziali, Bellinzona 1910.
31 Ceschi (vedi nota 26), p. 98.
32 Caroni (vedi nota 10).
33 Robert Carl Zimmermann, The Common-Property Forests of Canton Ticino, Southern Switzerland: Relations Between a Traditional Institution and the Modern State, 1803–2003, s. l. 2004, p. 58.

Fig. 4: Compascolo nei dintorni del villaggio di Riein in Surselva in una cartolina dei primi anni del Novecento. (Foto: Moriz Maggi, Ilanz. Collezione Mark Bertogliati, Osogna)

Chiamateli, se vi pare, diritti ...

Sul finire del XIX secolo, su pressione delle autorità federali, l'ispettorato forestale del Canton Ticino allestì un elenco delle servitù gravanti sui boschi. Furono censiti 301 vincoli che spaziavano dai diritti di legnatico a quelli di pascolo, dalla raccolta di ghiande, frutti e altri prodotti non legnosi alla derivazione delle acque per l'approvvigionamento idrico. La densità di servitù risultava particolarmente elevata nel Locarnese e in Valmaggia dove, storicamente e geograficamente, il territorio è più frammentato, la densità di comuni è elevata e la diversità ambientale e socio-culturale è particolarmente accentuata anche su piccola scala. Nel 1924 un ulteriore indagine censiva ancora 274 servitù, segno che i tentativi di abolizione, riscatto o redenzione di questi vincoli comunitari non furono particolarmente fruttuosi.[34] È, questa, una fotografia della complessità dei diritti che intrecciavano vincoli comunitari con proprietà private e, viceversa, diritti individuali e proprietà collettive.
In tema di servitù legate al pascolo possiamo distinguere due grandi insiemi. Il primo riguarda le servitù collettive che gravavano sui fondi coltivi privati (pascolo reciproco o compascolo), con risvolti legati esclusivamente all'agricoltura e ad aspetti di polizia rurale. L'altro riguarda i diritti di pascolo sui fondi collettivi, che spesso interessava i boschi e gli incolti (uso civico di pascolo).

34 Ceschi (vedi nota 26), p. 106.

Per quanto riguarda la prima tipologia d'istituzione collettiva nell'area ticinese e nelle valli limitrofe si parla di *traso, trasa* o *trasa generale (Gemeinatzung* nella Svizzera tedesca, *bual* nell'area romancia, *vaine pâture* in area francese). In sostanza con questi termini si fa riferimento al pascolo sui fondi coltivi, solitamente di ragione privata, praticato a partire dall'autunno dopo il raccolto o l'ultima fienagione e prima della semina, non solo con bestiame minuto, ma anche con bestiame grosso e, in alcuni casi, animali da cortile.[35]

Si trattava di una risorsa fondamentale per la popolazione locale, specialmente nelle zone dove le superfici di pascolo collettive erano ridotte, frammentate e distanti dal villaggio. Il beneficio di questa forma d'uso – al netto dei danni deplorati dai fautori delle riforme agrarie e forestali a partire dal XIX secolo – era duplice. Da un lato il detentore del bestiame poteva usufruire di superfici di pascolo preziose allo scopo di ritardare il più possibile la stabulazione invernale. Dall'altro il proprietario poteva disporre di un apporto di letame ai propri fondi vignati o seminati. Alcuni studi hanno messo in evidenza come nelle zone di montagna i valori di mercato dei terreni privati fossero in passato spesso superiori a quelli dei fondi situati in pianura dove la disponibilità di superfici agricole è più ampia, ciò che potrebbe anche suggerire uno stretto legame tra questa tendenza e il plus-valore connesso alla complementarietà tra proprietà private e collettive particolarmente accentuata nelle terre alte, perlomeno fino allo sfaldarsi degli schemi agricoli tradizionali.

Le modalità di regolazione delle pratiche legate alla proprietà dissociata e intrecciata erano disciplinate fin nei minimi particolari dagli statuti locali e variavano tra una regione e l'altra o addirittura tra comunità limitrofe.[36] In ogni caso il *traso* rientrava un po' ovunque nella pianificazione del calendario agricolo tradizionale e si opponeva alla *tensa*, periodo in cui invece l'accesso ai fondi doveva essere impedito, anche mediante la posa di recinzioni e *siepi*, per impedire danni alle colture.[37] Dall'inizio del XIX secolo, «l'esercizio della trasa generale viene a trovarsi nel mezzo di un ambito molto delicato: si muove tra la sfera pubblica e quella privata, che vengono ora sottoposte ad una netta definizione».[38] Nel Canton Ticino la legge del 20 maggio 1806 sancì l'abolizione e il divieto di questa pratica. Nei mesi successivi non tardarono a giungere all'indirizzo del governo cantonale numerose lamentele da parte delle comunità locali. Già nell'autunno dello stesso anno si se-

---

35 Sull'argomento e sul caso del Canton Grigioni vedi: Julius Michael Curschellas, Die Gemeinatzung, Ilanz 1926.
36 Elena Ramelli, I tentativi di abolizione della trasa generale nel Cantone Ticino. Sopravvivenza di un istituto dell'antico regime fondiario nel XIX secolo, in: Archivio storico ticinese 132, 2002, pp. 195–202, qui p. 195.
37 Mark Bertogliati, Patrik Krebs, Un territorio in evoluzione. La gestione delle risorse negli statuti e nei regolamenti della comunità di Sobrio, in: Mark Bertogliati (a cura di), Sobrio. Identità, risorse e percorsi di una comunità alpina. Sobrio 2013, pp. 112 s.
38 Ramelli (vedi nota 36), pp. 196 s.

gnalarono petizioni all'indirizzo del governo cantonale da parte di municipalità contrarie al provvedimento, ma anche di privati desiderosi di vederne la completa applicazione. La responsabilità dell'attuazione ricadeva, del resto, sulle amministrazioni locali chiamate ad allestire «regolamenti rigorosi ed efficaci per preservare le selve, campi e vigne dai danni che vi possono cagionare le bestie minute, i majali e specialmente le capre», oltre a provvedere alle misure di controllo e delle sanzioni necessarie.[39] L'applicazione fu però carente a causa dell'unilateralità dell'intervento, delle resistenze locali e dell'assenza di una definizione chiara dell'oggetto. Dai dibattiti del Parlamento ticinese dell'epoca si ricava l'impressione di una pluralità di opinioni in materia, ma anche di una generale confusione nell'inquadrare a livello giuridico le servitù collettive.[40] La soppressione degli usi collettivi, del resto, avrebbe generato conflitti intollerabili in un contesto socio-economico ancora fortemente ancorato a modelli agricoli del passato. È in fondo comprensibile che in una società ancora permeata dalle antiche consuetudini e contraddistinta da strutture non propriamente democratiche ma basate su privilegi e diritti locali, si riscontri una particolare e ostinata resistenza ai cambiamenti, soprattutto in assenza di robusti poteri centrali.

Insomma per tutto il XIX e buona parte del XX secolo «il percorso legislativo dell'abolizione della *trasa* è costellato di ritocchi, di nuove formulazioni, di richiami, decreti esecutivi, slanci e ricadute, petizioni di cittadini che implorano il mantenimento di questo istituto, e di altri, che invece chiedono di esserne liberati». L'inefficacia delle azioni volte alla soppressione di questi vincoli comunitari si deve all'atteggiamento paternalistico manifestato dalle autorità centrali nel XIX secolo, alla mancata considerazione delle particolarità e della diversità degli usi praticati a livello locale e all'incoerenza e all'eccessivo accanimento contro forme di appropriazione di rilevanza centrale per la popolazione delle valli.[41]

I diritti legati al pascolo nelle comunità locali formano un insieme complesso e articolato che, anno dopo anno, veniva esercitato in modo diseguale e dinamico. Non mancavano gli abusi a fronte dei mezzi di sorveglianza perlopiù inefficaci messi in campo dalle autorità locali. In realtà il confine tra uso e abuso era molto sfumato e la comprensione da parte delle autorità centrali di questo quadro complesso era lacunosa. Il processo di riscatto delle servitù di pascolo sui fondi suscettibili a migliore coltura avviato all'inizio del XIX secolo raccolse qualche successo soprattutto nel Sottoceneri, dove le condizioni erano più favorevoli,[42] rimanendo però in generale incompiuto a livello cantonale, come poteva amaramente constatare, a metà del XIX secolo, Stefano

---

39 Archivio di Stato del Cantone Ticino (ASTi), Bellinzona. Fondo diversi. Sc. 118. Pascolo, trasa.
40 Ramelli (vedi nota 3).
41 Ramelli (vedi nota 36), p. 199.
42 Stefano Manetti, Riforme agrarie e fondiarie nel Ticino dell'Ottocento, in: Edoardo Martinengo (a cura di), Le Alpi per l'Europa. Una proposta politica. Economia, territorio e società. Istitu-

Franscini (1796–1857), politico e attento osservatore della realtà ticinese.[43] Sull'onda delle riforme promosse a livello federale per estendere il controllo delle autorità centrali sulle autonomie locali, alla fine del XIX secolo gli sforzi delle autorità si concentrarono sul riscatto delle servitù di pascolo applicate alle foreste alle quali si riconosceva una funzione di protezione dai pericoli naturali. L'obiettivo era contrastare gli effetti nefasti dei disboscamenti montani e non vanificare gli imponenti sforzi nelle opere di protezione e di rimboschimento in corso di esecuzione. Si aprì una nuova stagione di conflitti che, anche in questo caso, trovarono una soluzione solo nel corso del Novecento con il tramonto delle pratiche agro-pastorali tradizionali e con esiti a tratti paradossali, come nell'esempio citato da Brenno Bertoni sulle pendici del Monte Generoso all'inizio degli anni 1930: «Melano [il patriziato, n. d. r.] ha un alpe, ma quasi tutto dominato da un livello feudale di ragione privata. Il terreno livellato coll'andare del tempo si è imboscato, di guisa che ora il padrone del bosco avrebbe diritto di riscattare il pascolo in virtù della legge forestale, mentre il padrone del pascolo avrebbe il diritto di riscattare il bosco in virtù del vecchio diritto cantonale sui livelli, ancora in vigore transitoriamente».[44]

La pratica del vago pascolo nella Svizzera italiana è oggi in generale vietata. Trattandosi di un aspetto di polizia rurale di competenza dei comuni politici e dei patriziati sono però concesse eccezioni tramite ordinanze e regolamenti comunali a patto di non ledere interessi forestali e agricoli. La rilevanza sociale ed economica di queste pratiche andrà comunque scemando a partire dal secondo dopoguerra, non da ultimo per le profonde trasformazioni della gestione agricola (nuove possibilità di approvvigionamento di foraggio, concimazione autunnale meccanica più rapida, rimozione dei cancelli e delle barriere temporanee dei campi per favorire il transito dei mezzi agricoli, cambiamenti dell'uso del suolo) che hanno decretato invece la definitiva scomparsa della *trasa*.

Cosa resta della proprietà intrecciata?

Nella storiografia dei ‹commons› si tende a enfatizzare il ruolo economico, sociale e culturale ricoperto dagli usi collettivi nel passato, rivalutato a partire dal 1990 sulla scorta dello studio pionieristico di Elinor Ostrom.[45] È inevitabile poi soffer-

zioni, politica e società. Contributi presentati al secondo Convegno «Le Alpi e l'Europa», Lugano 14–16 marzo 1985, Milano 1988, pp. 359–384 (377, n. 17).
43 Manetti (vedi nota 42), p. 364.
44 Brenno Bertoni, Dal Generoso all'Adula. Articoli pubblicati sul giornale Il Dovere, agosto–settembre 1931, Bellinzona 1932, p. 23. Con argomentazioni simili vedi: Mansueto Pometta, Nelle Prealpi ticinesi. Quadri e studi paesani. Parte prima e parte seconda. Il bosco ed il pascolo, Lugano 1917, pp. 157–160.
45 Ostrom (vedi nota 2).

marsi sugli effetti degli ‹attacchi liberali› alle proprietà collettive e sul processo di disgregazione degli ‹usi civici› che ha interessato l'Europa e altre parti del mondo nel corso del XIX secolo e oltre.⁴⁶ Finora i risvolti della proprietà intrecciata e della complementarietà tra le forme di possesso individuali e collettive sono stati soprattutto oggetto di analisi di casi di studio.⁴⁷ A mio avviso essi andrebbero ulteriormente approfonditi in chiave comparativa.

L'analisi degli esempi e dei casi di studio qui riportati offre un quadro relativamente dinamico anche prima del XIX secolo e dell'affermarsi dell'individualismo di matrice liberale. La proprietà intrecciata, come del resto i vincoli comunitari sono realtà flessibili e permeabili alle trasformazioni. Lungi dall'essere un sistema aperto, la proprietà intrecciata non è da intendersi come un meccanismo perfetto e in equilibrio sul lungo periodo. Abusi ed eccessi non mancavano. Essa era però una componente essenziale nella vita comunitaria delle terre alte. Questa complementarità può essere considerata uno dei principali fattori che hanno garantito la persistenza degli usi collettivi fino a oggi.

È lecito chiedersi cosa resti oggi della proprietà intrecciata in un'epoca in cui si è passati da una dimensione oggettiva e plurale del possedere, ove prevalevano gli usi, a una dimensione soggettiva e singolare del regime di proprietà, in cui si afferma il primato delle persone.⁴⁸ Alcuni residui e testimonianze rimangono, ma questi usi sono stati spazzati via dai cambiamenti avvenuti nel secondo dopoguerra. Fino alla metà del XX secolo essi avevano saputo difendersi piuttosto bene, talvolta con una resistenza passiva insinuandosi nelle maglie del sistema giuridico e sfruttando i limiti delle riforme nell'applicazione pratica sul terreno, in altri casi attraverso strenue opposizioni.

Ciò che non hanno saputo fare le leggi e i provvedimenti nell'arco di oltre un secolo è stato compiuto in modo silente e in pochi decenni dalle profonde trasformazioni della società. È una resa pacifica, poiché in molti casi queste pratiche non essendo più essenziali sono state abbandonate senza rimpianti. In qualche caso, seppure in forma limitata rispetto al passato, usi come il vago pascolo o lo *jus plantandi* si sono conservati in virtù del diritto anteriore e di specificità locali.

Tra il XIX e il XX secolo l'esercizio di queste pratiche è stato ritenuto dannoso per le colture e per la rinnovazione dei boschi dai fautori delle riforme agrarie e forestali nell'arco alpino.⁴⁹ Esse avevano però il vantaggio di garantire una frequentazione ca-

---

46 Nadine Vivier, Propriété collective et identité communale. Les biens communaux en France, 1750–1914, Parigi 2000; Marie-Danielle Demélas, Nadine Vivier (a cura di), Les propriétés collectives face aux attaques libérales (1750–1914), Rennes 2003.
47 Vedi ad esempio alcuni saggi contenuti nella raccolta a cura di Moreno/Raggio (vedi nota 16).
48 In questo senso vedi Michela Barbot, Per una storia economica della proprietà dissociata. Efficacia e scomparsa di ‹un altro modo di possedere› (Milano, XVI–XVII secolo), in: Materiali per una storia della cultura giuridica 1, 2008, pp. 33–61, p. 36.
49 Per la Svizzera, ad esempio, vedi Bertogliati (vedi nota 28), pp. 178 ss.

pillare del territorio. La frammentazione della proprietà fondiaria e dei diritti d'uso – fattori esecrati dai fautori delle riforme agrarie – non costituivano di per sé un problema laddove la meccanizzazione era assente e lo sfruttamento era relativamente estensivo. I processi di ricomposizione fondiaria e razionalizzazione dell'agricoltura promossi nel corso del Novecento non hanno del resto saputo contrastare l'abbandono dei terreni più difficili e impervi e delle pratiche tradizionali. L'allentamento di questi usi, in particolare quelli legati al pascolo, ha favorito, dal canto suo, l'espansione del bosco parallelamente alla scomparsa delle fasce di transizione e promiscue che caratterizzavano in precedenza il paesaggio agrario di collina e di montagna.

In un'epoca di rapidi cambiamenti e di sfide nella gestione del territorio, il recupero dell'iniziativa privata nella gestione dei beni collettivi può costituire una via interessante per rivitalizzarli a patto di non stravolgerne l'essenza.

Gli obiettivi sono necessariamente diversi rispetto al passato. Per favorire la continuità dei castagni monumentali presenti nella Svizzera italiana – un patrimonio storico, etnografico e naturalistico di grande pregio destinato a scomparire in assenza di interventi attivi da parte dell'uomo – sarebbe ad esempio immaginabile un sistema di padrinato che in parte ricalchi la tradizione dello *jus plantandi*.

Esempi quali la creazione di orti comunali nelle aree urbane (*community gardening*, un processo recente nei centri del Canton Ticino) oppure la locazione a lungo termine di cascine di proprietà patriziale o comunale a privati per poterne garantire la conservazione mostrano come il recupero della proprietà dissociata sia in alcuni contesti un'operazione possibile e perfino vantaggiosa (‹win-win› come si usa dire oggi), in particolare per la valorizzazione dei *terrains vagues* nelle aree urbane e del disperso e frammentato patrimonio costruito al di fuori dalle zone edificabili. Simili processi possono essere interpretati, per certi versi, come una «rivincita della storia» e una risposta agli eccessi della privatizzazione.[50] Una rivitalizzazione della proprietà intrecciata è già in atto.

---

50 Rinvio qui al titolo dell'epilogo della pubblicazione di Tina De Moor, The Dilemma of the Commoners. Understanding the Use of Common-Pool Resources in Long-Term Perspective, Cambridge 2017, p. 161.

Karina Liechti, Rahel Wunderli

Alpweiden in kollektivem Eigentum
Bewirtschaftungsgeschichte und Dynamiken von
Commons-Konzeptionen und -Praktiken im 20./21. Jahrhundert

Alpine Pastures in Collective Ownership – Land Use History and Dynamics of Commons Conceptions and Commons Practices in the 20th/21st Century
The majority of alpine pastures in Switzerland have been owned by collective bodies for centuries. Up to today, civic communities, corporations and cooperatives manage and use these peripheral and yet important areas for mountain farming. The history of common alpine pastures since the beginning of the 20th century is however marked by modernisation and the associated changes in agricultural use and in the involvement of diverse actors. Interactions between national policies and local regulations have been and still are a central pivot of development. Major trends in the interplay between common use as an idea and as a practice are changes in the reference to space, modifications of collective and individual management, adaptations of rules and regulations and expansions of the groups of people involved. Such processes are always a balancing act for commoners' organizations because certain principles of collective ownership must be maintained.

Ein Grossteil der Alpweiden in der Schweiz befindet sich seit Jahrhunderten im Eigentum von kollektiven Körperschaften. Bürgergemeinden, Korporationen und Genossenschaften verwalten und bewirtschaften diese für die Berglandwirtschaft wichtigen Flächen. Der vorliegende Text behandelt die bewegte Geschichte der Alpweiden als Gemeingüter (Commons) – Güter, die im Verlauf des letzten Jahrhunderts unterschiedlichen Dynamiken im Spannungsfeld zwischen gesellschaftlichen und ökologischen Prozessen einerseits und nationalen Politiken und lokaler Nutzung andererseits unterworfen waren. Anhand von vier Thesen stellen wir Trends der Wechselwirkung zwischen dem Gemeingut als Idee und dem Gemeingut als Praxis zur Diskussion. Wir implizieren, dass es im Laufe der neuern Geschichte der Alpbewirtschaftung zu Veränderungen in beiden Bereichen gekommen ist, die sich auch auf die zukünftige kollektive Nutzung des Sömmerungsgebietes auswirken werden.

Zur Alpweide als Ressource

Alpweiden sind periphere Gebiete oberhalb der ganzjährig bewohnten Siedlungen und im Übergang zur sogenannten unproduktiven, von Fels und Gletschern dominierten Zone. Als landwirtschaftliche Flächen werden sie nur saisonal genutzt, während der Sommermonate.[1] Diese Nutzung, Alpwirtschaft oder Sömmerung genannt, bildet im Allgemeinen eine in sich geschlossene Bewirtschaftungsform (eigene Gebäude, spezialisiertes Personal, eigens für die Sömmerung zusammengestellte Viehherden), sie ist aber auch ein wesentlicher Bestandteil der Landwirtschaft in den Talgebieten, insbesondere derjenigen in den Bergdörfern (Futterbasis, Eigentum der bewirtschafteten Flächen und des Weideviehs, teilweise auch Personalrekrutierung).

Alpweiden stehen wegen ihrer räumlichen Distanz zu den Siedlungsgebieten und wegen der zeitlich eingeschränkten Nutzung etwas im Schatten der Aufmerksamkeit der (staatlichen) Agraradministration.[2] Ihre Nutzung ist vergleichsweise extensiv: Hier lässt sich – zumindest in der von uns untersuchten Zeitspanne – keine grosse Rendite erwirtschaften. Nichtsdestotrotz gehören sie zur Kulturlandschaft und sind als solche betroffen von sozialen und ökonomischen Entwicklungen wie dem Rückgang der Landwirtschaftsbetriebe im Berggebiet (weniger Weidetiere und Personalmangel), dem Wandel des Tourismus im Alpenraum, Naturschutzbestrebungen oder Wasserkraftnutzung. Als sensibler ökologischer Raum sind sie selbstverständlich auch vom Klimawandel tangiert, zum Beispiel durch Veränderungen der Vegetation, der Wasserverfügbarkeit oder durch Destabilisierung des Bodens.[3]

---

1 Wir behandeln in diesem Text in erster Linie die landwirtschaftliche Funktion von Alpweiden. Auf ihre touristische Nutzung im Winter als Skigebiete gehen wir kaum ein.
2 Siehe die fehlenden Gesamtdaten im Abschnitt «Quantifizierung». Dass die unten beschriebene staatliche Datenerhebung bezüglich Alpwirtschaft heute relativ beschränkt ist, heisst nicht, dass eine Auseinandersetzung mit dem Thema fehlt. Als jüngeres Beispiel dafür siehe Stefan Mann et al., Gemeinschaftsalpen zwischen Allmende und Anreiz, in: Agrarforschung Schweiz 11/5, 2019, S. 244–249.
3 Christian Körner, Alpine Plant Life. Functional Plant Ecology of High Mountain Ecosystems, Berlin 1999 und die Website der alpinen Forschungs- und Ausbildungsstation ALPFOR, www.alpfor.ch; Verena Blanke, Felix Herzog, Klimawandel, Nutzungswandel und Alpwirtschaft, Schlussbericht des AlpFUTUR-Teilprojektes 4 «Klima», Teil 1, Zürich 2012; Chatrina Caviezel et al., Soil-vegetation interaction on slopes with bush encroachment in the central Alps – adapting slope stability measurements to shifting process domains, in: Earth Surface Processes and Landforms 39/4, 2014, S. 509–521.

Alpweiden sind also einerseits ökonomische Problemzonen, weil sie – auch ohne den Einfluss des aktuellen Klimawandels – der Dynamik von Naturkräften wie Steinschlag, Lawinen und Erdrutschen ausgesetzt sind. Sie sind meist abgelegen, weitläufig und für eine intensivere Nutzung (zum Beispiel für die Arbeit mit Maschinen) nur stellenweise und unter hohem Aufwand zu standardisieren. Andererseits sind sie kulturelle Sehnsuchtsorte. Die Heidi-Geschichte steht exemplarisch für den Wunsch nach einer Welt abseits von unerwünschten Nebenwirkungen der Moderne. Bei den vielen (politischen) Bemühungen, diese grossen Flächen in die Schweiz des 20./21. Jahrhunderts zu integrieren, haben beide Sichtweisen jeweils eine Rolle gespielt. Öffentliche Gelder auszugeben für diese vergleichsweise unrentable Zone wäre nicht möglich gewesen ohne die positiv besetzten Bilder. Alpweiden weichen also in vielerlei Hinsicht von der Norm ab, und durch ihre Grenzlage ist der Aufwand für den Menschen, sie als Kulturraum zu stabilisieren, besonders gross.[4] Die Grenzlage ist auch ein wesentlicher Grund für die im folgenden Abschnitt beschriebenen Schwierigkeiten, diese Ressource administrativ zu fassen.

Zur Quantifizierung des Gemeinguts Alpweide

Auch wenn die ökonomische Bedeutung der Alpweiden vergleichsweise klein ist, ihr räumlicher Umfang ist beträchtlich. Heute sind rund ein Drittel der Landwirtschaftsfläche und somit knapp 12 Prozent der Schweiz als «Alpwirtschaftsfläche» klassifiziert.[5] Im 19. Jahrhundert war ihr bedeutender Anteil an der Landesfläche ein zentrales Argument für den Schweizerischen Alpwirtschaftlichen Verband (SAV), die staatliche Förderung der Alpweiden zu fordern. Man könne doch nicht einen solch umfangreichen Teil des «Nationalkapitals» der effizienten Nutzung vorenthalten.[6] An der statistischen Belegung dieser Forderung biss sich der SAV dann allerdings die Zähne aus. Die Definition (Was ist eine Alpweide?) und erst recht die quantitative (Wie viele Alpweiden gibt es?) und qualitative (Wem gehören sie? Wie viel Ertrag werfen sie ab?) Erfassung wurden Thema zahlreicher Auslegungen und aufwendiger statistischer Arbeiten. Bis heute findet man in der Literatur keine eindeutigen Antworten auf diese Fragen. Noch viel komplexer wird die Angelegenheit, wenn versucht werden soll, den Anteil der kollektiv genutzten Alpweiden zu

---

4 Werner Bätzing, Die Alpen. Geschichte und Zukunft einer europäischen Kulturlandschaft, München 2015.
5 Bundesamt für Statistik, Die Bodennutzung in der Schweiz. Resultate der Arealstatistik, Neuchâtel 2013, S. 13 f. (abgedeckte Zeitspanne: 1985–2009).
6 Statistisches Bureau des Eidg. Departement des Innern, Die Alpenwirtschaft der Schweiz im Jahre 1864, Bern 1868.

definieren respektive zu berechnen. In der Alpstatistik von 1914[7] wird diese Problematik wie folgt ausgeführt: «Als Überbleibsel aus den Rechtsverhältnissen längst vergangener Zeiten begegnen wir auf unsern Weiden, zumal im Alpgebiete, gar oft ganz eigenartigen Besitzverhältnissen. Dieselben machen eine allgemein gültige, scharf abgegrenzte Klassifikation des Alpbesitzes überaus schwer.» Trotzdem versuchten die damaligen Statistiker eine Quantifizierung, welche ergab, dass sich 32 Prozent der produktiven Weidefläche in Besitz von Privaten, 27 Prozent in Besitz von Korporationen, 36 Prozent in Besitz von Gemeinden und 5 Prozent in gemischtem Besitz befanden. Dabei muss beachtet werden, dass zu den privaten Alpen auch Genossenschaftsalpen oder solche im Besitz von Vereinen und zu den Gemeindealpen neben den Einwohnergemeinden unter anderen auch die Bürgergemeinden gezählt wurden.[8] Auch im Alpkataster von 1982 wurde eine Quantifizierung vorgenommen, diesmal mit leicht veränderten Kategorien. Ihnen gemäss umfasste der Anteil produktive Weidefläche in Besitz von Privaten 18 Prozent, in Besitz von privatrechtlichen Körperschaften 24 Prozent und in Besitz von öffentlich-rechtlichen Körperschaften 58 Prozent.[9] Seit 1982 wurde keine flächendeckende Untersuchung der Eigentumsverhältnisse mehr durchgeführt, weshalb die heutige Forscherin von den staatlichen Behörden keine aktuellen Flächenangaben zu den kollektiven Alpweiden erhält. Eine stichprobenartige Erhebung ergab 2011 einen Anteil von etwa 61 Prozent der Alpfläche als sich in Kollektiveigentum beziehungsweise im Besitz der öffentlichen Hand befindend.[10] In den aktuellen Statistiken des Bundesamtes für Landwirtschaft werden die Eigentumsverhältnisse anhand der Rechtsformen der Sömmerungsbetriebe differenziert, aber nicht bezogen auf die Fläche, sondern bezogen auf den verfügten Normalbesatz,[11] welcher als der einer nachhaltigen Nutzung entsprechende Tierbesatz zu verstehen ist. Demnach entfallen 49 Prozent des Besatzes auf natürliche Personen, 45 Prozent auf Genossenschaften, einfache Gesellschaften und öffentlich-rechtliche Körperschaften, 4 Prozent auf Gemeinden und 2 Prozent auf Diverse. Weil sich die topografischen Gegebenheiten und die Weidequalitäten unterscheiden, erlauben solche Angaben allerdings nur eine Annäherung an den Flächenbesitz von kollektiven Körperschaften. Frühere Untersu-

---

7 Anton Strüby, Die Alp- und Weidewirtschaft in der Schweiz, Solothurn 1914, S. 42.
8 Ebd., S. 45 f.
9 Andreas Werthemann, Adrian Imboden, Die Alp- und Weidewirtschaft in der Schweiz, Bern 1982, S. 14.
10 Stefanie von Felten, Situation der Alpwirtschaftsbetriebe in der Schweiz. Resultate einer Befragung von Sömmerungsbetrieben, Birmensdorf 2011, S. 10 f.
11 Der Normalbesatz ist der einer nachhaltigen Nutzung entsprechende Tierbesatz einer Alp, umgerechnet in Normalstösse (NST). Ein Normalstoss entspricht der Sömmerung einer raufutterverzehrenden Grossvieheinheit (RGVE) während 100 Tagen. Richtgrösse einer RGVE ist eine Milchkuh.

chungen haben zudem gezeigt, dass öffentlich-rechtliches Alpeigentum in den Kantonen häufiger vorkommt, in denen das Ertragspotenzial der Weiden geringer ist.[12] Wie schon unsere Vorgänger:innen müssen wir feststellen, dass eine exakte quantitative Festlegung des kollektiven Alpeigentums nicht möglich ist. Ist das ein Problem? Einerseits nicht. Man weiss: der Anteil ist bedeutend, je nach Kategorisierung zwischen 60 und 80 Prozent. Andererseits: Durch die Unterschiedlichkeit der Quellen, Definitionen und Mengenangaben kann zum Beispiel keine Aussage gemacht werden, ob sich das Verhältnis zwischen Privat- und Kollektivbesitz verändert hat, was unseres Erachtens eine bedeutende Wissenslücke darstellt. Allerdings scheint es uns angesichts der peripheren Lage der Alpweiden auch nicht erstaunlich, dass der nationale Gesamtblick verloren gegangen ist.[13] Die administrative Kontrolle dorthin auszudehnen wäre selbst mit den heutigen technischen Möglichkeiten für eine nationale Behörde ein gewaltiger Kraftakt. Erschwerend hinzu kommt noch die wechselvolle und räumlich heterogene Geschichte dieser Ressource seit dem 19. Jahrhundert. Im folgenden Abschnitt werden die wichtigsten Elemente dieser Geschichte skizziert.

Kollektive Alpweiden zwischen nationalen Einflüssen und lokalen Initiativen

Nachdem die Alpweiden ab dem ausgehenden Mittelalter als Produktionsstätten von Vieh und Käse für den länderübergreifenden Handel zu einer wichtigen lokalen Ressource geworden waren, um die in vielen Fällen heftig gestritten wurde,[14] folgte im 19. Jahrhundert die Krise. Die Landwirtschaft in den Voralpen und im Mittelland steigerte durch ein Set von Neuerungen ihre Produktivität.[15] Die Berglandwirtschaft mit ihrer kürzeren Vegetationsdauer, den vielerorts flachgründigeren Böden und den aufwendigeren Transportwegen geriet ins Hintertreffen. Wissenschaftliche und politische Kreise, allen voran der SAV, beklagten den schlechten Zustand vieler Alpweiden – insbesondere den der kollektiv bewirtschafteten – und hoben das Produktionspotenzial dieser Ressource hervor. «Das Nationalkapital liegt in den

---

12 Priska Baur, Priska Müller, Felix Herzog, Alpweiden im Wandel, in: Agrarforschung 14/6, 2007, S. 257 f.; Werthemann/Imboden (Anm. 9), Karten S. 32, 88.
13 Kantonale Daten lassen sich durchaus finden.
14 Paul J. Brändli, Mittelalterliche Grenzstreitigkeiten im Alpenraum, in: Mitteilungen des historischen Vereins des Kantons Schwyz 78, 1986, S. 19–188. Als Beispiel für eine regionale Studie, die die ökonomisch-politische Funktion von Alpweiden herausarbeitet, Prisca Roth, Korporativ denken, genossenschaftlich organisieren, feudal handeln. Die Gemeinden und ihre Praktiken im Bergell des 14.–16. Jahrhunderts, Zürich 2018, S. 80–86, 103–118.
15 Werner Baumann, Agrarrevolution, in: Historisches Lexikon der Schweiz, Version vom 23. 3. 2011, https://hls-dhs-dss.ch/de/articles/013827/2011-03-23/g.

Alpen» (wobei Alpen als Synonym für Berge benutzt wurde) und «Wir müssen die Berghöfe zu Talhöfen machen» waren die Slogans. Es ging dabei um eine Integration von Gebieten in den noch jungen Nationalstaat, die den Anschluss an den Trend zu verlieren drohten. Und der Trend hiess Modernisierung: Steigerung der Produktivität durch Eingriffe in die naturräumlichen Verhältnisse (Düngung, Be- oder Entwässerung) und Ausbau beziehungsweise Verbesserung der Infrastruktur (Ställe für das Vieh, Wohnraum für das Alppersonal und – zur Linderung des Transportproblems – Wege, später Strassen).

Der SAV und die Bundesverwaltung waren in diesem auf nationaler Ebene orchestrierten Modernisierungsprogramm zwar die öffentlichen Werber und Koordinierer der staatlichen Finanzflüsse, den lokalen Eigentümer:innen kam allerdings bei der Umsetzung eine entscheidende Rolle zu: Sie entwickelten Ideen für sogenannte Alp- und Bodenverbesserungsprojekte, setzten sie um und finanzierten sie zusammen mit Gemeinden, Kantonen und Bund. SAV und Bund betrachteten das kollektive Eigentum zwar kritisch, weil es dem Einzelnen wenig Anreiz zur Verbesserung der gemeinsamen Ressource gab. Gleichwohl hatte es entscheidende Vorteile: Das Finanzpotenzial von Körperschaften war normalerweise höher, die betroffene Fläche grösser als diejenige von Privatpersonen, und eine Körperschaft konnte in der Regel institutionalisierte Abläufe vorweisen, die die Gefahr einer Veruntreuung von Geldern klar minderte. Immerhin hatten viele dieser Organisationen ihre Alpweiden bereits viele Jahrhunderte verwaltet und für ihren Erhalt als Kulturland gesorgt. Das war an den überlieferten Regelwerken ersichtlich. Nicht zuletzt hatte eine Subventionierung von Gemeinschaftsalpen den entscheidenden Vorteil, dass die staatlichen Gelder einer Vielzahl von Personen und nicht einer einzelnen Familie zugutekamen.[16] Grössere Körperschaften wie die Korporation Ursern, die ihren Bürgern freie Alpwahl liessen, gingen ihrerseits dazu über, für einzelne Alpgebiete Alpgenossenschaften gründen zu lassen, die dann Verbesserungsprojekte in Angriff nahmen.[17] So wurde der Kreis der Nutzniessenden solcher Projekte begrenzt, was das Verantwortungsgefühl der Einzelnen steigerte – zumindest war das eine der Absichten.

Als das eidgenössische Landwirtschaftsamt 1924 eine erste Übersicht zum «Bodenverbesserungswesen der Schweiz» seit der Ausrichtung von Bundesbeiträgen (1885) erstellte,[18] fiel die Bilanz einerseits beeindruckend, andererseits ernüch-

---

16 François X. Viallon et al., Vermittlung, Einbau, Komplementarität – Formen des staatlichen Zugriffs auf kollektive Weiden und Wälder in der Schweiz im späten 19. Jahrhundert, in: Anne-Lise Head-König et al. (Hg.), Kollektive Weiden und Wälder. Ökonomie, Partizipation, Nachhaltigkeit. Geschichte der Alpen 24, 2019, S. 125–149. Auch heute knüpfen Kantone, Bund und teilweise auch Organisationen wie Patenschaft für Berggemeinden oder Stiftung Landschaftsschutz Schweiz die Vergabe von Geldern an ein Kollektiv.
17 Korporation Ursern, Verordnungen der Korporation Ursern, Altdorf 1916, S. 39.
18 Eidgenössisches Volkswirtschaftsdepartement, Das Bodenverbesserungswesen der Schweiz 1913–1924, Bern 1925, S. 215–227.

ternd aus. In 39 Jahren waren etwas über 6000 Alp- und Weideverbesserungsprojekte durchgeführt worden, darunter 1700 Stallbauten, 1500 Wasserversorgungsanlagen, gut 1000 Weganlagen. Auch mehr als 9000 Hektaren Weidefläche waren geräumt und gereutet, also von Schutt, Büschen und Unkraut gesäubert worden. Über 42 Millionen Franken subventionsberechtigte Kosten waren erhoben worden; Bund, Kantone und Gemeinden hatten knapp die Hälfte davon übernommen. Es ist davon auszugehen, dass der Rest der Kosten von den Alpeigentümer:innen, wohl vorwiegend von den kollektiven, bezahlt oder in Form von Eigenarbeit erbracht wurde. Eine beträchtliche Summe. Ernüchternd fiel allerdings der Vergleich mit den Bodenverbesserungen im Talgebiet auf: Nur knapp 4000 Projekte wurden dort ausgeführt (also 2000 weniger als im Berggebiet), dafür wiesen sie fast dreimal höhere Gesamtkosten und erst noch eine deutlich höhere Beteiligung von Bund, Kantonen und Gemeinden (60,65 Prozent versus 49,44 Prozent) aus. Kann es sein, dass lokale Körperschaften im Berggebiet wichtige Player in Infrastrukturprojekten waren, während im Mittelland tendenziell (finanzkräftigere) Kantone und Gemeinden diese Rolle einnahmen? Das Beispiel der Korporation Uri, die seit Beginn des 20. Jahrhunderts eine treibende Kraft bei der lokalen Alpmodernisierung war, lässt zumindest eine solche Vermutung zu. Der Bericht von 1924 jedenfalls endete mit der Aussicht auf verstärkte Anstrengungen des Bundes zugunsten der Berggebiete. Im Folgebericht 13 Jahre später wurden in der Einleitung zwar zahlreiche Anstrengungen für die Berggebietsförderung erwähnt, die in der Zwischenzeit erfolgt seien, eine tabellarische Darstellung, die die Aufwendungen nach Berg- und Talgebieten getrennt auflistete und so einen Vergleich mit dem Vorgängerbericht ermöglicht hätte, fehlte allerdings.[19] Das lässt zumindest misstrauisch werden. Sollte vertuscht werden, dass sich die Verhältnisse nicht wie angekündigt zugunsten der Berggebiete verbessert hatten? Wie auch immer der quantitative Vergleich ausgefallen wäre, es drängt sich die Frage auf, was die Gründe für die deutlichen Unterschiede zwischen «Bodenverbesserungen» und «Alpverbesserungen» waren. Zu vermuten ist, dass nicht nur kleinere Budgets in den Bergregionen eine Rolle spielten, sondern auch Zugang zum entsprechenden Verwaltungswissen, wie es zum Beispiel die Anstellung von Kulturingenieuren generierte.
Im Bericht des Meliorationsamts von 1939 zeichnete sich ausserdem bereits eine Tendenz ab, die nach dem Zweiten Weltkrieg noch verstärkt wurde: Die Abkehr von der Alpverbesserung zur Berggebietsförderung. Seit der sogenannten Motion Baumberger, die 1924 eine gross angelegte Untersuchung der Abwanderung aus den Bergregionen in die Wege geleitet hatte, wurden die Probleme dieser Regionen nicht mehr nur in der Landwirtschaft, sondern thematisch breiter verortet und

---

19 Eidgenössisches Meliorationsamt, Das Bodenverbesserungswesen der Schweiz 1925–1937, Bern 1939.

entsprechend divers fielen nun die Förderinstrumente aus. Der Fokus bewegte sich weg von den Alpweiden hinein in die Bergdörfer und somit vermehrt zum Privateigentum. Hier lag aus einer Modernisierungsperspektive ebenfalls vieles im Argen: schlechte Erreichbarkeit von Betrieben, veraltete Gebäude und insbesondere eine hohe Parzellierung. Ab den 1960er-Jahren wurden «Arrondierung» und «Güterzusammenlegung» zu wichtigen Schlagworten von Raumplanern und Ingenieuren.[20] Die Idee: Die Parzellen von Betrieben neu so anzuordnen, dass sich rund um die Hauptgebäude der Grossteil oder sogar die gesamte Betriebsfläche befand und sowohl aufwendige Transporte als auch der Unterhalt für mehrere Gebäude wegfielen. In einigen Fällen wurden auch die Alpweiden in solche «Gesamtmeliorationsprojekte» einbezogen, meist jedoch blieben sie ausgenommen, weil es die sowieso schon äusserst aufwendigen Verhandlungen und die technischen Umsetzungen noch weiter verteuert hätte.[21]

Indirekt aber wirkten sich diese meist eine ganze Gemeinde umfassenden Güterzusammenlegungen trotzdem auf die Alpwirtschaft aus. Es wuchs nämlich die Kritik an einer Alpmodernisierungsstrategie, die man als «Pflästerlipolitik» bezeichnen könnte: Die Finanzierung vieler kleiner Einzelprojekte ohne Rücksicht darauf, welche Folgen diese punktuellen Verbesserungen auf das Gesamtsystem einer Alp hatten. Der SAV beispielsweise begann bereits in den 1930er-Jahren, seine Diplomierung vorbildlicher Alpbesitzer:innen strengeren Kriterien zu unterziehen. Wer ausgezeichnet werden wollte, konnte nun nicht mehr nur ein einzelnes Projekt vorlegen, sondern musste nachweisen, dass die Bemühungen um eine Verbesserung der eigenen Alp langfristig und breit aufgestellt waren.[22] Später machte man sich dieses Prinzip bei den Gesamtmeliorationen zu eigen: Ein Alpgebiet wurde grundlegend neu organisiert, inklusive Eingriffen in die Eigentumsstruktur durch Ver- oder Ankauf sowie Verpachtung von Flächen. Weidemanagement, Wege/Strassen und Gebäude wurden jeweils tief greifend umgestaltet.[23] Vor dem Hintergrund eines seit den 1960er-Jahren frappanten Alppersonalmangels liefen solche Meliorationen

---

20 Engelberg Schibli, Die Besonderheiten der Güterzusammenlegungen in Berggegenden, in: Plan. Zeitschrift für Planen, Energie, Kommunalwesen und Umwelttechnik 8/3, 1951, S. 84–88; Engelbert Schibli, Strukturelle Verbesserung der Berglandwirtschaft durch die Güterzusammenlegung, in: Plan. Zeitschrift für Planen, Energie, Kommunalwesen und Umwelttechnik 17/6, 1960, S. 213 f.

21 Flury, Andreas, Erfolgskontrolle von Güterzusammenlegungen. Erfolgskontrolle an durchgeführten Strukturverbesserungen, insbesondere Güterzusammenlegungen im schweizerischen Berggebiet, Zürich 1986.

22 Schweizerischer Alpwirtschaftlicher Verein, Anleitung für statistische Erhebungen und die Punktierung von Weiden und Alpen, Bern 1945.

23 Ernst Ramser, Der Alpkataster als Planungsgrundlage für die Berggebiete, in: Plan. Zeitschrift für Planen, Energie, Kommunalwesen und Umwelttechnik 8/3, 1951, S. 80–83; Fallbeispiele aus Uri: Benno Furrer, Wandlungsprozesse in der Kulturlandschaft der Alpen Uris im Spiegel der Gebäude, Zürich 1989.

auf einen Rationalisierungsschub der Arbeitsabläufe hinaus.[24] Propagiert wurde von Bundesbehörden und SAV eine genossenschaftliche Alpwirtschaft, insbesondere in Bezug auf die Milchverwertung. Weil aber Gesamtmeliorationen sowohl im Bergdorf als auch auf der Alp aufwendig und teuer waren und weil sie sich auch nicht für jedes Alpgebiet eigneten, wurden nach wie vor auch Einzelprojekte finanziert. Nicht selten wurden für die Neuanlage von Strassen oder den Bau von Alphütten Allianzen mit Militär und Forstwirtschaft genutzt, die an solchen Infrastrukturen ebenfalls Interesse hatten.

Übersichtsdarstellungen zu den Infrastrukturmassnahmen wie die von 1925 und 1939 sind seit damals keine mehr erschienen. Aufgrund der Direktzahlungen erheben die Bundesbehörden heute gleichwohl Daten zum Alpgebiet, insbesondere zur Zahl der Weidetiere. Seit 1980 werden als Reaktion auf den tendenziellen Rückgang der Alpwirtschaft nämlich sogenannte Sömmerungsbeiträge für gealpte Tiere bezahlt. Die Aufwendungen des Bundes dafür sind seither kontinuierlich gewachsen. Man will die finanziellen Anreize für die Sömmerung möglichst hochhalten, was nicht einfach ist angesichts vieler Intensivierungstendenzen in den Talbetrieben, die die Kluft zur extensiven Alpwirtschaft stetig vergrössern. Agrarpolitische Reformen in den Jahren 1999 und 2014 haben dazu geführt, dass in der Alpzone vermehrt auch Beiträge für die Kulturlandschaftspflege und die Erhaltung der Biodiversität gesprochen werden. Dies soll sowohl dem Einwachsen von Alpweiden mit Gebüsch- und Waldvegetation infolge von Extensivierung als auch der Übernutzung von Gebieten aufgrund von Intensivierung entgegenwirken, indem man arbeitsaufwendige Bewirtschaftungsformen unterstützt.[25] Gleichzeitig mit der Zunahme des finanziellen Engagements des Staates haben auch dessen Vorgaben für die Bewirtschaftung der Alpweiden zugenommen. Die Alpeigentümer:innen müssen heute darum bemüht sein, dass ihre Weidereglemente mit der Direktzahlungsverordnung des Bundes[26] im Einklang stehen. Sie sind – wie unten noch ausgeführt wird – auch damit konfrontiert, dass die staatlichen Gelder grösstenteils direkt zu den Bewirtschaftern fliessen. Obwohl also die Eigentumsrechte der Alpeigentümer:innen unangetastet geblieben sind, verändert sich durch die staatlichen Subventionen deren Bedeutung und der Handlungsspielraum der Inhaber:innen.

Vor dem Hintergrund der obigen Ausführungen gehen wir davon aus, dass im Spannungsfeld zwischen nationalen Politiken der technischen Modernisierung und der Ökologisierung einerseits und lokaler kollektiver Selbstorganisation andererseits ein

---

24 Werthemann/Imboden (Anm. 9), S. 70.
25 Stefan Lauber et al. (Hg.), Zukunft der Schweizer Alpwirtschaft. Fakten, Analysen und Denkanstösse aus dem Forschungsprogramm AlpFUTUR, Birmensdorf, Zürich-Reckenholz 2014, S. 150–165.
26 Weisungen und Erläuterungen 2021 zur Verordnung über die Direktzahlungen an die Landwirtschaft (Direktzahlungsverordnung, DZV; SR 910.13) vom 23. Oktober 2013.

Bedeutungswandel der kollektiven Alpweiden stattgefunden hat. Neben den Commons-Konzeptionen haben sich auch die Commons-Praktiken verändert. Die kollektiven Eigentümer:innen müssen auf aktuelle Herausforderungen wie die veränderten relativen Preise von Landwirtschaftsprodukten, die Abnahme des gesömmerten Viehs aufgrund grösserer Ganzjahresbetriebe, die Verteilung des Gemeinwerks auf immer weniger Personen sowie das Finden von geeignetem Alppersonal Antworten finden.[27] In den folgenden Abschnitten gehen wir darauf ein, wie sie durch Modifikation ihrer Praktiken mit diesen veränderten Rahmenbedingungen umgehen.

Konzeptionen und Praktiken der kollektiven Eigentümer:innen im Wandel

Basierend auf obigen Ausführungen und als Illustration des Wandels der kollektiven Alpbewirtschaftung werden im Folgenden in Form von Thesen vier Hauptentwicklungsstränge des Gemeinguts als Idee und als Praxis vorgestellt und mit Beispielen veranschaulicht. Als Datengrundlage dienen uns dabei Weidereglemente, Interviews mit Vertreterinnen und Vertretern kollektiver Körperschaften und Fachliteratur. Die beschriebenen Trends verdeutlichen die Elastizität, die kollektivem Grundeigentum grundsätzlich inhärent ist.

These 1: Von der begrifflichen zur kartografischen Raumbeschreibung

Während die älteren Weidereglemente die unterschiedlichen Alpeinheiten und ihre Grenzen meist anhand von Flurnamen und Landschaftselementen wie Bächen, auffälligen Felsformationen und Ähnlichem beschrieben und entsprechend zugewiesen haben, ist heute die genaue Festlegung auf Karten bedeutsamer. Dies hängt zum einen sicher mit der «Quantifizierung» der Alpen infolge neuer administrativer Standards bei der Erarbeitung von Weidekonzepten, Meliorationen und Schutzauflagen zusammen. Zum anderen spielen wohl auch neue soziale Konstellationen eine Rolle. So ist beispielsweise mancher Alpverwalter selber nicht mehr gleichzeitig Alpbewirtschafter, womit die genauen Ortskenntnisse fehlen. Externe Bewirtschafter müssen sich orientieren können, und der Austausch mit übergeordneten politischen Ebenen erfordert eine räumliche Gesamtsicht.

In den Verordnungen der Korporation Ursern von 1916 beispielsweise wird die Festsetzung der Schafweiden wie folgt beschrieben: «Die Schafe mögen auf der Ochsenalp nicht unter dem Hahnenspiel, Rätschen und untern Boden, Glingistein

---

27 Lauber et al. (Anm. 25), S. 169 f.

über die Ränder hinein bis an den untern Furt des zweten Baches hinterm Schirmhaus und diesem entlang hinauf zum Alpetlistock gehalten werden. Vor dem Bach, nicht unter dem Ende und Wilerbad hinaus bis an's hintere Stadetlital in gerader Richtung aufwärts bis Lipferstein.»[28] Die Verordnung der Korporation Ursern von 1934 beinhaltet die Grenzbeschreibungen noch, sie sind teilweise aber anders formuliert. Auch wird in dieser Zeit vom kantonalen Kulturingenieur eine handgezeichnete Karte angefertigt. Erst 1975 fallen die Beschreibungen von Weidegrenzen grösstenteils weg, stattdessen wird eine in der Talkanzlei aufliegende neu angefertigte Weidekarte relevant, die auch Teil der rechtlichen Dokumente ist.[29] Die «inneren» oder «imaginären» Karten, die auf der häufigen Präsenz vieler Personen im Gelände beruhten, waren also offiziell bis weit in die zweite Hälfte des Jahrhunderts in Gebrauch und werden nun zunehmend abgelöst von einer distanzierteren Perspektive, die durch die Karte vermittelt wird.

Wir interpretieren diese Entwicklung als Indiz für eine Verschiebung innerhalb des Wissenssystems der kollektiven Körperschaften und als Indiz für veränderte Kommunikationskulturen. Ausserdem vermuten wir, dass sich in solchen neuen Praktiken ein veränderter Bezug der kollektiven Eigentümer:innen zu ihrem Land zeigt.

These 2: Von der dynamischen zur stärkeren räumlichen Festlegung

Veränderungen in der Nutzung von kollektiven Alpweiden, zum Beispiel durch Installationen wie Entwässerungsanlagen oder Strassen, oder organisatorische Neuerungen wie Alpzusammenlegungen oder Weidekonzepte, aber auch Naturschutzmassahmen wie die Ausweisung von Schutzgebieten sind mit langen Verfahren verbunden. Sie erfordern aufgrund hoher Kosten und vielseitiger, teilweise divergierender Interessen heutzutage eine umfassendere Planung als früher. Gleichzeitig haben landwirtschaftliche Betriebe heute aufgrund von kapitalintensiven Investitionen ein erhöhtes Bedürfnis nach Planungssicherheit. Dies bewirkt in vielen Fällen, dass kollektive Alpeigentümer:innen ihre Flächen stärker den einzelnen Nutzern zuweisen als früher und dass sie bei dieser Zuweisung vermehrt auf Konstanz setzen.

In der Korporation Schwendi (Gemeinde Sarnen) beispielsweise wurden die Alpen bis mindestens in die 1950er-Jahre alle vier Jahre verlost. Diese Praxis war dem Bemühen geschuldet, die grossen Ertragsunterschiede zwischen den Flächen auszugleichen und allen Bewirtschaftern die Chance auf ein «gutes» Stück Weideland zu geben. Konkret mussten sich die zum «Losen» berechtigten «Teiler» (Bewirt-

---

28 Korporation Ursern, Verordnungen der Korporation Ursern, Altdorf 1916, S. 27.
29 Rahel Wunderli, Berglandwirtschaft im Strukturwandel. Bauern/Bäuerinnen aus Ursern (UR) und politische Institutionen während der zweiten Hälfte des 20. Jahrhunderts, Altdorf 2016, S. 354.

schafter) zu «Bauernsamen» zusammenschliessen und am Verlosungstag angeben, wie viel Vieh sie gemeinsam sömmern wollten. Am Verlosungstag wurden dann die Alpen der Reihe nach verlost und die Alpweiden anschliessend den jeweiligen Bauernsamen zur lehensweisen Benutzung für vier Jahre übergeben.[30] Im Jahr 1984 wurden die Alpen bereits doppelt so lange, für acht Jahre, verlost.[31] 1992 wurde entschieden, die im selben Jahr auslaufende Alpverordnung um acht Jahre zu verlängern und auch keine Neuverlosung mehr vorzunehmen. «Man ist allgemein der Auffassung, mit diesem Vorgehen könnten sowohl für die Bauernsamen wie auch für die Korporation erhebliche Umtriebe erspart werden. Es gebe auch keine Äusserungen, dass neue Bauernsamen eine Alp losen wollten […].»[32] Diese Regelung wurde bis 2016 aufrechterhalten. In der Alpenverordnung 2017 wird festgelegt, dass nur noch gelost wird, wenn mindestens drei Bauernsamen, davon mindestens zwei bestehende, das Begehren bis spätestens Ende April im Verlosungsjahr schriftlich bei der Korporationsverwaltung vorlegen. Falls keine Verlosung zustande kommt, bleiben die Verhältnisse mit den Nutzern bestehen.[33] Diese Entwicklung wurde auch vom Kanton gefördert, aus Gründen der Verbesserung der Weidequalität und der Planungssicherheit der Talbetriebe. Dass eine solche Entwicklung den Commons-Gedanken untergraben kann, lässt eine Aussage aus dem Umfeld der Korporation Uri vermuten. Ein Vertreter der Verwaltung schildert in einem Interview die Tendenz, dass die Bauern, die eine Alp gemeinsam bewirtschaften, die gemeinsamen Arbeitsbereiche zunehmend einschränken. Die Korporation müsse Gegensteuer geben, dass die Alpweiden nicht als Pachtland betrachtet würden.[34]

Wir schliessen daraus, dass die kollektive Nutzung ein gewisses Level an Dynamik und Wechsel in der Bezogenheit von Fläche und Bewirtschafter bedingt. Aus diesem konstanten Pegel an Unstabilität entsteht ein Spannungsfeld zwischen der Sicherheit des Einzelnen einerseits und der Sicherheit des Kollektivs andererseits. Im wechselhaften Verhältnis zwischen kollektivem und privatem Grundeigentum, die ja in unseren Fällen nebeneinander bestehen, stärken umfangreiche finanzielle Investitionen heutzutage also tendenziell Letzteres.

---

30 Korporation Schwendi, Verordnung über die Bewirtschaftung und Benutzung der Alpen der Teilsame Schwändi, 1935.
31 Korporation Schwendi, Alpverordnung, 1985–1992, gemäss Korporations-Versammlungsbeschluss.
32 Korporation Schwendi, Alpen-Verordnung 1993–2000.
33 Korporation Schwendi, Alpen-Verordnung 2017, Art. 1a.
34 Interview vom 7. 6. 2017.

These 3: Vom Kollektiven zum Individuellen und umgekehrt

Wie gezeigt, kann der landwirtschaftliche Strukturwandel und die damit verbundene stärkere räumliche Festlegung von individuellen Nutzungsrechten die Commons-Konzeptionen verändern. Auch in weiteren Bereichen kann eine Individualisierung beobachtet werden. Es gibt aber auch gegenteilige Entwicklungen, also vermehrte organisatorische Zusammenschlüsse von einzelnen Bewirtschaftern.

Eine Tendenz in Richtung mehr Individualität zeigt sich beispielsweise in der erhöhten Flexibilität der Landwirte bei der Wahl des Sömmerungsgebiets: Mit der allgemeinen Abnahme der Anzahl gesömmerter Tiere und den erweiterten Möglichkeiten des Viehtransportes ergeben sich für die Landwirte mehr Optionen, ihr Vieh ausserhalb der Region und damit ausserhalb der Alpen der lokalen Korporationen oder Bürgergemeinden zu sömmern.[35] Dies setzt kollektive Körperschaften in Konkurrenz zueinander, was sich unter anderem dahingehend auswirkt, dass die Alptaxe (Weidgeld) oft nicht so hoch angesetzt werden kann, wie es für ein sinnvolles Management erforderlich wäre. Eine weitere Individualisierungstendenz, die sich zuungunsten der kollektiven Nutzung auswirkt, sind die Direktzahlungsbedingungen. So sind beitragsberechtigte öffentlich-rechtliche Körperschaften heute verpflichtet, den Tierhaltern und Tierhalterinnen mit den entsprechenden Sömmerungsrechten mindestens 80 Prozent des Sömmerungsbeitrags auszuzahlen.[36] Dies schränkt bei fehlenden Verpflichtungen der Bewirtschafter für den Alpunterhalt den finanziellen Handlungsspielraum der kollektiven Körperschaft ein.

In die Richtung einer stärkeren gemeinschaftlichen Nutzung gehen beispielsweise Zusammenschlüsse für die Käseproduktion. So wird als Folge des Strukturwandels immer mehr auf den Bau von zentralen Käsereien gesetzt, in welchen die Milch von mehreren Alpbetrieben verarbeitet wird.[37] Dadurch werden die Kosten der Infrastruktur geteilt und die Verarbeitung rationalisiert. Solche Formen der Kooperation werden vom Bund gefördert.[38] Auch die genossenschaftliche Alpung wird seit langem von agrarpolitischen Experten propagiert.[39] Alpfusionen gehen in dieselbe Richtung.

---

35 Wanderungen mit Vieh über weite Strecken sind zwar kein neues Phänomen, dank der massiven Erleichterung des Transports sind sie seit dem späten 20. Jahrhundert allerdings in neuen Dimensionen möglich.

36 Verordnung über die Direktzahlungen an die Landwirtschaft (Direktzahlungsverordnung, DZV) vom 23. Oktober 2013 (Stand am 1. Januar 2021), Art. 109.

37 So verarbeitet beispielsweise die Sennerei Maran die Milch von sämtlichen vier – im Besitz der Burgergemeinde Chur stehenden – Kuhalpen in Arosa, die seit 1967 über eine unterirdische Milchpipeline direkt verbunden sind; siehe Martin Stuber, Milchpipeline und Schneekanonen. Gemeinschaftliches Eigentum und integrierte Raumordnung auf den Churer Alpen, in Arosa, in: Romed Aschwanden et al. (Hg.), Nutzungskonflikte seit 1950. Geschichte der Alpen 27, 2022, S. 152–170.

38 Stefan Lauber et al., Alp-Infrastruktur. Rahmenbedingungen und Herausforderungen im Sömmerungsgebiet, Birmensdorf 2012, S. 65.

39 Vgl. Ramser (Anm. 23).

Gemäss einer jüngeren Studie kann die Häufung von Alpfusionen aber nicht über die Eigentumsverhältnisse alleine erklärt werden: Privatalpen fusionieren nicht per se früher und häufiger als Gemeinde- oder Korporationsalpen. Komplizierte Besitz- und Pachtverhältnisse sind allerdings ein häufiger Hinderungsgrund für die Umsetzung von geplanten Alpbetriebszusammenlegungen.[40] Wir vermuten deshalb, dass dies eher eine Problematik der privaten und weniger der kollektiven Alpen ist.

Wir folgern aus den beobachteten gegenläufigen Trends, dass innerhalb von tradiertem kollektivem Alpeigentum eine Vielzahl von Formen sowohl gemeinschaftlicher als auch individueller Bewirtschaftungspraktiken existiert. Bei sich wandelnden Umständen und ökonomischen Anforderungen steht ein Wechsel vom Individuellen zum Kollektiven oder umgekehrt zur Debatte. Die Entscheidung wird gefällt im Spannungsfeld zwischen kultureller und rechtlicher Tradition einerseits und wirtschaftlicher Opportunität andererseits. Individuelle und kollektive Praktiken können in der langfristigen Perspektive beide als Option zur Aufrechterhaltung von kollektivem Alpeigentum gesehen werden.

These 4: Von der Verbindlichkeit zur Flexibilisierung des Gemeinwerks

Auf gemeinschaftlich genutzten Alpen ist das Gemeinwerk seit je ein wesentlicher Bestandteil der institutionellen Regelwerke. In Abhängigkeit von den Alprechten sind damit auch Pflichten, meist im Sinne von zu leistenden Arbeitsstunden in der Alpbetriebs- und Weidevorbereitung (zäunen, Unkraut bekämpfen etc.), verbunden.[41] Mit der abnehmenden Anzahl Landwirte und deren vielfältiger Arbeitsbelastung nimmt aber in vielen Regionen auch das geleistete Gemeinwerk ab.[42] Gleichzeitig ist zumindest auf Milchkuhalpen der Bedarf an Weidepflege tendenziell gestiegen, da die heutigen Rassen hochwertigeres Futter brauchen.[43] Solche Herausforderungen führen teilweise zu einer Flexibilisierung der Gemeinwerkregeln.

In der Bergschaft Scheidegg in Grindelwald beispielsweise müssen pro gesömmerte Grossvieheinheit acht Stunden Gemeinwerk verrichtet werden. Nicht geleistete Arbeit kann neu aber auch mit einer Bezahlung abgegolten werden. Landwirte haben zudem die Möglichkeit, ein zusätzliches Einkommen zu erzielen, indem sie mehr als die vorgeschriebenen Stunden arbeiten. Verrichten Landwirte Arbeiten mit eige-

---

40 Priska Müller et al., Alpfusionen steuern, Wädenswil 2013, S. 17, 23.
41 Siehe zum Beispiel Arnold Niederer, Gemeinwerk im Wallis. Bäuerliche Gemeinschaftsarbeit in Vergangenheit und Gegenwart, in: ders., Alpine Alltagskultur zwischen Beharrung und Wandel, Bern, Stuttgart, Wien 1992, S. 19–88.
42 Lauber et al. (Anm. 25), S. 61–64.
43 Hans-Rudolf Wettstein, Alpung von Milchkühen. 33. Viehwirtschaftliche Fachtagung, Irdning 2006, S. 27–31.

nen leichten Maschinen (zum Beispiel Motorsäge) oder eigenen Fahrzeugen, werden die Stunden doppelt beziehungsweise vierfach angerechnet.[44]

Aufgrund des Auseinanderklaffens von verfügbaren Arbeitskräften und den erforderlichen Arbeitsstunden im Unterhalt von Alpinfrastrukturen und in der Weidepflege haben sich auch neue Formen des Gemeinwerks etabliert. Diese umfassen den Einbezug von neuen, meist externen Personenkreisen in traditionelle Körperschaften, seien es Bekannte, Zweitheimische oder Freiwillige, die über spezialisierte Organisationen vermittelt werden. In einigen Regionen haben sich auch neue Körperschaften zur Pflege der Kulturlandschaft etabliert, die entweder lokal oder extern gesteuert sind und sich aus lokalen und/oder externen Interessierten zusammensetzen.[45]

Die Geteilschaft Alpe Fafler beispielsweise ist eine alte Alpkorporation, die sich um die Bewirtschaftung und Pflege der gleichnamigen Alp im hinteren Lötschental kümmert. Neben dem Alpwerk der Besetzer entsprechend den genutzten Alprechten erfolgt der Einbezug von weiteren Akteuren auf unterschiedliche Weise: So sind Wohneigentümer:innen verpflichtet, das Alpwerk zu unterstützen oder ihre Abwesenheit finanziell zu entschädigen. Für das Alpwerk fragen Geteilschaftsmitglieder jeweils auch Bekannte und Freunde an. Des Weiteren organisiert die Geteilschaft auch Schüler- und Lehrlingslager sowie Zivilschutzeinsätze.[46] Auch der Verein Pro Mergoscia hat sich dem Erhalt und der Pflege der lokalen Kultur- und Naturlandschaft verschrieben. Der Verein zählt rund 240 Mitglieder, welche durch ihre Jahresbeiträge zur Finanzierung von Projekten beitragen, mit Einsätzen zur Instandstellung von Wegen oder landwirtschaftlich genutzten Flächen aber auch selber aktiv mithelfen können. Ergänzend dazu organisiert der Verein Klassenlager oder andere Freiwilligeneinätze, teilweise auch in Zusammenarbeit mit Vermittlungsorganisationen.[47]

---

44 Ivo Baur, Claudia R. Binder, Adapting to socioeconomic developments by changing rules in the governance of common property pastures in the Swiss Alps, in: Ecology and Society 18/4, 2013, S. 60; Ivo Baur, Karina Liechti, Claudia R. Binder, Why do individuals behave differently in commons dilemmas? The case of alpine farmers using common property pastures in Grindelwald, Switzerland, in: International Journal of the Commons 8/2, 2014, S. 657–685; Bergschaft Scheidegg, Statuten der Bergschaft Scheidegg in der Gemeinde Grindelwald, www.bergschaft-scheidegg.ch/dokumente/ 2003, Art. 19.

45 Karina Liechti, Stephan Schneider, Modernes Gemeinwerk zum Erhalt der Kulturlandschaft. Interner Schlussbericht Stiftung Landschaftsschutz, Bern 2021; Karina Liechti, Stephan Schneider, Neue Formen des Gemeinwerks – eine Chance für Landschaft und Gesellschaft, in: Inside Natur + Landschaft 3, 2022, S. 32–36.

46 Alpe Fafler, Statuten der Alpe Fafler, https://alpe-fafler.ch/statuten.shtml, 1990; Liechti/Schneider, Modernes Gemeinwerk (Anm. 45); Liechti/Schneider, Neue Formen (Anm. 45)

47 Pro Mergoscia, www.mergoscia.ch/de/node/8, 2021; Liechti/Schneider, Modernes Gemeinwerk (Anm. 45); Liechti/Schneider, Neue Formen (Anm. 45)

Die Flexibilisierung des Gemeinwerks kann sich insofern nachteilig auf die Bedeutung des kollektiven Besitzes auswirken, als der direkte Bezug zur Ressource bei den Viehbesitzer:innen abnimmt und gemeinschaftliche Aktivitäten und der Austausch in der Körperschaft weniger gepflegt werden. Mit dem Einbezug von externen Akteuren wird die Idee der kollektiven Ressourcennutzung aber auf weitere Kreise ausgedehnt, was das Bewusstsein von deren Bedeutung erhöhen und die kollektive Bewirtschaftung stärken kann. Es bleibt abzuwarten, ob die kollektiven Körperschaften aufgrund solcher neuer Formen von Engagement auch die Bedingungen für Miteigentum, Mitsprache- und Nutzungsrecht an den lokalen Gemeingütern anpassen.

Schlussfolgerungen

Im Spannungsfeld zwischen gesellschaftlichen und ökologischen Dynamiken haben kollektive Körperschaften einen wesentlichen Beitrag zur kontinuierlichen Nutzung des Gemeinguts Alpweide geleistet. Sie mussten dabei sowohl mit den naturräumlichen Verhältnissen vor Ort und dem Wandel der lokalen Landwirtschaftsbetriebe als auch mit nationalen Vorstellungen von diesen peripheren Gebieten, staatlichen Interventionen und den allgemeinen Modernisierungstrends in der Agrarproduktion einen Umgang finden. Dies zeigt sich unter anderem in der Veränderung des Raumbezugs, der Modifikation von kollektiven und individuellen Bewirtschaftungspraktiken, der Anpassung der Regelwerke und der Erweiterung der involvierten Personenkreise. Die in den Thesen dargelegten Trends lassen vermuten, dass das Gemeingut als Idee und Praxis aktuell unter Druck steht, auch wenn die Eigentumsrechte der Körperschaften nicht infrage gestellt werden. Eine allgemeine Skepsis gegenüber dieser Eigentumsform, wie wir sie für den SAV des späten 19. und frühen 20. Jahrhunderts beschrieben haben, scheint sich im Verlauf der vergangenen 150 Jahre aufgrund der wirtschaftlichen Entwicklung tendenziell verstärkt zu haben, obwohl sich zumindest kollektives Handeln in mehreren heutigen Problemlagen nach wie vor als Lösungsstrategie anbietet.

Mangels eines Vergleichs mit privat genutzten Alpen kann allerdings nicht geschlossen werden, dass kollektive Körperschaften schlechter mit den heutigen Herausforderungen der Alpwirtschaft umgehen können. So haben zum Beispiel diverse Reformen der Regelwerke in den vergangenen Jahrzehnten gezeigt, dass sie sich sowohl an Veränderungen anpassen als diese auch aktiv (mit)gestalten können.[48] Diese Adaptionen sind allerdings immer ein Balanceakt, weil bestimmte Prinzipien des Kollektiven beibehalten werden müssen – sowohl in den Konzeptionen als auch

---

48 Siehe auch Tobias Haller et al. (Hg.), Balancing the Commons in Switzerland. Institutional Transformations and Sustainable Innovations, Abingdon, Oxon, New York 2021.

in den Praktiken. Eine wesentliche Voraussetzung für dessen Gelingen ist aus unserer Sicht, dass das Bewusstsein über die Funktionsweisen und Bedeutungen von kollektivem Eigentum auch in breiten Bevölkerungsschichten vorhanden ist. Innovationen wie der Einbezug von neuen Akteuren ins Gemeinwerk zeigen, dass eine Öffnung nach aussen dazu beitragen kann, die kollektive Idee zu stärken und deren Bedeutung in der Gesellschaft wieder zu verankern.[49]

---

49 Als Beispiel für solche Publizität Bettina Dyttrich, Kompliziert und unentbehrlich, in: Die Wochenzeitung 50, 2021, S. 15–17.

Inklusion – Exklusion

Inclusion – exclusion

Christiane Cheneaux-Berthelot

Les propriétaires-cultivateurs du département de la Seine-et-Oise dans les conseils municipaux sous les régimes censitaires en France au début du XIXe siècle

The grower-owners of the department of Seine-et-Oise in the municipal councils under the tax-based voting system in France at the beginning of the XIXth century
In the XIXth century in France, property remained an issue of power: the local or regional prestige of the land-owners enabled them to be part of an elite and thus accede to poll which meant political power. The triangulation ‹land-owners-power› evolved over the XIXth century, but before the introduction of universal suffrage in 1848, these three elements were still closely linked between the monarchical Restoration (1814) and the establishment of universal suffrage, the lowering of the poll in 1831 could give the impression or illusion of a ‹democratisation› of the poll-tax system. Studying three villages in Seine et Oise, south of Paris, allows to analyse the evolution of voters in rural villages, to define the place and influence of peasantry in municipal councils.

État de la question, problématiques et sources

Au début du XIXe siècle, dans une France encore précapitaliste, la possession foncière était un enjeu de pouvoir: prestige local et/ou régional du possédant, assise foncière qui permettait d'accroître le patrimoine et de faire partie d'une élite, possibilité d'accéder au suffrage censitaire, donc au pouvoir politique. Au cours du siècle, une distanciation s'est effectuée entre le pouvoir politique et le monde rural: le Second Empire dans sa phase libérale s'est aliéné une partie du monde agricole et la République, par idéologie, s'en démarquait et s'en méfiait. La triangulation terre-possédants-pouvoir a évolué au cours du XIXe siècle, mais avant l'instauration du suffrage universel en 1848, ces trois éléments étaient encore intimement liés. Sous la Restauration, quelle catégorie de citoyens avait accès au pouvoir politique et quel fut l'impact sur l'électorat de l'abaissement du cens en 1831? Quelle était la place des paysans dans le paysage politique de la première moitié du XIXe siècle?

La France a une histoire jalonnée de bouleversements révolutionnaires entre le XVIIIe et la fin du XIXe siècle: ces soubresauts ont amené au passage d'un régime monarchique à la République, la consolidation de celle-ci n'intervenant qu'entre 1871 et 1875. L'adhésion ou non du peuple français au régime républicain a soulevé la question de l'apprentissage de la vie politique entre le moment où le système de vote était censitaire et celui où il devint universel en 1848. Le monde paysan, réputé conservateur en matière politique, était particulièrement concerné, ce qui est résumé dans ce sous-titre du livre de Dominique Barjot et son équipe de chercheurs «Les paysans entre modernisation, intégration et politisation».[1]

Le débat sur la «politisation des campagnes»[2] a été posé par l'historien américain, Eugen Weber pour lequel l'éveil des paysans à une réflexion politique autonome ne se serait fait qu'après 1870 grâce aux échanges permis par le chemin de fer, l'enseignement, la presse.[3] Cet ouvrage de référence fut critiqué par Maurice Agulhon qui entendait, dans sa thèse,[4] rendre compte du complet bouleversement des mentalités politiques dans les villages du Var entre la Révolution française et la Seconde République dans un processus de «descente de la politique vers les masses».[5] L'Australien Peter McPhee a alors proposé un autre schéma de «politisation par le bas» dans son ouvrage traduit en 1995.[6]

Plusieurs écueils guettaient la recherche dans ce domaine. D'un côté, une vision trop manichéenne de la politique déjà notée en 1959 par Henri Mendras.[7] De l'autre, réduire l'apprentissage de la République et l'émergence d'une figure de citoyen po-

---

1 Dominique Barjot (dir.), Les sociétés rurales face à la modernisation. Évolutions sociales et politiques en Europe des années 1830 à la fin des années 1920, Paris 2005, p. 36.
2 Encore faudrait-il discuter du terme de politisation: «Tout fait problème pour définir la politisation en milieu rural», selon Gilles Pécout, La politisation des paysans au XIXe siècle. Réflexions sur l'histoire politique des campagnes, in: Histoire et Sociétés Rurales 2, 1994, pp. 91–125, ici p. 92. Et, chaque acception ouvrant à débat, faut-il parler «des campagnes» ou «de la paysannerie», ou «des paysans» ou «du monde rural»?
3 Eugen Weber, Peasants into Frenchmen. The Modernization of Rural France, 1880–1914, Stanford (California) 1979, traduit en français sous le titre La fin des terroirs. La modernisation de la France rurale, 1870–1914, Paris 1983.
4 Maurice Agulhon, La République au village. Les populations du Var de la Révolution à la Seconde République, Paris 1979; cf. aussi Maurice Agulhon, Le suffrage universel et les campagnes françaises, in: Histoire vagabonde, vol. 3: La politique en France, d'hier à aujourd'hui (Bibliothèque des histoires), Paris 1996.
5 Agulhon, La République au village (voir note 4), pp. 259–284, ici p. 259. On peut aussi lire une synthèse à destination des étudiants, Maurice Agulhon, 1848 ou l'Apprentissage de la République (1848–1852), Paris 1973, ou Maurice Agulhon, Les quarante-Huitards, Paris 1975.
6 Peter McPhee, Les semailles de la République dans les Pyrénées orientales, 1846–1852. Classes, culture et politique, Perpignan 1995 (1re édition 1992).
7 Henri Mendras, Sociologie de la campagne française, Paris 1959, p. 113.

litisé moderne au vote par le suffrage universel en 1848[8] considéré comme «l'indice cardinal de la politisation paysanne».[9]

Dans les Actes du Colloque de Rennes, parus en 1995,[10] Jean-Luc Mayaud remettait en cause la chronologie de la pratique politique «dorénavant décalée vers l'amont: la césure de 1848 est moins marquée puisque l'apprentissage de la citoyenneté apparaît à la faveur de la loi municipale de 1831».[11] Le colloque de Rome en 1997[12] a relancé les pistes d'une «socio-histoire», avec de riches contributions;[13] Jean-Luc Mayaud prônant une «communalisation de l'histoire rurale»[14] tandis que Alain Corbin fidèle au décryptage des «imaginaires politiques»,[15] pensait que, pour comprendre la politisation de l'individu, il fallait observer son système de représentation et d'appréciation du monde.[16]

En créant les municipalités face aux paroisses, la Révolution n'avait-elle pas ouvert un nouveau champ d'action aux ruraux, comme le dit Maurice Agulhon: «La condition préalable la plus décisive de la politisation, c'est tout de même la municipalisation.»[17] Et alors, dans ce cadre, ne faut-il pas se pencher sur l'importance des élections municipales pour les paysans après l'abaissement du cens en 1831, comme le suggère Jean Vigreux: «Le système censitaire est élargi. La procédure d'élection est à nouveau appliquée aux conseils municipaux. La politique au village devient désormais un fait social visible.»[18] Christine Guionnet reconnais-

---

8   Ainsi Chloé Gaboriaux, La République en quête de citoyens. Les républicains français face au bonapartisme rural (1848–1880), Paris 2010.
9   Pécout (voir note 2), p. 106.
10 Ghislain Brunel, Jean-Marc Moriceau (dir.), L'histoire rurale en France, Actes du Colloque de Rennes, 6.–8. 10. 1994, in: Histoire & Sociétés Rurales 3, 1995. Voir particulièrement la section «Histoire politique et histoire rurale» pp. 113–142, avec une bibliographie pp. 143–150.
11 Jean-Luc Mayaud, Ruralité et politique dans la France du XIXᵉ siècle, in: Brunel/Moriceau (voir note 10), pp. 133–136, notamment p. 135.
12 La politisation des campagnes au XIXᵉ siècle. France, Italie, Espagne, Portugal. Actes du Colloque international organisé par l'École française de Rome en collaboration avec l'École normale supérieure (Paris), l'Universitat de Girona et l'Università degli studi della Tuscia-Viterbo, Rome, 20.–22. 2. 1997, Rome 2000.
13 Notamment Jean-Pierre Jessenne, Synergie nationale et dynamique communautaire dans l'évolution politique rurale par-delà la Révolution française (vers 1780 – vers 1830), in: Brunel/Moriceau (voir note 10), pp. 57–79, et Peter McPhee, Contours nationaux et régionaux de l'associationnisme politique en France (1830–1880), in: ibid., pp. 207–219.
14 Jean-Luc Mayaud, Pour une communalisation de l'histoire rurale, in: La politisation des campagnes au XIXᵉ siècle (voir note 12), pp. 153–167.
15 Alain Corbin, Archaïsme et modernité en Limousin au XIXᵉ siècle, 1845–1880, vol. 1: La rigidité des structures économiques, sociales et mentales; vol. 2: La naissance d'une tradition de gauche, Limoges 1999.
16 Alain Corbin, Recherches historiques et imaginaire politique. À propos des campagnes françaises au XIXᵉ siècle, in: La politisation des campagnes au XIXᵉ siècle (voir note 12), pp. 47–55.
17 Maurice Agulhon, Présentation, in: La politisation des campagnes au XIXᵉ siècle (voir note 12), pp. 1–11, ici p. 4.
18 Jean Vigreux, Les campagnes françaises et la politique (1830–1914), in: Parlement[s]. Revue

sait qu'avec la loi du 21 mars 1831, la Monarchie de Juillet avait permis aux paysans de s'emparer du jeu politique avec un électorat proportionnellement plus élevé dans les communes rurales que dans les villes.[19] Laurent Le Gall, en retraçant les parcours électoraux de 1074 mandants dispersés dans cinq communes du Finistère entre 1843–1846 et 1848–1852,[20] a cherché à voir si le suffrage en tant que procédure avait pu être un élément «politisateur» dans la France de la Monarchie de Juillet et de la Seconde République.[21] Selon l'auteur, «l'utilisation du suffrage universel ne fit alors que conforter une oligarchie locale [...] elle consacra en définitive une captation rapide des instances communales par une élite censitaire».[22]

C'est dans cette perspective que notre recherche se positionne: voir si le suffrage censitaire a permis à une «élite» paysanne de noyauter les conseils municipaux, à défaut d'exercer un pouvoir politique à plus haut niveau. Notre étude se situe donc à la croisée des recherches sur les reproductions familiales et l'endogamie dans les familles de paysans; pour cela il a fallu s'inspirer de travaux sur les stratégies des familles en milieu rural.[23] L'étude s'est portée sur trois villages relativement semblables en matière économique et sociale de l'ancienne Seine-et-Oise[24] grâce aux archives de l'Essonne.[25]

---

d'histoire politique 5, 2006, pp. 54–72, ici p. 61. Voir aussi Jean Vigreux, Les campagnes et le pouvoir au XIXᵉ siècle. Au rendez-vous de la politisation (1830–1914), in: Jean-Marc Moriceau (dir.), Les campagnes dans les évolutions sociales et politiques en Europe. Des années 1830 à la fin des années 1920, Paris 2005, pp. 158–187.

19 Christine Guionnet, L'apprentissage de la politique moderne. Les élections municipales sous la Monarchie de Juillet, Paris 1997.
20 Lors des scrutins généraux et départementaux des années 1848 et 1849, des élections municipales de 1848, lors des deux derniers renouvellements de la monarchie censitaire (1843 et 1846), des résultats des deux plébiscites de décembre 1851 et novembre 1852 et des rendez-vous municipaux de septembre 1852. Laurent Le Gall, L'élection au village dans la France du XIXᵉ siècle. Réflexions à partir du cas finistérien, in: Revue d'histoire du XIXᵉ siècle 43, 2011, pp. 17–39, ici note 48, p. 26.
21 Laurent Le Gall, L'électeur en campagnes dans le Finistère. Une Seconde République de Bas-Bretons, Paris 2009.
22 Le Gall (voir note 20), pp. 34–35.
23 Voir les travaux de Jérôme-Luther Viret, La famille normande. Mobilités et frustrations sociales au siècle des Lumières, Rennes 2013, et Le sol et le sang. La famille et la reproduction sociale en France du Moyen-Âge au XIXᵉ siècle, Paris 2014; Gérard Béaur, Christian Dessureault, Joseph Goy (dir.), Familles, terre, marché. Logiques économiques et stratégies dans les milieux ruraux (XVIIᵉ–XXᵉ siècles). Actes du colloque France – Québec – Suisse, Paris, novembre 2002, Rennes 2004. Cf. les recherches de Fabrice Boudjaaba, Enracinement, sociabilités et identité paysanne à l'épreuve de l'industrialisation (Ivry, XIXᵉ siècle), in: Le mouvement social 277, 2021.
24 Sophie Di Folco (dir.), L'Essonne au milieu du XIXᵉ siècle. Guide de recherches. 1848 en Essonne, Millau 1998.
25 En 1964, la Seine-et-Oise a été divisée en Essonne, Val d'Oise et Yvelines.

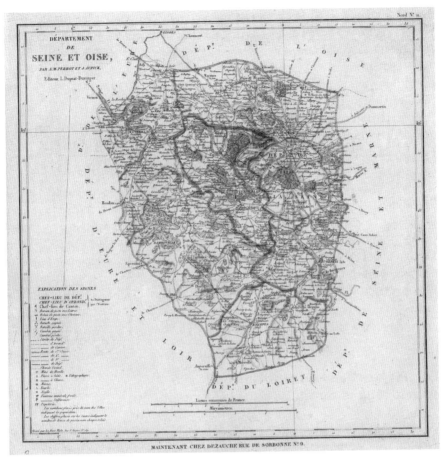

Ill. 1: Carte particulière du département de la Seine-et-Oise dans lequel se trouve enclavé le département de Paris, 1790. (Bibliothèque nationale de France, GED-6442. Notice du catalogue (on-line: http://catalogue.bnf.fr/ark:/12148/cb40730991x).

La loi d'abaissement du cens

De 1815 à 1848, les régimes censitaires attribuaient le pouvoir électoral en fonction de la richesse foncière: «L'élection est considérée comme une fonction plus que comme un droit, liée à une capacité; or, la capacité politique est définie principalement par l'exercice du droit de propriété.»[26]

---

26 André-Jean Tudesq, Le monde paysan dans le système politique censitaire: un absent ou un

Sous la Restauration, la grande masse des cent mille électeurs (loi électorale de février 1817), se composait de grands propriétaires fonciers, de bourgeois et de paysans riches. Le soulèvement du peuple de Paris les 27, 28 et 29 juillet 1830 (les Trois Glorieuses) avait contraint Charles X à l'abdication. Louis-Philippe d'Orléans, proclamé «roi des Français», fit voter la loi du 19 avril 1831 qui institua l'abaissement du cens (de 300 à 200 francs pour les électeurs, de 1000 à 500 francs pour les éligibles) celui de l'âge requis (25 et 30 ans). Ces mesures ne portèrent le corps censitaire qu'à 166 583 personnes au début, et 246 000 personnes dans toute la France à la fin du régime de Juillet. À la veille de 1848, 2,4 % seulement des Français majeurs étaient électeurs: dix fois moins qu'en Angleterre.[27]

Le seuil d'imposition devenait un enjeu encore plus sensible pour le peuple avec cet abaissement. Pour les élections municipales, loi du 21 mars 1831, les électeurs âgés de plus de 21 ans devaient représenter 2 % de la population dans les communes de plus de 15 000 habitants et 5 % dans les communes de 1000 à 5000 habitants. Dans les communes de moins de 1000 habitants, la proportion augmentait: les électeurs devaient former 10 % de la population.[28] Dans ce dernier cas, on trouvait des électeurs payant 2 francs, 1 franc et même moins d'impôts. D'après les statistiques de 1840–1841, le nombre total des électeurs municipaux s'élevait à 2 810 012, faisant ainsi participer à la vie politique des habitants qui, sinon, en eussent été exclus.

Les paysans dans le corps électoral sous le régime censitaire dans la Seine-et-Oise

Le département de la Seine-et-Oise, qui entourait Paris et la Seine, était une terre de riches et grandes fermes céréalières mais aussi, dans les vallées, en petites exploitations de polyculture, vignes et élevage. Trois communes agricoles du rayon de Paris situées de part et d'autre de la route Paris-Orléans: Leuville-sur-Orge (à 30 km de Paris), Bruyères-le-Châtel (à 40 km) et Roinville-sous-Dourdan (à 50 km),[29] peuvent donner un aperçu des capacités électorales et reproduction des familles de cultivateurs au sein des conseils municipaux.

Jean-Claude Farcy a montré, pour le milieu du XIXe siècle, que la grande propriété en Beauce était en majorité foraine et qu'un tiers environ des propriétaires des terres

---

enjeu?, in: Annales de Bretagne et des paysans de l'Ouest 89/2, 1982. Fait partie d'un numéro thématique: Les paysans et la politique (1750–1850), pp. 215–228, ici pp. 215, 216.
27 Assemblée nationale, article «1789, les hommes naissent et demeurent libres et égaux en droit», www.assemblee-nationale.fr/histoire/suffrage_universel/suffrage-1789.asp.
28 André-Jean Tudesq, Les listes électorales de la Monarchie censitaire, in: Annales. Économies, sociétés, civilisations 13/2, 1958, pp. 277–288, ici p. 218.
29 Respectivement 824, 720 et 587 habitants en 1841.

en Beauce étaient des habitants de villes telles que Paris, Orléans et Blois:[30] environ 20 % des terres de Beauce, dans la zone définie par Jean-Claude Farcy,[31] étaient possédées par des Parisiens. Au total, plus de 60 % des terres beauceronnes étaient possédées par des rentiers de Paris ou des villes provinciales alentour, en tout cas par des urbains. La Seine-et-Oise faisait partie des terres du Hurepoix, la partie nord de la Beauce au plus près du département de la Seine. On peut donc se poser la question de l'origine des propriétaires terriens de cet espace nord beauceron et de leur aptitude à exercer une influence politique à l'époque du système censitaire en France.

L'emprise des propriétaires parisiens sur la campagne hurepoise ne se vérifie pas ici, à trente kilomètres de la capitale, pour le cas de Bruyères-le-Châtel, car les propriétaires des terres de la commune étaient très majoritairement du village ou des villages alentours et minoritairement de Paris. Et, avant même l'institution du suffrage universel en 1848, le nombre des censitaires parisiens diminuait tandis que celui des électeurs locaux ou régionaux augmentait.[32] Dans la commune de Leuville-sur-Orge, en 1838, les trente plus imposés du village et, en même temps, conseillers municipaux étaient majoritairement des cultivateurs[33] et l'influence parisienne y était réduite. Dans ce bourg rural à vocation céréalière et maraîchère, parmi le Conseil municipal et les trente plus imposés, il y avait 31 cultivateurs, 7 propriétaires et 3 personnes exerçant un métier artisanal ou du négoce. Une proportion très importante de ces contribuables était résidente à Leuville même (36 personnes), seulement 3 personnes étaient domiciliées à Paris et 3 dans les communes rurales environnantes.[34]

Une majorité donc des cultivateurs, habitants du bourg de Leuville, constituaient les contribuables les plus imposés, mais cela ne leur ouvrait pas forcément le droit à l'élection ou à l'éligibilité. Alors que Jean-Claude Farcy a pu constater que, dans la majorité des cantons de Beauce, les cultivateurs représentaient plus de la moitié des électeurs,[35] en quittant la Beauce chartraine pour le Hurepoix, aux portes de Paris,

---

30 Les 20 % des propriétaires de Beauce étaient de Paris, 15 % d'Orléans, 3 % de Blois, 24 % de villes beauceronnes, 32 % de Beauce rurale et 6 % indéterminés. Jean-Claude Farcy, Les paysans beaucerons au XIXe siècle, Chartres 1989, t. 1, p. 266.

31 Farcy (voir note 30), p. 13.

32 En 1845, 6 électeurs censitaires domiciliés à Paris, 51 à Bruyères et 15 dans les communes avoisinantes; en 1847, ces proportions passaient à respectivement, 5 censitaires parisiens, 54 de Bruyères et 17 des communes voisines. Archives départementales de l'Essonne (AD Essonne), EDEPOT 5 1K/1 (2 et 3). Liste des électeurs censitaires et des censitaires suppléants en 1845 et 1847.

33 Dans les listes électorales, étaient désignés sous le vocable de «cultivateurs» les propriétaires-paysans travaillant eux-mêmes leurs terres. Tudesq (voir note 26), p. 216.

34 AD Essonne, EDEPOT7 1G/4, Liste des trente plus imposés de la commune de Leuville, Seine-et-Oise, 1838–1880.

35 En 1837, les cultivateurs représentaient 36,7 % de l'électorat pour l'ensemble de l'Eure-et-Loir,

la représentativité des cultivateurs s'atténuait surtout dans les villages. Ainsi, si l'on prend comme référence l'année 1838, à Leuville, le seuil pour être électeur étant à 200 francs, sur les 9 personnes les plus imposées dans la tranche 100–300 francs, il s'avère que seules 4 étaient imposées à plus de 200 francs, donc électeurs: un propriétaire de Leuville, un propriétaire de Palaiseau et 2 cultivateurs de Leuville.[36] Cela ferait bien 50 % d'électeurs cultivateurs mais, attendu qu'il n'y avait aucun imposé dans la tranche 300–500 francs, restait un seul autre propriétaire éligible, demeurant à Guibbeville, à 10 kilomètres au sud, payant 600 francs d'impôts.

Quel a été alors l'impact de la loi abaissant le cens en 1831 et du suffrage universel sur l'électorat de ces villages ruraux?

Dans le village de Leuville-sur-Orge, que ce soit en 1838 ou 1843 ou 1848, la majorité des contribuables payait entre 50 et 100 francs, en-dessous du seuil des 200 francs.[37] Donc, en abaissant le cens de 300 à 200 francs, les autorités ne craignaient guère d'avoir beaucoup plus d'électeurs, et cela se vérifie sur les autres villages de la zone. Si le suffrage censitaire avait perduré après 1848, on voit en revanche que le nombre des électeurs putatifs aurait quelque peu augmenté dans la tranche 100–300 francs, passant de 7 à 10 personnes, le nombre des éligibles ne changeant pas restant à 1 personne.

Après la Révolution de Juillet, des cultivateurs beaucerons avaient pu accéder au «pays légal», non pas tant à cause de l'abaissement de l'âge et du cens, qu'au fait que possibilité était donnée aux fermiers, de se prévaloir du tiers des contributions qu'ils payaient en tant qu'exploitants pour augmenter leur seuil. Les listes additionnelles de 1831 avaient montré que les cultivateurs fournissaient la majorité des nouveaux électeurs par rapport aux listes électorales de 1830: 70,6 % des nouveaux électeurs se retrouvaient être des cultivateurs dans l'arrondissement de Chateaudun (en ne prenant pas en compte la ville chef-lieu d'arrondissement).[38] Il s'agissait là de gros laboureurs ayant des grandes exploitations en Beauce. Aux abords de la capitale, même à trente kilomètres au sud, la division des propriétés avait rendu cette entrée en puissance des cultivateurs caduque. Entre 1838 et 1848 (avant l'institution du suffrage universel), la proportion d'électeurs et éligibles putatifs à Leuville ne

---

devançant les propriétaires – un quart des électeurs – nombreux surtout dans les villes et dans le Perche. À cette date, dans la partie rurale des arrondissements de Chartres et Châteaudun, plus de la moitié des électeurs étaient des cultivateurs: 61,5 % dans le premier, 50,3 % dans le second, d'après Farcy (voir note 30), t. 2, p. 918.

36 Six personnes étaient imposées entre 100 et 200 francs, dont 5 cultivateurs et un propriétaire. AD Essonne, EDEPOT7 1G/4, Liste des trente plus imposés de la commune de Leuville, Seine-et-Oise, 1838–1880.

37 En 1838, 32 contribuables dans cette tranche, 33 en 1843 et 30 en 1848. En-dessous de 50 francs d'imposition, on avait respectivement 7, 3, puis 1, contribuables, donc non électeurs de toute façon.

38 Farcy (voir note 30), t. 2, p. 918.

change que dans des proportions infimes, passant de 14 % en 1838 à près de 16 % d'électeurs putatifs en 1848, mais on est loin des chiffres de l'Eure-et-Loir. Entre ces deux dates, la proportion de cultivateurs payant entre 50 et 100 francs avait pourtant augmenté sensiblement de 60 à 69 % (après un maximum à 72 % en 1843); ce seuil ne leur donnait toutefois pas le droit de voter. L'évolution globale de la répartition des contribuables selon le seuil d'imposition donne des indications sur les revenus dans ce village rural entre 1838 et 1848. Dans la période définie, le nombre et le pourcentage de contribuables entre 100 et 300 francs augmente de 3 à 24 %, et des contribuables payant entre 300 et 500 francs apparaissent. Au contraire, le pourcentage de contribuables au seuil de 500–1000 francs restait stable à 2 % et il n'y a pas de grandes fortunes qui émergent. Dans l'ensemble, cette évolution indique un certain mieux-être financier des cultivateurs, une progression des revenus[39] et c'est dans le seuil 100–300 francs, le plus sensible au niveau politique, que la progression avait été la plus franche.

Les paysans dans les Conseils municipaux du rayon de Paris à travers l'exemple de Roinville-sous-Dourdan (Seine-et-Oise)

La commune de Roinville-sous-Dourdan, à cinquante kilomètres au sud-ouest de Paris résume les différents aspects des rapports entre propriété et suffrage censitaire. Il s'agissait d'un village de vignerons-propriétaires en majorité, et de petits cultivateurs-propriétaires. La micropropriété dominait: 91 % d'exploitations de moins de 20 hectares, dont 73 % de moins de 2 hectares et seulement 9 % d'exploitations entre 20 et 200 ha. Cette commune faisait partie du canton nord de Dourdan, arrondissement de Rambouillet, département de Seine-et-Oise, sur la vallée de l'Orge, affluent de la Seine. Outre son chef-lieu, elle comprenait 11 hameaux placés entre la vallée de l'Orge et le plateau.
L'abaissement du cens en 1831 n'a pas forcément donné plus d'électeurs potentiels dans ce petit village, car c'est le seuil d'imposition du foncier qui fixait le droit à être électeur et/ou éligible. Or, alors que le cens était plus élevé en 1822–1823, le nombre d'électeurs putatifs se trouvait supérieur aux années suivantes étant bien à 35 % d'électeurs réels (payant plus de 300 francs) et à 10 % d'éligibles (payant plus de 1000 francs). En 1837, il n'y avait plus que 15 % d'électeurs (payant plus de 200 francs) dont 5 % d'éligibles (payant plus de 500 francs) malgré l'abaissement du cens, soit 57 % d'électeurs en moins et 50 % d'éligibles en moins par rap-

---

39 AD Essonne, EDEPOT7 1G/4, Liste des trente plus imposés de la commune de Leuville, Seine-et-Oise, 1838–1880.

port à 1822−1823.[40] En 1847, la proportion d'électeurs et d'éligibles était un peu plus élevée qu'en 1837: respectivement 17,5 et 7,8 % avec les conditions précitées.[41] Mais en tout état de cause, le pourcentage d'électeurs et d'éligibles était très inférieur après l'abaissement du cens aux années où les conditions étaient beaucoup plus dures. Il faut donc se méfier des faux-semblants, l'abaissement du cens n'a pas apporté de «démocratisation» de l'électorat. Cela tient au fait que le nombre des contribuables les plus fortunés éligibles et celui des contribuables payant plus de 200 francs avaient baissé tandis que celui des petits contribuables de 30 à 50 et 100 francs avait augmenté. Ce qui atteste d'un certain «mieux-être» de la classe des cultivateurs de la commune.

Les conditions d'éligibilité éloignaient les paysans de la Chambre des députés; quant aux Conseils départementaux, c'est à peine si on y trouvait quelques paysans enrichis parmi la masse des propriétaires qui les composaient: le niveau de cens et le temps disponible pour les sessions au chef-lieu manquaient à la plupart des cultivateurs. En revanche, les censitaires de moins de 50 francs étaient nombreux dans les Conseils municipaux grâce à la disposition de la loi du 21 mars 1831. Il y avait déjà des cultivateurs dans les Conseils municipaux sous la Restauration, mais leur nombre s'accrut et cela leur permit d'installer leur clientèle faite de liens de parenté et d'alliances matrimoniales. Jean-Luc Mayaud s'est penché sur le problème de la reproduction et des stratégies successorales. Les intérêts économiques se conjuguant avec des intérêts politiques, on pouvait parler alors de «reproduction des élites» à l'échelle locale, à une montée en puissance des édiles communaux.[42]

Pour Serge Bianchi,[43] les années d'élections censitaires avaient créé de véritables réseaux et groupes de pression, il en fut de même pour les élections municipales, à un degré moindre, en créant une forme de «notabilité électorale». Les élections régulières, qui se déroulèrent à l'été 1848, donnèrent des résultats très différents de ce que l'on pourrait attendre d'un processus révolutionnaire en marche. Dans 85 % des communes et des villages de Seine-et-Oise, le pouvoir municipal ne changea pas de main, par rapport à la situation de la période censitaire.[44] Pourtant, deux modifications de taille auraient pu jouer. D'une part, le nombre d'électeurs potentiel avait

---

40 Sur 7 personnes payant entre 100 et 300 francs d'impôts, seules 3 payaient au-dessus du seuil de cens, soit 200 francs, cela fait 7,5 %. Ces électeurs «du seuil censitaire» plus ceux qui étaient éligibles (> à 500 francs), cela fait 15 % d'électeurs effectifs en 1837.

41 Sur 8 personnes payant entre 100 et 300 francs d'impôts, seules 2 payaient au-dessus du seuil de cens, soit 200 francs, cela fait 3,9 %. Ces électeurs «du seuil censitaire» plus ceux qui étaient éligibles (> à 500 francs), cela fait 17,7 % d'électeurs effectifs en 1847.

42 Jean-Luc Mayaud, La Petite exploitation rurale triomphante en France au XIXe siècle, Paris 1999, p. 87.

43 Serge Bianchi, Le phénomène électoral dans le sud de l'Ile-de-France sous la Seconde République, Revue d'Histoire du XIXe siècle, 16/1, 1998. Fait partie d'un numéro thématique: 1848, un modèle politique à l'épreuve, pp. 13−30, ici p. 15.

44 Pour 80 départements, la continuité jouerait dans 55 % des cas. Bianchi (voir note 43), p. 19.

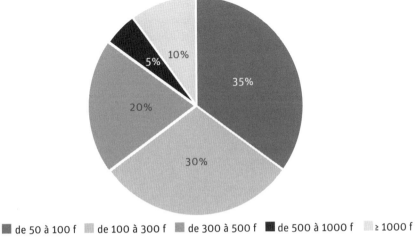

Graphique 1: Pourcentage d'électeurs et d'éligibles selon le seuil d'imposition en 1822–1823 à Roinville-sous-Dourdan.

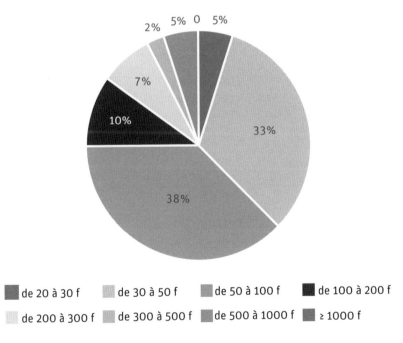

Graphique 2: Pourcentage d'électeurs et d'éligibles selon le seuil d'imposition en 1837 à Roinville-sous-Dourdan.

triplé en 1848, passant de 50 pour un village moyen à plus de 150. De l'autre, le poste de maire était déterminé par un vote de la majorité des conseillers municipaux élus, au lieu d'être à la discrétion du préfet. Or, Bianchi a constaté que la continuité l'avait emporté dans la plupart des communes du secteur d'enquête, par rapport à la période censitaire (élargie) précédente. Le passage au suffrage universel ne changea guère les pratiques politiques locales et l'existence de véritables dynasties comme celle de Piot à Wissous ou de Petit-Dutaillis à Yerres.[45]

À Roinville, les plus imposés de la commune étaient aussi les répartiteurs de l'impôt: ils classaient les terres, bois et prés dans des tranches qui correspondaient ensuite à des seuils d'imposition selon les possessions de chacun. La liste des répartiteurs du début du siècle donne l'image des catégories socioprofessionnelles du village. Dans le village, il n'y avait aucun fermier, peu de propriétaires-rentiers, pas de journaliers (contrairement à Bruyères-le-Châtel toute proche). On retrouve par contre une majorité de cultivateurs et de vignerons parmi les répartiteurs, à côté de quelques artisans. Cette sélection qui ne portait que sur quelques individus entre 1800 et 1808, était le reflet de la microsociété roinvilloise.[46] Les répartiteurs étaient issus des quelques familles qui avaient acquis des biens en 1820, en rachetant des terres après la crise de 1816–1817.[47] En 1837, des membres de ces familles de cultivateurs et de vignerons formaient l'ensemble des trente plus imposés et du Conseil municipal: familles Boivin, Chedeville, Chevallier, Cocheteau et Houdouin.[48] Que le système fut censitaire ou non, leurs membres se sont durablement installés comme maires jusqu'à la Première Guerre mondiale.

Il en était de même dans la commune de Leuville où l'analyse des mariages entre ces familles présentes au Conseil municipal fait apparaître des réseaux denses de liens interfamiliaux.[49]

---

45 Bianchi (voir note 43), p. 19. Wissous et Yerres sont des communes du nord de l'Essonne actuelle, donc de l'ancienne Seine-et-Oise.
46 AD Essonne, EDEPOT 15 1G/19, Roinville sous Dourdan, Liste des 30 plus imposés au rôle général 1822–1880, et 1 G/4, Liste des répartiteurs an X à 1879.
47 Qui avait été assez profonde dans l'arrondissement d'Étampes.
48 À noter que, au fil du siècle, certains d'entre eux ou de leurs descendants, devinrent rentiers.
49 Ce fait se retrouvait dans d'autres départements français: ainsi, le préfet de l'Aube, le 20 mai 1835, indiquait qu'il y avait 300 communes de moins de 500 habitants sur les 446 de son département où «les électeurs se nomment eux-mêmes membres du Conseil municipal, rarement on en trouve qui sachent lire et écrire, ils sont tous parents ou alliés». Tudesq (voir note 26), p. 218.

1831 : ÉLECTIONS COMMUNALES. PV des opérations de l'assemblée communale du 18 septembre 1831. HOUDOUIN François Denis maire
1834 : PV du 19 octobre 1834. HOUDOUIN François Denis maire
1837 : PV du 25 mars 1837. HOUDOUIN François Denis maire
1840 : PV du 31 mai 1840. COCHETEAU Pierre Basilide maire 1843 : PV du 5 juin 1843. COCHETEAU Pierre Basilide, maire. BOIVIN Jacques François Emile demeurant à Dourdan a été élu conseiller municipal au terme des élections mais « n'a pas accepté sa nomination étant membre du conseil municipal et maire de la ville de Dourdan » inscription manuscrite.
1846 : PV du 28 juin 1846. COCHETEAU Pierre Basilide maire.
1848 : PV Du 30 juillet 1848. COCHETEAU Pierre Basilide maire1852 : PV du 29 août 1852. COCHETEAU Pierre Basilide maire
1855 : PV du 29 juillet 1855. NOLIN Jacques Alexandre maire
1865 : PV du 23 juillet 1865. NOLIN Jacques Alexandre Marie maire.
1870 : PV du 7 août 1870. DELAHAYE Michel Aimable maire.
1871 : PV du 30 avril 1871, DELAHAYE Michel Aimable maire
1874 : PV du 17 septembre 1874. Renouvellement, élections partielles. CHEVALLIER Louis Etienne maire.
1878 : PV du 6 janvier 1878. CHEVALLIER Louis Etienne maire
1881 : PV du 16 janvier 1881. CHEVALLIER Louis Etienne maire
1884 : PV de l'élection de 12 membres du conseil municipal du 18 mai 1884. Election du maire COCHETEAU Louis Basilide et du 1° adjoint, PAVARD Emile François Benoît
1888 : PV de l'élection de 10 membres du conseil municipal du 6 mai 1888. COCHETEAU Louis Basilide maire.
1892 : PV de l'élection de 10 membres du conseil municipal du 1° mai 1892. COCHETEAU Louis Basilide.
1896 : PV de l'élection de 10 membres du CM, 3 mai 1896, maire COCHETEAU louis Basilide.
1900 : PV du 13 mai 1900. CHEVALLIER Claude Jean Baptiste maire.
1904 : PV du 1° mai 1904. maire. CHEVALLIER Claude Jean Baptiste maire.
1908 : PV du 3 mai 1908. CHEVALLIER Claude Jean Baptiste maire.
1912 : PV de l'élection de 10 membres du CM du 5 mai 1912. LECLERT George maire
1919 : PV de l'élection de 10 membres du CM du 5 mai 1912. LECLERT George maire. Puis maire encore en 1925.

Ill. 2: Maires de Roinville de 1831 à 1925. (Source : AD. Essonne, 3 M/173. Élections municipales 1831-1925, listes électorales 1855)

Conclusion

Ces Conseils municipaux des communes rurales, rarement étudiés, représentent un premier apprentissage paysan de la vie publique, sinon politique. Le pouvoir municipal s'était ouvert «aux couches moyennes de la paysannerie et de l'artisanat» tandis qu'une «présence numériquement réduite, mais symboliquement importante des plus modestes» pouvait être constatée.[50] Ainsi commença la revanche des «porteurs de blouses» contre les «gros bonnets»[51] ou encore, les «habits de drap».[52] Dans de nombreuses communes, ce rejet des «supériorités sociales»[53] s'affirma avec vigueur jusqu'en 1848.[54] L'accession au suffrage de cultivateurs payant moins de 300 francs d'impôts grâce aux quotas d'électeurs dans les communes de moins de mille habitants, favorisa l'élargissement du cercle des électeurs, au-delà du groupe restreint des notables, avec toutefois de sensibles différences, dépendant de contextes socioéconomiques variés. Ainsi, à Roinville comme à Leuville, un pouvoir municipal de paysans a pu s'installer à la faveur du régime censitaire et rester en place longtemps après. L'investissement sur le long terme d'une élite de cultivateurs dans les Conseils municipaux, ainsi que des mécanismes de reproduction sociale de père en fils ou de personnes apparentées, à l'intérieur des listes des vingt ou trente plus imposés de la commune, contribuèrent à stabiliser ces pouvoirs locaux.

Les paysans restaient en revanche largement exclus des assemblées nationales et régionales sur l'ensemble du territoire national et, dans le cas des communes de moins de 3000 habitants, le maire et les adjoints désignés par les électeurs, continuaient à être nommés par le préfet du département: les municipalités restaient sous la tutelle d'une administration très centralisée. Néanmoins, une véritable politique locale a pu se mettre en place, avec la participation d'une large part des paysans, l'ébauche d'un «pouvoir au village».

---

50 Jean-Pierre Jessenne, Pouvoir au village et Révolution (Artois, 1760–1848), Lille 1987, p. 77. Cité par Christine Guionnet, Élections et apprentissage de la politique. Les élections municipales sous la Monarchie de Juillet, in: Revue française de science politique 46/4, 1996, pp. 555–579, ici p. 559.
51 Archives nationales (AN), F/20/282/52, Rapport du préfet d'Eure-et-Loir sur les élections de 1846. Cité par Guionnet (voir note 50), note 7, p. 559.
52 Archives départementales d'Indre-et-Loire, 3M42, Lettre du sous-préfet de Chinon au préfet d'Indre-et-Loire, 26. 12. 1834. Cité par Guionnet (voir note 50), note 6, p. 559.
53 AN, F/20/282/52, Rapport du préfet de Tarn-et-Garonne sur les élections de 1846. Cité par Guionnet (voir note 50), note 1, p. 560.
54 Selon le Ministère de l'intérieur, «toutes les supériorités de fortunes, d'éducation et d'intelligence ont été écartées des administrations municipales pour faire place à des hommes sans consistance et sans moralité», lors de ce scrutin de 1848. AN, CI 1911, Analyse des rapports de préfets sur les résultats de l'application du décret du 3 juillet 1848. Cité par Guionnet (voir note 50), note 2, p. 560.

Alessandro Ratti

Propriété foncière et régime censitaire
Le chemin des droits de citoyenneté au Tessin, 1798–1863

Land ownership and censal system: the path of citizenship rights in Ticino, 1798–1863
The core of our inquiry concerns property and its links to social dynamics, political and electoral systems, as well as censal vote and the paradigm of active citizenship. In Europe, identifying electoral bodies had a major role in the development of the modern state, especially after the spread of Enlightenment ideas and the French Revolution. In Switzerland, the Helvetic Republic of 1798 pioneered in the domain of political rights, though its course was stifled by the Act of Mediation of 1803 and the subsequent Restoration. It is only during the Regeneration – from the 1830s onwards – that constitutional reforms extended political rights. However, even after the 1848 Federal Constitution, the democratic principle of universal masculine suffrage was not always recognized. Our study focuses on the Canton of Ticino, which was the last to drop censal restrictions for voting and afford universal masculine suffrage (1863). It is our aim to question the various underlying motivations which explain why the Canton of Ticino maintained for so long and with such tenacity its censal regime.

Le long feu du cens dans le canton du Tessin: un unicum suisse

La propriété en lien avec les dynamiques sociales et les systèmes politiques et électoraux, en particulier le vote censitaire et la citoyenneté active, est au cœur de notre enquête. À l'aide d'une étude de cas focalisée sur le canton du Tessin, où le régime censitaire a perduré jusqu'en 1863, nous souhaitons mener une réflexion sur les raisons de cette ténacité. La durée exceptionnelle du cens dans le canton du Tessin est une situation unique dans la Suisse d'après 1848.

En 1858, le Tribunal fédéral doit se prononcer sur le recours à l'encontre de la surreprésentation de la ville de Saint-Gall dans les organes cantonaux[1] et refuse le projet constitutionnel d'Argovie, car ce dernier souhaite remettre en place le cens. Même destinée pour le projet constitutionnel de Lucerne en 1863. Le Canton du Tessin se voit d'abord contraint d'abandonner le requis du droit de bourgeoisie en 1858. Ensuite, il en va de même pour le cens[2] en 1863, quinze ans plus tard que la première Constitution fédérale ne le conçoit désormais plus comme possible, sans l'avoir déclaré inconstitutionnel de façon explicite.[3]

Nous pouvons de prime abord nous étonner de cette attitude d'un canton qui a été un pays sujet éclaté en huit bailliages, gouvernés à tour de rôle par des baillis que les Cantons souverains d'Outre-Gothard envoyaient sans beaucoup se soucier de leur gouvernement. D'où la délégitimation du gouvernement baillival auprès des hommes d'État tessinois du début du XIXe siècle qui, dans les dénonciations des maux soufferts sous l'Ancien Régime, y voyaient surtout inaptitude, corruption et abus. Nous pourrions donc nous attendre que la réforme de la Constitution de 1830 dans le canton, œuvre pionnière de la Régénération,[4] soit un fer de lance d'un progrès démocratique au sens de l'avancée des droits politiques pour une part croissante du peuple.

Or, il n'en est pas ainsi. Nous pouvons même rejoindre l'égarement et l'incompréhension de certaines personnalités de l'époque, comme Stefano Franscini, premier conseiller fédéral tessinois, bien conscient que le chemin du nouveau canton du Tessin vers un État moderne et démocratique était loin d'être linéaire. Les résistances et les volontés de retour partiel à un ordre des choses antérieur étaient souvent de mise: le Tessin et les Tessinois ont eu beaucoup de peine avec les nouveaux systèmes politiques, en particulier la République helvétique, ce qui a peut-être contribué à renforcer un réflexe fédéraliste toujours vivant. L'accueil d'abord peu enthousiaste et ensuite l'opposition farouche du Tessin à la République helvétique fait écho à une longue tradition de défense de l'autonomie locale, développée et renforcée depuis le Moyen Âge.[5] Ce constat fait surgir la nécessité d'enquêter, dans le

---

1 Tomas Poledna, Wahlrechtsgrundsätze und kantonale Parlamentswahlen, Zurich 1988, p. 34.
2 La Confédération exige cet ultérieur abandon pour renouveler l'octroi de la garantie fédérale de la Constitution cantonale.
3 Tomas Poledna, Diritto di voto e eleggibilità, https://hls-dhs-dss.ch/it/articles/026453/2021-02-02, 29. 9. 2022.
4 Beat Walter Sauter, Herkunft und Entstehung der Tessiner Kantonsverfassung von 1830. Die erste regenerierte Verfassung, Zurich 1972.
5 Sandro Guzzi-Heeb, Évolution de la société et transformation du pouvoir. Tessin ct Vaud, de l'Ancien Régime à la souveraineté cantonale, in: Fabrizio Panzera, Elisabeth Salvi, Danièle Tosato-Rigo (éd.), Créer un nouveau canton à l'ère des révolutions. Tessin et Vaud dans l'Europe napoléonienne, 1798–1815, Bellinzone 2004, pp. 153–167.

temps long, sur les racines profondes de l'attitude caractéristique d'un territoire ou pays, si particulière et étonnante qu'elle puisse être.

Dès lors que l'extension des droits politiques sera liée au renforcement d'un État républicain et centralisateur, tant au niveau cantonal que fédéral, elle aura bien du mal à s'imposer. Le cens apparaît ainsi comme un terrain de combat pour garder ou conquérir des sphères d'action entre pouvoirs rivaux ou concurrents, qui s'étalent entre les niveaux local, cantonal et national. Le cens peut aussi constituer un paramètre pour mesurer la concordance ou la discordance entre les cantons et l'État fédéral. L'extension des droits politiques serait le signe d'une intégration mieux achevée au projet d'un État se voulant de plus en plus démocratique, alors que la permanence des restrictions peut devenir une clé de lecture d'une culture politique et d'une identité spécifique d'un canton[6] en désaccord ou se dissociant d'un tel chemin, long et complexe.[7]

Nous ne sommes de loin pas les premiers à nous intéresser à la question du régime censitaire dans le canton du Tessin en particulier[8] ainsi qu'à l'échelle nationale[9] et internationale.[10] Nous rappelons ici que la recherche doit beaucoup à l'histoire du droit, mais à notre connaissance elle est, à quelques exceptions près,[11] désormais datée.[12] Cette littérature, souvent très spécifique, présente parfois un caractère encyclopédique,[13] mais elle demeure parfois en retrait quant à dégager les raisons sous-jacentes aux diverses situations, surtout si exceptionnelles. L'historien Markus

6 Raffaello Ceschi, Buoni Ticinesi e buoni Svizzeri. Aspetti storici di una duplice identità, in: Remigio Ratti, Marco Badan (dir.), Identità in cammino, Locarno 1986, pp. 17−31.

7 Yvo Hangartner, 1798−2000 und ?: Der lange Weg zum allgemeinen Stimmrecht, in: Clausdieter Schott, Eva Petrig Schuler (éd.), Festschrift für Claudio Soliva zum 65. Geburtstag, Zurich 1994, pp. 127−145.

8 Giorgio De Biasio, Il censo e il voto. Il censo nella legislazione e prassi ticinese del secolo XIX. Funzione politica e rilevanza pratica, Bellinzone 1992; Andrea Ghiringhelli, Il cittadino e il voto. Materiali sull'evoluzione dei sistemi elettorali nel Cantone Ticino, 1803−1990, Locarno 1995.

9 Sebastian Aeppli, Das beschränkte Wahlrecht im Uebergang von der Stände- zur Staatsbürgergesellschaft. Zielsetzungen des Zensuswahlrechts, Zurich 1988.

10 Markus Mattmüller, Die Durchsetzung des allgemeinen Wahlrechts als gesamteuropäischer Vorgang, in: Beat Junker, Peter Gilg, Richard Reich (éd.), Geschichte und politische Wissenschaft. Festschrift für Erich Gruner zum 60. Geburtstag, Berne 1975, pp. 213−236.

11 Yvo Hangartner, Andreas Kley, Die demokratischen Rechte in Bund und Kantonen der Schweizerischen Eidgenossenschaft, Zurich 2000; Pascal Mahon, La citoyenneté active en droit public suisse, in: Daniel Thürer, Jean-François Aubert, Jörg Paul Müller (éd.), Droit constitutionnel suisse, Zurich 2001, pp. 335−347.

12 Zaccaria Giacometti, Das Staatsrecht der schweizerischen Kantone, Zurich 1941 (référence qui garde son utilité quant au précis de l'articulation entre canton et commune); Anton Schwingruber, Das Stimmrecht in der Schweiz. Eine Untersuchung über das Stimmrecht als subjektives Recht, mit besonderer Berücksichtigung der kantonal-rechtlichen Ausschlussgründe, Nussbaumen 1978.

13 Erich Gruner, Georges Andrey, Die Wahlen in den schweizerischen Nationalrat, 1848−1919. Wahlrecht, Wahlsystem, Wahlbeteiligung, Verhalten von Wählern und Parteien, Wahlthemen und Wahlkämpfe, 4 vol., Berne 1978; Giuseppe Lepori, Diritto costituzionale ticinese, Bellinzone 1988.

Mattmüller réfléchit sur les conditions de mise en œuvre du suffrage universel en Europe au XIXe siècle.[14] Il met en avant les conditions suivantes: le niveau d'instruction; le degré d'industrialisation; la promotion active du suffrage universel de la part d'un parti politique; les arguments et les réflexions de personnalités politiques influentes. De l'aveu de l'auteur, ces paramètres ne permettent pas toujours d'établir un lien direct avec l'introduction du suffrage universel respectivement avec la permanence du cens ou d'autres restrictions. C'est pourquoi nous chercherons aussi dans d'autres ordres de motivations une possible explication s'appliquant à notre cas en particulier. Nous n'avons non plus, dans le cadre de notre contribution, l'ambition d'épuiser jusqu'au fond cet argument vaste et complexe. Nous souhaitons dégager les lignes de force qui, à notre avis, ont été déterminantes pour la durée exceptionnelle du régime censitaire dans le canton du Tessin. La focalisation sur le canton du Tessin et sur sa ferme volonté de maintenir longtemps le régime censitaire dégage les motivations profondes et multiples de cette ténacité,[15] chacune avec des degrés d'importance différents. Ne pouvant pas les mesurer une à une, nous tenons au moins à les identifier. Une en particulier émerge avec une puissance extraordinaire et se lie à l'articulation des domaines de compétence de chaque niveau du pouvoir, avec une prééminence en la matière de la commune sur le canton: la conjonction du cens avec le droit de bourgeoisie.

Propriété et liberté, patrie et citoyenneté

Dès la Révolution française, héritière des Lumières, l'identification du corps d'électeurs et d'éligibles par l'octroi de la citoyenneté active est un enjeu majeur dans le processus de construction de l'État, sur les plans politique, civique et institutionnel.[16] Au Siècle des Lumières, encyclopédistes et physiocrates affirment au sujet des droits politiques et des structures sociales et étatiques la primauté de la propriété, fondement de l'ordre social dont découlent les droits des individus et les autres valeurs du libéralisme.[17] Avec la Révolution, la propriété fonde l'exercice des droits politiques et la citoyenneté:[18] même pour l'abbé Sieyès, auteur du célèbre

---

14 Mattmüller (voir note 10), pp. 213–236.
15 De Biasio (voir note 8), p. 177.
16 La première expérience de mise en pratique des principes politiques des Lumières avec l'institution d'un État républicain représentatif et l'ébauche d'une démocratie moderne ont lieu en Amérique avec l'Indépendance des Treize Colonies de la Couronne d'Angleterre qui fondent les États-Unis. S'il y a débat à propos des droits politiques et de la citoyenneté, celui-ci ne fait pas long feu: le cens est rapidement abandonné et il n'est pas question de droit de bourgeoisie.
17 André Vachet, L'idéologie libérale. L'individu et sa propriété, Paris 1970, pp. 371, 397–400.
18 Giuseppa Ottimofiore, Le droit de propriété, un droit fondamental entre inclusion et exclusion, Genève 2012, p. 146.

pamphlet «Qu'est-ce que le Tiers État», la propriété est la condition de la liberté.[19] La «Déclaration des droits de l'homme et du citoyen» de 1789 consacre l'absolutisation de la propriété foncière, fondement de la liberté individuelle.[20] Plus largement, les révolutionnaires considèrent la propriété comme gage de l'indépendance de l'homme citoyen qui n'appartient à personne si ce n'est qu'à lui-même et comme fruit de son travail, signe de sa liberté et de son autonomie.[21]

Le processus de construction politique de l'État-Nation, avec la reconnaissance des droits citoyens, gagne une part croissante de l'Europe, intéressant aussi la Suisse.[22] De façon générale, le suffrage universel a été d'abord promu par les radicaux, rejoints ensuite par les socialistes et enfin par les autres courants politiques, conservateurs et libéraux.[23] Dans l'Europe de la Restauration, aucun État ne le prévoit: le vote n'y est pas conçu comme un droit.[24] Les révolutions des années 1830 parviennent à l'introduire dans plusieurs pays, mais cette vague connaît un rapide reflux. Le suffrage universel demeure en vigueur dans quelques cantons suisses uniquement. Il en va de même pour les révolutions de 1848:[25] cet acquis reste en place seulement dans le nouvel État fédéral suisse, qui, avec la France, avait été l'un des premiers à l'introduire.[26] Au milieu du XIXe siècle, parmi les 53 entités souveraines du continent, 9 le reconnaissent, dont 6 sont des petits États allemands.[27]

Focalisons-nous maintenant sur la Suisse. En 1798, la République helvétique fait œuvre de pionnier en Europe, même si de façon éphémère.[28] Le suffrage universel masculin est introduit comme principe constitutionnel, bien qu'il soit indirect.[29] Le suffrage universel fait ainsi partie intégrante du patrimoine juridique dès la fondation du nouvel État.[30] Les conditions pour la citoyenneté active sont: droit de bourgeoisie, domicile dans la même commune au moins depuis cinq ans consécutifs, 20 ans révolus ainsi que le sexe masculin. Contrairement à son modèle français de 1795, il n'est pas prévu que le droit de vote soit conditionné par un cens. Même la deuxième Constitution helvétique de 1802 ne prévoit aucune restriction telle que

19 Colette Capitain, Propriété privée et individu-sujet-de-droits. La genèse historique de la notion de citoyenneté, in: L'Homme 153, 2000, pp. 63–74.
20 Ottimofiore (voir note 18), pp. 153–155.
21 Capitain (voir note 19), pp. 5–8.
22 Marc H. Lerner, A Laboratory of Liberty. The Transformation of Political Culture in Republican Switzerland, 1750–1848, Boston 2012.
23 Mattmüller (voir note 10), pp. 213–219.
24 David Delpech, La France de 1799 à 1848. Entre tentations despotiques et aspirations libérales, Paris 2014, p. 104.
25 Mattmüller (voir note 10), pp. 218–223.
26 Mahon (voir note 11), p. 339.
27 Mattmüller (voir note 10), p. 213.
28 Holger Boening, Der Traum von Freiheit und Gleichheit. Helvetische Revolution und Republik (1798–1803). Die Schweiz auf dem Weg zur bürgerlichen Demokratie, Zurich 1998.
29 Silvia Arlettaz, Citoyens et étrangers sous la République helvétique (1798–1803), Genève 2005.
30 Mattmüller (voir note 10), p. 215.

cens, profession ou service militaire,[31] ces dernières étant perçues comme typiques de l'Ancien Régime.

En 1803, la Médiation redonne aux cantons le pouvoir décisionnel en matière de citoyenneté et de droits politiques; ceux-ci obtiennent de nouveau le pouvoir d'octroyer les bourgeoisies dans leur canton et de réintégrer à ce titre une partie des restrictions en vigueur avant la Révolution: cens, profession ou service militaire, selon la tradition locale. Les cantons issus de la Médiation ne sont pas en reste et exigent aussi un cens. Avec le Pacte fédéral de 1815 inaugurant la Restauration,[32] le cens devient à la fois plus élevé et plus répandu, gagnant même certains cantons à Landsgemeinde. Pour la jouissance des droits politiques, les cantons de Suisse centrale conservent en plus les critères confessionnels remontants à la Médiation.[33] Dès 1830, dans la plupart des cantons où le mouvement de la Régénération[34] parvient à adopter une nouvelle Constitution, le cens est abandonné. Toutefois, encore en 1848, lors des votations sur la première Constitution fédérale,[35] uniquement 19 % de ressortissants suisses, soit 440 000 citoyens, sur une population totale de 2 300 000 habitants, avait droit de vote et d'éligibilité.[36]

Bâtir l'État, définir le citoyen: la voie du Canton du Tessin

Nous nous permettons d'abord un bref aperçu d'histoire tessinoise pour mieux contextualiser la suite du discours. Pendant l'Ancien Régime, le territoire du Tessin actuel se compose par huit bailliages appartenant à un ou plusieurs cantons souverains de l'ancienne Confédération. Sur le plan ecclésiastique, les terres tessinoises sont partagées jusqu'au XIX siècle en deux diocèses, Como et Milan. Après le Concile de Trente, la Contre-Réforme s'y exprime de manière puissante, portant la marque de l'archevêque de Milan Charles Borromée, le «cardinal de fer».[37] À l'âge baroque, l'Église participe au renforcement des autonomies locales avec la densification du tissu religieux local, développant le phénomène d'accroissement du pouvoir des communautés locales remontant au Moyen Âge tardif.[38] Au

---

31 Hangartner (voir note 7), pp. 129–130.
32 Ursula Meyerhofer, Von Vaterland, Bürgerrepublik und Nation. Nationale Integration in der Schweiz 1815–1848, Zurich 2000.
33 Hangartner (voir note 7), pp. 131–132.
34 Dian Schefold, Volkssouveränität und repräsentative Demokratie in der schweizerischen Regeneration 1830–1848, Basel, Stuttgart 1966.
35 Alfred Koelz, Le origini della costituzione svizzera. Dibattiti ideologici e scontri politici fino al 1848, Bellinzone 1999.
36 Hangartner (voir note 7), pp. 138–139.
37 Raffaello Ceschi, Le nostre origini. Le terre ticinesi dai tempi remoti alla fine del Settecento, Locarno 2006, pp. 75–88.
38 Guzzi-Heeb (voir note 5), pp. 153–167.

XVIIIe siècle, la souveraineté confédérée garde les terres tessinoises à l'abri des réformes joséphistes qui, depuis l'empire de Marie-Thérèse de Habsbourg, gagnent la voisine Lombardie, sous contrôle autrichien. Avec la Révolution, la suspicion est à son comble vis-à-vis de la France et de la République cisalpine, installée en 1797 en Italie septentrionale comme «république sœur» et dont on craint les dérives anticléricales.

La République helvétique, qui divise le territoire en deux cantons dits de Bellinzona au nord et de Lugano au sud et à l'ouest, est à son tour mal perçue. La méfiance s'exprime surtout auprès de la population rurale à tendance conservatrice, alors que les élites[39] se partagent en plusieurs courants: les philo-cisalpins sont une minorité bourgeoise du sud du Tessin qui brigue pour le rattachement d'au moins cette région à la République cisalpine; les unitaires et les fédéralistes affichent une préférence pour la République helvétique avec des options divergentes quant au degré de centralisation; les conservateurs réactionnaires sont en revanche hostiles à ce nouveau régime et souhaitent une restauration de l'ancien ordre. En 1799, la tentative de rattachement du Sottoceneri à la République cisalpine menée par le courant philo-cisalpin échoue. C'est la révélation au grand jour d'une période particulièrement dense de troubles et de conflits qui caractérise toute la durée de la République helvétique, avec des mouvements de résistance à forte adhésion populaire. En 1799 toujours, c'est la Contre-Révolution qui éclate: au Tessin un soulèvement rural se déverse sur les bourgs.[40] Les paysans assiègent Lugano, mettent le feu à la typographie Agnelli, qui publiait les *Nuove di diverse corti e paesi*, fer de lance du combat anti-jésuitique au Siècle des Lumières, et supplicient le directeur, l'abbé Giuseppe Vanelli.

En 1803, Napoléon Bonaparte consigne à la Suisse l'Acte de Médiation. Le Tessin devient un Canton avec Bellinzona comme capitale. Les élections du Grand Conseil portent au Parlement une élite composée surtout de notaires et d'ecclésiastiques. Les députés élisent le Petit Conseil, donc le gouvernement plus tard appelé Conseil d'État. Les 9 membres de l'exécutif, élus par et parmi les 110 membres du législatif, continuent d'en faire partie. Le président du premier gouvernement cantonal est l'abbé Vincenzo Dalberti, élu avec 89 voix favorables, affichant le meilleur score. Fils de Tessinois ressortissants du Val Blenio émigrants à Milan où il s'est formé, il est proche des Lumières catholiques italiennes et du «riformismo lombardo», ce qui le rend un acteur politique cultivé et prudent.[41] La Restauration balaie les ecclésiastiques du pouvoir. Le nouveau gouvernement, dit des «Landamani», conduits par

---

39 Manolo Pellegrini, La nascita del cantone Ticino. Ceto dirigente e mutamento politico, Locarno 2020.
40 Sandro Guzzi, Logiche della rivolta rurale. Insurrezioni contro la Repubblica elvetica nel Ticino meridionale (1798–1803), Bologne 1994.
41 Alessandro Ratti, Vincenzo Dalberti (1763–1849). Una vita per il Ticino, Locarno 2021.

l'ancien philo-cisalpin Giovan Battista Quadri, révolutionnaire jacobin reconverti en bonapartiste pendant sa carrière militaire sous Napoléon, étouffe les aspirations réformistes de l'opposition. En 1829, Stefano Franscini publie le pamphlet «Della riforma della costituzione ticinese». L'heure du glas sonne pour Quadri. Le gouvernement de la Restauration tombe. Dalberti, depuis 1817 secrétaire d'État, émerge de nouveau sur le devant de la scène. Il rédige le projet de Réforme de la Constitution de 1830, ensuite il retrouve de nouveau un siège à l'exécutif fraîchement élu. La discorde éclate autour de l'étendue des principes de la nouvelle Constitution et de leur application. Jugée trop timide par les libéraux et les radicaux, la Constitution représente pour les modérés, ancêtres des conservateurs, un rempart contre la course à la centralisation et au «progrès», jugé «illusoire et anarchique», selon l'expression de Dalberti. En 1839, les radicaux assiègent le gouvernement modéré de Corrado Molo, qui tombe: c'est la révolution. Les radicaux instaurent un nouveau gouvernement sans jamais faire appel à des élections. En 1841 et en 1843, ils déjouent des tentatives de contre-révolution, mais leur impopularité est croissante surtout depuis le refus populaire de la révision de la Constitution en 1842. En 1847, le Canton du Tessin ne participe pas au Sonderbund. En 1848, le peuple appelé à se prononcer sur la nouvelle Constitution fédérale la refuse en raison surtout de la centralisation des recettes douanières au détriment de la souveraineté cantonale. L'intégration du Canton du Tessin dans le nouvel État fédéral ne fait que débuter. Le ressentiment d'ancien pays sujet couve, sous-jacent, la méfiance et la suspicion qui sont d'ailleurs réciproques n'aident guère. La crainte de la germanisation («intedeschimento») et de la «protestantisation» ravivent la vigueur d'une défense outrancière de l'autonomie cantonale et des spécificités du Tessin, enracinées dans les formes et le choix politiques dès l'institution du nouveau canton.
Selon la Constitution cantonale de 1803, le droit de vote est conditionné, en plus du droit de bourgeoisie, par un cens de 200 francs ou un crédit hypothécaire de 300 francs. Toutefois, le droit d'éligibilité exigeait un statut de citoyen propriétaire d'un fonds immobilier («beni stabili») correspondant à 16 000 francs au moins. Si la fortune demandée pour le droit de vote n'était pas très élevée, le seuil fixé pour le droit d'éligibilité constituait une barrière importante.[42] Le cens invoqué augmente au fur et à mesure du degré de la fonction politique qui est briguée. En 1808, si le cens exclut en moyenne à lui seul – c'est-à-dire sans le cumuler avec l'exclusion due au droit de bourgeoisie – un cinquième de l'électorat, cette proportion va d'un pic qui dépasse 70 % dans certaines communes du district méridional de Mendrisio à un chiffre de beaucoup plus modeste dans les districts septentrionaux,[43] ha-

---

42 Ghiringhelli (voir note 8), p. 52.
43 Ghiringhelli (voir note 8), p. 56.

bités majoritairement par des paysans propriétaires.[44] Ces très fortes diversités régionales, reflets de différentes structures de la propriété et de différents systèmes d'exploitation,[45] sont un des berceaux de la contestation à l'encontre du système censitaire et de son penchant, la jouissance du droit de bourgeoisie.

Le système électoral, fondé depuis 1803 sur le même poids politique de chaque cercle électoral, avec chacun un même nombre de représentants éligibles sans égard au nombre d'habitants ou de citoyens, est donc conçu aussi comme fonctionnel à la défense des intérêts du monde rural face au poids croissant des villes. Durant la Restauration, plusieurs tentatives visant à rééquilibrer la situation en faveur des villes voient le jour, mais les résistances demeurent vivaces. Dans une lettre de 1814 à son ami, correspondant et homme d'État zurichois Paul Usteri (1768–1831), Vincenzo Dalberti, président du gouvernement cantonal, commente ainsi les articles de la nouvelle Constitution: «Le mode d'élection adopté par le Grand conseil sauvera encore un peu de liberté à la Campagne; le plus petit changement qu'on y introduirait à l'instigation des bourgeois serait le signal de son oppression. Vous savez que je ne suis pas démagogue, ni populacier; j'aime à protéger les propriétaires, car c'est sur eux que pose particulièrement le système social.»[46]

Bien qu'issue du mouvement de la Régénération au Canton du Tessin, la réforme de la Constitution de 1830, dans le sillon des réflexions de Vincenzo Dalberti (1763–1849) et des autres personnalités politiques qui ont contribué à sa genèse, garde plusieurs traits conservateurs. Une partie de ces éléments s'exprimait déjà dans les anciennes institutions politiques,[47] comme les «vicinanze» d'où découle le droit de bourgeoisie, ou contient les prémisses d'autres implications fondamentales, comme le cens ou encore la permanence du principe de 1803 du même nombre de députés au Grand Conseil par cercle électoral, indépendamment du nombre d'habitants ou de citoyens. La nouvelle Constitution n'amène donc aucune extension significative du droit de vote. Entre 1820 et 1835, le nombre de citoyens actifs n'augmente que de 15 à 18 % de la population masculine totale.[48] En 1844, moins de 20 000 hommes adultes sont ainsi citoyens.[49]

Voici donc émerger l'élément qui renforce le régime censitaire: le dualisme communal et son articulation, entre commune politique et commune bourgeoise. Dès

---

44 Victor Monnier, Bonaparte, la Suisse et l'Europe. Actes du Colloque européen d'histoire constitutionnelle pour le bicentenaire de l'Acte de Médiation (1803–2003), Bruxelles 2003, p. 133.
45 Sandro Guzzi, Die Tessiner Agrarsysteme um 1800, in: Itinera 10, 1989, pp. 97–117.
46 Vincenzo Dalberti, Paul Usteri, Epistolario Dalberti-Usteri, 1807–1831, éd. par Giuseppe Martinola, Bellinzone 1975, pp. 237–241 (11. 7. 1814).
47 Lepori (voir note 13), p. 23.
48 Andrea Ghiringhelli, Appunti sul Ticino. Dalla genesi dei partiti all'affermazione della democrazia consociativa, in Giampiero Berra, Liberalismo. Premesse, sviluppi e realtà ticinesi, Lugano 1987, pp. 163–187, ici p. 167.
49 Orazio Martinetti, Fare il Ticino. Economia e società tra Otto e Novecento, Locarno 2013, p. 56.

la Médiation, la loi tessinoise pose en prééminence la commune bourgeoise, le «patriziato» hérités des anciennes structures communales d'Ancien Régime dénommées «vicinanze», par rapport à la commune politique. Ainsi, la première loi du 28 mai 1806 sur l'acquisition de la citoyenneté et la naturalisation subordonne la citoyenneté cantonale à la possession du droit de bourgeoisie.[50] Les requis pour l'obtention de la citoyenneté avec naturalisation sont en outre: bonne conduite, domicile et propriété foncière établis dans le Canton, une somme d'argent, l'âge et le temps de permanence découlé depuis l'établissement sur sol cantonal.[51] La dimension temporelle vaut aussi bien pour la concession de la citoyenneté en fonction du droit de bourgeoisie pour les étrangers que pour son éventuelle perte, même de la part d'un ressortissant tessinois: «La renonciation au droit de bourgeoisie et à la citoyenneté sera présumée chez les citoyens qui sont hors du canton depuis vingt ans et qui n'ont pas rempli leurs devoirs publics.»[52] Cela s'explique avec la crainte des hommes politiques que l'émigration prolongée ne puisse engendrer un détachement et un désintérêt progressifs pour la chose publique en la patrie.

Dès la Restauration, ces requis deviennent encore plus exigeants. Même la Régénération ne suffit pas à inverser la tendance. Dans les Constitutions tessinoises de 1814 et 1830, le ressortissant étranger doit avoir renoncé à toute autre citoyenneté pour pouvoir acquérir celle du Canton.[53] Avec la réforme de la Constitution de 1830, les étrangers naturalisés devaient en plus attendre au total vingt ans entre l'acquisition du domicile et la faculté d'exercer les droits politiques.[54]

À ce niveau, non seulement la Constitution de 1830 ne change pas substantiellement la situation juridique précédente, mais elle donne même suite à la très controversée loi sur le domicile politique du 10 décembre 1819 qui liait la concession du droit de vote uniquement dans la commune bourgeoise d'origine. L'article 5 stipulait que, si un citoyen avait transféré son domicile, il n'aurait plus, ni ses descendants, recouvrir les droits politiques dans la commune abandonnée avant 50 ans.[55] Le Landamman Giovanni Battista Quadri, ancien révolutionnaire et conseiller d'État déjà pendant la Médiation, justifiait cela avec les arguments suivants: «Il se multiplierait et se produirait une confusion maximale dans les communes, si l'on permettrait aux citoyens de vagabonder à leur guise et de se livrer ensuite à une vi-

---

50 Lepori (voir note 13), p. 258.
51 De Biasio (voir note 8), pp. 77–78.
52 «Si presumerà rinuncia al patriziato e alla cittadinanza in quel cittadino che si troverà fuori dal Cantone per venti anni e non avrà soddisfatto gli oneri pubblici.» Cité dans Lepori (voir note 13), p. 258.
53 Lepori (voir note 13), p. 258.
54 Ghiringhelli (voir note 8), p. 52.
55 Idem.

cieuse promiscuité de domiciles pour opter pour celui qui, selon les intérêts du moment, leur conviendrait le mieux.»[56]

Par-delà les convictions de Quadri, nous pouvons voir poindre dans cette citation la ferme volonté, surtout de la part du monde rural, d'éviter de faciliter les déplacements de domicile, qui auraient permis aux habitants des bourgs d'envahir les communes rurales, se faisant élire par eux mais en les subordonnant aux intérêts citadins. Les entraves au déplacement de domicile, entraînant la perte des droits politiques, entendent en revanche freiner la mobilité entre les vallées et les plaines et limiter l'accès aux ressources des communautés locales. Bien que des décennies se soient écoulées après l'effondrement de la République helvétique, le contraste entre régions rurales et citadines n'en demeure pas moins très fort, constituant les différents terreaux sur lesquels vont s'implanter des courants politiques antagonistes.

Autour du cens: profils, trajectoires et réseaux

Le débat à propos des requis censitaires et du droit de bourgeoisie pour la jouissance des droits politiques occupe le devant de la scène même après la révolution de 1839, quand les radicaux renversent le gouvernement conservateur. En 1842, les radicaux au pouvoir tentent, douze ans après la Réforme constitutionnelle de 1830, d'imposer une nouvelle révision de la Constitution dans un sens beaucoup plus progressiste et centralisateur. Le «progrès» ainsi envisagé entend réaliser complètement les avancées de la Régénération, en donnant une application pratique étendue des principes libéraux. Cette révision prévoit l'abrogation du double requis censitaire et du droit de bourgeoisie pour l'obtention de la citoyenneté active. Ce projet rencontre rapidement de vives résistances. La confrontation se mesure à plusieurs niveaux. Tout d'abord, deux conceptions différentes de la propriété s'opposent, l'une statique, de caractère essentiellement foncier, l'autre dynamique, basée sur le capital. La question du maintien ou l'abandon du requis du droit de bourgeoisie constitue une deuxième question brûlante. Enfin, les diverses motivations personnelles et les appartenances de milieu – politique, mais aussi religieux, voire confessionnel – des différents protagonistes jouent aussi un rôle important: derrière les systèmes se cachent des personnes, avec leurs actions, pensées, profils, trajectoires et réseaux. Une des caractéristiques clés des opposants au cens est d'ordre générationnel. Ces derniers sont souvent issus des jeunes générations, ils n'ont pas connu les institu-

---

56 «Andrebbero a moltiplicarsi ed a produrre una massima confusione nei Comuni, se si lasciasse ai Cittadini la facoltà d'andar vagando a capriccio per prevalersi poi d'una viziosa promiscuità di domicili al fine di optare per quello che secondo gli interessi del momento, loro tornerebbe più comodo.» Giovanni Battista Quadri, Atti del Gran Consiglio, 1819, p. 749, messaggio 7 dicembre 1819, No 11, p. 104.

tions et les formes de pouvoir précédentes, ils n'y ont pas participé, ou alors seulement marginalement, pendant la mise en place des nouvelles structures étatiques avant la révolution radicale de 1839. L'appartenance à une culture politique nouvelle, différente et marquée par une forte volonté de changement, le radicalisme, distingue les opposants des libéraux ou des conservateurs, ces derniers étant plutôt des partisans du cens. Le changement souhaité par les radicaux cumule progrès et centralisation. Ils prônent la réalisation d'un État cantonal unitaire, dépourvu de toute forme de fédéralisme interne et avec un système électoral sans entraves, avec une représentation proportionnelle de la population sur le territoire. La provenance géographique joue enfin un rôle. Carlo Battaglini (1812–1888) et Giacomo Luvini-Perseghini (1795–1862), fers de lance d'un radicalisme progressiste teint d'anticléricalisme, sont originaires de la région de Lugano, ont été syndics de cette ville et ont collaboré dans leur métier d'avocat. Carlo Battaglini anime et dirige l'organe de presse radical *Il Repubblicano della Svizzera italiana* et a des liens très forts avec des personnalités du Risorgimento italien, comme Giuseppe Mazzini (1805–1872) et son adversaire Aurelio Bianchi-Giovini (1799–1862).

Le soutien au régime censitaire est plus vaste et diversifié. Nombreuses personnalités s'expriment en affirmant une longue série de justifications. Giovanni Reali (1774–1846), avocat et notaire connu pour ses anciennes menées philo-cisalpines, conseiller d'État dès la Médiation, autrefois rédacteur de *L'Osservatore del Ceresio*, feuille d'avis publiée pendant 1830, est une personnalité politique complexe. Ses arguments en faveur du cens cumulent plusieurs ordres de motivations: «Je suis enclin à accepter tout ce qui est généreux et libéral; mais je ne crois pas que l'éducation du peuple dans le canton soit arrivée à un tel état de perfection morale et de vertu, que le système du suffrage universel soit avantageux. C'est d'ailleurs conformément à la morale et à l'économie politique qu'il faut considérer l'exigence du cens; car il y a dans celui-ci un puissant encouragement à s'appliquer à l'industrie, à éviter la dissipation et à se constituer un patrimoine. En outre, bien que le cens requis pour le vote soit faible, il sert néanmoins beaucoup à soutenir la valeur d'une propriété stable, car il la rend plus recherchée.»[57]

Toujours selon Reali, «cet attachement, cette affection à la patrie à laquelle il est ainsi lié le citoyen propriétaire»[58] le distinguent de celui qui ne possède rien, dont il

---

57 «Io sono inclinato ad accedere a tutto ciò che ha del generoso e liberale; ma non credo che nel Cantone l'educazione del popolo sia giunta a tale stato di perfezione morale e di virtù, che abbia da riescere vantaggioso il sistema del voto universale. Inoltre è conforme alla moralità e all'economia politica, che si ritenga il requisito del censo; imperciocché vi ha in ciò una spinta possente ad applicarsi all'industria, a fuggire la dissipazione ed a formarsi un patrimonio. Oltraciò, sebbene il censo che si esige per votare sia tenue, tuttavia serve assai a sostenere il valore della proprietà stabile, perché fa ch'ella sia più ricercata.» Giovanni Reali, Processi verbali del Gran Consiglio, 1842, partie I, p. 48.
58 «Quell'attaccamento, quell'affezione alla patria da cui è vincolato il cittadino che possiede.» Reali (voir note 57), p. 48.

se méfie, car il le suppose plus prompt à changer les institutions qu'à les conserver: «Notre système politique n'est pas purement démocratique, mais démocratique représentatif; il est, pour ainsi dire, plus proche du système aristocratique. C'est tellement vrai qu'il n'est venu à l'esprit de personne d'exclure du projet l'obligation du cens des députés. Si l'on exige un cens des personnes éligibles, il est juste de l'exiger des électeurs.»[59] Outre la méfiance pour une démocratie sans limite, cette citation souligne la préférence pour un parlementarisme représentatif, avec une mesure de traitement paritaire, du moins sur le fond, entre électeurs et éligibles. De nombreux membres du clergé occupant une charge politique soutiennent ainsi la nécessité du régime censitaire. Le curé Antonio Pedretti, député au Grand Conseil entre 1834 et 1844, souligne: «Celui qui ne possède aucune propriété foncière manque d'une puissante incitation à aimer sa patrie.»[60]

Le soutien au requis du droit de bourgeoisie, comme véritable et ultime source des droits politiques et de la solidité des institutions, est encore plus fort.[61] Le curé et député au Grand Conseil Francesco Malfanti s'exprime ainsi: «Si vous enlevez à un citoyen son droit de bourgeoisie, vous le confondez avec un étranger et vous lui faites perdre son caractère et sa qualité de citoyen suisse.»[62] Vincenzo Dalberti, dans sa critique au projet de révision constitutionnelle de 1842, développe cet argument: «Cette obligation du droit de bourgeoisie est celle qui constitue la qualité de citoyen suisse, et qui, le distinguant des habitants étrangers pour l'exercice de la citoyenneté active, lui fait aimer et estimer son pays de préférence à tout autre. La qualité de bourgeois pour être un citoyen actif est indispensable dans tous les cantons, sans exception aucune, aussi dans le canton de Vaud, dont la Constitution est la seule, ou du moins le principal modèle que nos réformateurs ont imité, à l'exception de certaines dispositions qui ne font pas appel à leurs sympathies, même si elles conviennent à notre canton. Mais leur philosophie ne convainc pas nos intellects, et s'ils veulent être citoyens du monde, et convertir le Tessin en département, canton ou paroisse française, anglaise ou américaine, nous sommes d'un avis différent. Nous sommes Suisses, et nous voulons rester Suisses.»[63]

---

59 «Il nostro sistema politico non è democratico puro, ma democratico rappresentativo; egli è per così esprimersi più accosto al sistema aristocratico. Ciò è tanto vero che non è passato per la mente ad alcuno di escludere dal progetto il requisito del censo nei magistrati. Se si pretende un censo dagli eleggibili, è giusto pretenderlo dagli elettori.» Reali (voir note 57), p. 48.
60 «Chi non ha nulla in proprietà stabile manca di un potente eccitamento ad amare la sua patria.» Antonio Pedretti, Processi verbali del Gran Consiglio, 10. 5. 1842, p. 49.
61 Ghiringhelli (voir note 8), p. 53.
62 «Se si toglie al cittadino la qualità di patrizio lo si confonde col forestiero, e gli si fa perdere il carattere di Svizzero.» Francesco Malfanti, Processi verbali del Gran Consiglio, 10. 5. 1842, pp. 49, 53.
63 «Questa obbligazione del Patriziato è quella che costituisce la qualità di Svizzero, la quale, separandolo dagli stranieri abitanti, per l'esercizio della cittadinanza attiva, gli fa amare e stimare il suo paese a preferenza d'ogni altro. La qualità di patrizio per essere cittadino attivo è indispensa-

Conclusion: la survie exceptionnelle du régime censitaire

Le cens caractérise la loi fondamentale du canton de 1803 à 1863, date à laquelle ce dernier est finalement abrogé par le Conseil fédéral,[64] qui avait déjà en 1858 aboli le requis de bourgeoisie.[65] Ces mesures visaient à faire respecter la Constitution fédérale de 1848,[66] refusée par le peuple tessinois[67] surtout à cause de la centralisation des recettes douanières. Les votations au sujet de l'extension des droits politiques voient émerger de vives résistances de la part des citoyens tessinois.[68] Cette survivance exceptionnelle du régime censitaire tessinois est à notre avis liée à plusieurs séries de facteurs, que nous pouvons associer à quatre principales sphères s'enchevêtrant étroitement: politique, religieuse, culturelle et sociale.

Pour la sphère politique, nous pouvons d'abord observer que le cens est basé sur la propriété foncière, donc de la terre. Elle est conçue comme l'essence même de la propriété, un ancrage physique dans le sol de la petite patrie locale à forte valeur symbolique et qui seul légitimait la citoyenneté. À cette échelle, le double requis, censitaire et du droit de bourgeoisie, renforce la prééminence de la commune bourgeoise dans le cadre de l'articulation du dualisme communal. Le droit de bourgeoisie est non seulement la condition d'accès nécessaire à la citoyenneté, mais il en devient aussi la garantie: toute perte du droit de bourgeoisie entraîne, le cas échéant pour plusieurs générations, une perte de la citoyenneté active. À l'échelle cantonale, il y a l'absence d'une démarche décisive pour le suffrage universel,[69] dont la conception comme expression de la souveraineté du peuple demeure étrangère aux pratiques du législateur tessinois,[70] même au moment de la réforme de la Constitution en 1830. Encore après les réussites au moins partielles de la Régénération, le

bile in tutti i Cantoni, nessuno eccettuato, neanche quel di Vaud, la cui Costituzione è l'unico, od almeno il principale modello che hanno imitato i nostri Riformatori, escluse però alcune disposizioni che non appagano le loro simpatie, benché convengano al nostro Cantone. Ma la loro filosofia non convince i nostri intelletti, e se essi vogliono essere cittadini di tutto il mondo, e convertire il Ticino in un dipartimento, cantone, parrocchia francese, inglese, americana, noi siamo di diverso parere. Siamo Svizzeri, e vogliamo restar Svizzeri.» Vincenzo Dalberti, Voti del comune di Olivone sul progetto governativo di nuova riforma della costituzione, Capolago 1842, p. 12.

64 Martinetti (voir note 49), pp. 56–57.
65 De Biasio (voir note 8), p. 77.
66 Art. 42: «Tout citoyen d'un Canton est citoyen suisse. Il peut, à ce titre, exercer les droits politiques pour les affaires fédérales et cantonales dans chaque Canton où il est établi.»
67 Amplement, mais avec une très forte abstention (trois quarts des ayants droit n'ont pas participé au scrutin): 4266 contraires, soit plus de 72 %, presque 3 sur 4, et 1625 favorables, remarquable au vu de la grande polarisation qui divisait la société tessinoise.
68 Pio Caroni, Le origini del dualismo comunale svizzero. Genesi e sviluppo della legislazione sui comuni promulgata dalla Repubblica elvetica, con speciale riguardo allo sviluppo ticinese, Milan 1964.
69 Martinetti (voir note 49), p. 58.
70 De Biasio (voir note 8), p. 182.

vote restreint continue à bénéficier d'un consensus transversal qui, en dépit de motivations opposées, surmonte la croissante polarisation politique. Chez les conservateurs, dont la base était des paysans propriétaires, il n'avait presque aucune percée réelle, car il aurait favorisé les gens des bourgs; toutefois, même une partie significative des libéraux s'en méfiait, car ils craignaient d'accroître ainsi le pouvoir des masses populaires, jugées incultes et susceptibles d'être un obstacle à leurs aspirations réformistes sur les plans politique et social.

La sphère religieuse recouvre aussi un rôle essentiel, que nous pouvons lire en trois moments et dont les effets sont cumulatifs. L'Église catholique, depuis l'époque du Concile de Trente et de la Contre-Réforme, a participé à un puissant mouvement de renforcement des autonomies locales, avec l'institution de nouvelles paroisses et la densification du tissu religieux local. Ensuite, les innovations de la République helvétique dans le domaine sont certes perçues comme anticléricales, mais aussi comme des atteintes à l'autonomie locale, d'où la défense de la «religion des pères» garantissant la gestion autonome de cet espace local.[71] Enfin, le poids politique du clergé et du catholicisme[72] dans son ensemble demeure remarquable: dès la Médiation, le Grand Conseil a une part importante d'ecclésiastiques – exclus de droit de vote et d'éligibilité pendant la République helvétique –, s'élevant jusqu'à plus d'un cinquième du Parlement cantonal. Bien que les ecclésiastiques soient loin de composer un bloc monolithique et ils ne sont donc mus par aucune sorte d'esprit de parti, et moins encore de discipline politique, ils s'expriment pour la plupart en faveur du maintien du cens et du droit de bourgeoisie comme conditions pour la citoyenneté active.

Pour la sphère culturelle, nous pouvons constater que les résistances populaires et surtout rurales contre l'extension du droit de vote renouent avec une longue tradition de défense de l'autonomie locale et des structures communales contre toute tentative d'innovation ou de centralisation.[73] Le monde rural alpin de menus paysans propriétaires, plus largement épargnés par les limitations censitaires, bien que majoritaire, se perçoit vite comme menacé et n'hésite pas à recourir au double requis comme rempart contre le «progrès», la centralisation et à d'autres innovations, jugées exotiques et qui auraient pu le minoriser sur les plans politique et économique. Cette mobilisation est d'autant plus significative car, dans une certaine mesure, le régime censitaire tessinois, en particulier en lien avec le requis du droit de bourgeoi-

---

71 Guzzi-Heeb, Il Ticino dalla Repubblica elvetica alla mediazione. Appartenenze locali, identità sociali, conflitti culturali fra Sette e Ottocento, in: Panzera/Salvi/Tosato-Rigo (voir note 5), pp. 77–92.
72 Fabrizio Panzera, Società religiosa e società civile nel Ticino del primo Ottocento. Le origini del movimento cattolico nel cantone Ticino (1798–1855), Bologne 1989.
73 Guzzi-Heeb (voir note 71), pp. 77–92.

sie, recouvre un caractère identitaire essentiel dans le processus de construction du canton et de sa relation complexe avec la Confédération.

En termes de société, le phénomène désormais très ancien mais grandissant de l'émigration fait craindre aux hommes d'État d'assister à une évolution qui verrait l'émergence d'un pays vidé de ses habitants. D'où la nécessité de décourager par tous les moyens ce détachement physique perçu aussi comme une menace de désaffection plus générale. On ne s'étonnera pas que certains mécanismes visant à décourager l'émigration sont conçus et mis en place aussi en relation aux droits politiques. Il en va de même des destinées politiques en termes de droits de citoyenneté pour les immigrés ressortissants étrangers ou d'autres cantons de la Confédération. Profondément jaloux de leur autonomie communale et du droit de bourgeoisie, d'où découlait nécessairement la citoyenneté active, le corps électoral avait conscience de son privilège et n'avait aucune intention de le partager avec d'autres, qu'ils soient non propriétaires ou étrangers.

L'abandon du cens ne représente pas, au Tessin comme dans le reste de la Suisse,[74] la fin de toute exclusion du droit de vote ni même la réalisation aboutie du suffrage universel décliné au masculin. Des catégories d'hommes tels ceux qui se trouvaient en assistance ou ne payaient pas les impôts en demeuraient exclus, ainsi qu'au niveau communal les nouvellement établis,[75] du moins jusqu'à la garantie pour ces derniers dans la Constitution de 1874. Enfin, plusieurs étapes au cours du XXe siècle ont conduit à l'abolition graduelle des formes résiduelles d'un cens indirect et à la fin de l'exclusion du droit de vote des indigents et des insolvables.[76] Longtemps encore, par ailleurs, le suffrage universel ne mettra pas chaque citoyen à l'abri des influences politiques qui s'expriment lors des élections et des votations, en particulier via des rapports clientélaires, où la propriété joue indirectement un rôle important.[77]

---

74 Luigi Lorenzetti, Pauvreté, marginalité et assistance publique au Tessin. Aspects du contrôle social au XIXe siècle, Université de Genève, Département d'histoire économique et sociale, Genève 1993.
75 Andreas Kley, Droits politiques, https://hls-dhs-dss.ch/articles/010368/2021-02-17, 28. 1. 2022.
76 Poledna (voir note 3).
77 Annie Antoine, Julian Mischi, Sociabilité et politique en milieu rural, Rennes 2008.

Thikandé Séro

Normes et réformes foncières en Afrique de l'Ouest francophone
Analyse du pluralisme normatif comme contrainte et choix dans la gestion de la terre au Bénin et au Burkina Faso: des indépendances à 1980

Norms and land reforms in Francophone West Africa. Analysis of normative pluralism as a constraint and choice in land management in Benin and Burkina Faso: from independence to 1980
The purpose of this research is to retrace the history of land tenure transformation in Francophone West Africa, (in particular, Benin and Burkina Faso), through the various post-colonial normative reforms that interacted with colonial ones on the territory of these former colonies. Indeed, the entry of the colonizer into the territory of sub-Saharan Africa brought about the encounter of two types of rights: the customary law of the indigenous peoples, which governed the management of land, and the imported law of colonial inspiration. This has resulted first to cohabitation, then to a separation and finally to a mixing of land tenure norms, but with customs being sidelined and weakened. With independence, the various land reforms of the governments reinforced the superimposition of colonial norms on customary norms. Also, Benin and Burkina Faso continued to be based on a land legislation that sought its marks between state policy, the demands of traditional customs and then the colonial heritage, with important economic and social consequences.

L'expansion coloniale occidentale qu'ont connu les pays de l'Afrique noire a entraîné un inéluctable et étendu brassage de civilisations et des heurts culturels dramatiques. Parmi les nombreux secteurs qui ont été transformés, le droit foncier figure au premier rang. En effet, sur le plan institutionnel aussi bien que sur le plan juridique, pour les puissances coloniales le droit a représenté un puissant instrument de contrôle des peuples. L'expression «droit» d'origine occidentale a ainsi fait son apparition dans une société où la coutume régnait en maître. En ce sens, «l'arrivée des Européens correspond à l'introduction d'un mode de vie et de valeurs nouvelles inconnues dans la coutume».[1] La rencontre de ces deux types de droits – le droit coutumier des peuples autochtones qui régissait la gestion des terres, avec des variations entre les diverses communautés, et le droit importé d'inspiration coloniale – a comporté la transformation des droits coutumiers des peuples autochtones, aussi bien de façon directe qu'indirecte. Cependant, seule l'action directe a eu un impact. Elle a consisté à légiférer en vue d'une réorganisation des institutions des colonies en les mettant à l'image de celles de la métropole. En d'autres termes, les pratiques jugées étranges par le colonisateur ont été bannies.

Avec l'accession aux indépendances, la tendance n'a pas changé et la trajectoire des réformes foncières reste calquée sur celle du colonisateur. Une situation qui a entretenu la coexistence des droits avec une suprématie du droit positif dans des sociétés où le droit coutumier faisait l'unanimité. Ainsi, d'après Philippe Lavigne Delville, «[l]'inadaptation massive des législations foncières, très peu modifiées aux indépendances a amené les États africains à s'engager, dans les années 1980, dans des réformes juridiques visant à sortir de ce clivage et à intégrer les droits fonciers locaux dans un cadre juridique national.»[2]

Au regard de l'importance des questions foncières en Afrique subsaharienne de manière générale, nous avons opté pour une approche novatrice dans le champ du droit foncier, en retenant les actions de deux États comme exemples du renforcement du pluralisme normatif qui, depuis les indépendances, continue de constituer un problème majeur dans la gestion de la terre. Le nœud de cette étude tourne autour des réformes foncières au Bénin et au Burkina Faso entre 1960 et 1980. Comment ont-elles été pensées au lendemain des indépendances? Ont-elles été une réussite? Et quelles en sont les conséquences aux plans social et économique? Ce sont des questions auxquelles nous nous attèlerons à répondre au cours de l'analyse qui suivra et qui nous permettra d'expliquer sur les plans théorique et pratique la force impérative de la coutume tout comme celle du droit positif qui ont coexisté, en entretenant un pluralisme à la fois juridique et normatif avec des effets sur le plan socio-économique. Ainsi, nous aborderons les politiques foncières post-indépendantes et révolutionnaires, puis les impacts sociaux et économiques dans la mise en œuvre des politiques foncières.

---

1 Charles Ntampaka, Introduction aux systèmes juridiques africains, Bruxelles 2005, p. 89.
2 Philippe Lavigne Delville, Comment articuler législation nationale et droits fonciers locaux : expériences en Afrique de l'Ouest francophone, Dossier Zones arides n°86 IIED, Londres 1999, p. 1.

L'environnement sociojuridique de la gestion foncière coloniale au Bénin et au Burkina Faso

À titre liminaire, il est opportun d'esquisser les formes de la gestion et de la maîtrise foncière au Bénin et au Burkina Faso durant l'époque coloniale.

Le Bénin et le Burkina Faso font partie intégrante de l'Afrique occidentale française (AOF) et ont connu un destin colonial quasi commun avec des réformes juridiques du foncier réalisées à travers le régime des décrets mis en place par l'administration coloniale et attribué à ce vaste regroupement territorial. La politique coloniale consistait à appliquer à l'ensemble de ces territoires les mêmes normes juridiques. D'après Philippe Lavigne Delville, la complexité de la question foncière dans l'Afrique occidentale à l'époque coloniale découle donc de la coexistence de plusieurs systèmes de normes coutumières (parfois islamisées) et étatiques, qui se surimposent les uns aux autres, sans que l'un soit en mesure de s'imposer. Les droits coutumiers ont longtemps été la base juridique de ces sociétés. La colonisation n'a épargné aucun domaine et, dans ce sens, la gestion de la terre est un secteur sensible qui a soulevé beaucoup de remous. Les nombreux textes juridiques qui ont jalonné le régime foncier au Bénin et au Burkina Faso en disent long sur l'importance que revêt la terre pour le colonisateur. Sur ce plan, l'économiste et consultant foncier Joseph Comby estime que la notion de propriété privée a été catapultée sur le continent africain par le colonisateur en essayant de détruire le fondement et les caractéristiques de la gestion foncière des indigènes.

Au Burkina Faso par exemple, «le législateur colonial après de multiples théorisations et de nombreuses hésitations a finalement consacré l'immatriculation foncière comme seule modalité de reconnaissance de la propriété foncière. Les droits fonciers dans leur forme coutumière devaient faire l'objet d'une procédure de consolidation préalable.»[3] De même, le colonisateur à son arrivée au Bénin s'est retrouvé en présence d'un droit dont la teneur lui échappait. Dans cette optique, il a mis en place un droit nouveau, étranger aux indigènes et en contradiction avec les valeurs des populations, sans pour autant arriver à extirper les normes du régime foncier coutumier. Cette superposition de normes coutumières et coloniales a donc entraîné une double organisation du foncier avec d'une part les terres coutumières et de l'autre les terres non coutumières. Cependant, la propriété qui était collective, voire communautaire, devint progressivement individuelle, privée. Le système de la propriété privée mit ainsi fin au type de terre appelé «vacante» ou «sans maître».

---

3 Hubert Ouedrago, Étude comparative de la mise en œuvre des plans fonciers ruraux en Afrique de l'Ouest: Bénin, Burkina Faso, Côte d'Ivoire, Ouagadougou 2004, p. 5.

Les politiques foncières post-indépendantes

Les années 1960 ont sonné le glas des indépendances africaines avec des transitions institutionnelles instables et la mise en chantier de diverses politiques de développements. Toutefois, à l'égard du droit foncier, «les pays africains sont toujours restés sous l'emprise des lois et règlements édictés dans le cadre de l'ancienne Afrique occidentale française (AOF) même après leur accession à la souveraineté internationale».[4] Comme l'a constaté Philippe Lavigne Delville, «pour l'essentiel, les États indépendants ont conservé les législations coloniales et en ont parfois renforcé les tendances centralisatrices, dans un but de consolidation de l'intégration nationale. En zone francophone, la terre a fréquemment été nationalisée, ce qui revenait à abolir formellement les systèmes coutumiers.»[5] Il faut dire que durant les premières heures de l'indépendance, la terre et le droit foncier n'ont pas connu l'attention des gouvernants. La course au pouvoir et à sa gestion a caractérisé cette période. Les politiques foncières ont longtemps stagné en restant dans le même moule que l'idéal foncier colonial. C'est une situation que l'on a observée longuement au Bénin et au Burkina Faso où les réformes foncières et agraires n'ont pas été capables, ni en mesure, d'implanter et d'affirmer une politique de gestion propre aux États indépendants. «Issue de la colonisation et du mode de construction des États ouest-africains, cette situation de pluralité juridique provoque une certaine incertitude sur les droits et est source de conflits que la pluralité des instances d'arbitrage (coutumières, administratives, judiciaires) ne permet pas de régler de façon durable.»[6]

La léthargie législative des États indépendants a ainsi renforcé le pluralisme normatif, tout en continuant de le nourrir. La gestion foncière de la Haute Volta (ex-Burkina Faso) et du Dahomey (ex-Bénin) s'est faite sur la base d'une continuité des politiques coloniales. D'une part, il s'agit de la domanialité des terres qui a consisté à faire de la terre un domaine public de l'État caractérisé par son affectation à l'usage public; et d'autre part, l'immatriculation qui est un monopole de l'État consistant à enregistrer les terres dans un registre spécial appelé Livre foncier. L'immatriculation offre aux particuliers une propriété définitive et irrévocable. À ces mesures, il faut ajouter la prise en compte du droit coutumier et de la reconnaissance des prérogatives des autorités coutumières en matière de gestion foncière par les États. Au lendemain des indépendances il s'est donc posé la question de rompre ou de continuer avec les pratiques foncières du colonisateur. Mais le constat est le choix de la

---

4 Jean Aholou, La réforme du droit foncier rural dans les États membres de l'Union économique et monétaire ouest africaine: Tendances et limites. Cas du Bénin, du Burkina-Faso, de la Côte d'Ivoire, du Niger et du Sénégal, Thèse de doctorat, Université d'Abomey-Calavi 2018, p. 61.
5 Delville (voir note 2), p. 3.
6 Ibid.

seconde option qui prend le dessus sur la première, avec des adaptations aux réalités internes. Cet amalgame normatif entretenu par les différents gouvernements béninois et burkinabés s'est exprimé jusqu'au projet révolutionnaire qui réaffirme le pluralisme normatif.

De la léthargie législative à la coexistence des lois comme prémices du pluralisme normatif dans les nouveaux États indépendants

Les initiatives législatives, règlementaires et normatives sont rares, voire inexistantes, au lendemain des indépendances. D'après J. Aholou, «[l]es lois relatives à la propriété foncière en Afrique n'ont presque pas changé depuis 1899. En effet, toutes les lois adoptées après les indépendances des États africains, se contentent de reformuler les lois coloniales.»[7] Dans le cas du Bénin, deux grands textes ont marqué les premières phases de l'indépendance. D'une part, la loi No 60-20 du 13 juillet 1960 qui régit les normes encadrant la détermination du régime du permis d'habiter au Dahomey; puis, d'autre part, la loi No 65-25 du 14 août 1965 portant sur l'organisation du régime de la propriété foncière au Dahomey. La première constitue un réaménagement de la loi sur le permis d'habiter introduit par le colonisateur dans le vaste territoire de l'AOF en 1911; quant à la seconde, elle vient affirmer la conception coloniale relative à l'appropriation foncière dans le même sens que le décret colonial du 26 juillet 1932 organisant le régime foncier dans les colonies françaises d'Afrique noire. Au Burkina Faso, les gouvernants se sont aussi inspirés de la législation coloniale en la matière. La majorité des principes de la gestion foncière et des notions coloniales (l'*usus*, le *fructus*, et l'*abusus*) ont été reconduites sans aucune autre forme de révision ou de reformulation. Le droit foncier post-colonial au Burkina Faso s'est ainsi engagé sur le terrain de la modernité au regard du colonisateur. Cependant, on constate quand même l'introduction d'une nouvelle forme d'accès à la terre, à savoir la concession, qui correspond à un contrat bilatéral et parfois unilatéral par lequel l'État burkinabé accorde à une personne un droit d'accès et un droit de jouissance (*usus* et *fructus*) sur un terrain. La personne qui en bénéficie devient ainsi le nu-propriétaire et l'État reste le propriétaire. C'est une forme de location de terre qui a été pensée avec la création du domaine foncier national et qui fait de la terre un bien appartenant à l'État. Cette pratique qui renvoie à la notion de seigneurie pratiquée en France avant la Révolution française, et qui distinguait le domaine éminent et le domaine utile, constitue désormais au Burkina Faso, une forme d'accès à la terre. «Les autorités post-coloniales [ont ainsi adapté au Burkina Faso] la

---

7 Aholou (voir note 4), p. 62.

législation héritée du colonisateur en introduisant la concession comme mode d'acquisition des droits fonciers.»[8]

La législation foncière coutumière a en revanche toujours été considérée comme un obstacle au développement, à cause de son caractère figé et inapproprié à la sécurisation de la propriété privée. Le destin de la terre pendant les premières années d'indépendance du Burkina Faso est surtout caractérisé par la création d'un Domaine foncier national (DFN). Dans cette perspective – et à l'instar du Bénin – certaines ordonnances législatives sont mises en œuvre. Ainsi, «la loi N° 77/60/AN du 12 juillet 1960 prévoyait que toutes les terres deviendraient propriété de l'État dans la mesure où elles ne supportaient aucun droit exercé par un tiers et attesté par un titre».[9] À la suite de cette loi, l'Assemblée nationale de l'ère d'indépendance burkinabé avait procédé trois ans plus tard au vote d'une autre loi. Il s'agit de la loi No 29/63/AN du 24 juillet 1963. Elle vint confirmer la loi N° 77/60/AN du 12 juillet 1960. Aux côtés des autorités coutumières et du droit coutumier, le législateur burkinabé introduit dans le régime foncier le système de la domanialité et de l'immatriculation qui sont des héritages coloniaux.

Le projet révolutionnaire de rupture avec les politiques foncières passées et la réaffirmation du pluralisme normatif

Après les indépendances, les pays africains ont connu de fortes instabilités politiques, avec une suite de putschs. Des idéologies communistes et révolutionnaires souvent inspirées par le marxisme-léninisme ont animé la majorité des nouveaux États. La plupart des réformes foncières opérées par les dirigeants de cette époque répondaient à une seule logique: celle de créer un système foncier obéissant à une utilisation et une distribution juste et rationnelle de la terre. C'est dans cette perspective que l'on a institué le DFN qui se compose du domaine foncier de l'État, du domaine foncier des collectivités territoriales et du patrimoine foncier des particuliers. Le DFN est le patrimoine commun de la nation dont la gestion est organisée par l'État qui garantit l'intérêt général, sur la base de certains principes dont l'efficacité économique, l'équilibre entre le développement urbain et le développement rural, l'unité nationale, la solidarité nationale, le respect des droits humains, la responsabilisation effective des populations, la bonne gouvernance, la cohésion économique et sociale, le développement durable et la protection de la vocation des terres. Il faut retenir que le domaine foncier national est organisé en terres urbaines

---

8 Paul Dabone, Quelle législation foncière comme outil de cohésion sociale et de développement économique, adaptée aux réalités socioculturelles du Burkina? Mémoire de fin d'études, École nationale des régies financières, mars 2008, p. 28.

9 Volker Stamm, Structures et politiques foncières en Afrique de l'Ouest, Paris 1998, p. 150.

et terres rurales. Le Bénin et le Burkina Faso ont donc fait de la terre un bien national dont seul l'État détient le monopole. Dans cette perspective, ils ont cherché à imposer une gestion foncière dénudée des droits coutumiers. Néanmoins, le droit coutumier et le droit étatique sont restés en vigueur dans la gestion foncière; le premier sur le plan informel et le second de façon formelle. D'après Philippe Lavigne Delville, «la pluralité des normes juridiques est donc au cœur de la question foncière. La logique domaniale met les systèmes fonciers locaux (droits et modes de régulation) dans un statut juridique ambigu, oscillant entre la négation et la simple tolérance.»[10]

Dans les années 1970 et 1980, le Bénin et le Burkina Faso respectivement sont passés à des régimes révolutionnaires. À l'instar d'autres pays africains, ils se sont détournés des coutumes foncières tout en promouvant des législations foncières favorisant la diffusion de la propriété privée et assurant la généralisation de l'écrit. L'idée était de rompre avec le passé tumultueux et instable; puis d'associer le peuple aux nouvelles politiques foncières étatiques.

Au Bénin, «les archives gouvernementales de la période révolutionnaire ne comportent aucune trace de règlementation fondamentale relative à l'occupation et à l'exploitation du sol».[11] Cependant, la période révolutionnaire a favorisé la remise en cause du droit foncier traditionnel, suivi de la spoliation des terres communautaires. La rupture avec le droit traditionnel a été violente et brusque. Le régime foncier a connu une désorganisation. L'objectif premier du gouvernement révolutionnaire béninois était de mettre en place une politique lui permettant de contrôler le peuple, autrement dit, faire primer la maîtrise des hommes sur la maîtrise foncière. Il est ainsi évident que la question foncière n'a jamais préoccupé ou du moins n'a pas été définie comme l'un des piliers de la politique de développement du gouvernement révolutionnaire béninois qui a pris le pouvoir dans la matinée du 26 octobre 1972. C'est une situation qui s'explique par le fait que les idées communistes véhiculées par la révolution étaient de deux ordres: d'une part, la restructuration des collectivités territoriales et, d'autre part, la formation idéologique populaire. En définitive, il faut retenir que la période révolutionnaire au Bénin n'a pas été favorable aux réformes législatives pour améliorer ou réorganiser le régime foncier. Nonobstant la léthargie législative, le gouvernement révolutionnaire a adopté diverses mesures concernant la gestion foncière. On peut mentionner à cet égard les discussions sur le logement et l'habitat pendant le congrès national de 1976; le plan d'État relatif aux biens fonciers dans l'ordonnance No 77-55 du 26 septembre 1977 (relatif à la nature, la quantité et la qualité des besoins sociaux du peuple béninois travail-

---

10 Delville (voir note 2), p. 5.
11 Lazare Comlanvi Crinot, Maîtrise et appropriation du sol en République Populaire du Bénin. Contribution à l'étude du droit de la propriété foncière dans un pays en voie de développement, Thèse de l'Université d'Orléans 1986, p. 159.

leur); le recensement sur des bases scientifiques de toutes les ressources naturelles et humaines ainsi que des moyens de production dont dispose l'État et la définition rigoureuse de toutes les modalités de mise en œuvre rationnelle des ressources et des moyens de production du Bénin); et enfin le séminaire sur la politique nationale de l'habitat et du logement de 1982 qui avait pour buts d'encadrer non seulement le problème de l'habitat et du logement, mais aussi de revoir les différents régimes fonciers qui s'appliquent en République populaire du Bénin.

Le Burkina Faso, contrairement au Bénin, s'est doté à la fois d'instruments juridiques et politiques. L'idée derrière cette logique était de rompre avec les pratiques et les habitudes coloniales; en d'autres termes, avec l'enchevêtrement normatif qui caractérisait la gestion foncière. En effet, dans les années 1980 le gouvernement révolutionnaire du Burkina Faso avait mis en place une politique de Réorganisation agraire et foncière (RFA) dans le but de mettre fin au pluralisme normatif. Ce projet fut fixé dans un texte législatif qui définit les contours de la nouvelle gestion foncière.[12] Il a été suivi, un an plus tard, par un autre décret destiné à mieux encadrer cette politique.[13] Avec cette réforme, la révolution démocratique et populaire a donc pensé un système de conciliation du régime foncier avec les objectifs économiques et politiques qu'elle s'est fixée. Le Burkina Faso venait ainsi de mettre en place une politique nationale de développement et de gestion foncière consistant à construire un Domaine foncier national (DFN). Cependant, malgré le contrôle étatique et la gestion foncière soumise au régime de la propriété privée, on constate toujours la coexistence de normes étatiques et de normes coutumières souvent entérinées par l'État lui-même qui octroie un droit d'usage aux familles ou aux collectivités, ou se contente juste de confirmer une gestion coutumière, tout en gardant le contrôle des terres. En se débarrassant du droit coutumier, la révolution s'est aussi séparée des autorités coutumières. Les relectures successives de cette politique ont renforcé la propriété privée, tout en réaffirmant de façon formelle le droit coutumier dans les zones non aménagées. Les réformes foncières mises en œuvre par le Burkina Faso n'ont été que partiellement bénéfiques. La Réorganisation agraire et foncière (RAF) dans sa politique foncière a échoué, car elle a délaissé la gestion foncière coutumière.

En définitive, il faut retenir que le Bénin et le Burkina Faso, avec dix ans d'écart environ, ont planifié des réformes foncières semblables qui ont fait de l'État le propriétaire de plein droit de toutes les terres.

Par ailleurs, on note une unité relative du régime foncier. En fait, les réformes foncières aussi bien au Bénin qu'au Burkina Faso entretenaient la pluralité des normes dans la gestion foncière comme un choix politique non seulement pour assurer la

---

12 Le préambule de l'Ordonnance No 84-050/CNR/PRES en donne les détails.
13 Il s'agit du décret No 85-404/CNR/Pres du 4 août 1985.

sécurité des terres (que le droit traditionnel n'offrait pas toujours), mais aussi pour garantir la gestion des terres coutumières collectives encore existantes. La victoire de la propriété privée a ses origines dans la période postcoloniale, c'est à dire aux lendemains des indépendances. Cependant, il faut reconnaître que son ascendance sur les terres coutumières avait déjà commencé avec la restriction du champ d'application du droit foncier coutumier au cours de la période coloniale. La quasi-totalité des anciennes colonies françaises, dont le Bénin et le Burkina Faso, ont reconduit automatiquement la politique foncière du colonisateur qui consistait à attribuer aux terres le statut de propriété privée. On assistait ainsi à une remise en cause continuelle et permanente du droit coutumier. En effet, «l'accès des colonies africaines aux indépendances politiques n'y changera rien. Rarement les nouveaux États touchaient à la législation coloniale. En revanche, bon nombre d'entre eux abolirent le droit africain au nom de l'intégration politique et du développement économique et achevaient ainsi ce que les pouvoirs coloniaux avaient entamé par l'application du principe de l'ordre public colonial.»[14] Même si le droit coutumier restait tenace et résistait aux divers assauts réformateurs du pouvoir étatique, la propriété privée comme forme de gestion foncière demeurait la règle.

D'un autre côté, «malgré la reconnaissance presque généralisée de la suprématie du droit écrit sur les droits traditionnels oraux, certaines règles d'origine traditionnelle s'imposent dans le vécu de tous les jours, créant ainsi un écart entre la loi ‹voulue› par le législateur et le droit ‹vécu› par la population».[15] À cet effet, les systèmes de gestion foncière du Bénin et du Burkina Faso présentent des traits homogènes et forts. Mais dans le fond, on peut constater que ce sont des droits à composition normative diversifiée. Le triomphe de la propriété privée devint en ce moment une illusion, une utopie foncière. L'unité normative dans la gestion des terres n'était qu'apparente. Ainsi, le phénomène du pluralisme normatif et la question de la prise en compte de la coutume ou des droits coutumiers par le droit étatique amena, de manière plus particulière, à répondre à la question de savoir quels modèles ou types d'interactions entre les ordres normatif et juridique pouvaient exister, lorsque la coutume ou les droits traditionnels se confrontaient au droit étatique national et aux normes internationales universellement pratiquées dans la gestion foncière. Comme la plupart des États africains, le Bénin et le Burkina Faso comportent plusieurs ethnies, chacune avec leur droit coutumier. La fin du pluralisme normatif signifierait donc de privilégier la codification d'un système de droit d'une communauté par rapport aux autres. D'origines diverses, il faut reconnaître que les textes qui ont composé les régimes juridiques du foncier au Bénin et au Burkina Faso relèvent de la

---

14 Henry Hagen et al., Des anciens et des nouveaux droits fonciers dans leur contexte culturel; 32ᵉ Symposium international FESF Strasbourg, Social Stratégies, vol. 38, Berne 2004, p. 169.
15 Ntampaka (voir note 1), p. 78.

coutume, du droit colonial, puis d'un processus d'hybridation des deux premiers. Ces textes sont épars parce qu'ils ont été pensés et mis en œuvre pendant des périodes différentes, dans des contextes différents et, souvent, de façon non objective en poursuivant des buts différents.

Les impacts socio-économiques dans la mise en œuvre des politiques foncières

Les transformations foncières au Bénin et au Burkina Faso ne sont pas restées sans conséquences sur les plans économique et social. En effet, avec le départ du colonisateur, les nouvelles politiques de développement à travers l'exploitation de la terre ont requis d'énormes investissements financiers que les États n'étaient pas en mesure d'assurer. Les différentes stratégies de gestion foncière mises en œuvre après l'indépendance ont néanmoins donné lieu à des changements sociaux et économiques.

Les effets sociaux des nouvelles stratégies foncières

Encore très attachées aux pratiques ancestrales et traditionnelles, les populations du Bénin et du Burkina Faso ont rejeté toutes les pratiques coloniales de gestion foncière. Au lendemain des indépendances, ces deux États ne disposaient ainsi que d'une maîtrise partielle du foncier. Entre les années 1970 et 1980, le Bénin, dans sa politique de nationalisation des terres considère le foncier comme un bien du peuple ; et cela aux termes de l'article 19 de la Constitution du 9 septembre 1977. Dans la même perspective, son article 25 définit les propriétés privées collectives. C'est une forme de propriété qui est garantie à tous les travailleurs organisés ou non en coopératives, afin de favoriser l'accès au foncier à tous. Aussi, le Burkina Faso, à travers son gouvernement, s'autorise à réserver des terres à l'État, celles-ci faisant l'objet d'aménagements spéciaux. Dans la même logique, d'autres types de terres sont également destinées à l'État du Burkina Faso, notamment les terres peu peuplées ou éloignées des agglomérations. Il importe de souligner que les réformes foncières dont les nouvelles méthodes de délimitation des frontières entre terrains adjacents dans les deux pays ont entraîné l'augmentation des conflits fonciers. L'imprécision des couloirs de passages pour les éleveurs et leur bétail accentue et entretient les conflits entre les éleveurs et les agriculteurs qui voient leurs cultures dévastées par les bêtes. En effet, les autorités politiques du Bénin et du Burkina Faso ont dû faire face à de sérieuses difficultés pour restaurer le droit foncier hérité de la métropole.[16] Les modes d'organi-

---

16 Comlanvi Crinot (voir note 11), p. 16.

sation de la terre de l'époque précoloniale et coloniale ont été bouleversés, soit en les fusionnant, soit en les adaptant aux réalités locales. Plus important encore, les clans et les tribus qui constituaient les unités villageoises se sont dissous. L'agriculture familiale et communautaire ont été remises en cause et ont connu un déclin. Les cultures industrielles,[17] quant à elles, se sont développées. L'individualisme a pris le dessus sur le collectivisme. Les valeurs des populations autochtones ont été reléguées au second rang à travers des normes contraignantes. Autrement dit, la propriété collective et communautaire a été remplacée par l'appropriation privative et l'occupation individuelle des terres.

Par ailleurs, avec la propriété privée et le développement des marchés fonciers, on assiste dans ces deux pays à la naissance d'une nouvelle classe sociale, à savoir la bourgeoisie terrienne. Elle se caractérise par l'accumulation à grande échelle du capital foncier, privant ainsi les plus démunis de l'accès à la terre. Par conséquent, dans les années 1980 on a assisté à l'augmentation de l'inégalité de la répartition des biens fonciers ainsi que de celle des autres richesses relatives à la terre. Les denrées de premières nécessités se sont raréfiées, favorisant l'aggravation de l'insécurité alimentaire.[18] Au Bénin en particulier, des manifestations populaires se sont multipliées. Cette situation a amené le gouvernement révolutionnaire à démissionner à la veille des années 1990.

Les diverses implications sur le plan économique

Pour des pays en voie de développement comme le Bénin et le Burkina Faso, la maîtrise et l'exploitation foncière constituent des facteurs centraux pour le développement. Après les indépendances, la majorité des États africains ont eu besoin de se reconstruire et de définir leur politique économique. Cette dernière était essentiellement rurale car largement basée sur les activités du secteur primaire. Le Bénin au début des années 1970 et le Burkina Faso au début des années 1980 ont bénéficié d'une bonne conjoncture économique fondée sur l'exportation de matières premières issues majoritairement de l'agriculture. C'est une économie de transit qui n'a pas duré. Avec le renforcement de la dichotomie normative en matière foncière et des modes traditionnels d'appropriation puis d'exploitation du sol qui cohabitaient avec ceux coloniaux, les secteurs économiques du Bénin et du Burkina Faso ont connu des difficultés. L'apport de capitaux financiers extérieurs devint ainsi né-

---

17 Comme exemple nous avons le coton dont le Bénin et le Burkina Faso sont parmi les plus grands producteurs en Afrique.
18 Le Bénin a connu entre 1987 et 1989 une crise alimentaire due à la gestion chaotique orchestrée par le gouvernement révolutionnaire depuis 1972, année de la prise de pouvoir par le mouvement révolutionnaire.

cessaire. Ces pays tombèrent donc dans la spirale de l'aide internationale au développement et des investissements étrangers qui constituent des parties importantes de leurs économies. Ainsi, au Bénin, au début des années 1980, l'ébranlement des finances publiques a eu pour conséquences l'accumulation des dettes intérieures et extérieures et un trésor public défaillant, en rupture de paiement. Le déficit de paiement des salaires aux fonctionnaires de la fonction publique sur une dizaine de mois environ (6 à 8 mois), suivi du contrôle et du gel des retraits bancaires ont entraîné de vives tensions sur les plans social et politique.

Au même moment, le développement d'un marché foncier informel parallèle a brassé beaucoup d'argent sur le plan financier. Cependant, sur le plan économique, cela a constitué un frein. En effet, les transactions ont généré d'importants bénéfices qui n'ont été soumis à aucun impôt local ou étatique. Les services fiscaux n'ont donc exercé aucun contrôle sur cette part importante de l'économie informelle qui aurait pu être un grand soulagement pour le budget national.

Par ailleurs, pour faire face aux difficultés économiques, l'État burkinabé a légiféré sur plusieurs points, d'abord, en votant la loi sur les modalités de l'assiette de l'impôt sur les biens fonciers et celle sur la quotité et les règles de perception des droits au profit du budget; puis, en adoptant la loi sur la réglementation des salaires et celle relative aux émoluments des greffiers perçus lorsqu'ils accomplissent des formalités prévues par le décret organisant le régime de la propriété foncière. Quant au gouvernement du Bénin, après sa faillite financière qui impliquait l'assèchement de l'ensemble des circuits économiques, il a mis en place une politique économique pour attirer et protéger les investissements étrangers. Son cadre juridique reconnaît et protège les activités et la propriété foncière des étrangers tant qu'elles sont utiles à l'économie du pays et aux intérêts du peuple béninois. Plus tard et contrairement au Bénin, l'adoption de l'économie libérale au Burkina Faso, qui s'accompagne du régime de la propriété individuelle, a donné le contrôle des terres coutumières à l'État qui est ainsi devenu maître du foncier. Il a d'ailleurs compté sur le développement de l'économie locale en limitant le plus possible la consommation des produits importés et en mettant en valeur la production nationale. C'est donc une politique économique nationaliste qui a été mise en place pour relancer son économie.

Conclusion

Avec l'accès à l'indépendance dans les années 1960, le Bénin et le Burkina Faso sont devenus des territoires autonomes et pouvant redéfinir leurs positions face au système de propriété hérité de l'époque coloniale. L'appropriation des pratiques foncières exogènes, résultat de la rencontre avec le colonisateur s'est traduit par un droit imposé. Ce droit allochtone, contraire aux valeurs normatives originelles des peuples africains, continue d'entretenir le pluralisme juridique dans tous les secteurs de la société. Les premières actions dans la gestion étatique béninoise et burkinabée au moment de l'indépendance ont été consacrées à la création des formations politiques, puis à la lutte idéologique et militaire pour le pouvoir. Les politiques foncières n'avaient rien de nouveau. Elles reprenaient sans vraiment grande innovation le processus de la gestion foncière du colonisateur. Face à un droit foncier coutumier tenace, les politiques étatiques de gestion foncière n'ont pas connu de succès. Au contraire, elles ont entraîné de nombreuses conséquences sur les plans économique et social. Les politiques de développement ne constituaient donc pas une préoccupation majeure pour les nouveaux dirigeants. «Dans cette logique d'effectif conflit entre deux normes, c'est la confrontation avérée de deux cultures. Ainsi, [a-t-on] le conflit des cultures généré par la colonisation du continent africain qui provoqua une rencontre brusque entre deux organisations sociales quasi opposées, celle traditionnelle africaine et celle occidentale. Ce conflit a survécu et s'est poursuivi même après les indépendances des États africains. Cette survivance du syncrétisme du droit africain continue d'affecter la plupart des institutions sociales parmi lesquelles figure en bonne place le régime juridique foncier.»[19]

Les différentes réformes engagées par les États du Bénin et du Burkina Faso à travers le législateur de 1960 à 1980 n'ont pas eu d'effets notables sur la vitalité des coutumes et des pratiques traditionnelles foncières. Avec la succession des réformes, cette situation entretient inéluctablement le pluralisme normatif dans la gestion foncière. «Il n'est plus possible aujourd'hui, [plus de 60 ans] après les Indépendances, d'imputer cette situation au seul passé colonial, ni à une formation trop ‹civiliste› des juristes.»[20]

---

19 Aholou (voir note 4), p. 72.
20 Delville (voir note 2), p. 4.

Autorinnen und Autoren / Auteures et auteurs

Michela Barbot
è Chargée de Recherche presso il Laboratoire IDHE.S (UMR 8533 del Centre national de la recherche scientifique) e Professeure Attachée all'École normale supérieure Paris-Saclay, dove co-dirige il Dipartimento d'insegnamento e ricerca di scienze umane e sociali. Fra i suoi principali interessi scientifici figurano la storia dei diritti di proprietà, la storia della giustizia fiscale e la storia dei prezzi immobiliari nel lungo periodo (XVI – inizio XX secolo).
msbarbot@gmail.com

Mark Bertogliati
ingegnere forestale diplomatosi presso il Politecnico di Zurigo, dottorato in storia presso l'Università di Lucerna. Curatore del Museo etnografico della Valle di Muggio e ricercatore ospite presso l'Istituto federale di ricerca per la foresta, la neve e il paesaggio (WSL). Si occupa di ricerche a cavallo tra storia del paesaggio ed ecologia.
mark.bertogliati@mevm.ch

Stefania Bianchi
Mendrisio, già docente di storia, responsabile dell'archivio della città (1988–2018) e dal 2000 al 2015 ricercatrice associata del Laboratorio di Storia delle Alpi (USI). Si occupa di temi che vedono al centro delle sue ricerche gli uomini e il loro agire in un contesto prealpino: proprietà della terra e rapporti di produzione, percezione della quotidianità, network di cantiere determinanti i legami socioeconomici e socioculturali. In merito si veda Uomini che partono, Bellinzona 2019.
steffi.bianchi@bluewin.ch

Fabrice Boudjaaba
est directeur de recherche au CNRS au sein du Centre de recherches historiques (UMR CNRS/EHESS). Ses recherches portent principalement sur l'histoire de la famille et la démographie historique. Il est également rédacteur en chef des *Annales de démographie historique*.
fabrice.boudjaaba@ehess.fr

Christiane Cheneaux-Berthelot
Doctor of Economic History, rural history specialty, associate researcher at the Centre Roland Mousnier, UMR 8596, Sorbonne University, French National Centre for Scientific Research. Author of «Paris et ses campagnes au XIXe siècle: marchés, productions, producteurs» to L'Harmattan Editions, published in May 2019.
christiane.cheneaux@gmail.com

Matthias Donabaum
Seit 2020 ist er Doktorand und Mitarbeiter am Projekt «Vermögen als Medium der Herstellung von Verwandtschaftsräumen vom 16. bis zum 18. Jahrhundert» an der Universität Wien (https://kinshipspaces.univie.ac.at) und im akademischen Jahr 2023/24 Junior Fellow am Internationalen Forschungszentrum Kulturwissenschaften der Kunstuniversität Linz (IFK).
matthias.donabaum@univie.ac.at

Sandro Guzzi-Heeb
est Maitre d'enseignement et de Recherche en histoire moderne à l' Université de Lausanne. Ses recherches portent sur l'histoire de la famille, de la parenté et de la sexualité, sur les mouvements sociaux ainsi que sur l'histoire sociale de la religion, avec un accent particulier sur la région alpine.
Sandro.Guzzi-Heeb@unil.ch

Salomé Egloff
Studium der Geschichte, Kunstgeschichte und Lateinischen Sprach- und Literaturwissenschaft in Zürich. Seit 2019 Doktorandin und seit 2021 SNF-Stipendiatin am historischen Seminar der Universität Zürich mit dem Dissertationsprojekt: «Ausschluss von den Commons. Rechtliche Ungleichheit und kollektive Ressourcenregimes in der Schweizerischen Eidgenossenschaft, 1500-1800».
salome.egloff@uzh.ch

Margareth Lanzinger
Professorin für Wirtschafts- und Sozialgeschichte am gleichnamigen Institut der Universität Wien; Forschungsschwerpunkte: historische Anthropologie, Mikrogeschichte, Geschlechtergeschichte, historische Verwandtschaftsforschung, Kulturgeschichte der Verwaltung, Besitz und Vermögen, Heirat und Ehe, Konstruktion von HeldInnen; im Herausgeber*innenteam internationaler Zeitschriften.
margareth.lanzinger@univie.ac.at

Karina Liechti
ist Humangeografin und arbeitet am Centre for Development and Environment CDE der Universität Bern. Ihre Arbeitsschwerpunkte sind Gouvernanz von Gemeingütern, insbesondere von Weiden und Wasser, Landschaftswandel und gesellschaftliche Transformationsprozesse.
karina.liechti@unibe.ch

Luigi Lorenzetti
est historien et professeur à l'Accademia di architettura de l'Università della Svizzera italiana à Mendrisio où il coordonne le Laboratorio di Storia delle Alpi. Ses domaines de recherche portent sur l'histoire du monde alpin, avec un regard particulier à la dimension socioéconomiques et aux interactions entre les dynamiques territoriales et les systèmes de propriété.
luigi.lorenzetti@usi.ch

Pablo Luna
est historien et professeur à l'Université Paris Sorbonne (SU, Faculté des lettres) et au Centre de recherches historiques (CRH-EHESS-CNRS, UMR 8558). Il est spécialisé en histoire rurale des mondes hispano-américains, XVIe–XIXe siècles, en particulier sur l'histoire de la possession en Europe et dans l'Amérique espagnole.
pablo.f.-luna@ehess.fr

Janine Maegraith
Studium der Geschichte und Promotion in Stuttgart, Research Associate in Projekten zur Sozial- und Wirtschaftsgeschichte Württembergs in Cambridge (2005–2012), zur Sozialgeschichte des südlichen Tirols in der frühen Neuzeit in Innsbruck (2014–2015), zu Vermögen und Verwandtschaftsräumen vom 16. bis 18. Jahrhundert an der Universität Wien (seit 2016).
christina.janine.maegraith@univie.ac.at

Lucas Rappo
est assistant scientifique à l'EPFL dans le cadre du projet Lausanne Time Machine. Ses recherches portent sur l'histoire de la famille, de la parenté et de la population. Il a soutenu sa thèse en 2021 sur la parenté et la proximité spatiale dans la paroisse de Corsier-sur-Vevey aux XVIIIe et XIXe siècles. Il s'intéresse également aux outils informatiques à l'usage de l'histoire.
lucas.rappo@epfl.ch

Alessandro Ratti
Maturité fédérale en 2010, maîtrise ès Lettres à l'Université de Fribourg en 2016, Mémoire *Cattolicesimo e libertà: vita e pensiero di Vincenzo Dalberti (1763–1849)* dirigé par Silvia Arlettaz. Archiviste, guide culturel et de randonnée. Thèse dans le cadre du projet FNS *Les confréries dévotionnelles dans la région alpine (1700–1850)*, dirigé par Sandro Guzzi-Heeb. Membre du comité de la SSHR.
alessandro.ratti@unil.ch

Thikandé Séro
est titulaire d'un doctorat en Histoire du droit (Histoire des institutions et des idées politiques) de l'Université d'Aix-Marseille en France. Il a travaillé sur plusieurs thématiques dont l'histoire des idées politiques, les droits et systèmes juridiques africains, le pluralisme normatif, le droit foncier coutumier et contemporain, le droit colonial et les droits de l'outre-mer. Il travaille actuellement sur les droits coutumiers du Pacifique, principalement le droit coutumier kanak à l'Université de la Nouvelle-Calédonie.
thikandesero85@gmail.com

Volker Stamm
Ökonom und Historiker, widmet sich neben allgemeinen Fragen der Wirtschaftsgeschichte der Untersuchung von Landzugangs- und -nutzungssystemen im mittelalterlichen, vor allem alpinen Europa und in Westafrika. Er lehrte an einer afrikanischen Universität, war dort an einem Forschungsprojekt zu ländlichen Betriebssystemen beteiligt. Er ist Mitglied des wissenschaftlichen Beirats der Zeitschrift «Études rurales», École des hautes études en sciences sociales, Paris.
stamm-volker@web.de

Martin Stuber
Senior Scientist am Historischen Institut der Universität Bern. Forscht epochenübergreifend zu Gemeineigentum und Nachhaltigkeit und leitet die Editions- und Forschungsplattform hallerNet.
martin.stuber@unibe.ch

Matteo Tacca
ha conseguito un dottorato di ricerca presso l'Università della Svizzera italiana, scrivendo una tesi sui processi di costruzione territoriale nelle Alpi tra XVIII e XX secolo. Attualmente è ricercatore post-doc presso l'Università del Piemonte Orientale dove lavora a un progetto di ricerca sulle forme di aggregazione sociale sovra-comunitarie nelle campagne piemontesi di antico regime.
matteo.tacca@uniupo.it

Philipp Winterhager
ist wissenschaftlicher Mitarbeiter an der Humboldt-Universität zu Berlin (Geschichte des Mittelalters), wo er 2017 mit einer Arbeit über griechischsprachige Migranten im frühmittelalterlichen Rom promovierte. Er forscht derzeit zur Semantik von materiellen Transaktionen im Umfeld von Bischöfen des nordalpinen Reichs im 11. Jahrhundert.
philipp.winterhager@hu-berlin.de

Rahel Wunderli
hat in Basel Geschichte und Ökologie studiert. Sie arbeitet als Historikerin zur Geschichte ländlicher Gesellschaften in der Schweiz mit den Schwerpunkten Berglandwirtschaft und Gemeingüter (Commons). Sie ist Research Fellow am Institut "Kulturen der Alpen" in Altdorf und assoziierte Forscherin am Historischen Institut der Universität Bern.
rahel.wunderli@kulturen-der-alpen.ch